成
为
更
好
的
人

本书系国家社科基金青年项目（12CZW067）、上海市教委曙光计划、

复旦大学中国语言文学学科高峰建设项目成果

文学史视野中的现代名教批判

以章太炎、鲁迅与胡风为中心

金理 著

GUANGXI NORMAL UNIVERSITY PRESS

广西师范大学出版社

·桂林·

文学史视野中的现代名教批判
WENXUESHI SHIYE ZHONG DE XIANDAI MINGJIAO PIPAN

图书在版编目（CIP）数据

文学史视野中的现代名教批判：以章太炎、鲁迅与胡风
为中心 / 金理著. —桂林：广西师范大学出版社，2019.10
ISBN 978-7-5598-2194-2

Ⅰ．①文… Ⅱ．①金… Ⅲ．①封建社会－研究－中国
Ⅳ．①K230.7

中国版本图书馆 CIP 数据核字（2019）第 204545 号

广西师范大学出版社出版发行

（广西桂林市五里店路 9 号　　邮政编码：541004）
（网址：http://www.bbtpress.com）
出版人：张艺兵
全国新华书店经销
湖南省众鑫印务有限公司印刷
（长沙县榔梨镇保家村　邮政编码：410000）
开本：635 mm × 965 mm　1/16
印张：31.25　　　　字数：354 千字
2019 年 10 月第 1 版　　2019 年 10 月第 1 次印刷
印数：0 001~5 000 册　　定价：88.00 元

如发现印装质量问题，影响阅读，请与出版社发行部门联系调换。

关于金理及其名教批判的研究

我对金理的最初印象，觉得他有些木讷。一次，大约还是在他念本科的时候，他受一个杂志社的委托，说要来采访我关于出版方面的一些想法。采访过程大约也是我说的多，他几乎不作声地听着，默默地做着记录。后来文章发表了，我觉得他整理得很好。但是木讷的印象还是没有改变。到他毕业的时候，他的班主任张新颖向我推荐，希望我担任金理的硕士研究生导师。新颖当时已经是教授了，照理说他物色了中意的学生，自己就可以指导，但他却希望我来指导，我也就答应了。过几天见到金理，就说了这个事，但我发现他一副茫然不知的样子。这种木讷的感觉就一直停留在我的印象里。

金理读硕士期间，我对他还是没有太深印象。在一群才华洋溢、精灵古怪的青年学生中间，他不是那种被人一眼就发现的鹤立鸡群的人物。倒是在报刊上不断读到他的文章，长的短的都有，有的刊物还连载他的评论专栏。文风机灵，感觉敏锐，但深度是明显不足的。为此我转弯抹角地劝过他几回，意思是要他少写一点，多读些书，多思考一些理论。说到那些年风行学界的文艺理论，其实我自己不很佩服，也不大主张学生去多读，但不知为什么我对金理偏有这种期待，总觉得他需要往深刻或者邃密里走一走，甚至希望他学一点与当代文学无关的东西。我担心的是他会被媒体报刊上的这种小打小闹所迷惑。现在的时代，要博得媒体一些花哨的名利，实在是太容易了，但最终还是要付出代价的。

就在那个时候，我接了一个活儿。南京大学中国现代文学研究中心要我承担一个项目：现代文学社团史。我糊里糊涂接下来以后才发现，这样的"史"根本没法写。于是只好化简单为繁琐，打算编一套丛书，对现代文学的主要社团作个案研究，尤其偏重于人事关系的梳理，为以后编写社团史做些基础性的工作。当时我组织我的博士研究生分头研究文学研究会、创造社、语丝社、新月派等几个大社团，其中有一个小题目，即围绕施蛰存、刘呐鸥、杜衡等几个人组成的小团体的研究，我把这个任务交给了还是硕士生的金理。心里有些期待，希望他能够暂时摆脱当代文学评论的视野，做一些史料性的工作。这个课题虽然不大，但没有什么现成的资料汇编，也没有可以借鉴的前人成果，一切都需要他自己动手来做。

没有想到，金理是最早完成这个项目的。虽然在史料辨析上还欠些火候，但资料梳理得很清楚，文笔也好，把一些零零碎碎的材料都贯穿起来了，而且写得也有情趣，显示了他做学术研究的热情。再接下来他就顺利直升，攻读博士学位，仍然是接受我的指导。这回我倒是没有太费心思，他自己选定了一个比较有难度的题目——关于文学史上名教问题的反思性的研究。我觉得金理在学术上受到张新颖的影响可能大一些，这个名教的问题也是从新颖他们研究章太炎、鲁迅、胡风的课题中引申出来的，是一个比较难把握的现象，但又是中国近现代思想史上比较普遍并且直到当下仍然在产生危害性的一个问题，至今也没有引起治思想史的人的重视。金理的研究工作做得很辛苦，从攻读博士学位开始做起，一直到在历史系做博士后，前后有五六年的时间都在弄这个题目。2011年博士后出站，金理留在中文系工作，一晃又是八年过去了。直到今年，他才把这个看来能够成为他代表作的学术成果捧出来，正式出版。

我觉得这长时期的学术训练，对金理的进步是有重要帮助的。从近代史、现代史一路下来，横跨思想、文学两个领域，面对一些似是而非的命题，需要反复考辨追究，方能够把一些朦胧的体会落实在实处。金理在博士后期间追随现代思想领域著名学者姜义华先生，围绕着鲁迅、胡适两大高峰，盘旋于朝露华采之间，获得思想提升是不言而喻的。从这样一个繁复境界转而回到当下，面对的是同辈人的文学创作，金理的感受自然会有别一番滋味，山水还是山水，却不再是前番景象了。

金理回到中文系任教时，我与他谈过一次，有些内容后来发表了，就是《做同代人的批评家》。这一点，金理已经做得很有成绩，我不必多说。我想说的是另外一些想法，也许不完全是针对金理个人，而是我们必须警惕的今天这个时代。

金理这样的青年批评家，是从学院里一路上来，发展道路顺风顺水，做同代人的批评家使他们迅速获得了社会的认可和重视，现在连同"八〇后批评家"一词也慢慢变成显学，这是好事；但同时也会有负面的影响。我觉得最主要的是学院体制本身会给青年学者带来某种束缚，就目前的学院评价体系而言，是极不利于人文学科青年学人独立精神、自由思想的自我成长。现在的考核机制，几篇核心刊物文章、几个社科项目等，已经无法束缚真正有才华的青年学人，但是为了敷衍这些平庸的应时的评价体系而耗费最宝贵的精力与才华，使得他们无法特立独行地思考、天马行空地探求，这才是真正的危机所在；另一方面，媒体元素介入学院机制，无聊而琐碎的学术会议、国际访学、媒体访谈、命题作文、文学评奖等活动，粉碎了青年学者集中作思考和研究的时间与精力。我们一边讨论时代的碎片化，一边自己正在变成碎片，然而当碎片成为我们的学术主流以后，整体性的学术形象就丧失了，知识分子所依附的精神力量所在也就消失了。青年学者在今天要获得一些荣誉与名利，只有顺着这个时代大潮而行；但是要在混乱里面看出一条真正向上的发展道路，把自己从事的研究工作与社会进步的可能性结合起来，甚至在一定程度上逆时代潮流而保持清醒认识，努力为之，则不容易。

与此相关的是，青年学者的自我突破和操守。学院的围墙既给青年学者挡住了来自社会的雾霾，保存了一片宁静绿地，也严重拘束了学者的胸襟与视野。学院里的利益都很狭隘很具体，无非集中在职称评定、经费分配和待遇级别几个方面，这就像诱饵一样诱惑青年学者为五斗米而折腰而奔走而抱怨。我这么说，不是有意鼓励青年学者不在乎学院的等级利益分配，而是想表达一种期望：对于有出息的青年学者来说，这些分配仅仅是你的学术成绩的某种证明，绝非是你的人格品质的标记，更不是你在学术上价值所在的标记。有一年金理申报副教授职称未获通过，许多朋友在我面前表达不平之意，金理自然没有向我诉说什么。我也一言未发，没有给他半句安慰，因为我从心底里认为，金理在学术上显示的能力和获得的回报，早已经超出了副教授职称的标记，所以评个副高职称不过是一两年内的事情，不足以证明什么。果然，第二年他就顺利地通过了。我也未因此觉得特别欢喜，因为对金理这样一个有前途的青年学者来说，将来在学院里工作，一些更高级别的荣誉、职称和利益分配，都是不难获得的。不过真的要让自己突破现有的学院格局，真正为做一个有担当的知识分子，自觉承担起精神领域的薪火传承，那就需要努力了。

我很欣赏金理做人的谨慎低调，丝毫没有因微小荣誉而生自大骄傲之心。从这一点上来说，木讷可能是玉成于他的良好素质。他长期担任我的助手，协助我编辑好几种资料汇集，我与王德威兄主编的《文学》大型丛刊，也是他担任执行副主编主持工作。现在他与其他朋友携手合作，孜孜于推动"八〇后文学"、"八〇后批评"的出版工作，编辑了好几种理论丛书、年度文选，还主持策划了八〇后作家的研讨会，他在社会文化建设领域发挥了越来越多的作用。由此看来，我对他的最初印象并不准确，金理并不木讷，而是如孔子说的，讷于言而敏于行，正是君子所为。

看着金理的成长，我由衷地感到欢喜。在他的身上，我看到了自己曾经年轻的时代所走的道路，当然我也相信，这一代青年人会比我们走得更好更远。

【附记】本文第一稿写于 2015 年 2 月 1 日，是应《南方文坛》杂志的约稿而写，刊于该刊同年第 3 期。一晃四年过去，现在金理的理论著作《文学史视野中的现代名教批判：以章太炎、鲁迅与胡风为中心》即将出版。他嘱我为之序言，但我手边工作实在太繁琐，所欠的文债越积越多，所以不得不作出决定，除了已经答应的工作，再不接受新增的写作要求，这样也许靠着愚公移山的精神，可以把计划中的工作一一完成。金理的要求我无法完成了，只能把原来写的这篇短文略作文字上的修改，代为序文。特此说明，请金理以及读者谅解。

思和谨识

2019 年

目　录

引言

主旨、结构与方法

　　中国现代是大规模输入西潮的时代，也是一个名词爆炸的时代，各种口号、学说、主张、思潮、主义……如过江之鲫，但真正进入中国人主体世界内部并且对中国社会与思想文化发展产生积极影响、作用的不在多数（鲁迅说"新名词，传入中国，便如落在黑色染缸，立刻乌黑一团"[1]）。这其中"伪士"当道、名教膨胀正是一大原因。

　　瞿秋白在《多余的话》中沉痛地说：中国现代的"文人""书生"，"对于宇宙间的一切现象，都不会有亲切的了解。往往会把自己变成一大堆抽象名词的化身。一切都有一个'名词'，但是没有实感。……对于实际生活，总像雾里看花似的，隔着一层膜"。[2] 在今天的社会与文化建设中，名教的阴霾并未散去，空洞的名词堆砌与冷漠、血气丧失的符号操作屡见不鲜，那种丧失"实感"而将自己打扮成"一大堆抽象名词的化身"的发言者一再粉墨登场。比如面对"向西方学习"这样自近代以来持续而重要的课题时，那种立"名"为教、唯"名"是举的思维定势与运作（将西方各种主义、思潮膜拜为普遍和终极的真理，或者走马灯似的轮换符号，等等）并没有绝迹，甚至依然大行其道。一个世纪前，当面对"只偷一些新名目，以自夸耀，而其实毫无实际"的普遍性困境时，鲁迅提倡"用科学之光照破"名教的奴仆们"所举的各主义"。这样一种突破主义、思潮的空壳，而探析隐伏在其根柢、滋养其生长繁茂的"神髓"的态度至今值得我们深思：不应该把现代思想及其提供的成果，当作既定的公理、教条与法则接受，而要从造就思想的"本柢"中学习，方可避免僵滞的名教话语产生，这样把握住的整体的、能动的"精神"，才能真正参与到我们在具体的、活生生的现实中处理、重建自身的"名"与"实"等关系的经验中去。

现代名教是中国二十世纪以来思想文化发展的一大隐疾，与后发国家在特殊时代中的困境相纠缠。基于此认识，本书展开"现代名教批判"这一课题：通过史学与哲学两种考察路径探讨名教的成因、危害（第一、二章）；重点依据章太炎、鲁迅与胡风的思想和实践，探析杰出的学者、知识分子对现代名教的洞察、警示与反抗，以及这一批判实践的意义所在（第三、四、五章）；思考文学为这一批判提供的可能性（第六章）。将胡适一章作为附录收入，原因在于，正是胡适明确揭起了"名教批判"这一中国现代思想文化史上极具意义的事件，对名教问题的关注是胡适思想与实践过程中贯穿始终的重要脉络。在他看来，迷信"写的字有神力""滥用名词""懒惰笼统"对于民族文化建设及国民性格养成均有巨大伤害。此外，胡适为名教批判所提供的方法论和思想、哲学资源（比如实验主义），与鲁迅、胡风这一脉差异较大（可将胡适这一章与第六章相比照），由此也可表明：不同思想背景的知识分子，对名教膨胀的危险都敏感，并依据自身语境和路径，为名教批判贡献了力量。

在以上所列举的历史人物中，章太炎最早以《四惑论》等文揭示中国现代性的核心危机——"以论理代实在"。胡适在其思想与实践过程中始终关注名教问题。鲁迅的"伪士"批判及对"观念世界之执持"的反抗是其思想原点，本书以他为代表讨论一种与文学相沟通的知识生产方式，其实是要提出中国现代知识分子的一种精神能力——用"白心"来抵抗理念的依附性，将学说、主义、思想等与生命实感交相砥砺，褪去僵硬而不及身的形态，由此刺穿名教的空壳而抵达活泼的现实世界，真正进入社会历史实践。而胡风则以毕生的实践活动（反对公式主义、张扬主观战斗精神）示范了名教批判作为一种精神能力和工作方式的可贵。如上对象的选择具备充分的依据：一方面，对名教的警觉与批判，是上述四人思想历程中的核心议题——他们都曾勾勒过"名教卫道士"的谱系（章太炎讽刺"中无所主"的"浮薄少年"；胡适揭露"抽象名词战争"和"纸上学说"背后的"奴性逻辑"；鲁迅痛恨"人云亦云，不持自见"的"伪士"及"做戏的虚无党"；胡风与"坐着概念的飞机去抢夺思想锦标"的"航空战士"们苦斗），并给予现代名教持续的抵抗。另一方面，诚如上文所言，他们为名教批判所提供的方法论与资源互有差异（章太炎以"亲证"破"空言"、胡适的实验主义、鲁迅与文学相沟通的知识形态、胡风的主观战斗精神），不同文学家、思想者在对特殊境遇的反应中付诸了足以相比肩的探索与践行。其实，如果一种思维与精神的能力即使时代相隔、取径各异，也能在每一时代最优秀的知识分子身上反复彰显，那么这也恰恰证明它确实代表着人类认识能力与思维机制中的某一特殊面相，弥足珍贵。借用学者孙歌的论述，"处理思想史人物"与"遭遇思想史人物"并非一回事[3]，在后者的场合，必须对研究对象自身的思考逻辑、整体架构以及所处历史状况有全面的洞察与把握，这是我在写作过程中心向往之的，无奈限于学力和篇幅，大多数情况下我只是选择研究对象的一部分言论与实践，为我所用，来结构新的论述空间。之所以对这种"低一层次"的处理方式依然敝帚自珍，原因如上所言，我相信通过这一方式开掘到的对象，代表着人类认识能力与思维机制中极具创造性的存在。

本书尝试思想史考察和文学研究相结合的方法。史学考察主要包括：通过"名教"的历史流变梳理基本概念；通过对时人言论、报刊等出版物的考察，重建名教风行的语境；寻绎章太炎、胡适、鲁迅、胡风等人的言论、文学和实践（包括涉及的多次论争）来把握其对名教批判的持续关怀等。借史华慈的话说，思想史的考察一方面要有"对于观念本身内容的高度重视"，另一方面还要"具体地研究特殊的观念本身如何适时地与特殊的政治人物发生关系的各种实际情形"。[4]我想这里所谓"实际情形"应当包括：考察这些关键词和概念在什么样的具体语境中生成，进入现实的传播过程中内涵发生了何种转变与增殖，同一旗号下新生的意义是否有内在矛盾……而我对现代名教的考察可能更加关注名词的消极变异，即当一个具体的名词变成名教以后，是否还和现实相对应？抑或变成高度封闭、拒绝向实践开放的强势意识形态？尤其是，这样一种运思和操作方式对历史发展和社会文化建设造成了何种影响？正如胡适所揭示的，名教危害在于其中深植的一种奴性逻辑，所以本书重点不是以话语分析的方式来处理现代中国重要观念（关键词）的"本身内容"，而是讨论隐伏在思想、学说、主义背后的一种不健康的思维方式。

由于文学研究者的积习，我力图在人的世界中把握历史的过程，或者说，通过历史的展开来丰富对人的理解。我始终感兴趣的是，面对现代中国新知爆炸、名词满天的情形，一些读书人的反应、态度、体验，以至由此可见的人物性情，还有文学对此的参与。史学的考察主要以实证方式提供问题的背景，而对于文学研究的运用则作如下说明：

首先，从研究对象来说，二十世纪中国文学史可以理解为现代中国知识分子的心灵史。二十世纪中国社会曲折发展的历史进程，蕴含了中国知识分子最大的寄托与失落，欢愉与激愤。尤其是这一群体努力以文学实践在现代人的精神世界里有所洞见，这本就是二十世纪中国文学史研究的题中应有之义。胡适掀起名教批判的目的是检讨"五四"新文化运动在输入种种主义时的悬空与浮泛，鲁迅对"伪士"的批驳则警醒世人潜藏在新学话语背后的消极的思维方式，这些都可视作新文化在展开过程中返身自省的契机。二十世纪中国文学史贡献过大量口号式的短语（"写真实""两结合""三突出""纯文学"等，以致有学者认为"文学史庶几可以简化为口号史"[5]），其抽取本质的简化能力，在变革时代曾发挥巨大的以简驭繁的动员作用。但同时也引发深刻的危机：它们往往去除事物之间的细微差异，去除难以剥离的思想、情感，去除感性的血肉，而不对流动的现实和具体的实践开放。现代名教批判为辩证讨论上述问题提供了反思的平台与可能。再者，不少文学作品对围绕名教的相关问题都有敏感发现：鲁迅《伤逝》、茅盾《虹》、张天翼《出走以后》等深刻描述了"新名词"的启蒙作用及其纠缠的困境，被"半生不熟的名词"所启蒙的个体如何避免名教的俘获而成长为"真的人"；郁达夫《血泪》揭示名教世界背后的私欲驱动，"主义的斗将"们操"名"之柄以牟利、愚人……这都值得我们总结。

其次，从题旨来说，本课题在揭示现代名教的危害、成因及特征之后，试图重点讨论的是批判的可能，而这与文学密切相关。所谓立

"名"为教，往往是抹擦掉立"名"过程中的造作、构制，而化为自然、天性。也就是说，名教压抑性的生成，往往是启动一种内在化的机制，将对名教的臣服锲入人的感性世界。所以针锋相对地，"脱观念世界之执持"离不开与感性机能、个人感觉紧密相联的文学，尤其是文学的"实感"，这是反抗名教的重要资源（参见第六章）。比如从根本上说，鲁迅把握世界的方式是一种文学的方式，具体到他的思想形态与知识生产方式，更是与文学具有同一性。鲁迅之所以能够避免众多同代人因理念操作的失度而身陷名教世界的命运，根本上源于文学的成全。甚至不妨说，有效的知识生产必须渗透着实感，与生活息息相关，与主体的存在往复沟通，即以置身于自己的具体问题和生存困境为契机，才是有效的知识生产。这成为一种根本性的态度，由此才能避免空洞的名词堆砌与冷漠的符号操作。

再次，具体方法上，我将借用文本细读等文学研究的手段。比如通过对小说《伤逝》的细读（参见第四章），将其理解为"五四"启蒙之父对名教围困中"启蒙"未经合法化的深刻质疑。子君只是在"半生不熟的名词"的意义上被涓生从西方文学中贩卖的观念所征服，而没有将这些观念内化为自身的血肉。"他们谁也没有干涉我的权利！"但这恰恰是一个被干涉、被权威从外部导入而塑型的自我。所以，只停留于名词传递式的启蒙——准确地说，未经生命机能化的启蒙——是脆弱而不堪一击的……由此，通过解读具体文本，将作品与作家、审美与社会等内外信息呼应、结合起来。

注释

1　鲁迅:《偶感》,载《鲁迅全集》(第五卷),北京:人民文学出版社,2005年11月,第506页。

2　瞿秋白:《多余的话》,载《瞿秋白文集》(政治理论编　第七卷),北京:人民出版社,1991年10月,第716页。

3　孙歌:《与思想史人物"遭遇"》,载《文学的位置》,济南:山东教育出版社,2009年1月,第3页。

4　[美]本杰明·史华慈:《关于中国思想史的若干初步考察》,张永堂译,载韦政通编《中国思想史方法论文选集》,上海:上海人民出版社,2009年6月,第246、251页。

5　李洁非:《文学史微观察》,北京:生活·读书·新知三联书店,2014年8月,第95页。

第一章

现代名教的界定（上）

本章为序论：首先，简述"名教"概念的历史流变，尤其自近现代以来，这一概念在使用过程中语义被重新构造；其次，考察清民之际名词膨胀的情形，这是诱发现代名教的重要成因；再次，通过胡适与鲁迅的意见进入现代名教的具体所指——其危险、特征与表现形态。胡适与鲁迅的思想观念、学术取向、文学趣味大相径庭，但对名教问题皆有敏锐洞察，他们将作为个案在后文重点论述。

"名教"概念的历史流变与现代重构

先秦与魏晋关于名实、名教问题的讨论述略

"名"与"实"是先秦哲学中的一对重要范畴，而"名教"与"自然"也成为魏晋玄学的核心关怀。本节就这两个时期的相关言论、主张作一最简要的勾勒[1]，尝试从中剔抉可与围绕现代名教的诸问题相沟通

的一二要点。

先秦

先秦诸子中，言"名"的最早材料[①]，是在孔子与老子那里：

> 齐景公问政于孔子。孔子对曰："君君，臣臣，父父，子子。"（《论语·颜渊》）
> 子路曰："卫君待子而为政，子将奚先？"子曰："必也正名乎！"（《论语·子路》）
>
> 道可道，非常道。名可名，非常名。无名，天地之始；有名，万物之母。（《道德经》第一章）
> 道常无名，朴虽小，天下莫能臣。（《道德经》第三十二章）

上面虽然是简略的记录，但已然决定先秦论"名"诸说的两种互异方向。

孔子的"正名"，系就"君君，臣臣，父父，子子"而言，即就政治秩序、道德秩序中的"名位""职分"而言。"君君"意思即"使君成为君"，这里两个"君"，一个代表概念中典范化的"君"，一个指具体存在的身份为"君"的个人。孔子的"正名"，就是用理念来规范

---

① 章太炎根据《礼记》《易》等材料，认为"'正名'之说，由来已久，孔子特采古人之说尔"。参见章太炎《国学讲演录》，上海：华东师范大学出版社，1995年12月，第228、229页。

实际①。

老子以"名"为符号指谓，认为"名"是一种蔽障、限定，故极言"道"之"无名"，以明"道"之无限性。到了庄子，发展为废除名言、"无为名尸"（《庄子·应帝王》）之说，基本立场没有变更。

而我们今天在一般意义上所谓"名家"，是指专门讨论"名"之理论的学派，其代表人物是公孙龙。由著名的白马之辩、坚白之论可知，这一派的基本旨趣是逻辑问题与形而上，比如概念与个别事物的性质与关系等。

"名"与"实"这对哲学范畴出现在春秋末年，而以"正名"为核心的名实之辩则是战国时期百家争鸣的重要议题。上文已经提到，孔子最早是从政治与道德秩序着眼讨论"正名"，从现存资料看，最早从认识论上探究名实问题的是齐国稷下黄老学派。《管子·心术上》："名者，圣人之所以纪万物也。""纪"是纲纪，有"把握"的意思；"名"的作用，是事物的符号，可以把握事物。由此他们提出，所谓"正名"就是"名当"，"名"应当恰好符合它所概括的客观事物："物固有形，形固有名，名当谓之圣人。……（名）不得过实，实不得延名。"（《管子·心术上》）公孙龙的基本观点是："夫名，实谓也。知此（名）非此（实）也，知此（实）之不在此（位）也……知彼（实）之不在彼

---

① 关于儒家的这一"正名"逻辑，胡适评论道："首先试图通过对名的研究以发觉事物应当是什么，然后试图通过提供一个精心制造和严格的理想关系的制度，以便改革现实的社会和政治秩序。……由于把判断归因于一个绝对的和先验的起源，他和他的弟子实际上已经作出了一个普遍的命题：事物应当如何，而不考虑其后果。……结果是，这普遍命题本身就被当作目的，完全没有检验其正确性的任何办法和渴望，也没有指导它们应用于具体情况的任何标准。因为，脱离了实际结果的普遍性命题，不过是空洞的词和抽象……"参见胡适《先秦名学史》第二卷《墨翟的逻辑》，载姜义华主编《胡适学术文集·中国哲学史》（下册），北京：中华书局，1991年12月，第827、828页。

（位）也，则不谓也。"（《公孙龙子·名实论》）公孙龙的文章往往缭绕难明，但主要观点还是可以察知的：名是实的称谓，确定名与实之间的对应关系，就是正名。如果一个概念所指称的，不是它原该指称的事物，或者它指称的事物发生变化已不在其位，那么就不应再使用这一概念。

荀子是先秦名实观念的集大成者。他的《正名》讨论的主要问题有：

第一，"名"的缘起与作用：

> 异形离心交喻，异物名实玄纽，贵贱不明，同异不别，如是，则志必有不喻之患，而事必有困废之祸。故知者为之分别制名以指实，上以明贵贱，下以辨同异。贵贱明，同异别，如是则志无不喻之患，事无困废之祸，此为有名也。

"制名以指实"，"名"的作用在于"明贵贱""辨同异"。

第二，"名"制定的原则：

> 然则何缘而以同异？曰：缘天官。凡同类同情者，其天官之意物也同。故比方之疑似而通，是所以共其约名以相期也。形体色理以目异，声音清浊调竽奇声以耳异，甘苦咸淡辛酸奇味以口异，香臭芬郁腥臊洒酸奇臭以鼻异，疾痒沧热滑铍轻重以形体异，说故喜怒哀乐爱恶欲以心异。心有征知，征知，则缘耳而知声可也，缘目而知形可也。然而征知必将待天官之当簿其类，然后可也。五官簿之而不知，心征之而无说，则人莫不然谓之不知。此所缘而以同异也。

制定"名"的基础是感官对客观事物的感觉。所谓"缘天官",即在对事物感觉的基础上,心再加以"征知",就可以分辨出事物同异。"荀子否认名的神秘起源,代之以感觉经验和理智活动产生名这种理论。"[2]

第三,制名的枢要:

> 然后随而命之,同则同之,异则异之。单足以喻则单,单不足以喻则兼;单与兼无所相避则共;虽共,不为害矣。知异实者之异名也,故使异实者莫不异名也,不可乱也,犹使异实者莫不同名也。

制名之枢要在于同实同名,异实异名,使名与实相应。

综合上面的论述,我们稍作归纳。首先,孔、老开启了先秦论名实诸说的两种互异方向。他们面对同一个问题——"名"是否能正确地反映"实"——而有不同的回答,可视作思维与存在是否具有同一性的问题。其次,在力求名实相符的言论中,彼此也有差异。这其实是春秋战国时期急遽演变的反映:面对"名实乱"(《荀子·正名》)的情形,是已经变化的"实"应该符合尚未改变的"名",还是"名"应该随着"实"的改变而相应改变?孔子的"君君,臣臣,父父,子子",是以"名"正"实",以"实"就"名",实质是把"名"看作首要,借胡适的话说,"孔子的正名主义的弊病在于太注重'名'的方面,就忘了名是为'实'而设的,故成了一种偏重'虚名'的主张"[3]。而墨子力矫此弊,趋重"以名举实","摹略万物之然",即认为"名"是客观事物的摹写,什么样的"实",就应该给予什么样的"名"。荀子关于名实的论述，也贯穿着"实"是第一性的原则。

魏晋

"名教"的含义，概括着两汉以来传统的政治制度和道德礼法的规范。尤其纲常名教并举，似乎成为儒家礼教的代名词。陈寅恪先生于此多有论断：

> 故名教者，依魏晋人解释，以名为教，即以官长君臣之义为教，亦即入世求仕者所宜奉行者也。其主张与崇尚自然即避世不仕者适相违反，此两者之不同，明白已甚。[4]

> 在两汉的征辟制度下，以仁孝礼让著称于乡里，是入仕的途径。取士与仁孝礼让或者说与德的结合，遂使名教成为豪族屡世必须奉行的圭臬与赖以自豪的门第的标志。豪族往往就是儒门。[5]

但名教之治到汉末面临重重危机。汉代以察举、征辟取士，故而月旦人物（是否"著称于乡里"）显得极为重要。历时既久，转生流弊，以言貌取人，多名实相乖，"厉行者不必知名，诈伪者得播令誉"，以致有民谣讥之曰："举秀才，不知书。举孝廉，父别居。寒素清白浊如泥，高第良将怯如鸡。"这种名实不符的现象让有识之士痛心疾首，乃转而求检形定名、控名责实，"汉魏间名法家言遂见流行"[6]。比如徐干认为：

> 名者所以名实也，实立而名从之，非名立而实从之也。故长形立而名之曰长，短形立而名之曰短，非长短之名先立，而长短之形从之也。仲尼之所贵者，名实之名也。贵名乃所以贵实也。[7]

此类关注形名的言论大量出现，恰恰反证出名与实的胶合已不复往日，名教之治积弊重重。

没有稳固规则、没有确定价值观的社会，将迅速瓦解；而既然名教的根本作用在于建立并维护群体伦理，所以完全抛弃名教对社会来说是不可能的。同样，完全背叛名教对于个人来说也是至难。因为跨越名教之后，价值与意义被取消，随即劈面遭逢的便是虚无，而虚无尽管允诺人以自由，但很少有人能够真正承担得起虚无所必然背负的生命的荒芜与悲凉。阮籍的穷途恸哭正是在渺无边际中体味着彷徨无措。所以，人们往往需要在名教与自然之间，尝试调节的方法。

而魏晋之际的有识之士往往以儒、道彼此嫁接来实现名教与自然的协调[①]。"名教所以治天下，自然所以养性命"，"自然名教乃相通而不相违"。[8] 我们来看当时玄学的两位代表人物何晏、王弼的主张。

何晏在《无名论》中说：

---

① 当然，名教与自然的问题在魏晋有一演变过程："曹魏的正始时代，名教与自然的问题在思想史上正式出现，何晏、王弼是最先提出这个问题的人。嵇康、阮籍等所谓'竹林七贤'代表名教与自然正面冲突的时代，而以嵇康被杀为其终点。西晋统一以后，名教与自然则转入调和的阶段，其理论上的表现则有郭象的《庄子注》和裴颜的《崇有论》。"参见余英时《名教思想与魏晋士风的演变》，载《士与中国文化》，上海：上海人民出版社，2003年1月，第358页。

夏侯玄曰：天地以自然运，圣人以自然用，自然者，道也。道本无名，故老氏曰强为之名。仲尼称尧荡荡无能名焉，下云巍巍成功，则强为之名，取世所知而称耳。岂有名而更当云无能名焉者邪？夫唯无名，故可得遍以天下之名名之，然岂其名也哉？[9]

"仲尼称尧荡荡无能名焉"云云，语出《论语·泰伯》："大哉尧之为君也！巍巍乎！唯天为大，唯尧则之。荡荡乎！民无能名焉。巍巍乎！其有成功也。"何晏于该章注曰："其布德广远，民无能识其名焉。"这里的意思是：道不可名，由它所化生的万物为可名的众有。无名者遍生诸有名者，而可无所不名，却不可以任何一名限定之。由此来解释儒家的理想人物——尧的功绩，他之所以"荡荡无能名焉"，使百姓"无能识其名"，因为他体现了无所不在的自然之道，所谓"圣人以自然用"。总而言之，儒家的纲常名教出于道家的天道自然。

王弼同样是在类似的范畴内讨论名教与自然：

王辅嗣弱冠诣裴徽，徽问曰："夫无者，诚万物之所资，圣人莫肯致言，而老子申之无已，何邪？"弼曰："圣人体无，无又不可以训，故言必及有；老、庄未免于有，恒训其所不足。"（《世说新语·文学》）

在王弼的相关记载中，上述答语经常出现（如："弼曰：'圣人体无，无又不可以训，故不说也；老子是有者也，故恒言无所不足。'"[10] 文字稍有出入，而意旨大体相同），可见其重要性。"言'有'者未尝脱离

'无'，言'无'者用心在救助'有'，故圣人之教与老庄之理原非异趋。"[11] 用儒、道合流的方法来调节名教与自然，就是强调行为准则与礼法规范应该从因顺事物的自然本性出发。[①]

王弼又说：

> 《老子》之书，其几乎可一言而蔽之。噫！崇本息末而已矣。……夫邪之兴也，岂邪者之所为乎？淫之所起也，岂淫者之所造乎？故闲邪在乎存诚，不在善察；息淫在乎去华，不在滋章；绝盗在乎去欲，不在严刑；止讼存乎不尚，不在善听。故不攻其为也，使其无心于为也；不害其欲也，使其无心于欲也。谋之于未兆，为之于未始，如斯而已矣。故竭圣智以治巧伪，未若见质素以静民欲；兴仁义以敦薄俗，未若抱朴以全笃实；多巧利以兴事用，未若寡私欲以息华竞。故绝司察，潜聪明，去劝进，翦华誉，弃巧用，贱宝货。唯在使民爱欲不生，不在攻其为邪也。故见素朴以绝圣智，寡私欲以弃巧利，皆崇本以息末之谓也。[12]

王弼认为，主张名教者，如果以善察、滋章、严刑来对付邪恶、淫乱、巧伪之弊，则疲于治标，不能消除根源。治本之道在于"崇本息末"。"息末"就是"潜聪明，去劝进，翦华誉，弃巧用，贱宝货"，"崇本"就是"见质素以静民欲""抱朴以全笃实""寡私欲以息华竞"，法道体

---

① 当然，魏晋之际，不乏通变"巧宦"，以自然与名教相同之说，来"辩护其宗旨反覆出处变易之弱点"，以取名利双收之效。详参陈寅恪《陶渊明之思想与清谈之关系》，载《陈寅恪集：金明馆丛稿初编》，第201—229页。

的无欲无求，其实作用于人们的内心自然。王弼一方面消解了生命的窒碍负累，另一方面也保存了名教所昭示的人伦道德。他的方法，不是否定名教德目的意义，而是以虚静之心破除执"名"定规之教，不尚"名"而崇不名不形的"自然之教"。这里针对的，正是当时的现实情形里，很多人以名教为工具，刻意标榜仁义道德的名目，实则从事争权夺利的营私。阮籍揭露了这些名教卫道士的虚伪面目：

> 外易其貌，内隐其情，怀欲以求多，诈伪以要名。……汝君子之礼法，诚天下残贼、乱危、死亡之术耳；而乃目。以为美行不易之道，不亦过乎！ [13]

由此可知，魏晋正是一个名教流于高度空洞化、形式化，甚至虚伪化的时代，"许多人为了博'孝'之名以为进身之阶，便不惜从事种种不近人情的伪饰，以致把儒家的礼法推向与它原意相反的境地"[14]。嵇康、阮籍深恶痛绝的只是当时虚伪的名教，而不是理想的，即合乎自然、出于内心的名教。

曾春海先生曾比较王弼调和儒道之法与儒家思想本源的差异："儒家的仁义、孝慈出于蕴含道德实理的德性心，非道家虚静无为义的道心。儒家所肯认的具道德价值之行为当出于德性主体的自觉意识，非道家无意识状态之心，所谓无私无虑之心。"[15] 这是精辟的论断。其实不管是"自觉意识"还是"无私无虑之心"，反对的都是以名教为工具满足私欲的虚伪。二者给予世人的共同警醒是：任何正当、合理的价值与意义，都不能只作为身外标举的名目，要避免为"名"所造执。

上面种种围绕"名"的阐述，可以引出和下文讨论的内容相沟通的几点：

第一，力求名实相符在中国古代思想中有着源远流长的阐述，先秦诸子，比如荀子、墨子的言论，贯穿着"实"是第一性的原则，而庄子也说"名者，实之宾也"（《庄子·逍遥游》）。名是实的宾位，强调以事实为准而否弃虚名。本书在讨论中将现代名教批判的着眼点之一，定为反抗"名"脱离、扭曲、侵吞实际，这其实也是上述思想的接续。

第二，在道家看来，"名"往往会成为人们认识与思维世界中的一种障蔽。用概念支撑的世界是可疑的、不稳定的，这是名教批判思维的最早资源。不过，人生活的世界本就是一个用概念作工具的世界，"名"代表了人赋予事物的关系、设定世界的秩序，这其实是人类生活中再正常不过却也无法避免的现象。

但是名教批判针对的问题之一是，"名"的世界确立以后，它被理解为真实世界本身；然而"名"与"实"并不严丝合缝地等同，后者的运转未必听命于命名的理念。这种矛盾不断膨胀、激化，当积累到一定程度，概念完全浮离，甚至背离真实世界，名教的危险就产生了。比如，因为"名"的隔离、割裂，人对真实世界感到陌生，甚而全然遗忘。现代名教可以说是这样一种情形趋于极端的状态。美国作家 E. B. 怀特感慨"人们本可以从他们的窗户看见真实的东西，但是人们却偏偏愿意在荧光屏上去看它的影像"[16]，荧光屏上的影像之于"真实的东西"，恰类似于"名"之于实在的世界。由这个荧光屏所虚构、建造出来的影像，占据人们的思想与意识，显现出比实在世界更强大的力量。当它发展到极致，派生的符号遮蔽了本体，名教的牢笼就这样几乎改变了我们社会生活的整个形式。今日的世界，符号已经趋于饱和，我们就生活在一个由各种各样的"名"所笼盖的网络之中，由此不难理解一位当代学者痛切的自白："我们成了一群戴着符号面具躲在人生舞台后面自导自演的戏子，上演着'书斋里的革命'，在文化和符号的脂肪上搔痒。陷溺在符号的八卦阵中，其实已让我们产生了双重的断裂。我发觉自己生活在符号中后付出了无可挽回的代价，那就是我已经失却了对于生活的真切与实在的感受。"[17]

第三，荀子将"缘天官"作为制定"名"的基础、依据。他最早将人对"名"的理解、应对、处置，与个体的直观、感觉联系在一起。这里给人的启发是：尤当一个秩序轰塌的年代，本来可以依恃的标准分崩离析，各种各样的名号漫天飞扬。这个时候，我们是不是可以回到感官的感觉与内心的知觉呢？鲁迅说："凡有所说所写，只是就平日见闻的事理里面，取了一点心以为然的道理；至于终极究竟的事，却不能知。"[18]鲁迅以"心以为然"的"确信"来抗衡绝对真理之类"终极究竟的事"，在名词爆炸的时代里"以心应世"。

第四，魏晋士人调和名教与自然，也往往将"名"与人的内心意愿相联系。从反面来说，二十世纪初鲁迅抨击的"伪士"（详参第四章）与前文阮籍对名教卫道士的描摹大有相似之处（而鲁迅与魏晋风骨的精神血脉又是如此融通）。当然，其中显著的不同是，阮籍否定以美名相标榜而实则"内隐其情"者，基本上是中国文化的内部问题；而鲁迅揭批之"伪士"所操持的"恶声"，大抵是西来之启蒙话语，这与全球化时代中后发国家的现代化困境紧密相联，正是现代名教的现代特质所在。从正面来说，任何正当、合理的价值与意义，都不能只作为身外标举的名目，要避免为"名"所造执。在这样的思想脉络中，我们自然会想到王阳明将道德诉诸人的主体性和主动性的哲学：为了纠正程朱理学因外在的道德律令与实际的道德行为之间的分裂，而造成的盗"名"、作伪，即"外假仁义之名，而内以行其自私自利之实"（《答聂文蔚》）的现象，王阳明尝试用"吾心"本有之"良知"，把天理化为自身的行为动机，把外在的道德律令化为内心的道德自觉。后文的讨论将可见出：鲁迅、胡风的思索与实践，与魏晋士人所开启的"名教向自然"的归趋，以及心学"知行合一"的诉求，恰有相通之处（鲁迅的"立人"工程对传统心学的承继，已经为很多研究所揭示①）。名教批判的内涵之一，往往并不是要推翻"名"所负载的意义、价值，而是力图实现"名"的自然化，希望这些意义、价值成为人本性中自然而然的存在，能够和个人的内心自愿真正结合，而拒绝"名"沦为虚伪的空言。这些人并不是虚无主义者，尤其面对那些代表历史进步与社会正义的"名"，他们采取的方法可以说是以道家的策略行儒家的实效。对于现代名教，是质疑它们是否只在一种僵化工具的立场上被接受，而反抗名教是要将"名"所负载的意义、价值真正内化为主体的自觉意识与自觉活动。

"名教"概念的历史流变与现代重构

查阅文献典籍与相关工具书可发现，"名教"一词最早出现于《管子·山至数》："昔者周人有天下，诸侯宾服，名教通于天下。""名教"

---

① 参见郜元宝《"为天地立心"——鲁迅著作所见"心"字通诠》（载《鲁迅六讲》，上海：上海三联书店，2000年10月，第1—44页），及汪卫东《鲁迅前期文本中的"个人"观念》（北京：人民文学出版社，2006年4月）。清末民初，心学如何从原来的思想体系中抽离出来，成为近代思想及行动者人格塑造运动的资源，可参详王汎森《中国近代思想中的传统因素——兼论思想的本质与思想的功能》，载《中国近代思想与学术的系谱》，石家庄：河北教育出版社，2001年11月，第117—148页。

在这里是指名声与教化。

"名教"一词得到普遍使用是在魏晋之后，在玄学语境中代表儒家思想，而与道家"自然"概念相对举。比如："越名教而任自然"（嵇康：《释私论》），"圣人贵名教，老庄明自然"（《晋书·阮瞻传》）。在一般语境中，"名教"是指以三纲五常为核心的封建伦理道德，三纲五常是董仲舒总结从先秦至汉代伦理思想的结果，构成中国封建社会基本伦理道德体系。自晋以后，"名教"一词内涵不断扩大、泛化，韦政通在《中国哲学辞典》中说，传统典籍在使用"名教"概念时，有时用其狭义——同于礼教，有时用其广义——同于儒教，[19] 统括建立在"天人之际"古典宇宙观之上的中国传统的政治、文化秩序的正当性。

直到 1914 年，辜鸿铭仍充分肯定名教在中国社会中的功效。在他的理解中，儒学即名教——"孔子所创的以名分大义为主旨的国教"[20]。

有研究者指出，对名教内涵的理解须从名词与动词两义上来把握：

> 作为名词是指由儒家所倡导的以"三纲五常"为核心的伦理道德、礼仪节文及其制度规范；作为动词是指对社会各等级的人们所实行的安于自己名分和地位的教化。[21]

名教蕴含的实质正是围绕正名定分并以之为教化来建立长幼有序、尊卑有别的秩序。上文所述孔子"正名"思想——通过对"名"的地位、作用，以及名实关系的种种界说、安排来导出理想的社会秩序——正是名教的思想渊源。

近代以降，激烈批判名教较为显著的是谭嗣同 1896 年撰写的《仁学》。根据其批判，我们可以剖析谭嗣同对名教的理解，基本上有三层意涵：

第一，名教即封建纲常礼教，此项已毋庸多议。

第二，《仁学》吸收了道、佛两家对分别名言、名相的否定思想，指出："仁之乱也，则于其名。……名本无实体，故易乱。名乱焉，而仁从之，是非名罪也，主张名者之罪也。"在这里，"名"是指一切外在的形式与分别，谭嗣同强调"仁"是不受"名"限制的精神信念或"心力"，如果"仁"受到了外在的形式与分别的束缚，就会变质。但不幸，"名"在人世间布下天罗地网，所以谭嗣同主张"冲决罗网"。这里，"名"作为一种束缚或障碍，包括了一切外在的制度、习俗，当然也包括了理论、概念等。

第三，"以名为教"的过程是以"本无实体"的"名"来压服人。"俗学陋行，动言名教，敬若天命而不敢渝，畏若国宪而不敢议。嗟乎！以名为教，则其教已为实之宾，而决非实也。又况名者，由人创造，上以制其下，而不能不奉之，则数千年来，三纲五伦之惨祸烈毒，由是酷焉矣。""名之所在，不惟关其口，使不敢昌言，乃并锢其心，使不敢涉想。愚黔首之术，故莫以繁其名为尚焉。"[22] 上述谭嗣同对"名教"的理解，未必都是新见（中国历史上每逢社会大转变阶段，几乎都会关注名实问题），但是他明确地使用"以名为教"来表述名教的实质，并揭示其中可怕的命定论色彩对人的实际生活与实践的压制，这是具有启发意义的。而这也正是下文即将展开的反抗名教的论述重点。

1908 年，章太炎在《排满平议》中揭示"殉名"[23] 的危害（此文对"夸大殉名之主义"的批驳与后来胡适在"问题与主义"之争中的思路一致），"殉名"可以理解为以身殉名教。此处不妨参考以赛亚·伯林讨论赫尔岑时的措辞："太多人渴求文字魔力"（即"符咒"），

"将人类牺牲于文字"，于是，"社会真实单元所在的个人经常被作为牺牲而献祭于某个概括观念、某个集合名词、某块旗帜"。[24] 此处"献祭"，正可指向"殉名"、为名教所吞噬。同一年，章太炎在《四惑论》中又批判"以论理代实在"，这一句恰恰点出了名教的危险实质，即名教世界通过种种"大理"而派生出来的对实在的叙事、编织，反而取缔了实在本身。《四惑论》最直接的产生背景，"是对《新世纪》假借服膺于科学、顺应于进化、尊重惟物及信奉自然规则等等名义来否定同盟会纲领及群众实际斗争的愤懑"，是"为了回击《新世纪》对《民报》和同盟会纲领的诋毁"，[25] 遂有对《新世纪》诸人"时吐谲觚之语，以震荡人"[26] 的描画。"谲觚之语"正是指公理、进化、唯物、自然。"惑"既指这四者不证自明、"今人以为神圣不可干"的观念学说（日本学者木山英雄先生称其为"理念偶像"[27]），又被章太炎用来形容深受"震荡"者面对"谲觚之语"时的心灵状态。这里没有饱含丰富生存体验的精神探索，而只是为"惑"所诱导，取消了独立思考与判断，转而精神涣散、个性沦丧，只在思维世界中留下空白的"跑马场"，供种种现代名教大行其是地加以填塞。而章太炎针锋相对地指出，当心思与学说之间没有发生必要的磨勘淬砺，学说就会沦为空洞的符号。而进化、唯物和自然等现代意识形态归根结底是人为建构的，如果将人们有限的认识绝对化，用新的观念崇拜来桎梏人，就会造成精神枷锁与强迫机制。章太炎显然已经预感到了名教的实质、危害，及名教运作机制中深藏的现代迷信与社会专制的认识论起源（详参第三章）。

1926 年 12 月，冯友兰在《名教之分析》中说："所谓名教，大概是指社会里的道德制度，与所谓礼教的意义差不多。"这仍然是上文分析的名教的基本义，但冯友兰同时指出："在实践方面，概念在中国，却甚有势力。名教、名分，在中国有势力。名所指的就是概念。"进而将守节、殉夫这种中国历史上"不合理的事情"，归咎于"屈服于名、概念"。[28] 两年后，胡适在《名教》一文中将冯友兰的意思理解为"'名教'便是崇拜名词的宗教"，进而直截了当地说："'名教'，便是崇拜写的文字的宗教；便是信仰写的字有神力，有魔力的宗教。"[29] 这里对名教概念的理解、对名教危害产生因由的分析，已完全与本书论题相合。

本书依据"现代名教"这一概念展开，如果对此不作出清晰而有效的界定，则整个论述都无从建立，但此处并不是凭空抽象出一个概念。本书的论述起点是名教概念的历史流变与现代重构。"名教"本来特指以正名定分为主的封建礼教。西汉武帝时，将符合封建统治利益的政治观念、道德规范等立为名分，定为名目，号为名节，制为功名，以之教化。而近现代以降，谭嗣同、章太炎等人在具体使用过程中，一方面接续了古代名教批判中所针对的命定论色彩，另一方面，尤其到了冯友兰和胡适这里，逐渐将名教表述为"崇拜名词的宗教"，"信仰写的字有神力，有魔力的宗教"。更为清晰地显示名教概念被现代重构而加以使用的，是余英时先生所谓"新名教"的说法："'五四'时代彻底打垮了儒家的旧'名教'，但一转身我们又心甘情愿地陷入新'名教'，我们从中国传统的相对性的权威主义中解放了出来，但马上投身于绝对性的权威主义。这是为什么？还不是因为我们迷信'新名教'，'革命'、'进步'……都成了不容丝毫怀疑的'名'。"[30] 按照汤用彤先生的解释，"名教"是一个沟通了名、儒、法三家，带有涵盖性的概念[①]，

---

① 汤用彤先生指出："王者通天地之性，体万物之情，作为名教。建伦常，设百官，是谓名分。察人物彰其用，始于名目。以名教治天下，于是制定礼法以移风俗。礼者国家之名器，法者亦须本于综核名实之精神。"参见汤用彤《读〈人物志〉》，载《魏晋玄学论稿》，第12页。

与此处的"名"相关联的语意包括名位、名分、名节、正名、与"实"相对……而胡适正是在与"实"相对的角度将"名教"中的"名"理解为名词、概念等符号，而淡化了其中封建纲常礼教的意味。由此对名教概念的理解、对名教危害产生因由的分析，对立"名"为教过程中的思维逻辑（用胡适的话说即"奴性逻辑"，即现代中国对名词、概念的空言与独断的俯首帖耳，对人自由、丰富的精神世界与实践的压制）的揭示，正是本书的立论所据。

从"新语"到"名教"

清民之际新名词大量出现，体现出中国人思维方式与价值观念的现代变革。但是其中也潜藏着危险，自清末以来持续的名词膨胀正是诱发现代名教的重要成因。

新词语生成、输入之盛

清季新词的大量出现始于制造局之译书，传教士和新式报刊也起了相当作用。以个人贡献而论，不得不提到梁启超。1897年，梁启超在《变法通议·论译书》中指出，"新出之事物日多，岂能悉假古字。故为今之计，必以造新字为第一义"[31]。1899年，《汗漫录》以新意境、新语句与古风格揭起"诗界革命"，其中"新语句"主要指运用"欧洲语""新名词"以体现"欧洲真精神真思想"。尽管后来出于对"革命"词义潜在威胁的恐惧，梁启超修正了"诗界革命"的批评标准^①，但正是在他的倡导下，《清议报》《新民丛报》等出现大量使用"新语句"——如"自由""民主""共和""平等"——的诗歌。或许梁在诗歌领域还略显保守，但是对于散文的态度则更放得开，下笔多嵌入新名词及外国语法，这正是"新文体"（人称"启超体"）的重要特色。1902 年，《新民说·论进步》宣告："社会之变迁日繁，其新现象、新名词必日出，或从积累而得，或从交换而来。故数千年前一乡一国之文字，必不能举数千年后万流汇沓、群族纷挐时代之名物意境而尽载之尽描之，此无可如何者也。言文合，则言增而文与之俱增。一新名物、新意境出，而即有一新文字以应之。新新相引，而日进焉。"³² 同年，黄遵宪来信告诉梁启超，正是在他的推动下，朝野上下对新名词趋之若鹜："此半年中，中国四五十家之报，无一非助公之舌战，拾公之牙慧者。乃至新译之名词，杜撰之语言，大吏之奏摺，试官之题目，亦剿袭而用之。"³³

清民之际，新语入华渐成趋势，言谈、作文中新语层出不穷，连清末科举改试策论的卷子中，"满纸只有起点、压力、热力等字"³⁴。李宝嘉撰《新名词诗》四首：

　　　　处处皆团体，人人有脑筋。保全真目的，思想好精神。势力

---

① 梁启超在"诗界革命"后期强调"风格"和"意境"，而淡化"新语句"，说："过渡时代，必有革命。然革命者，当革其精神，非革其形式。吾党近好言诗界革命。虽然，若以堆积满纸新名词为革命，是又（伪）满洲政府变法维新之类也。能以旧风格含新意境，斯可以举革命之实矣。苟能尔尔，则虽间杂一二新名词，亦不为病。不尔，则徒示人以俭而已。"并对谭嗣同、夏曾佑等人"颇喜挦撦新名词以自表异"不以为然。参见梁启超《饮冰室诗话》，《新民丛报》第二十九号，1903 年 4 月 11 日，转引自陈引驰编《梁启超学术论著集·文学卷》，上海：华东师范大学出版社，1998 年 11 月，第 376 页。具体解说可参见陈建华《"革命"的现代性：中国革命话语考论》，上海：上海古籍出版社，2000 年 12 月。

圈诚大，中心点最深。出门呼以太，何处定方针。

短衣随彼得，扁帽学卢梭。想设欢迎会，先开预备科。舞台新政府，学界老虔婆。乱拍维新掌，齐听进步歌。

欧风兼美雨，过渡到东方。脑蒂渐开化，眼帘初改良。个人宁腐败，全体要横强。料理支那事，酣眠大剧场。

阳历初三日，同胞上酒楼。一张民主脸，几颗野蛮头。细崽皆膨胀，姑娘尽自由。未须言直接，间接也风流。[35]

虽语出戏谑，但确实反映出当时新名词膨胀的情形（且上述罗列的当年时髦名词绝大部分早已成为今人的口头用语）。诗中描写的语文状况，未必仅限于精英领域，作为时代潮流的集约化符号的新名词，也大量渗透、传播到民间。

在入华新名词中，蔚为大观的当然是"日本新名词"。1911年刊行的《普通百科新大词典》的凡例中说："吾国新名词大半由日本过渡输入。"[36] 时人对袭用日本新名词的情状多有写照："年来由日本贩入之新名词，人人乐用"[37]，"自日本移译之新名词流入中土，年少自喜者辄以之相夸，开口便是，下笔即来，实文章之革命军也"[38]。

对新词语的拒斥

当然，晚清民初士人排斥新语者亦不乏其人。据冯天瑜先生考证：

"西洋新语入华,自明末以降,已历三百年,然直至1896年以前,因力度有限,并未引起人们重视,……但1896年以后,随着日本新名词的成批涌入,使得视语文传统为命脉的士大夫阶层十分惊恐,遂起而抵制。"[39]

戊戌时期,叶德辉讥讽道:"更可笑者,笔舌掉罄,自称支那,初哉首基,必曰起点。……论其语,则翻译而成词,按其文,则拼音而得字。非文非质,不中不西,东施效颦,得毋为邻女窃笑耶!"[40]在他与王先谦等人共同制定的《湘省学约》中,也对《湘报》好用新词力加抨击。

张之洞是游学东瀛和广译东书的重要倡导者,但是当游学和译书的必然结果——新词语及其负载的新思想大举入华之际,张之洞却心生抵触。1903年年底1904年年初,在其主持制定的《新定学务纲要》中特列"戒袭用外国无谓名词以存国文端士风"一条,对外来词(尤其是日本名词)大加讨伐:"古人云:文以载道。今日时势,更兼有文以载政之用……凡通用名词自不宜剿袭掺杂。日本各种名词,其古雅确当者固多,然其与中国文字不宜者亦复不少。近日少年习气,每喜于文字间袭用外国名词谚语,如团体、国魂、膨胀、舞台、代表等字,固欠雅驯;即牺牲、社会、影响、机关、组织、冲突、运动等字,虽皆中国所习见,而取义与中国旧解迥然不同,迂曲难晓;又如报告、困难、配当、观念等字,意虽可解,然并非必需此字,舍熟求生,徒令阅者解说参差,于办事亦多窒碍。"[41]1905年12月,张之洞电告学政:"近时恶习,无论官私何种文字,率喜袭用外国名词,文体大乖,文既不存,道将安附?"[42]张之洞态度之迎拒适足,反映其心目中"中学为体,西学为用"所规划的限度,也表征了转型时代中士人的典型心态。耐人寻味的是,据江庸《趋庭随笔》记载,张之洞晚年任体仁阁大学士,兼管学部,决计利用职权抵制日本名词在中国的泛滥,"凡奏疏公牍有用新名词者，辄以笔抹之。且书其上曰：'日本名词'。后悟'名词'两字即新名词，乃改称'日本土话'"。此外，当时学部拟颁一检定小学教员的章程，张以为"检定"一词来自日本，欲更换而不得妥帖之语，犹豫再三，该章程终被搁置。[43] 上引张之洞指摘"少年习气"所袭用的几例新名词，大多已成为今人的习惯用语，再加上他嫌而难弃的矛盾情形，反证明新语输入之不可阻挡。这也是我们下文讨论反对名教的前提之一，但反对名教绝非如旧人物一般厌恶、抵抗新语汇。

1907 年，林纾在《拊掌录》的一段跋尾中表示："老人英产，力存先英轨范，无取外国之名词，以杂其思想。此语固甚恰余怀也。……吾中国百不如人，独文字一门，差足自立，今又以新名词尽夺其故，是并文字而亦亡之矣。"[44]

1915 年 9 月，辜鸿铭在北京大学的开学典礼上以谐谑的语调抨击道："现在人做文章都不通，他们所用的名词就不通，譬如说'改良'吧，以前的人都说'从良'，没有说'改良'，你既然已经是'良'了，你还'改'什么？你要改'良'为'娼'吗？"[45]

新名词频繁见诸报端、试卷，甚至奏折，引起各方责难。报刊媒体纷纷刊载批评言论以维系传统的文章秩序。《大公报》1903 年 3 月 1 日、4 月 19 日连续发表《国民文明野蛮之界说》《学魔》等文，批评"我中国今日有一种自诩文明者，不过多读几卷新译书籍，熟记许多日本名词，遂乃目空一切、下笔千言，袭西人之旧理论，作一己之新思想，以狡诈为知识之极点，以疏狂为行止之当然，以新学为口头禅，以大言为欺人术，自高其格曰吾文明也"。《申报》1906 年 6 月 30 日发表《论文字之怪现象》，10 月 28 日又发表《新名词输入与民德堕落之关系》，指出"自新名词输入，中国学者不明其界说，仅据其名词外延，不复察其名词之内容，由是为恶为非者，均恃新名词为护身之具，用以护过饰非，而民德之坏遂有不可胜穷者矣"[46]。不过，一方面是加以抨击，另一方面，众多报刊又不得不使用新名词以表达新内容、吸引新读者。

已有论者从知识（类似"西学中源"的知识立场）、政治（惧怕与政治相关的新名词助推革命潮流蔓延）、文化（抗拒"东瀛文体"）等方面来总结晚清在接纳新名词、新概念时的障碍，[47]而出于民族主义与保存国粹的抵拒态度则尤为值得一提。清季最后几年，由于西方民族主义思想的引入，语言文字被视为国粹的当然组成，"合一种族而成一大群，合一群而奠居一处，领有其土地山川，演而为风俗民质，以成一社会。一社会之内，必有其一种之语言文字焉，以为其社会之元质，而为其人民精神之所寄，以自立一国。一国既立，则必自尊其国语国文，以自翘异而为标致。故一国有一国之语言文字，其语文亡者，则其国亡；其语文存者，则其国存。语言文字者，国界种界之鸿沟，而保国保种之金城汤池也"[48]。有人指责新名词输入导致国民精神堕落[49]，邓实更是以为"变易其国语，扰乱其国文"是今之"欧美列强所以多灭国之新法也"[①]，黄节同样例举英俄灭印度裂波兰"皆先变乱其言语文字，而后其种族乃凌迟衰微"[50]。其中章太炎的意见尤其值得重视："卫国性、类种族者，惟语言历史为亟。"[51]从捍卫"汉种语文"的角度，外来的新语实足警惕，但他在比较中西语文短长之后，认为"汉土所阙者在术

---

① 参见邓实《鸡鸣风雨楼独立书·语言文字独立》，转引自罗志田《种界与学理：抵制东瀛文体与万国新语之争》，载《国家与学术：清末民初关于"国学"的思想论争》，北京：生活·读书·新知三联书店，2003年1月，第145、146页。据沈国威整理，当时批评、反对借用日本新名词的人，其理由除开民族主义情绪之外，还包括不雅训（字无来历，无法在中国权威典籍中找到出处）、新旧中外杂糅破坏文体统一性、译词界说混乱。参见沈国威《近代中日词汇交流研究：汉字新词的创制、容受与共享》，第297—300页。

语", "欧洲所完者在术语" [52] ; "中国文辞，素无论理"，强调"科学兴而界说严，凡夫名词字义，远因于古训，近创于己见者，此必使名实相符，而后立言可免于纰缪" [53] 。显然，章太炎并不全然反对创制新语。清末民初，借创制定义精密、概念规范的新语来改变中国人"含混闪烁"的思维习惯，得到很多思想精英的认同（比如王国维、严复，以及稍后的鲁迅、周作人等）。对于"新事新物，逐渐增多，必须增造新字，才得应用"的说法，章太炎以为"这自然是最要"，他的特异之处在于"远因于古训"一条，即创制的方法"但非略通小学，造出字来，必定不合六书规则。至于和合两字，造成一个名词，若非深通小学的人，总是不能妥当"。[54] 支持"增造新字"，但须得"深通小学"。这似乎提醒我们，在适应新的"现代性"需要而与传统实现一定程度的"断裂"时，应该保持对部分传统（比如中式重要构词法等）适度的尊重，这或许成为现代转换的接引与契机。早在 1890 年，有着丰富翻译经验并且对西学东渐作出巨大贡献的传教士傅兰雅，就总结出翻译过程中"创造专业术语的原则"，其中重要一条即是"新术语必须尽可能地与汉语的一般结构相一致" [55] 。荀子曾鉴于战国时代"奇辞起，名实乱"的情形而属望"若有王者起，必将有循于旧名，有作于新名"（《荀子·正名》），语言的稳定性与变异性正是在"循于旧名"与"作于新名"的融合中并行不悖。

新语输入的合理与潜藏的危险

学人中不同时流而对新名词有理性态度者，首推王国维。1905 年在《论新学语之输入》中，王国维开宗明义肯定了新语入华："近年文学上有一最著之现象，则新语之输入是已"，"我国学术而欲进步乎，则虽在闭关独立之时代，犹不得不造新名。况西洋之学术骎骎而入中国，则言语之不足用，固自然之势也"。反映新器物的新名词，自明末以来不在少数，人们较易接受；但表征新思想的新名词，在"中体西用"占主导的格局中则每遭非议（如前文所例举），而王国维正是在思想与语言的关联中评价"新言语输入"的意义："言语者，思想之代表也，故新思想之输入，即新言语输入之意味也。十年以前，西洋学术之输入，限于形而下学之方面，故虽有新字新语，于文学上尚未有显著之影响也。数年以来，形上之学渐入于中国。而又有一日本焉，为之中间之驿骑，于是日本所造译西语之汉文，以混混之势，而侵入我国之文学界。好奇者滥用之，泥古者唾弃之，二者皆非也。"[56]面对新词语"以混混之势而侵入"，"泥古者唾弃之"当然不智，"好奇者滥用之"亦复无益，王国维的这番评议发人深省。

顺着王国维的思路，我们已可大致触摸到新语输入的必要性与意义、价值所在。语言学家萨丕尔说："语言，像文化一样，很少是自给自足的。"[57]词汇对于社会与文化、思想有着强烈的依附性与共变性（正是着眼于语言符号与社会文化之间的"共变"关系，陈寅恪才有"凡解释一字即是作一部文化史"[①]的说法），尤其在转型时代，随着外来事物、思想的大规模入华，词语的"侵入"、新变与增生是正常不过的事情，正如梁启超所谓"社会之变迁日繁，其新现象、新名词必日出"[58]。夏衍曾回顾中国语文史，发现"新字和新词增加得最多的"是如下三

---

① 当时沈兼士作《"鬼"字原始意义之试探》（刊于《国学季刊》第五卷第三号，1935 年），陈寅恪阅后大为赞赏，在两人的书信往还中，陈寅恪发为此叹，见陈寅恪《陈寅恪集·书信集》，北京：生活·读书·新知三联书店，2001 年 6 月，第 171—173 页。

个时期:"首先是从汉魏到隋唐这一段时期,开通了西域,从印度传来了佛教文化";"第二次外来语的大量'侵入'中国,则是在鸦片战争之后,特别是戊戌事变到辛亥革命这一段时间";"新名词和外来语大量进入中国语汇的'第三次浪潮'是在十月革命前后,经过半个多世纪,直到八十年代"。[59] 以上三个时期,无疑是思想活跃、文化发展、时代进步的时段。

冯天瑜先生将新术语"在学术文化层面"的作用罗列为三点:塑模并规限近代诸学科的发展;造就新文体,推动白话文运动;提供新思想的语文部件。[60] 经由这一语文部件所搭建的传播平台,中国人将现代文明的成果部分地转化为中国文化的一部分。从"一般思想史"的角度而言,正是那些看似在不经意间反复使用的表示新生事物与新思想的新名词,在社会实践中,既体现出中国人思维方式与价值观念的变革,同时又艰难参与、推动了这一变革过程,在潜移默化中重塑了中国人的"自我感知框架"(frames of self-perception)[①]。

对于本书的论题而言,概述以上情形——清季民初新语输入之盛,拒斥者的不明智,以王国维为代表的理性态度以及新语输入的必要性——的意义在于说明:首先,清末以来持续的名词爆炸确实是诱发现代名教的重要成因,这是胡适在二十世纪二十年代揭起名教问题的背景;其次,以王国维为代表的理性态度可以规范本书的议论范围,即下文论及反抗名教必须在语言学家陈原所谓"语汇学的辩证法"中具体

---

① 参见王汎森《中国近代思想文化史研究的若干思考》,载康乐、彭明辉主编《史学方法与历史解释》,北京:中国大百科全书出版社,2005年4月。王先生在此文中对新名词成为塑造"自我感知框架"的资源有所提及。这个概念来自美国文化人类学家格尔茨,参见〔美〕克利福德·格尔茨《革命之后:新兴国家中民族主义的命运》,载《文化的解释》,韩莉译,南京:译林出版社,1999年11月,第284、285页。

展开。所谓"语汇学的辩证法",是指"语言的吸收功能和语言的污染现象""互相矛盾而存在"。[61] 一方面,"任何一种有生命力的语言,它不怕同别的语言接触,它向别的语言借用一些它本来所没有,而社会生活的发展要求它非有不可的语言";另一方面,"当借词达到超饱和程度","滥用外来词",就会引发"语言污染"。[①] 也就是说,我们应该放下语文上的盲目排外与民族主义藩篱,对新名词采取迎受态度;不过,我们也应该意识到,清末以来国人确如"久处灾区之民",求新者饥不择食时危险也暗中滋长,前引文中提及大规模输入新词所导致的曲解滥用、"仅据其名词外延,不复察其名词之内容"、"拾到一两个名词,也不知道里面是什么一回事,便立刻大惊小怪,象煞有介事的闹起来"[62]、"新名词为护身之具,用以护过饰非",甚至心怀叵测之徒利用

---

① 参见陈原《语言与社会生活——社会语言学札记》,第49页,及陈原《社会语言学》,上海:学林出版社,1983年8月,第287—288页。本书将名教的形态之一描述为"名"脱离实际导致"名"自行膨胀、名实不符,如果仅着眼于新词语的生成及语言学角度考察,那么这正是一种"语言污染"现象:"在某种特殊的社会环境中——例如国土被占领、进行战争或发生巨大的思想革命等等——外来词(借词)会突然大量地渗入某一种民族语,而且大大地超过了这种语言所应吸收和所能吸收的正常程度,这时候,渗入的外来词(借词),有些确实是很必要的,有些是不太必要甚至完全不必要的,这就产生了滥用外来词,由此引起了语言污染"(参见陈原《语言与社会生活——社会语言学札记》,第49页),"当借词达到超饱和程度(即超过了必要的程度),语言就会发生某种程度的污染(语言污染不限于借词),这时就需要净化"(参见陈原《社会语言学》,第288页)。在近代以降持续的名词爆炸过程中,亦不乏有识之士以审核、厘定术语的方式作出"净化"的努力。早在1848年,徐继畬就在《瀛环志略》的凡例中提出译名的统一问题,此后傅兰雅与徐寿等合作编制的《金石中西名目表》《化学材料中西名目表》等作出了统一科技术语的实绩。二十世纪之后,严复、梁启超、赵元任、朱自清、郑振铎等都从事过审定名词的工作(参见冯天瑜《新语探源:中西日文化互动与近代汉字术语生成》,第612—615页)。以严复为例,他多次强调"科学名词,函义不容两歧,更不容矛盾","科学入手,第一层功夫便是正名。凡此等处,皆当谨别牢记,方有进境可图,并非烦赘〔参见王栻主编《严复集》(第五册),北京:中华书局,1986年1月,第1290、1247页〕。这些"正名"的努力都对遏制名词无限制繁冗有所助益。当然,本书的主要论述并不是语言学方向的。

新名词兜售其奸[63]的说法均非无稽之谈。新语入华的力倡者梁启超就有过这样的反省：

> 壬寅、癸卯间，译述之业特盛，定期出版之杂志不下数十种。日本每一新书出，译者动数家。新思想之输入，如火如荼矣。然皆所谓"梁启超式"的输入，无组织，无选择，本末不具，派别不明，惟以多为贵，而社会亦欢迎之。盖如久处灾区之民，草根木皮，冻雀腐鼠，罔不甘之，朵颐大嚼，其能消化与否不问，能无召病与否更不问也，而亦实无卫生良品足以为代。[64]

这正如严复总结的近代中国读书人面对新说的两种态度："不为无理偏执之顽固，则为逢迎变化之随波。"[65]上面这两方面规约着我们讨论名教批判的前提。还是借王国维的话说吧，面对新词语"以混混之势而侵入"，首先与"泥古者唾弃之"划清界限，然后仔细考察"好奇者滥用之"所含藏的危险，而名教正是其中危险之一。

现代名教的提出与界定

我们通过对胡适与鲁迅的个案讨论来进入现代中国名教的具体所指：它的危险、特征与表现形态。

胡适《多研究些问题，少谈些"主义"！》《名教》《新思潮的意义》等文章检讨"五四"新文化运动在输入种种主义时的悬空与浮泛，提起注意名教的形成与危害。名教批判是胡适思想脉络中一条持续发展的线索（具体参见第四章）。他对那些不切实际的（包括"不察中国今日之情形"与不关切"社会人生切要的问题"）、被抽象出来成为空洞的符号，以及成为"空空荡荡、没有具体的内容的全称名词"[66]，有着清醒的警觉。

其中很值得关注的是他作于 1928 年的《名教》一文。胡适以为，"现在我们中国已成了口号标语的世界"，而"口号标语正是'名教'的正传嫡派"，"现在大多数喊口号，贴标语的，也不外这两种理由：一是心理上的过瘾，一是无意义的盲从"。胡适是从口号标语的泛滥入手，剖析名教产生的缘由，接下来他举了一个极有针对性的例子：

> 少年人抱着一腔热沸的血，无处发泄，只好在墙上大书"打倒卖国贼"，或"打倒日本帝国主义"。写完之后，那二尺见方的大字，那颜鲁公的书法，个个挺出来，好生威武，他自己看着，血也不沸了，气也稍稍平了，心里觉得舒服的多，可以坦然回去休息了。于是他的一腔义愤，不曾收敛回去，在他的行为上与人格上发生有益的影响，却轻轻地发泄在墙头的标语上面了。[67]

在这个例子里，少年人所秉持的、由口号标语所负载的"名"，其具体意涵根本没错（"打倒卖国贼""打倒日本帝国主义"），具有无可辩驳的时代合理性；少年人的错在于"心理上的过瘾"与"无意义的盲从"。"心理上的过瘾"，欠缺实践的诚意与能力，在"问题与主义"之争中胡适已经揭示过，为"抽象名词"所迷惑、俘虏，往往源自"畏难求易，只是懒"[68]，甚至于沦为阿 Q 精神胜利法式的自慰（"写完之后……血也不沸了，气也稍稍平了，心里觉得舒服的多"）。"无意义的盲从"即"名"所代表的意涵，无法在"他的行为上与人格上发生有益的影响"，只能"轻轻地发泄在墙头的标语上面"。也就是说，这些有着充分合理性的价值，无法在其个人的精神背景与实践历程上得到征验、落实。正因为盲从，因为个人欠缺这一坚实的精神生命作为"名"的接受、生发的基础，所以主义、学说、口号"很容易被无耻政客利用来做种种害人的事"[69]。

胡适《名教》一文的写作背景是北伐前后泛滥的"口号政治"①。对于口号在凝聚民气、鼓舞人心、政治动员等方面的突出作用，各方都有共识。国家主义派的曾琦认为："今日而言救国，非有极鲜明之主义，与极简单之口号，不足以号召全民，共图革命。"[70] 转向"革命文学"途中的郭沫若，身处"五卅"演讲风潮而总结经验："声音总要宏大，语句总要简单，道理总要武断。愈武断，愈有效果。最好办到一句便是一个口号。"[71] 中共素来注重宣传体系，刘少奇就指出："在群众一切争斗中，口号的作用极大。它包括争斗中群众的要求和需要，它使群众的精神特别振作，特别一致，发生强有力的行动。"[72] 即便是作为知识分子的朱自清，对标语口号虽多有不满，但依然承认其"战斗武器"的作用②。不过，口号的效用亦需要辩证检讨。1926 年 10 月 10 日，北伐军攻入武昌城。据一位苏俄驻华顾问团的随团翻译回忆，他们抵达武汉时，"鞭炮齐鸣，锣鼓震天，城里一派节日景象。房屋的墙壁

---

① 朱自清认为标语口号的流行正始于北伐，参见朱自清《论标语口号》，载《标准与尺度》，桂林：广西师范大学出版社，2004 年 12 月。
② 朱自清说："人们要求生存，要求吃饭，怎么能单怪他们起哄或叫嚣呢？'符咒'也罢，'魔术'也罢，只要有效，只要能以达到人们的要求，达成人们的目的，也未尝不好。况且标语口号是有意义可解的，跟符咒和魔术的全凭迷信的究竟不同。"还有，"标语口号用在战斗当中，有现实性是必然的"，比如"唤醒集体的人群或民众起来行动，并且要帮助他们组织起来。标语口号往往就是这种集体运动的纲领"。参见朱自清《论标语口号》，载《标准与尺度》，第 31 页。

上写着和贴着标语口号"，"聚集的人群高呼：'联俄万岁！''鲍罗廷万岁！''打倒英帝国主义！''无产阶级专政万岁！'"。不过这位翻译直言不讳地指出：高呼口号的群众"不大懂这个口号的含义，因为那个阶段的中国革命当然还提不出这样的目标"。她还看到："快乐的人们穿着朴素的棉袍蜂拥于大街之上。当日的汉口真有万人空巷之感。我们艰难地在人行路边上穿行。身旁是络绎不绝的游行队伍。人们此起彼伏地呼着口号，但在一片嘈杂和鞭炮噼啪声中，我们不能完全听清喊的是什么。……街上笼罩着一片真诚的欢乐气氛，有点类似狂欢节的景象。"[73] 在这般狂欢节的景象中，口号背后的理论研讨与建设，大概无从发生。茅盾当时正在汉口主编《民国日报》，后来他将见闻写入《幻灭》。小说中，静女士被北伐激起热情，到武汉从事宣传工作，渐渐地发现革命圣地实则乱象纷呈："她看透了她的同班们的全副本领只是熟读标语和口号；一篇照例的文章，一次照例的街头宣讲，都不过凑合现成的标语和口号罢了。她想起外边人讥讽政治工作人员为'卖膏药'；会了十八句的江湖诀，可以做一个走方郎中卖膏药，能够颠倒运用现成的标语和口号，便可以当一名政治工作人员。有比这再无聊的事么？"[74]

由上述材料不难见出"口号政治"的限度，甚至其走向反面的危险——"你如果要知道那人做的事情如何，只须从他所喊口号的反面去找便是了"[75]。专研"口号史"的学者还指出以下几方面问题：口号往往成为各色人物自我标榜的工具，被各种政治势力随意运用；口号主要出于工具性与实用性，而"能在空口号和空字眼后面寻意义寻真理的人"却不可多得[76]；群众对于口号的接受是有选择的，"他们可能并不了解口号的制定者（或者主导者）所规定的那层原始的涵义，而是将自身的生活感受'投射'到口号本身当中"，二者间偏差巨大；口号往往将复杂的情形简单化，演化为非黑即白、非正即反的状态；"带有鲜明政治印记的口号在具体使用过程中也不可避免地走向异化。不同势力、集团之间矛盾的尖锐对立促使时人对各方高举口号的理解越来越片面化与脸谱化，政治口号甚至已经具有了某种'魔力'，在发挥其积极作用的同时，消极作用日益显现"[77]。在胡适眼中，口号是一种特殊形态的"名教"，我们也不妨借助上述讨论来把握名教的危害，及名教批判的关怀所在。

"五四"是大规模输入西潮、主义的时代，胡适何尝能免俗，甚至他就是引入西方思想模式解决中国社会问题的最突出者，先后提倡过"易卜生主义""实验主义"等，他的诗作中标语口号的句子也不乏其例[①]。胡适对新思潮的反省是值得我们重视的：他并不是在笼统的意义上反对一切标语口号、学说、主义，他反对的是"空空荡荡、没有具体的内容"的名词、符号世界，我们把这个世界叫作"现代名教"。胡适显然也承认"名词是思想的一个重要工具"，在其哲学史研究中也曾借荀子等儒家学者的观念来表述"名"在人类社会中的功效："名是知识和社会交际不可缺少的工具。名是唯一的交际手段、表达手段、文化媒介、教育工具和通常治理社会、国家的工具。"[78]他揭起名教批判并非破除"名"，而是"使这个工具确当，用的有效"[79]。正如有学者在胡适思想研究中指出的："反'名教'所提出的一个实质性的问题是，如何评价'名'在认识中的作用问题。这个问题在人类思想史上是个令人困扰的问题，也是贯穿中国现代思想史的一个重要而又极为敏感的深层理论问题。对这个问题任何一种片面的、带有极端性的回答，在实践

---

① 比如《四烈士塚上的没字碑歌》："他们的武器：炸弹！炸弹！他们的精神：干！干！干！"《努力歌》："不怕阻力！不怕武力！只怕不努力！努力！努力！"参见胡适《胡适文集》（1），北京：人民文学出版社，1998年12月，第276、296页。

中都有可能导致极为严重的后果。"[80]

我们应该在一个充满张力的结构中展开论述：反抗现代名教并不是指打破、弃绝"名"的所有形态——言说、概念、理念、主张、学说、主义……就此归于沉默不言，果真如是，人们可能就丧失了言说、指涉、认知的基本工具和彼此交流的公共平台（如果"名教"只是指名词概念，那么诚如刘大白的提醒："人类是没法自外于'名教'，逃不出'名教'老先生底手掌心的。"[81]）；粗略地说，我们是在一个由"名"引导的世界中，讨论其中的一种极端形态，或者说有危险的形态，即"现代名教"。上述胡适的这个例子，恰恰可以帮助我们理解"现代名教"的具体所指与特征。这有诸种表现：比如作为抽象名词的"主义"，掩盖了"救时的具体主张"，人们所关心的，不是具体语境具体问题，不关涉社会实际与个人生命，而只是空洞的符号；比如名实不符、鱼目混珠，在一个名词爆炸的时代中，往往有不真诚的欺世盗名者"混充牌号"，"名实不符，也是中国社会紊乱不能进步的一个大原因"。[82]以上这一层的要旨在于"名"脱离了实际，甚或扭曲、侵吞了实际，成为空幻的符号世界，借周作人的话说，"现在的人太喜欢凌空的生活，生活在美丽而空虚的理论里"[83]。"现代名教"的另一层意思，用胡适的表述，就是"对于抽象名词的迷信"[84]、"信仰名的万能"[85]，这代表着一种思维的逻辑，满足于"文字的神力"[86]、"纸上的学说"[87]，而不具备介入历史实践的能力。再者，胡适讨论"少年人"的例子，并非对"名"所代表的具体意涵的价值论定，而是指向以"无意义的盲从"为主的精神机制与思维逻辑。所谓"名教"，正是指这种立"名"为教、对名词符号的"拜物教"，胡适讥之为"奴性的逻辑"。语言学家陈原在讨论"语言拜物教"时说过："把人的任何一句话都说成是不可改变的，必须照办的'神示'，那就是语言的物神化。只有'神示'才能句句照办。但现代社会没有神，所以也就不可能有'神示'。迷信是不能产生力量的。"①显然，现代名教等同于陈原所谓"语言拜物教"、"语言的物神化"，本质上这是一种现代迷信。

第二个例子来自鲁迅的命题："伪士当去，迷信可存。"1908年，鲁迅在留日时期写作《破恶声论》，文章抨击的是当时"腾沸于士人之口"的种种"恶声"②，"聚今人之所张主，理而察之，假名之曰类，则其为类之大较二：一曰汝其为国民，一曰汝其为世界人。前者慑以不如是则亡中国，后者慑以不如是则畔文明。……二类所言，虽或若反，特其灭裂个性也大同。总计言议而举其大端，则甲之说曰，破迷信也，崇

---

① 参见陈原《语言与社会生活——社会语言学札记》，第47页。美国社会学家米尔斯（C. Wright Mills）也曾批判过"概念的拜物教"，他批评帕森斯在《社会系统》一书中"并没能实实在在地从事社会科学研究，因为他已受如下思想支配，即他所建构的社会秩序模型是某种放诸四海而皆准的模型；因为他实际上把他的这些概念奉为神明了"，此即"概念的拜物教"。参见［美］C. 赖特·米尔斯著《社会学的想像力》，陈强、张永强译，北京：生活·读书·新知三联书店，2001年7月，第37、50页。

② "恶声"在古典文献中大约有以下几种意思：（1）邪恶或不祥的声音。《孟子·万章下》："伯夷，目不视恶色，耳不听恶声。"《晋书·祖逖传》："中夜闻荒鸡鸣，（祖逖）蹴琨觉，曰：'此非恶声也。'因起舞。"（2）辱骂或怨恨之声。《孟子·公孙丑上》："恶声至，必反之。"《史记·乐毅列传》："臣闻古之君子，交绝不出恶声。"（3）坏名声。《韩非子·说林上》："汤杀君而使传恶声于子，故让天下于子。"（4）噪音。《林则徐日记·道光二十五年二月初一日》："其路亦土多石少，车辙遂无恶声矣。"鲁迅在《破恶声论》中说：如果不"声发自心"而只是"万喙同鸣"，"仅从人而发机栝"则"恶浊扰攘"。"恶浊"形容的正是"恶声"，它可以与上述第（1）和（4）义项沟通：因为不出于自我内心，"故纵唱者万千，和者亿兆，亦绝不足破人界之荒凉"，也就是说即便声浪滔天也是"噪音"，非但无用，亦复有害，导致"本根剥丧，神气旁皇……天地闭矣"。据此"恶声"的几个特征——甚嚣尘上却不关立人救世，正是衰亡之音——我们可以说它是"伪士"所制造、传播的一种危险的名教。此处的"恶声"可视作鲁迅表述现代名教的观念对应物（在其笔下，名教还被赋形为"旗子""面具""话头""招牌""豪语"等）。鲁迅又曾呼唤过"只要一叫而人们大抵震悚的怪鸱的真的恶声"［参见鲁迅《"音乐"？》，载《鲁迅全集》（第七卷），北京：人民文学出版社，2005年11月，第56页］。出于"合群的自大"故而声势浩大却人云亦云，声发自心即便孤立无援却促人警醒——这是判别"恶声"与"真的恶声"的关键所在。鲁迅对前者的批判，详见后文相关分析。

侵略也，尽义务也；乙之说曰，同文字也，弃祖国也，尚齐一也，非然者将不足生存于二十世纪"[88]。作为这些主张的理论后盾，"则有科学，有适用之事，有进化，有文明，其言尚矣，若不可以易"。"科学""适用""进化""文明"四者，正是当时最具典型意味的启蒙话语，鲁迅正面迎击的问题是：含蕴着启蒙价值的话语何以为"恶声"张本？本来合理的主张何以堕为沸反盈天的名教？在胡适的例子中，我们曾言及名教风行总与不健全的精神态度相联系，鲁迅在此的解释洞察入微：

> 特于科学何物，适用何事，进化之状奈何，文明之谊何解，乃独函胡而不与之明言，甚或操利矛以自陷。嗟夫，根本且动摇矣，其柯叶又何侂焉。岂诚其随波弟靡，莫能自主，则姑从于唱喁以荧惑人；抑亦自知其小陋，时为饮啖计，不得不假此面具以钓名声于天下耶。名声得而腹腴矣，奈他人之见戕贼何！

鲁迅剖开了两个层面：一是倡导者并无主见，人云亦云（"莫能自主，则姑从于唱喁以荧惑人"）；二则等而下之，其实内心根本不相信任何新学主张，大言欺世只为沽名钓誉、满足私欲（"假此面具以钓名声于天下"）。

以上这两类就构成了"伪士"。日本学者伊藤虎丸先生对这一问题有至为剀切的论述，照引如下：

> "伪士"是标榜"科学"和"正信"而缺少"精神"的知识分子。这里具体地指的是保皇派的改良主义者等。但，鲁迅之所以把"伪士"认为"伪"的原因，不在他们的思想内容，而

在他们的精神态度：其议论（科学或进化论等等）内容或者是"正"或"新"，而其精神态度却是"伪"或"旧"；其议论，不从自己的内心发，而靠着"多数"，把它当作"公理"、"科学"或"敕定正信"，来自上而下地压制或威吓人民的个性和自由（尤其是"小民"的"迷信"）。[89]

"伪士"之所以"伪"，是其所言正确（且新颖），但其正确性其实依据于多数或外来权威而非依据自己或民族的内心。[90]

鲁迅感叹："今之中国，其正一扰攘世哉！"正因为"伪士"当道，名教遂风靡天下。然而鲁迅并未绝望："吾未绝大冀于方来，则思聆知者之心声而相观其内曜。内曜者，破黮暗者也；心声者，离伪诈者也。""内曜"——打破"黮暗"，使人联想到康德对"启蒙"的定义，尤其是西文中 Enlightenment 一词的原义（"照亮内心"）——当指人内心的自觉；"心声"，不是"靠着'多数'""外来""自上而下"的声音，而是人发自内心的真的声音（"诚于中而有言"）。结合上文所论，"内曜"正可扶助"中无所主"者树其"我见"，"心声"适足抵御大言欺世者制其"惑乱"。鲁迅此后的著述、践行，在在不忘揭露"伪士"嘴脸，倡扬、滋养"心声"与"内曜"，因为其中可以导出名教批判的宝贵质素。这里出现了两组对立："假"与"伪"会导致名教聚结，而来自"心声"与"内曜"的"真"与"诚"则能够抵御名教。"假"与"伪"最迷惑人的地方并不是指"名"的本身和言说内容本身的虚假、不合乎逻辑等，而是指倡言者并不真正领会、相信自己的主张，也不希望奉行或者真正切身奉行自己的主张。①而"真"与"诚"则意味着穿越公共世界的价值假象，从个人血肉体验出发，通过独立思索而由此得出自我生命获得真正认可、个人全心信奉的价值原则。朱自清曾承认"现代标语口号"有其"存在的理由"，但他同时指出："标语口号有些时候竟用来装点门面，在当事人随意的写写叫叫，只图个好看好听。其实这种不由衷的语句，这种口是心非的呼声，终于是不会有人去看去听的；看了听了也只是个讨厌。古人说'修辞立其诚'，标语口号要发生领导群众的作用，众目所视，众手所指，有一丝一毫的不诚都是遮掩不住的。"⁹¹总之，"真""伪"之辨关注的是个人与他所倡言的言论、思想，亦即持"名"者与其所秉持的"名"之间的关系，是否独立自觉与真诚无伪。名教的成因与名教批判的可能，都以这番立论为依据之一。如果借用莱昂内尔·特里林的术语——"诚"（Sincerity）与"真"（Authenticity）——来讲，名教批判的重要立足点是前者，要求"自我的真诚状态或真诚品质"，即"公开表示的感情和实际的感情之间的一致性"，"感受与告白的一致性"，"通过忠实于一个人的自我来避免对人欺诈"。⁹²耿云志先生讨论中国近现代思想激荡迭变的情形时说："思想观念的变化，最好是经过一个新旧涵养、溶汇的过程，不可急求骤变。凡得新思想、新学理的人，首先自己须是确实领悟，确实掌握它，对它有信仰，有充分的自信。然后方能从容去向别人解释、宣传，不计一朝一夕之功，而相信目的有必达之日。否则，一遇反对意见，便有危机感，生怕别人动摇自己的真理，动摇自己的信仰，因而态度激烈，不

---

① 鲁迅对"伪士"的揭批可能也受到心学影响（另一个重要启发当然来自魏晋时期对名教与自然、情与礼、真与伪的调节）。陆王心学注重考察个人在从事事功之前自身的内在动机，由此推导出"诚伪之辩"。

容人稍存疑义。其实这是不自信的表示，是务新之名，而自视为高，总以愈新、愈高、愈纯为尚，不屑与人为伍。中国名教观念深重，在名教招牌下面会出许多假圣人、假正经、假革命、假改革……"[93] "务新之名"容易助长名教及躲藏在其"招牌下面"的各类"伪士"，他们"自视为高"，实则"不自信"，而破解之道正是耿先生所谓"确实领悟，确实掌握它，对它有信仰"。当然，辨别诚恳不欺和矫情作伪绝非易事，可能只是出于旁观者的主观感受，"维特根斯坦认为不患色盲的人关于颜色的意见不难统一，要就感情表现是否真诚达成共识谈何容易"。但是不容易不等于不可能，这样一种知识并非不存在，"正确的诊断一般来自谙于人情者。维特根斯坦写道：这知识能学吗？能学；有的人能。但不是通过上一门课程，而是通过'经验'"，或者说"实践的智慧"。[94]

还要提到的是，"科学""适用""进化"与"文明"是当时流行的启蒙话语，对于时处变革之际的中国人来说，正是"神圣不可干者"（章太炎语）。鲁迅切中的，是西潮冲击中自上而下、由外入内的移植方式可能引发的危险，这不仅是说缺乏产生这些思想的社会经济基础，同样是指知识者在接受这些思想时欠缺健全的精神态度与立场。所谓"现代名教"的"现代"，题中一义，就是指向后发国家在特殊时代中的困境，或者借伊藤虎丸先生的话说，是"一个离开了中国近代化问题就不存在"[95]的问题。鲁迅对"伪士"的揭批是后文第四章的重点，此处点到为止，暂不展开。

之所以称其为"现代"形态的"名教"，还在于这是发生在中国社会开始转型之后、新环境中的特殊现象。比如，报刊是作用于现代知识阶层崛起的重要"制度性传播媒介"[96]。其间的积极性关联此处不论，而新名词出现的主要推动力即是伴随报刊风行而来的报章文字①，由此暴露的种种弊端，倒是助长了名教的生成。一方面，报刊上的文字往往不作深刻思辨，行文浮泛、浅薄，此种表达方式早就招致有识之士的警惕。严复在 1902 年表示："今世学者，为西人政论易，为西人科学难。政论有骄嚣之风（如自由、平等、民权、压力、革命皆是），科学多朴茂之意。且其人既不通科学，则其政论必多不根……"⁹⁷ 王国维 1905 年指出："庚辛以还，各种杂志，接踵而起，其执笔者，非喜事之学生，则亡命之逋臣也。此等杂志，本不知学问为何物，而但有政治上之目的。虽时有学术上之议论，不但剽窃灭裂而已。"⁹⁸ 另一方面，报刊文字风行，甚至成为特有的表达方式与行文风格，反过来也影响思维方式。新文化运动时，胡适即敏感于青年人中了"多做日报文字"的"流毒"⁹⁹，后来提出"多研究些问题，少谈些主义"也正是试图检讨"现在舆论界的大危险"¹⁰⁰。以上"骄嚣"的行文、"剽窃灭裂"的学风、一知半解的思维方式互为纠结，名教膨胀也同舆论在近代中国初现时免不了的芜杂、偏激有莫大关联②。

---

① 一篇名为《新名词》的文章就揭举新名词依托于报章媒介联翩而来："新会梁启超主上海《时务报》，著《变法通议》，初尚有意为文，其后遂昌言以太、脑筋、中心、起点。《湘报》继起，浏阳唐才常、谭嗣同和之。……及留日学生兴，《游学译编》，依文而译，而梁氏《新民丛报》，考生奉为秘册，务为新语，以动主司。"参见柴萼《新名词》，载《梵天庐丛录》，转引自章清《清季民国时期的"思想界"》（下册），第 630 页。关于新名词与报章文体的关联，可参见章清在此书中的相关讨论。

② 这方面的研究参见唐小兵《现代中国的公共舆论——以〈大公报〉"星期论文"和〈申报〉"自由谈"为例》，北京：社会科学文献出版社，2012 年 7 月。该著最引发我兴趣的议题是公共舆论与实践的关联：一个问题讨论得理性、精致、充分，可能越缺乏直接的动员能力与政治能力；相反，越是被简化、被意识形态化的口号、标语，可能越容易被转化为现实行动。更扩展一点说，复杂深奥的思想学说，倘要在日常生活和草根世界中发生重要影响，则往往需要简写、化约成一个或几个口号、符号、标语、格言等。比如王汎森先生例举明代心学家中不少"口号式的儒家"。参见王汎森《思想是生活的一种方式——兼论思想史的层次》，载《思想是生活的一种方式：中国近代思想史的再思考》，台北：联经出版社，2017 年 9 月，第 33、34 页。

现在不妨作如下总结：

"名教"本来特指以正名定分为主的封建礼教，而自甲午战败到"五四"亦可理解为一个持续的反抗传统名教的时代[101]。本书自然不是立足于这一泛指的意义层面，而主要是在上文讨论"名教"概念流变的现代重构这一面向上展开。具体来说，近现代以降，谭嗣同、章太炎、冯友兰、胡适等人在具体论述中，一方面接续了古代名教批判中所针对的命定论色彩，另一方面淡化其中封建纲常礼教的意味，转而明确表述为"崇拜名词的宗教"，"信仰写的字有神力，有魔力的宗教"。课题的论述依据和起点是名教概念的历史流变，尤其是现代人（胡适、鲁迅等）在具体表述中赋予的名教新意。

我们通过胡适与鲁迅的例子探讨了现代名教的具体表现："名"脱离了实际，甚或扭曲、侵吞了实际，成为空幻的符号世界。人遁入这样的世界中往往就同生活与生命的实际、具体相割裂。这不仅是一种现象，更深入人的思维特征（胡适所谓"奴性的逻辑"），因为对名词、概念的空言与独断俯首帖耳，往往联系着对人自由、丰富的精神世界与实践行为的侵蚀、压制。比如"崇名"思维，满足于"虚有其名，不求实际"[102]；更进一步，"语言拜物教""信仰名的万能"，以为其中潜藏着符咒般的魔力，"招牌一挂就算成功"[103]。这些"奴性的逻辑"中有一种特殊情形来自鲁迅的命题："伪士当去，迷信可存"——一方面是名词的"正"而"新"，另一方面是主体态度的"伪"而"旧"，以后者去担负前者，不但产生不了应有的积极影响，可能还将"新名词"染为"乌黑一团"[104]，即以消极的思维方式、不健康的主体态度去接受新的知识，这同样容易助长名教。该情形中危害的现实针对性还在于，任何新思想、主义、学说、思潮进入中国，看似热闹纷纭（立"名"为教之后往往就会变成时髦的意识形态），实则"不过留下一个空泛的名词"，甚至"连名目也奄奄一息"[105]，丸山升先生总结为"作为一时的流行很快消逝这种中国新文化的根底之浅薄"[106]。姜义华先生将中国启蒙运动变作一场"理性缺位的启蒙"的成因，诊断为"启蒙思想家们完全没有意识到启蒙本质上是思维方式的一场历史性的革命"："中国启蒙运动无穷尽的困顿，一个极为重要的原因，就是它为万分强烈的忧患意识所迫，总想从国外现代文明中拿过几样现成的具体成果，在中国立即开花结果，立竿见影，马上见效，而过分忽略了看来形态不那么具体、效果更不那么显著的思维方式自身的变革。"[107]

由上所述，本书所谓"现代名教"大致有两层内涵：首先是指"名"脱离、扭曲、侵吞实际的现象，人因为陷溺在空幻的符号中而丧失对实在与生活的真切感受；其次，更重要的是，它指向一种"崇名""名词拜物教"的消极思维方式，或满足于浮浅的名词游戏，或只关心脱离具体语境和具体问题的空洞言论，甚至"借名""盗名"以徇私自利①。人"对于抽象名词的迷信""信仰名的万能"等又演变为对绝

---

① 不过诚如王汎森指出的："思想、学风与现实利益，有时并不互相排斥，思想、学风常常靠着现实利益而伸张，思想常常乘着现实之翼而前行。"（参见王汎森的"序论"，载《权力的毛细管作用：清代的思想、学术与心态》，台北：联经出版公司，2013年4月，第18页）平心而论，在新文化运动如大风席卷全国之时，尤其对于位居边缘的知识青年而言，假借、使用种种新思潮的名词、主张、思想等以博取关注、积累声望，实现"社会上升"，未必需要深责。这方面的个案研究，参见瞿骏《新文化运动中的"失语者"——论凌独见与五四时代》，《学术月刊》2016年第4期，第158—168页。本书对于思想与日常生活世界的关系，未作更为深入的考察，忽略了如上复杂的情形；所谓"名教批判"，更多关注的是一种恶性膨胀后的危害。

对真理与终极教条的迷信，于是拒绝在历史与社会的行进中向实践开放。这样的归纳首先来自时人的具体论述（比如冯友兰、胡适）；其次在今人的著述——比如余英时论述近代思想的变化[108]，耿云志、胡明、尹权宇[109]研究胡适，郜元宝[110]讨论二十世纪九十年代中国的文学文化——之中，已经在相近的语意范围内使用"名教"一词。本课题是在这一延长线上继续深入。

对上述界定还须作出补充：在引介新知的特殊时期，便利性的考量往往（也不得不）以"牺牲词义的准确转移为代价"。比如，近代的新知识很多是以日语借词为载体引入的，"当时很多日语借词还只是一些'值'尚未确定的符号而已"，但却并不影响其历史效用的发挥："正是这些符号提供了讨论问题的可能性，借助这套符号新知识得以呈现在我们面前。符号的实际意义是在使用中逐渐代入的。"[111]接受新名词过程中饥不择食、末学肤受也在所难免。① 引申一步看，中国近现代史上那些频繁出现的关键词（比如"自由""民主"等），我们无法得知国人在使用这些词语时是完整、准确"接受西方观念"，还是将固有理想投射到西方观念之上的结果，如钱穆所言："我们现在的毛病，就在喜欢随便使用别人家的现成名词，而这些名词的确实解释，我们又多不了解。"[112]一方面，各种论战争执中，主义混淆不清往往成为各方指责

---

① 对于同一名词或术语，不同的人在不同语境中的理解往往千姿百态。张仲民曾以"自由""革命""共和"等为例来揭示此"多种差异的表达"，见张仲民《"文以载政"：清末民初的"新名词"论述》，《学术月刊》2018 年第 2 期。

论敌的重要依据^①；另一方面，许多主义话语本身的内涵、外延都难以确定，即便在"原产地"的西方，种种主义的思想光谱也芜杂不清，对于中国这样身处西学东渐、中西汇通语境中的后发国家而言，许多关键词、学说、主义等缺乏明晰的语意界定与"确实解释"，本就是不得不然的事情（再加上接受过程中几乎无法避免的"误读"，更何况在二十世纪"语言学转向"之后，我们都了解能指与所指、概念与实在之间的复杂关系）^②。我所说的名教批判，并非在上述意义上纠缠于名实不符的现象，并非抽象出一种对某概念符号的应然、本质的定义，再执此孤悬的标准去考察历史，以为合之则明、不合则为名实不符。据上文所述，名实不符是胡适、鲁迅等揭露名教问题时每每忧心的现象，胡适也多次

---

① 仅就名词爆炸而言，近代以来各方读书人、知识分子均有一致认识。林纾在新文化运动初起时抨击新文化"学不新，而唯新之新"（参见林纾《论古文之不宜废》，初刊于《大公报》1917年2月1日，又刊于《民国日报》1917年2月8日）。刘半农也主张引新名词入文须合理、"酌量"："世界事物日繁，旧有文字与名词既不敷用，则创造新名词及输入外国名词，诚属势不可免。然新名词未必尽造……若在文字范围中，取其行文便利，而又为人人所习见，固不妨酌量采用。若在文学范围，则用笔以漂亮雅洁为主，杂入累赘费解之新名词，其讨厌必与滥用古典相同。"（参见刘半农《我之文学改良观》，《新青年》第三卷第三号，1917年5月1日）胡适在《提高与普及》中也忧虑新文化运动蜕变成"新名词运动"，可见新旧两派对名词爆炸所产生的危害有一定共识。梁启超是欢迎新名词的，但他在《清代学术概论》中有所反思："中国思想之痼疾，确在'好依傍'与'名实混淆'。"（参见梁启超《清代学术概论》，载《梁启超论清学史二种》，第72页）此语略加引申，"好依傍"易助成"伪士"人云亦云，加上"名实混淆"，恰是现代名教的两大表现。抗战胜利后，王力致函胡适，批评当时学术界"极大多数人都晓得写口号，填公式，播弄名词"［参见狄云志主编《胡适研究丛刊（第2版）》（第3辑），北京：中国青年出版社，1998年8月，第360页］。此类例证，不胜枚举。

② 罗志田先生曾以1923年的科玄之争为例展开讨论，发现当时参与论战者对"科学"的看法并不一致，甚至同一阵营内部对科学概念的认知也相当不同。诚如史华慈所言，这次论战"不过表明了这样的事实，即科学一词本身不再提供任何共同一致的基础"（参见罗志田《从科学与人生观之争看后"五四"时期对"五四"基本理念的反思》，载《道出于二：过渡时代的新旧之争》，北京：北京师范大学出版社，2014年7月，第264页）。如此"乱战"也许反是普遍现象。

将名教批判的工作理解为矫正"不正当的名词"[113]，然而对于中国这样身处西学东渐、中西汇通语境中的后发国家而言，"人言言殊"几乎无法避免。念及此特殊情况，不妨对本书论题作如下说明：就名教批判这一课题而言，并不纠缠于名实不符的现象；但是从"名"的使用者一方而言，应该对自身使用的名词概念的内涵、外延有尽量清晰的把握和界定，避免鲁迅所谓"囫囵而不与之明言"。也就是说，确定某一名词的意义在西学东渐、思潮更迭频繁的年代原非易事，但客观上因内涵、外延模糊而出现语意多变、歧义是一回事，主观上"不求甚解，不加深思，只会拾人牙慧，随声附和"是另一回事。诚如林语堂所言"凡新名词，皆须精确认识而后用之"[①]，否则，即是胡适所批判的"镜子式的思想"。胡适追究的根本在于思维的"方法"（暗藏在立"名"为教中的"奴性逻辑"）。这是本课题的着眼点，也是名教批判的主旨之一。

本书论及的"名教批判"大致指的是，现代中国读书人与知识分子，在名词爆炸的情形中，在接受新知识、新思潮的过程中，一种反思性[②]的应对与态度：面对一般客观知识时，力求深入钻研与独立思辨，而不仅止于浮光掠影的皮相了解，或在"囫囵不明"中汲汲运用于现

---

① 1936年《宇宙风》杂志第十六期上刊载李长之《说意识》一文，编者林语堂在文末作案语如下："时行烂调，莫如'意识'。原烂调之来，因新名词用之则表示摩登，新进文人乃竟以此为文章点缀，因习成风，至用者亦不知其何所指。然此非名词本身之罪也，罪在文人若男女子好'入时'而已。故凡新名词，皆须精确认识而后用之，此本书之贡献，而荀子苏格拉底所以有正名之论。"

② 柯林伍德在《历史的观念》一书中谈到"反思"（reflection），这个词的哲学本意不仅在于它所"关怀的"对象客体，也包含"思想对客体的关怀，故而它既关怀着客体，又关怀着思想"。也就是说，"反思"的对象不仅涉及客体，更主要针对的是那种与对象相关的主体的"思想"，或建构了对象的主体自身的思维方式（参见［英］柯林伍德《历史的观念》，何兆武、张文杰译，北京：商务印书馆，1997年9月，第2、3页）。我正是在这一意义上理解"反思"：主体不仅要接受知识，同时要对接受过程本身有所关怀。

实；面对"实践的知识"（欧克肖特语，详见第四章），尤其是关联着切肤之痛的思想和理论时，付诸言行一致的诚意与身体力行的担当，褪去"名"的"虚空"的符号形态（胡适语，详见附录），向实践开放。

为了论述方便，本书启用"破名"和"破名者"这样两个概念。前者等同于"名教批判"。"破"这个字除打破、推翻之外，本就有剖析、批判的意味，"破名"这一表述也袭用自鲁迅《破恶声论》这一标题的构词法——这篇文章主旨就是对当时扰攘的意识形态加以批判①。"破名"不是一种思想，而是一种思想的方式。有位学者评价海德格尔的哲学"不是一个哲学学派，而是一种尝试，试图向我们指出一个方向，准备跳向一种更饱满的人类思想方式"114。同样，"破名"试图向我们指出"一种更饱满的人类思想方式"。我们在后文将会讨论到，胡风将他"破名"的武器——主客观化合论提高到"中心问题"，而他的理论对手何其芳只将其理解为"创作规律"。在胡风看来，这一"中心问题"甚至类乎"元问题"，用他的话来说是"创作态度之前的态度问题"115，而伊藤虎丸先生也将鲁迅在《破恶声论》中显露的立场推为"根本性的思维方法"116。我希望通过本书的论述而导向这样一种理解：所谓"破名"、名教批判是一种思想（或思维）的方式或精神能力，是潜藏在各种各样的思想、学说、主义背后的根本的知识生产能力。"破名者"指具备"破名"能力、从事名教批判的读书人和知识分子，本书主要以章太炎、鲁迅、胡风为代表。鲁迅是章门弟子，而胡风是鲁迅最优秀的学生之一，毫无疑问这里的师承关系贯通着精神血脉的薪火相

---

① 当然，"破名""破名者"是在限定意义上使用的，"破名"并不是指打破、弃绝"名"的所有形态，"破名者"也不是"智者不言"。我们的讨论并不归入老庄"废除名言"与禅宗"不立文字"这一路。

传。但同时，此处并不想强调这一连绵延续的谱系仅仅是"影响"的结果，它同样来自不同时代的文学家、思想者在特殊境遇的反应中表现出的深刻的一致（"神合"），以及作出的相比肩的探索与践行。其实，如果一种思维与精神的能力即使时代相隔，也能在每一时代最优秀的读书人、知识分子身上得以反复彰显，那么这也恰恰证明它确实代表着人类认识能力与思维机制中某一特殊面相，故而弥足珍贵。名教是横亘在中国现代思想文化发展中的痼疾，当然并不仅此三人有"破名"的尝试，而且不同的人取径各异（可与附录中胡适一章相参照）。然而正如本书标题所框定的，这里只是就章太炎、鲁迅与胡风三人的思想与实践，讨论他们对反抗现代名教所提供的启示与意义。我们在最后一章大致要探究的就是这样一个问题：章太炎、鲁迅与胡风选择了怎样一条与众不同的道路来"破名"。

本书重点不是以话语分析的方式处理现代中国重要观念（关键词）的具体面貌，或结合"文本"与"语境"展开概念史研究[117]，而是讨论隐伏在思想、学说、主义背后的一种思维方式①，或借用孙歌的话，类乎一种"观念感觉"："作为观念世界的源泉滋养着观念，但是假如意识

① 福柯在《什么是批判？》一文中说："我们并不试图去发现什么是真的或假的、已建立的或未建立的、真实的或虚幻的、科学的或意识形态的、合法的或非法的。我们想要弄清的是，在强制机制与知识要素之间可识别的是什么样的关系、关联，它们之间发展出什么样的相互接替和支持的游戏，以至一个特定的知识要素在一个特定的系统——它在其中被确定为是真实的、可能的、不确定的或错误的要素——中具有权力的效应，以至一个强制的程序获得了一个合理的、适当的、技术上有效的要素的形式和正当理由，等等。"参见〔法〕米歇尔·福柯《什么是批判？》，载汪民安主编《福柯读本》，北京：北京大学出版社，2010年1月，第144页。以此为参照，名教批判并不试图去发现关键词在内涵外延上的真假、合法或非法，而是关注一个特定的名词"在一个特定的系统"——它在其中被确定为是真实的、普遍的、不容质疑的——中"具有权力的效应"，追踪何种"强制机制"为促成名词变成名教而搭建了"一个特定的系统"。

不到它的存在，观念则枯竭为被随意摆布的木乃伊，失掉它的鲜活与流转。"[118] "对于抽象名词的迷信" 常常演变为对绝对真理与终极教条的迷信，而拒绝在历史与社会的行进中向实践开放。现代名教所产生的这种类似神学般的信仰——对抽象的符号与理论原则的信仰，以及试图用这一符号和原则来整体性地、一次性地涵盖和解决问题的信仰，正是对 "活的现在"、人的实践与精神自由的压制。可见，要更深入地理解名教内涵，必须考察其运作机制与心理动因。

现代名教的运作机制与心理动因

在现代中国，尤其自二十世纪二十年代之后的政治生活，大多数的政治集团都十分注重将复杂抽象的理论简化为通俗有力的口号，以此传播政治理念，凝聚社会力量，进行民众动员，以至于 1927 年 5 月，"清党" 之后的国民党特意于中央政治会议上提出 "统一口号案"[119]。纷纭的 "口号政治" 虽然对政治活动而言是必需的，但多少助长了名教风行。这些客观原因所在多有，以下的讨论仅涉及名教生成、运作机制中，与心理、主观动因相关联的面向。

现代名教与 "主义" 话语的纠结

中国传统在近代以来的失落，或可用 "知识样式" 的转换予以说明，即论证现实世界及社会理念合法性的思想资源或知识学基础，包括研究领域、论证方式及价值立场等方面发生了转型。以种种主义为标识的 "科学的" 社会理论，取代了传统的汉语社会思想的理念之合法性。[120] 作为"名"的一种形态，主义话语的特殊性在于，它是带有价值论断的社会化思想言论，这些言论往往以某种科学主义、知识学的论证来加强其价值论断的正当性。中国的现代化是一个从社会到心理、从经济到文化、从世界观到生活方式、从伦理道德到风俗习惯的全面而深刻的转换过程，原有的安身立命的资源失去效力，需要有一个新的意识形态来为人们的思想行为提供合法性依据，其中，主义话语往往充当意识形态转换的急先锋。毫无疑问，主义话语的引介具有充分的合理性，但合理性并不意味着没有缺陷。比如，汪晖曾经比较过十八世纪西方启蒙运动与"五四"新文化运动的差异：在西方，启蒙思想抛弃了十七世纪形而上学的抽象演绎的方法，而代之以分析还原和理智重建。启蒙哲学在各个思想领域中的活动无不带有鲜明的经验论以及实证的趋向，反对从原理、原则、公理演绎出现象和事实。而新文化运动宣扬的思想主要从西方植入，而不是来自对中国社会结构和历史过程的独特性分析，因此许多深刻的命题其实悬浮在人们的实际生活状态之上。大量的主义话语，很难从社会生活的变迁和思维逻辑的延展中，发现它与产生它的社会结构和文化传统的历史的、逻辑的内在联系。[121] 同样，胡适在"问题与主义"之争中发现的危险是，当一个关联着具体问题的救世主张被概括为主义后，话语自身的申辩与诠释会掩盖问题本身，这时候常常会产生名教。它产生于某种类似神学般的信仰——对抽象的象征符号与理论原则的信仰，以及试图用这一符号、原则来整体性地涵盖、解决问题的信仰。

约在十九世纪末二十世纪初，"主义"一词即在汉语思想界广为流行①，"五四"时期呈现此起彼伏的"主义癖"泛滥，有学者指出"近代中国各种主义的名目达二千多种"[122]。时人认为，现代中国是一个"各种主义并列的时代"[123]，"自从'主义'二字来到中国以后，中国人无日不在'主义'中颠倒"[124]，"没有主义，是造不成空气的"[125]，"没有主义的人，不能做事"。傅斯年甚至把主义之有无抬高到人兽之别的程度，"没主义的不是人"，"只要有主义，就比没主义好"。[126]"五四"新文化运动落潮之后，"主义的时代"并未消歇，"至少在那时城市知识青年群体的社会时尚认同中，'新青年'和'进步青年'的标准，竟以信奉'主义'为表征。而且在崇洋趋新的风气下，主义愈新，对'新青年'愈具有吸引力"[127]。1923 年年底，北京大学做"民意测量"，被调查的 622 名学界人中，97% 的自承信仰某种主义[128]。北伐期间，军事战场上的胜负伴随着主义的较量，《大公报》一篇文章就有这样的观察："自从蒋介石抬出三民主义大出风头后，许多人都觉得主义是值钱的。于是乎孙传芳标榜三爱（爱国爱民爱敌），东三省主张三权（民权国权人权）。听说四川有些军人，到处请教人替他们想个主义玩玩。"[129]于是乎，"是非之战争，亦即主义之战争也"[130]。这个时候，"主义"等同于策略性的口号。至于其内在逻辑与严密体系，则根本谈不上。

王汎森先生在长文《"主义时代"的来临》中研讨"主义"在现代中国的发展分期，如何"在短短三十几年间"，"由一个平凡无奇的观

---

① 参见章清《清季民国时期的"思想界"》（上册），第 402 页。将词缀"-ism"对译为"主义"是日本人所为，早期的许多主义经由日本舶来，参见陈力卫《"主义"概念在中国的流行及其泛化》，《学术月刊》2012 年第 9 期，第 144—154 页。王汎森认为，"主义"一词在近代中国的最早出现是在 1887 年，见王汎森《"主义时代"的来临——中国近代思想史的一个关键发展》，载东亚观念史集刊编审委员会编《东亚观念史集刊》（第四期），台北：政大出版社，2013 年 6 月。

念，变成信仰，变成'宗教'，并与党、军队结合成一种'新型力量'"。王先生于结论部分指出："在那个时代，'主义'是一个如罗马的古神'雅努斯（Janus）'般的两面神祇，一方面能解救国家，为人生提供了意义的框架，另一方面却也带来了无限的压制与束缚。"[131] 我在这部分的论述中，暂且忽略主义话语的分期演进，而注重探析其内在的生成逻辑如何与名教发生关联，及由此带来的"无限的压制与束缚"。

贝克尔在讨论启蒙运动时说："论据左右着人们同意与否之，要取决于表达它们的逻辑如何，远不如要取决于在维持着它们的那种舆论气候如何。使得但丁的论据或圣·汤玛斯的界说对于我们成为了毫无意义的，并非是由于逻辑欠通或者是缺乏明智，而是由于中世纪舆论的气候，——即那种在广义上为人们本能地所坚持的先入为主的成见、那种 Weltanschauung（世界观）或世界模式，——它们强加给了但丁和圣·汤玛斯的一种对智性的特殊运用和一种特殊形态的逻辑。要理解何以我们不大容易跟着但丁或圣·汤玛斯走，就必须（尽可能地）了解这种舆论气候的性质是怎样的。"[132] 同样，我们与其研究"表达"主义话语的"逻辑如何"，毋宁去讨论"维持着它们的那种舆论气候如何"，即"那种在广义上为人们本能地所坚持的先入为主的成见、那种 Weltanschauung（世界观）或世界模式"。具体而言，"无日不在'主义'中颠倒""没有主义，是造不成空气的"毫无疑问是当时的"舆论气候"，这种"先入为主的成见"和"世界模式"，"强加给了"当时人们的精神世界怎样一种"特殊形态的逻辑"。

胡适说："名教的信条只有一条：'信仰名的万能'……深信'名'有不可思议的神力。"[133] 鲁迅有相类似的说法，谓之"'符咒'气味"："新潮之进中国，往往只有几个名词，主张者以为可以咒死敌人，敌对者也以为将被咒死。"^① 符咒的形成与原始人对语言的迷信有关,"语言所代表的东西与所要达到的目的,根据原始信仰,都相信与语言本身是一个东西,或与语言保有交感的作用。因为这样,所以一些表示欲望的词句,一经说出,便算达到目的"[134]。由此来看,名教成因之一,是符咒在人类心灵世界中近乎集体无意识般的遗存。周作人在文章中多次议及符咒现象,这构成其国民思想批判的重要组成。在他看来,古代君主所设各种文字狱,义和团妄图念着咒语"灭尽洋人",以及现代政府禁止科学、文艺、美术等作品,某种意义上都本于符咒的原始心理作祟。[135] 周作人奉劝世人:"文字在民俗上有极大神秘的力,实际上却无一点教训的力,无论大家怎样希望它去治国平天下,归根结底还是一种自慰。"[136] "我平常有一种偏见,不大喜欢口号与标语,因为仿佛觉得这是东方文化的把戏,是'古已有之'的东西,玩了没有什么意思。假如相信它有实在的神力,那就有点近于符咒,或者只是根据命令,应时应节地装点,这又有点类似八股了。"[137] "不知道那些专叫口号标语的先生那里去了,对于过去的事可以不必再多说,但是我想以后总该注重实行,不要再想以笔舌成事,因这与画符念咒相去不远,究竟不能有什么效用也。"[138]

在符咒笼罩下,国人迷信文字的特殊魔力,耽溺于口号、标语、游行。1926 年冬,一位英国记者来华观察正在进行的国民革命,在汉口与国民政府要人谈话时,他惊讶地发现:"不到 5 分钟就要受他们提醒,

---

① 参见鲁迅《〈现代新兴文学的诸问题〉小引》,载《鲁迅译文集》(第五卷),北京:人民文学出版社,1958 年 12 月,第 359、360 页。周作人也曾议及符咒文字在中国的魔力等问题,可参见周作人《介绍政治工作》《文字的魔力》,载周作人著、止庵校订《看云集》,石家庄:河北教育出版社,2002 年 1 月,第 133、136 页,及《常识》,载周作人著、止庵校订《苦竹杂记》,石家庄:河北教育出版社,2002 年 1 月,第 199 页。周作人在二十世纪三十年代指摘符咒、八股遗风,大多是对左翼文坛风习的一种隐晦讽喻。

这政府是革命的。'革命'两字在他们口中相同于一种符咒。"[139] 革命话语在使用中潜伏着粗疏、浮泛、任意和专断，同时又日趋神圣、道德正义化，各方派系、政党群起争夺，建立各自对于革命话语的垄断与霸权地位，也据此排斥、裁制异己。鲁迅遂有"革命，革革命，革革革命，革革……"[140] 的讥讽。在此情境中，革命必然被异化为一种"名教"。以上材料也可见出名教运作机制中深藏的神秘性与权威性，而危险正是由此"特殊形态的逻辑"而来。

胡适是从标语口号入手揭批名教的，朱自清也曾比较中国古代传统中的格言警句与近代以来的标语口号的区别：前者是"拿一个个的人做对象"，"'唤醒'或'唤起'的，是一个个的人民或民众的一个个人"，后者"却以集体为主"，"这种力量又往往是一种压迫，足以妨碍自由"；前者是"理智的结晶，作用在'渐'"，后者"多而且滥，以激动情感为主，作用在'顿'"。所以朱自清将标语口号理解为一种"语文的魔术"，"顿"的言下之意已近乎"催眠"。[141] 这和上引胡适与鲁迅的意见一致，其实都在探究名教特殊的生产、接受、运作机制。

至于其具体表现，比如，"他们把思想概念当作一面大旗，插在头上就可以吓软读者的膝盖。旗子是愈高愈好，于是他自己也就腾空俯视了"。一方面，以为插起大旗就一劳永逸，不必再求艰辛探索，但主义爆炸中"每有不通可笑的，又有自相冲突的"。[142] 鲁迅所警示的危害由此而生，"特于科学何物，适用何事，进化之状奈何，文明之谊何解，乃独函胡而不与之明言，甚或操利矛以自陷"。另一方面，现代名教往往以抽象的观念演绎来钝化个人的日常感觉，所谓"腾空俯视"，往往指的是通过思想概念，把个人的存在从他身处的世界中、从与他周遭事物的交互关系中抽离出来，安放到名词符号、主义话语的要求中去，所以胡风指明"抢夺思想概念"每每与"脱离生活"相联系[143]。也就是说，名教往往将个人同现实生活与实在世界隔离开来，身陷名教的个人无视甚至排斥他原本置身在这一生活与世界中的真切经验，转而迷信"名的万能"与"神力"。这近似于汉娜·阿伦特所描述的"意识形态思想"，它"摆脱了我们凭五官感知的现实，认为有一种'更真实'的现实隐匿在一切可感知事物的背后，从这个隐匿的地方来控制事物"，它假定"用一种观念便足以解释从前提发展出来的一切事物，经验不能说明任何事物，因为对一切事物的理解都在这种逻辑推论的连贯过程中"，由此将"人能力中的内在自由换成简单的逻辑外衣，人以此可以几近粗暴地强迫自己，就像他被某种外部力量强迫一样"。而名教的奴隶却被上述外部力量"特殊形态的逻辑"所控制，"与同伴们失去接触，也和周围的现实失去接触"，"在失去这些接触的同时，人们也失去了经验和思想的能力"，由此导致的后果是"对于他们来说，事实与虚构（即经验的真实）之间的区别，真与伪（即理想的标准）之间的区别已不复存在"。[144] 所以胡风早就描述过，"腾空俯视"般的自我膨胀，其实可能恰恰带来自我丧失：

> 文艺家和这伟大的事件相碰，他的精神立刻兴奋起来，燃烧起来，感到时代要求一下子把他吞没了进去，使他达到了一种无我状态的安慰，觉得个人的主观精神性格再也没有什么特殊的意义。于是，飞来了种种的政治号召，他立刻被这些号召本身吸住了，觉得每一个号召本身都是抗战内容的全部，变成了它们的直接的传布者，没有想到政治号召应该通过他的主观的认识或主观的溶合而取得更深广的内容，更丰富的生命。[145]

尤当一个具有"共名"的时代，这里的"名"中往往含藏着重大的时代主题，"和这伟大的事件相碰"，"兴奋""燃烧"势必难以避免，关键就要看"共名"落实到每一个个体身上时，有无坚实的生发基础，是以主观精神的发扬参与、丰富时代主题（"通过他的主观的认识或主观的溶合而取得更深广的内容，更丰富的生命"），还是在"无我状态"中凝固、僵化了时代主题。所以章太炎反复阐扬"依自不依他"，鲁迅将"国立"奠基于"自心"："盖惟声发自心，朕归于我，而人始自有己；人各有己，而群之大觉近矣"，"人各有己，不随风波，而中国亦以立"。[146] 这实在是至难的事情，越是与深刻的时代主题相碰，越是容易身陷无我状态而被虏为名教奴隶。在胡风看来，上述所谓"直接的传布者"几乎就能与名教奴隶划上等号。现代名教往往凭借"不可思议的神力"，通过信仰与服从来运转，由此就不再是以"自心"支撑着去发现、探索真实的存在，而是对某一理念、主张的图解和辩护。

不过话说回来，主义对于烦闷中苦寻出路的青年人而言，自有其迷人之处。1922 年，茅盾在一次"五四"纪念讲演会上，向学生说法：当此"五四"退潮期，想要"解除青年们底烦闷"，须得"确信一种主义"——"青年人是动的，终不能一直烦闷下去，又不能一直昏沉下去，不得不找一条新的路，鼓着精神走上去使佢们不烦闷，使佢们底心灵，好像教徒似的有一个归宿。简单地说，就是要解除他们底烦恼，必得要抱定一种相当的主义，把彼牢牢的信仰着，尽我一生的精力向这目标，一往直前的跑下去。那么中途虽遇什么周折，也断不至发生烦闷，因为佢们心底里已存着个最后的希望，一切的烦闷，都可拿这个希望心来消除彼。"[147] 如同王汎森所提醒的，以往我们讨论主义话语，往往只是从救国与革命的宏观角度将其视为一张由上往下的"弥天之网",而忽略了在初始阶段,青年人的主义崇拜中不乏自发、心悦诚服的迎向,因为主义话语为日常生活的"意义世界"提供了庞大资源:"它把切身的生活经验与改造社会、解救国家的大叙事串接起来","将已经被打乱了的、无所适从的苦闷与烦恼的人生与日常生活,转化、汇聚成有意义的集体行动",于是在主义的指导下,从个人到国家都有了一张清晰可据的蓝图、"一套可以改变现实困境的实际办法"。[148]这就是邵力子说的"主义的可贵,正在能疏导时代的潮流"[149]。

在"烦闷"与"昏沉"中,需要"主义"来提供"终极归宿"。往深处说,在"信仰名的万能"中还隐藏着一种祈求,祈求对具体问题"创世记式"的解决(而这又同中国传统的思维方式纠结在一起,即如胡适所谓"这个宗教,我们信仰了几千年"[150]),"招牌一挂就算成功"。由"对于抽象名词的迷信"演化出的对于绝对真理与终极教条的迷信,从而拒绝向实践开放,这种类似神学般的信仰——对抽象的符号与理论原则的信仰,以及试图用这一符号、原则来整体性地、一次性地涵盖和解决问题的信仰,正是对"活的现在"、人的实践与精神自由的宰制("破名"的旨求之一,即反对名教依托"神力"而生的宰制力量)。恩格斯曾批评道:"对德国的许多青年作家来说,'唯物主义的'这个词只是一个套语,他们把这个套语当作标签贴到各种事物上去……就是说,他们一把这个标签贴上去,就以为问题已经解决了。"[1]在这种情况

---

① 参见〔德〕恩格斯《致康·施米特》(1890年8月5日),载中共中央马克思恩格斯列宁斯大林著作编译局编《马克思恩格斯选集》(第四卷),北京:人民出版社,1972年5月,第475页。类似的,史学家翦伯赞在"百花时代"中曾借古讽今:"今天的教条主义者和明清之际的教条主义者当然有所不同,他们不谈老庄,也不谈孔孟,而是谈马克思主义的辞句。"参见翦伯赞《为什么会有"早春"之感?》,《人民日报》1957年4月20日。"马克思主义的辞句"之于教条主义者,恰是名教。

下，"唯物主义的"对于那些青年作家而言，就是一种名教。而真正的马克思主义者"决不把马克思的理论看作某种一成不变的和神圣不可侵犯的东西"[151]，"人应该在实践中证明自己思维的真理性，即自己思维的现实性和力量，亦即自己思维的此岸性"[152]。思维的"此岸性"显然与名教的奴性逻辑针锋相对。

顺便一说，茅盾尽管认可"确信一种主义"的合理性，但他对主义话语的限度有清醒认识，将主义的"口头禅化"理解为国人"好剽窃，好把名词化为口头禅，好盲从"而必然产生的现象，"也是惰性的中国青年的特质"；进而，他提倡"唯一的办法就是用极诚恳而不夸大的态度去说明自己的主张——因为良心上认识这主张，所以要这样主张。即使这主张在世界已是过去了的，但既然自己见到正合于我们的需要，就该不畏缩的主张他"[153]。到了 1940 年，他还提出："无论什么思想，什么主义，倘不经过消化，变为自己的血肉，那就会被当作死板的教条，或万应的符咒。"[154]茅盾这些论述，完全可以汇入名教批判的资源中。

名教世界背后的私欲驱动

清末"西洋社会主义家废财产、废婚姻之说，已流入中国。子民亦深信之。……惟其意，以为此等主义，非世界大多数人承认后，决难实行，故传播此等主义者，万不可自失信用。尔时中国人持此主义者，己既不名一钱，亦不肯作工，而惟攫他人之财以供其挥霍，曰：'此本公物也。'或常作狭邪游，且诱惑良家女子，而有时且与人炉争，自相矛盾。以是益为人所讪笑。子民尝慨然曰：'必有一介不苟取之义，而后可以言共产；必有坐怀不乱之操，而后可以言废婚姻。'对于此辈而发也"[155]。主义话语固不等同于名教，但"传播此等主义者"，"自失信用"、营私舞弊，却恰可能将主义蛀空为名教，"这个过程里发生的毛病不是出在主义本身，而是出在附着于主义的人"。在晚清主义话语初起之时，蔡元培已认识到，"主义之能够在真正意义上得以实现，本与个体自身的德性完善是相为因果的"[156]。

可惜严于自律者不在多数，自失信用者却一再粉墨登场。自 1920 年 8 月到 1921 年 4 月，上海《民国日报》副刊《觉悟》"评论"和"通信"栏中曾经展开过一场关于"浮荡少年"的讨论。"浮荡少年"是受过新式教育的学生，满口自由恋爱、妇女解放的新名词，依靠这些象征性资本诱骗女学生，"许多旧头脑的少年却擎了一块新思潮底招牌作恶"[157]。报纸刊发的文章大同小异而又引发热议，可见"浮荡少年"现象普遍存在于当时的社会之中。这些喊着"美名词"而满足私欲的"浮荡少年"，也成为老舍《赵子曰》等小说的讽刺对象[158]。

1922 年的时候，郁达夫写过一篇小说《血泪》[159]，第一人称叙事者"我"自日本留学归国后，每每遇到青年们追问"你是主张什么主义的""足下是什么主义"。当"我"再三表示无法作答时，其中一位"主义的斗将"就谆谆告诫："现在中国的读书人，若没有什么主义，便是最可羞的事情，我们的同学，差不多都是有主义的。……现在有一种世界主义出来了。这一种主义到中国未久，你若奉了它，将来必有好处。"这是"文本内外"持续而普遍的情形。1927 年，时人观察到：对于"一般有些智识而又没有充分智识的青年"，"他们如果不研究主义，没有主义的信仰，人家说他是'书呆子'，甚至于给他一个'时代落伍者'的头衔，……于是大家都立意做一个'新青年'，做一个'思想进步'的青年，越'新'越好，愈'进步'愈好"①。1929年，柔石在《二月》中写小镇中学里一群青年教师热衷谈论主义，"好似这时的青年没有主义，就根本失掉青年底意义了"160。小说真切描绘出当日的时代风气：主义成为判明个体类属甚至安身立命的重要依据，大多数主义自西方移植，而且主义与个人利益息息相关，尤其后一点得到实际情形的验证：《血泪》中的"我"因为于主义无所属而潦倒不堪，而一位"主义的斗将"因为其所提倡的主义"现在大流行了"而"阔绰得很"。不过，与其说这是人宗奉主义，不如说是投机主义。早有人告诉"我"："大凡我们选一种主义的时候，总要把我们的环境和将来的利益仔细研究一下才行。考察不周到的时候，有时你以为这种主义一定会流行的，才去用它。后来局面一变，你反不得不吃那主义的亏。"这种心态，正如沈定一所言："只是借传播主义来维持生活，就活现一个择肥而噬的拆白党。"161

以"名"为教，操"名"之柄而牟利、愚人，自古而然（钱钟书先生在《管锥编》中议及这一问题162）。新名词在晚清激起过激烈争辩，"凡所谓新学新理者，不足为行己求学之助，而适成护身文过之符"163，一般"新学少年"将新词新学看成趋新符号和时髦象征，在盲从攀附中学无所守。尤有甚者，一篇题为《今日新党之利用新名词》的文章指

---

① 参见蒲良柱《一般青年对于主义的信仰》，《现代青年》（《广州民国日报》副刊）第43期，1927年2月28日，转引自陈彩凤、黄秀华、农莉民编《广州民国日报 青运资料选辑（1923—1929）》，广东省档案馆、广东青运史研究委员会，1991年10月，第98页。该作者在国民党广东省党部调研发现，一方面，知识青年对于主义信仰热情高涨，但另一方面，"一般青年多数只晓得空口谈主义，（其实恐怕谈主义的资格都不够）一味盲目地跟着人跑。究竟主义是什么东西？那种主义适合国家社会目前的需要？那种主义有研究和信仰及实行的价值可能？我们对于某种主义在没有研究彻底认识以前，是否可以随便信仰，是否有真正发生信仰的可能……这些问题，他们通通无暇顾及，通通得不到正确的解答"。

出："自庚子以后，译事日兴，于是吾国青年，各拾数种之新名词，以为营私文奸之具，虑事不固，率意轻举，逞其一时之兴会，弃信用而不顾。……吾国未有新学以前，国中士夫，虽黑暗，虽腐败，然旧道德犹存也。即有败类，要其举动，犹有顾忌。自此种新名词出，于是前此之顾忌讳饰而为之者，今则堂然皇然，有恃无恐，是则未有新学，犹有旧之可守；既有新学，并此几微之旧而荡亡之矣。孰谓近来风气之有进步耶。罗兰夫人曰，自由，自由，天下许多罪恶，假汝之名以行。呜呼，可假而行之者，宁只自由已乎。"[164]类似的观察实不稀见："就怕那些假文明，学了几句新名词，什么合群拉、团体拉、运动拉，其实全为自私自利起见，那一头风硬，就往那一头跑。讲爱群，讲得天花乱坠，其实为爱群的事，一点亏不肯吃，不过借着这个声气，沽名钓誉。"[165]对新名词的排斥虽不乏偏激，但假新名词之名以营私文奸、沽名钓誉的现象绝非虚造；将名词泛滥与道德、学风相联系，亦非无的放矢。

　　鲁迅对名教聚结、膨胀的这一点成因有着深刻洞察。早年在恶声扰攘中他发现私利、私欲对"心声""内曜"的蒙蔽，"时势既迁，活身之术随变，人虑冻馁，则竞趋于异途，掣维新之衣，用蔽其自私之体"[166]，所谓"科学""适用""进化"与"文明"之类，只是一件掩蔽其"自私之体"的、华美而空洞的衣裳。二十世纪二十年代他与"正人君子"战，厉声呵斥行私利己者"少装些假面目"："但我又知道人们怎样地用了公理正义的美名，正人君子的徽号，温良敦厚的假脸，流言公论的武器，吞吐曲折的文字，行私利己，使无刀无笔的弱者不得喘息。"[167]"公理正义""流言公论"等之中，发生了多少名教杀人的惨剧。二十世纪三十年代，他感慨"新名词"传入中国后"便如落在黑色染缸"中，化为"济私助焰之具"。[168]上面这些被否定的对象——正如郁达夫小说中讽刺的"主义的斗将"——在鲁迅揭示的"伪士"图谱中属于最下等者，因为他们内心根本不相信任何学说、主张，从来只是借名、盗名以中饱私囊，"要人帮忙时候用克鲁巴金的互助论，要和人争闹的时候就用达尔文的生存竞争说。无论古今，凡是没有一定的理论，或主张的变化并无线索可寻，而随时拿了各种各派的理论来作武器的人，都可以称之为流氓"[169]。这一无特操的"流氓"依附在种种理论下轮流打转，到了胡风那里被鄙为"唱'黑头'的戏子"，"这一点钟做包公，下一点钟可以做曹操，再下一点钟可以做秦桧，但他没有一次认真，完全是为了欺骗看客"[170]。

所以需要在美名的标榜中勘破行私利己者的嘴脸，打破其高悬的护符，正如鲁迅的著名战法——"麒麟皮下露出马脚"[171]，这倒往往见人所不见。仅举一例：在举世仰慕西方代议制政体的年代里，章太炎、鲁迅独不趋时尚。章太炎认为，按照中国当时的实际情形，选举的结果只能是原来横行地方的"豪右"当选，这些人过去一直是乡曲大患，现在通过议会制将其特权合理化，"庶事多端，或中或否，民不能预揣而授其意于选人；选人一朝登王路，坐而论道，惟以发抒党见为期，不以发抒民意为期，乃及工商诸政，则未有不徇私自环者"。由这样的人组成国会，"名曰国会，实为奸府"，民众的权利仍然得不到保障。[172]因此，民主的美名并未落到实处。鲁迅的观察同样锐利：

> 至尤下而居多数者，乃无过假是空名，遂其私欲，不顾见诸实事，将事权言议，悉归奔走干进之徒，或至愚屯之富人，否亦善垄断之市侩，特以自长营揗，当列其班，况复掩自利之恶名，以福群之令誉，捷径在目，斯不惮竭蹶以求之耳。[173]

启蒙大潮中不管是何种代表合理价值的"名"，倘被上述"尤下而居多数"的徇私自环者所操持，则往往沦为鲁迅所说的"空名"。名教蜂起与私欲涌动就是这般沆瀣一气。我们必须注意章太炎、鲁迅对"名"背后复杂的建构图景的洞察，越过具体主张而追究主张背后是否有认真、诚恳的"心"，这正是改造国民性的缘由之一，没有"诚心正意"作根基，任何"美名"都会堕落为"空名"，任何具体措施都可能是沙上建塔。——从这个意义上说，名教批判亦有助于我们洞察现代中国激进思潮弥漫中机会主义的症结所在。

注释

1　本节讨论参照的相关资料如下：

汤用彤：《魏晋玄学论稿》，上海：上海古籍出版社，2001年6月；刘大杰撰、林海东导读：《魏晋思想论》，上海：上海古籍出版社，1998年12月；张岱年：《中国古典哲学概念范畴要论》，北京：中国社会科学出版社，1989年12月；马振铎：《"名"与"实"》，载《中国哲学史研究》编辑部编《中国哲学史主要范畴概念简释》，杭州：浙江人民出版社，1988年6月；曾春海：《"自然"与"名教"之争探义》，载张岱年等著、苑淑娅编《中国观念史》，郑州：中州古籍出版社，2005年1月；劳思光：《新编中国哲学史》（一、二卷），桂林：广西师范大学出版社，2005年10月。

2　胡适：《先秦名学史》，载姜义华主编《胡适学术文集·中国哲学史》（下册），第894页。

3　胡适：《中国哲学史大纲（卷上）》之第十二篇《古代哲学的终局》，载姜义华主编《胡适学术文集·中国哲学史》（上册），北京：中华书局，1991年12月，第253页。

4　陈寅恪：《陶渊明之思想与清谈之关系》，载《陈寅恪集：金明馆丛稿初编》，北京：生活·读书·新知三联书店，2001年6月，第203—204页。

5　万绳楠整理：《陈寅恪魏晋南北朝史讲演录》，合肥：黄山书社，1987年4月，第8—9页。

6　汤用彤：《读〈人物志〉》，载《魏晋玄学论稿》，第9—11页。

7　〔汉〕徐干：《中论》下卷之《考伪第十一》，收入〔明〕程荣纂辑《汉魏丛书》，长春：吉林大学出版社，1992年12月，第574页。

8　汤用彤：《向郭义之庄周与孔子》，载《魏晋玄学论稿》，第96页。

9　《列子·仲尼篇》张湛注，引自何晏《无名论》，转引自曾春海《"自然"与"名教"之争探义》，载张岱年等著、苑淑娅编《中国观念史》，第392、393页。

10　〔晋〕陈寿：《三国志·魏志》卷二十八《钟会传》注，引自〔魏〕王弼《何劭王弼传》，载《王弼集校释》，楼宇烈校释，北京：中华书局，1980年8月，第639页。

11　骆玉明：《世说新语精读》，上海：复旦大学出版社，2007年7月，第34页。

12　〔魏〕王弼：《老子指略》，载《王弼集校释》，楼宇烈校释，第198页。

13　〔魏〕阮籍：《大人先生传》，载《阮籍集校注》，陈伯君校注，北京：中华书局，1987年10月，第170页。

14　余英时：《名教思想与魏晋士风的演变》，载《士与中国文化》，第364页。

15　曾春海：《"自然"与"名教"之争探义》，载张岱年等著、苑淑娅编《中国观念史》，第 402 页。

16　［美］威廉·巴雷特：《非理性的人》，杨照明、艾平译，北京：商务印书馆，2004年 5 月，第 265 页。

17　唐小兵：《伪深刻的皮相——学院生活自白》，《文学报》2007 年 1 月 18 日。

18　鲁迅：《我们现在怎样做父亲》，载《鲁迅全集》（第一卷），北京：人民文学出版社，2005 年 11 月，第 135 页。

19　韦政通：《中国哲学辞典》"名教"条目解说，台北：大林出版社，1981 年 6 月。

20　辜鸿铭：《中国人的精神》，黄兴涛、宋小庆译，海口：海南出版社，1996 年 4 月，第 49—55 页。

21　刘康德：《魏晋名教与自然论笺》，《孔子研究》1994 年第 2 期，第 63—69 页；张造群：《名教源流的历史探讨和现代评价》，《西南民族大学学报（人文社科版）》2008年第 3 期，第 241—245 页。本节对名教概念流变的分析，主要参考了张文的论述。

22　谭嗣同：《仁学》，载蔡尚思、方行编《谭嗣同全集》（下册），北京：中华书局，1981 年 1 月，第 299、348 页。

23　章太炎：《排满平议》，载上海人民出版社编《章太炎全集》（四），上海：上海人民出版社，1985 年 9 月，第 270 页。

24　［英］以赛亚·伯林：《赫尔岑与巴枯宁论个人自由》，载《俄国思想家》，彭淮栋译，南京：译林出版社，2001 年 9 月，第 106—110 页。"社会真实单元"一句出于俄罗斯思想家赫尔岑的《彼岸书》，转自上述的伯林一文。

25　姜义华：《章太炎评传》，南昌：百花洲文艺出版社，1995 年 12 月，第 104 页。

26　章太炎：《台湾人与〈新世纪〉记者》，原载《民报》第二十二号，转引自姜义华《章太炎评传》，第 105 页。

27　［日］木山英雄：《"文学复古"与"文学革命"》，载《文学复古与文学革命：木山英雄中国现代文学思想论集》，赵京华编译，北京：北京大学出版社，2004 年 9 月，第 213 页。

28　冯友兰：《名教之分析》，原载《现代评论》（第二周年纪念增刊），1927 年 1 月；引自冯友兰《三松堂全集（第二版）》（第十一卷），郑州：河南人民出版社，2000 年12 月。

29　胡适：《名教》，载《胡适文存》（三），合肥：黄山书社，1996 年 12 月，第 46 页。

30　余英时：《中国近代个人观的改变》，载许纪霖、宋宏编《现代中国思想的核心观念》，上海：上海人民出版社，2011 年 2 月，第 205 页。

31　梁启超：《变法通议·论译书》，载《饮冰室合集·文集之一》，北京：中华书局，
1989 年 3 月，第 74 页。

32　梁启超：《新民说·论进步》，《新民丛报》第十号，1902 年 5 月 15 日。

33　黄遵宪：《水苍雁红馆主人来简》，《新民丛报》第二十四号，1903 年 1 月 13
日。转引自张枬、王忍之编《辛亥革命前十年间时论选集》（第一卷上册），北京：生
活·读书·新知三联书店，1960 年 4 月，第 336、337 页。

34　叶德辉：《郎园论学书札·与南学会皮鹿门孝廉书》，载王逸明主编《叶德辉集》
（第 1 册），北京：学苑出版社，2007 年 7 月，第 318 页。

35　〔清〕李宝嘉：《南亭四话》，转引自冯天瑜《新语探源：中西日文化互动与近代汉
字术语生成》，北京：中华书局，2004 年 10 月，第 5 页。冯先生此书是研究近代以降
新语生成与输入的代表著作，本节在讨论新语这一部分中多次参考了冯先生的论述，
特此说明并致谢。

36　摩西编《普通百科新大词典》，上海：中国词典公司，1911 年。转引自〔日〕实
藤惠秀《中国人留学日本史》（增补版），谭汝谦、林启彦译，北京：生活·读书·新
知三联书店，1983 年 8 月，第 292 页。

37　亟海：《基督教文字播道事业之重要》，载张静庐辑注《中国近代出版史料二编》，
北京：中华书局，1957 年 12 月，第 333 页。

38　徐珂：《清稗类钞》（第 4 册），北京：中华书局，2010 年 1 月，第 1724 页。

39　冯天瑜：《新语探源：中西日文化互动与近代汉字术语生成》，第 510 页。

40　叶德辉：《郎园论学书札·答人书》，载王逸明主编《叶德辉集》（第 1 册），第
324 页。

41　《新定学务纲要》，《东方杂志》第一卷第三期，1904 年 3 月 25 日。

42　胡钧：《张文襄公（之洞）年谱》，台北：文海出版社，1973 年，第 243 页。

43　江庸：《趋庭随笔》，台北：文海出版社，1967 年，第 7 页。

44　林纾：《〈拊掌录〉跋尾》，载许桂亭选注《林纾文选》，天津：百花文艺出版社，
2006 年 10 月，第 39 页。

45　转引自冯友兰《三松堂自序》，北京：生活·读书·新知三联书店，1984 年 12
月，第 319 页。

46　以上诸条报刊材料，转引自沈国威《近代中日词汇交流研究：汉字新词的创制、
容受与共享》，北京：中华书局，2010 年 2 月，第 294、295 页。

47　章清：《知识·政治·文化：晚清接纳"新概念"之多重屏障》，载方维规主编《思想与方法：近代中国的文化政治与知识建构》，北京：北京大学出版社，2015 年 9 月；章清：《清季民国时期的"思想界"》（下册），北京：社会科学文献出版社，2014 年 4 月，第 628—644 页。

48　邓实：《鸡鸣风雨楼独立书·语言文字独立》，转引自罗志田《种界与学理：抵制东瀛文体与万国新语之争》，载《国家与学术：清末民初关于"国学"的思想论争》，第 145 页。关于此段史实，罗先生讨论甚详。

49　《论新名词输入与民德堕落之关系》，《东方杂志》第三卷第十二期，1906 年 11 月 25 日。

50　黄节：《国粹学报叙》，《国粹学报》第一号，1905 年 1 月 20 日。

51　章太炎：《重刊〈古韵标准〉序》，载上海人民出版社编《章太炎全集》（四），第 203 页。

52　章太炎：《规〈新世纪〉》，《民报》第二十四号，1908 年 10 月 10 日。

53　章太炎：《论承用维新二字之荒谬》，载汤志钧编《章太炎政论选集》（上册），北京：中华书局，1977 年 11 月，第 242—244 页。

54　章太炎：《我的平生与办事方法》，载《章太炎的白话文》，沈阳：辽宁教育出版社，2003 年 3 月，第 73 页。

55　转引自［意］马西尼《现代汉语词汇的形成——十九世纪汉语外来词研究》，黄河清译，上海：汉语大词典出版社，1997 年 9 月，第 80 页。

56　王国维：《论新学语之输入》，载谢维扬、房鑫亮主编，傅杰、邬国义分卷主编《王国维全集》（第 1 卷），杭州：浙江教育出版社，2009 年 12 月，第 127 页。

57　［美］爱德华·萨丕尔：《语言论》，陆卓元译，陆志韦校订，北京：商务印书馆，1964 年 2 月，第 120 页。

58　梁启超：《新民说·论进步》，《新民丛报》第十号，1902 年 5 月 15 日。

59　夏衍：《也谈新名词和外来语》，载《天南海北谈》，广州：花城出版社，1992 年 8 月，第 235—241 页。

60　冯天瑜：《新语探源：中西日文化互动与近代汉字术语生成》，第 615 页。

61　陈原：《语言与社会生活——社会语言学札记》，北京：生活·读书·新知三联书店，1980 年 4 月，第 62 页。

62　袁中一：《三一八惨案之分析》，原载《清华周刊》第二十四卷第六号，1926 年 4 月 2 日。转引自孙敦恒、闻海选编《三一八运动资料》，北京：人民出版社，1984 年 6 月，

第 398 页。

63 《时评：今日新党之利用新名词》，《东方杂志》第一卷第十一期，1904 年 12 月 31 日。

64 梁启超：《清代学术概论》，载《梁启超论清学史二种》，朱维铮校注，上海：复旦大学出版社，1985 年 9 月，第 80 页。

65 严复：《致熊纯如》（1916 年 9 月 20 日），载王栻主编《严复集》（第三册），第 648 页。

66 胡适：《三论问题与主义》，载《胡适文存》（一），第 266—267 页。

67 胡适：《名教》，载《胡适文存》（三），第 51 页。

68 胡适：《多研究些问题，少谈些"主义"！》，载《胡适文存》（一），第 252 页。

69 同上，第 250—251 页。

70 曾琦：《"内除国贼，外抗强权"释义》，《醒狮》第二号，1924 年 10 月 18 日。

71 郭沫若：《创造十年续编》，载《郭沫若全集》（文学编　第十二卷），北京：人民文学出版社，1992 年 10 月，第 256 页。

72 刘少奇：《论口号的转变》（1928 年 10 月 5 日），载中共中央宣传部办公厅、中央档案馆编研部编《中国共产党宣传工作文献选编（1915—1992）》，北京：学习出版社，1996 年 9 月，第 844 页。

73 ［苏］维什尼亚科娃－阿基莫娃：《中国大革命见闻（1925—1927）：苏联驻华顾问团译员的回忆》，王驰译，李玉贞校，北京：中国社会科学出版社，1985 年 7 月，第 222、227、228 页。

74 茅盾：《蚀》，载《茅盾全集》（第 1 卷），北京：人民文学出版社，1984 年，第 69—70 页。

75 心冷：《口号》，《国闻周报》第二卷第四十六期，1925 年 11 月 29 日。

76 老敢：《讨赤闲话》，《国闻周报》第三卷第四十期，1926 年 10 月 17 日。

77 王建伟：《民族主义政治口号史研究：1921—1928》，北京：社会科学文献出版社，2011 年 12 月，第 455 页。本节对"口号政治"的讨论多处参考该著，特此说明并致谢。

78 胡适：《先秦名学史》第四编《进化和逻辑》，载姜义华主编《胡适学术文集·中国哲学史》（下册），第 896 页。

79 胡适：《今日思想界的一个大弊病》，《独立评论》第一百三十五号，1935 年 6 月 2 日。

80 尹权宇：《反"名教"与胡适思想》，载耿云志、闻黎明编《现代学术史上的胡适》，北京：生活·读书·新知三联书店，1993年5月，第173页。

81 刘大白：《〈白屋文话〉自序》，载《胡适文存》（三），第527页。刘大白付印《白屋文话》后，胡适写有《跋〈白屋文话〉》以作评论，刘大白读后又有《〈白屋文话〉自序》提出商讨意见，该文作为附录收入《胡适文存》。

82 陈独秀：《名实》，载任建树、张统模、吴信忠编《陈独秀著作选》（第二卷），上海：上海人民出版社，1993年4月，第326页。

83 周作人：《地方与文艺》，载周作人著、止庵校订《谈龙集》，石家庄：河北教育出版社，2002年1月，第12页。

84 胡适：《问题与主义·三论问题与主义》，载《胡适文存》（一），第272页。

85 胡适：《名教》，载《胡适文存》（三），第46页。

86 同上，第48页。

87 胡适：《多研究些问题，少谈些"主义"！》，载《胡适文存》（三），第250页。

88 鲁迅：《破恶声论》，载《鲁迅全集》（第八卷），北京：人民文学出版社，2005年11月，第29页。以下同一文章引文不再注出。

89 ［日］伊藤虎丸：《早期鲁迅的宗教观》，载《鲁迅、创造社与日本文学》，孙猛、徐江、李冬木译，北京：北京大学出版社，2005年11月，第83页。

90 ［日］伊藤虎丸：《亚洲的"近代"与"现代"》，载《鲁迅、创造社与日本文学》，孙猛、徐江、李冬木译，第14页。

91 朱自清：《论标语口号》，载《标准与尺度》，第31页。

92 ［美］莱昂内尔·特里林：《诚与真》，刘佳林译，南京：江苏教育出版社，2006年12月，第4、5、7页。

93 耿云志：《胡适与〈新青年〉》，载子通主编《胡适评说八十年》，北京：中国华侨出版社，2003年9月，第177页。

94 陆建德：《明智——非理论的智慧》，载《麻雀啁啾：文学与社会》（修订版），北京：生活·读书·新知三联书店，2017年6月，第115页。

95 ［日］伊藤虎丸：《早期鲁迅的宗教观》，载《鲁迅、创造社与日本文学》，孙猛、徐江、李冬木译，第95页。

96 张灏：《转型时代在中国近代思想史与文化史上的重要性》，载《张灏自选集》，上海：上海教育出版社，2002年4月；章清：《民初"思想界"解析——报刊媒介与读书人的生活形态》，载《学术与社会：近代中国"社会重心"的转移与读书人新的角色》，上海：上海人民出版社，2012年8月。

97　严复：《与〈外交报〉主人书》，载王栻主编《严复集》（第三册），第 564、565 页。

98　王国维：《论近年之学术界》，载谢维扬、房鑫亮主编，傅杰、邬国义分卷主编《王国维全集》（第 1 卷），第 123 页。

99　胡适：《致钱玄同》（1919 年 2 月 20 日），载中国社会科学院近代史研究所中华民国史组编《胡适来往书信选》（上），北京：中华书局，1979 年 5 月，第 24、25 页。

100　胡适：《多研究些问题，少谈些"主义"！》，载《胡适文存》（一），第 250—253 页。

101　余英时：《中国近代思想史上的激进与保守》，载《现代儒学的回顾与展望》，北京：生活·读书·新知三联书店，2004 年 12 月，第 31 页。

102　鲁迅：《致许寿裳》（1926 年 12 月 29 日），载《鲁迅全集》（第十一卷），北京：人民文学出版社，2005 年 11 月，第 668 页。

103　鲁迅：《今春的两种感想》，载《鲁迅全集》（第七卷），第 408 页。

104　鲁迅：《偶感》，载《鲁迅全集》（第五卷），第 506 页。

105　鲁迅：《〈进化和退化〉小引》，载《鲁迅全集》（第四卷），北京：人民文学出版社，2005 年 11 月，第 255 页。

106　［日］丸山升：《"革命文学论战"中的鲁迅》，载《鲁迅·革命·历史：丸山升现代中国文学论集》，王俊文译，北京：北京大学出版社，2005 年 11 月，第 55 页。

107　姜义华：《"理性缺位"的启蒙》，上海：上海三联书店，2000 年 10 月，序言第 3、4 页。

108　余英时：《中国近代个人观的改变》，载许纪霖、宋宏编《现代中国思想的核心观念》，第 205 页。

109　耿云志：《胡适与〈新青年〉》，载子通主编《胡适评说八十年》，第 177 页；尹权宇：《反"名教"与胡适思想》，载耿云志、闻黎明编《现代学术史上的胡适》，第 172—184 页；胡明：《胡适"名教"批判》，载《胡适思想与中国文化》，桂林：广西师范大学出版社，2005 年 8 月。

110　郜元宝：《在新的"名教"与"文字游戏"中穿行：文化争论的一份个人备忘录》，《钟山》1996 年第 6 期。

111　沈国威：《近代中日词汇交流研究：汉字新词的创制、容受与共享》，第 281、282 页。

112　钱穆：《中国历代政治得失（第 3 版）》，北京：生活·读书·新知三联书店，2012 年 7 月，第 164 页。

113　胡适：《跋〈白屋文话〉》，载《胡适文存》（三），第 524 页；胡适：《致孙长元》

（1933 年 12 月 13 日，稿），载中国社会科学院近代史研究所中华民国史组编《胡适来往书信选》（中），第 224 页。

114　［美］帕特里夏·奥坦伯德·约翰逊：《海德格尔》，张祥龙、林丹、朱刚译，北京：中华书局，2002 年 3 月，第 114 页。

115　胡风：《致张中晓》（1950 年 6 月 5 日），载《胡风全集》（第 9 卷），武汉：湖北人民出版社，1999 年 1 月，第 652 页。

116　［日］伊藤虎丸：《早期鲁迅的宗教观》，载《鲁迅、创造社与日本文学》，孙猛、徐江、李冬森译，第 101 页。

117　这一方向上的检讨已有不少成果，如汪晖：《科学的观念与中国的现代认同》，载《汪晖自选集》，桂林：广西师范大学出版社，1997 年 9 月，第 208—305 页；［德］方维规：《论近现代中国"文明"、"文化"观的嬗变》，《史林》1999 年第 4 期，第 69—83 页；［日］狭间直树：《对中国近代"民主"与"共和"观念的考察》，载中国史学会编《辛亥革命与 20 世纪的中国》（下卷），北京：中央文献出版社，2002 年 8 月；王尔敏：《商战观念与重商思想》，载《中国近代思想史论》，北京：社会科学文献出版社，2003 年 8 月，第 198—322 页；冯天瑜：《"封建"考论》，武汉：武汉大学出版社，2006 年 2 月；黄兴涛：《晚清民初现代"文明"和"文化"概念的形成及其历史实践》，《近代史研究》2006 年第 6 期，第 1—34 页；金观涛：《观念史研究：中国现代重要政治术语的形成》，北京：法律出版社，2009 年 12 月。

118　孙歌：《在中国的历史脉动中求真》，载《探寻历史的"基体"：沟口雄三的中国思想史研究》，台北：人间出版社，2016 年 3 月，第 50、51 页。

119　转引自王建伟《民族主义政治口号史研究：1921—1928》，第 1 页。该著指出，"口号作为一种重要的动员手段虽然早有发端"，但真正广泛地应用正是始于二十世纪二十年代的大革命、北伐期间。

120　章清：《传统：由"知识资源"到"学术资源"——简析 20 世纪中国文化传统的失落及其成因》，《中国社会科学》2000 年第 4 期，第 190—203、208 页。

121　汪晖：《中国现代历史中的"五四"启蒙运动》，载许纪霖编《二十世纪中国思想史论》（上卷），上海：东方出版中心，2000 年 7 月，第 32—35 页。

122　王汎森：《"烦闷"的本质是什么——"主义"与中国近代私人领域的政治化》，载思想史编委会编著《思想史 1》，台北：联经出版事业股份有限公司，2013 年 10 月。

123　霆声：《论是非》，《洪水》第一卷第一号，1925 年 8 月 9 日。

124　周德之：《为迷信"主义"者进一言》，《晨报副刊》1926 年 11 月 4 日。

125　毛泽东：《致罗璈阶信》（1920 年 11 月 25 日），载中共中央文献研究室、中共湖南省委《毛泽东早期文稿》编辑组编《毛泽东早期文稿（1912.6—1920.11）》，长沙：湖南出版社，1990 年 7 月，第 554 页。

126　孟真：《心气薄弱之中国人》，《新潮》第一卷第二号，1919 年 2 月 1 日。

127　王奇生：《知识青年与国民党》，载《党员、党权与党争：1924—1949 年中国国民党的组织形态》（修订本），北京：华文出版社，2010 年 11 月，第 33 页。

128　朱务善：《本校二十五周年纪念日之"民意测量"》，《北京大学日刊》1924 年 3 月 4—7 日。转引自王奇生《知识青年与国民党》，载《党员、党权与党争：1924—1949 年中国国民党的组织形态》（修订本），第 33 页。

129　天马：《主义值钱？》，《大公报》1926 年 10 月 17 日。

130　《论名》，《大公报》1927 年 5 月 21 日。

131　王汎森：《"主义时代"的来临——中国近代思想史的一个关键发展》，载东亚观念史集刊编审委员会编《东亚观念史集刊》（第四期），第 81 页。

132　［美］卡尔·贝克尔：《18 世纪哲学家的天城》，何兆武译，北京：生活·读书·新知三联书店，2001 年 1 月，第 15 页。

133　胡适：《名教》，载《胡适文存》（三），第 46、52 页。

134　李安宅编译：《巫术与语言》，上海：上海文艺出版社，1988 年 3 月，第 158 页。

135　周作人：《读京华碧血录》，载周作人著、止庵校订《雨天的书》，石家庄：河北教育出版社，2002 年 1 月，第 186 页；《草木虫鱼·小引》，载周作人著、止庵校订《看云集》，第 15 页。

136　周作人：《关于写文章》，载周作人著、止庵校订《苦茶随笔》，石家庄：河北教育出版社，2002 年 1 月，第 169、170 页。

137　周作人：《介绍政治工作》，载周作人著、止庵校订《看云集》，第 133、136 页。

138　周作人：《常识》，载周作人著、止庵校订《苦竹杂记》，石家庄：河北教育出版社，2002 年 1 月，第 199 页。

139　蓝孙姆：《国民革命外纪》，转引自王奇生《"革命"与"反革命"：三大政党的党际互动》，载《革命与反革命：社会文化视野下的民国政治》，北京：社会科学文献出版社，2010 年 1 月，第 92 页。

140　鲁迅：《小杂感》，载《鲁迅全集》（第三卷），北京：人民文学出版社，2005 年 11 月，第 556 页。

141　朱自清：《论标语口号》，载《标准与尺度》，第 30、31 页。

142　马君武：《读书与救国——在上海大厦大学师生恳亲会演说》，《晨报副刊》1926年11月20日。

143　胡风：《今天，我们的中心问题是什么？》，载《胡风全集》（第 2 卷），第 603—619 页。

144　［德］汉娜·阿伦特：《极权主义的起源》，林骧华译，北京：生活·读书·新知三联书店，2008 年 6 月，第 586—587、590 页。

145　胡风：《文艺工作的发展及其努力方向》，载《胡风全集》（第 3 卷），第 175 页。

146　鲁迅：《破恶声论》，载《鲁迅全集》（第八卷），第 25—40 页。

147　茅盾：《五四运动与青年们底思想》，《民国日报·觉悟》1922 年 5 月 11 日；又见《茅盾全集》（第 14 卷），北京：人民文学出版社，1987 年，第 343、344 页。据文末落款提示，这是茅盾 5 月 4 日在交通大学上海学校学生会“五四”纪念会上的讲演。

148　王汎森：《“烦闷”的本质是什么——“主义”与中国近代私人领域的政治化》，载思想史编委会编著《思想史 1》，第 92、124、129 页。

149　邵力子：《主义与时代》，载傅学文编《邵力子文集》（上册），北京：中华书局，1985 年 8 月，第 474 页。

150　具体事例可参见胡适《名教》一文。

151　［苏］列宁：《我们的纲领》，载中共中央马克思恩格斯列宁斯大林著作编译局编《列宁选集》（第一卷　上），北京：人民出版社，1972 年 10 月，第 203 页。

152　［德］马克思：《关于费尔巴哈的提纲》，载中共中央马克思恩格斯列宁斯大林著作编译局编《马克思恩格斯选集》（第一卷　上），北京：人民出版社，1972 年 5 月，第 16 页。

153　茅盾：《主义……》，《小说月报》第十三卷第九号，1922 年 9 月 10 日；又见《茅盾全集》（第 14 卷），第 358 页。

154　茅盾：《通俗化、大众化与中国化》，《茅盾全集》（第 22 卷），北京：人民文学出版社，1993 年，第 92 页。

155　蔡元培：《蔡孑民先生言行录》，桂林：广西师范大学出版社，2005 年 1 月，第 7、8 页。

156　杨国强：《蔡元培的文化品格和民初中国的新文化》，载《脉延的人文：历史中的问题和意义》，北京：北京师范大学出版社，2017 年 1 月，第 91 页。

157　玄庐：《死在社会面前的一个女子赵瑛》，《民国日报·觉悟》1920 年 11 月 15 日。转引自杨联芬《浪漫的中国：性别视角下激进主义思潮与文学：1890—1940》，北京：人民文学出版社，2016 年 4 月，第 86 页。关于当时"浮荡少年"所引发的讨论，参见杨联芬以上专著第二章第三节《"浮荡少年"与女性逆境》。

158　孙芳:《从〈赵子曰〉看老舍对现代"学生"形象的解构》,《中国现代文学研究丛刊》2009 年第 5 期，第 78—89 页。

159　郁达夫:《血泪》,原载《时事新报·学灯》1922 年 8 月 8 日、12 日、13 日，引自《郁达夫文集》(第一卷·小说)，广州：花城出版社、香港：生活·读书·新知三联书店香港分店，1982 年 1 月。

160　柔石:《二月》,载上海文艺出版社编《中国新文学大系（1927—1937）》(第六集：小说集四)，上海：上海文艺出版社，1984 年 5 月。

161　沈定一:《告青年》,《劳动与妇女》第二期，1921 年 2 月 20 日。转引自章清《清季民国时期的"思想界"》(上册)，第 407 页。

162　钱钟书:《管锥编》(第四册)，北京：中华书局，1979 年 8 月，第 1243—1249 页。

163　《论国民道德堕落之原因》,《神州日报》1908 年 7 月 19 日。

164　《时评：今日新党之利用新名词》,《东方杂志》第一卷第十一期，1904 年 12 月 31 日。

165　《论报馆与国民之关系》,《盛京时报》1906 年 12 月 19 日，转引自张仲民《种瓜得豆：清末民初的阅读文化与接受政治》，北京：社会科学文献出版社，2016 年 11 月，第 8 页。

166　鲁迅:《破恶声论》,载《鲁迅全集》(第八卷)，第 27 页。

167　鲁迅:《我还不能"带住"》,载《鲁迅全集》(第三卷)，第 260 页。

168　鲁迅:《偶感》,载《鲁迅全集》(第五卷)，第 506 页。

169　鲁迅:《上海文学之一瞥》,载《鲁迅全集》(第四卷)，第 304 页。

170　胡风:《文艺界的风习一景》,载《胡风全集》(第 2 卷)，第 416 页。

171　鲁迅:《我还不能"带住"》,载《鲁迅全集》(第三卷)，第 260 页。

172　章太炎:《代议然否论》,载上海人民出版社编《章太炎全集》(四)，第 302、309 页。

173　鲁迅:《文化偏至论》,载《鲁迅全集》(第一卷)，第 47 页。

第二章

现代名教的界定（下）

本章为序论的第二部分：在这一部分中，我们将探讨"名"与"名教"的哲学意义的界定。在人类漫长的社会、历史演进过程中，在人类思想文化的发展过程中，二者往往滋生出合理性与危险性的交织。我们将考察几位西方哲学家对名教批判所提供的启示；更重要的，我们将究明"现代"的特质所在，即何以这是一种现代形态的名教。

"名"在"现代"的诞生

从古典到现代，"名"的世界与实在世界的关系经历了从合一到分离再到颠覆的过程。或者借福柯的话说：从词与物统一，到用词的秩序再现物的秩序，再到词的秩序不表示真实事物，而表示人对物的表现。[1]

在人类历史早期，宗教与神话的力量影响着人的意识与行为，语言、词语被赋予一种神圣的魔力，占据至高无上的地位。首先，对于原始人类而言，事物是在语言中发源的。"泰初有言（道）"（《圣经》）、

"无名，天地之始；有名，万物之母"（《老子》）无不彰显出"名"的导源力量。正如卡西尔所指出的："所有的言语结构同时也作为赋有神话力量的神话实体而出现；语词（逻各斯）实际上成为一种首要的力，全部'存在'（being）与'作为'（doing）皆源出于此。在所有神话的宇宙起源说，无论追根溯源到多远多深，都无一例外地可以发现语词（逻各斯）至高无上的地位。"其次，语言、词语不是被视为实在的命名或名称，其自身就被理解为实在，"语词首先必须以神话的方式被设想为一种实体性的存在和力量"。①

　　人类学与文化哲学视角的考察告诉我们，在人类历史早期，"名"的世界与实在世界具有稳固的内在同一性，甚至可以说，我们惯常意义上的"名"在这个时代还没有创制出来，因为"名"所构建的世界本就不是放置在实在世界之外，而是作为实在世界的有机构成部分（当然更不会发生"名"的世界是否真实的问题）。然而此后，"原初的隔离"发生了，乔治·斯坦纳以巴别塔事件来描述这个隔离过程的发生："在世界创始之初，人类只有一种语言"，"名称与所指之间毫无间隙……这些名称是精确而完整的本质陈述。没有误差，更别提谬误。在他自己的尺度上，和上帝的尺度相称，人类'述说存有'；他赋予形式意义，就像是造物者的命令"；但是"巴别塔灾难"——斯坦纳指出，"几乎在任何已知的文化、族裔、神话里都有某种形式的巴别塔主题"——降临后，"他与世界的事实不再是本体的和谐一致。文字与物

----

① 参见［德］恩斯特·卡西尔《语言与神话》，于晓等译，北京：生活·读书·新知三联书店，1988年6月，第70、83页。对此，弗雷泽的分析是："未开化民族对于语言和事物不能明确区分，常以为名字和他们所代表的人或物之间，不仅是人的思想概念上的联系，而且是实在的物质的联系……"参见［英］詹·乔·弗雷泽《金枝精要——巫术与宗教之研究》，刘魁立编，上海：上海文艺出版社，2001年1月，第225页。

体，思想与表达，感情与沟通，不再是有机地交杂"。[2]

当从"名称与所指之间毫无间隙"转变为"文字与物体，思想与表达"不再"有机地交杂"，当从能指与所指密不可分的元隐喻转变为言此意彼、能指与所指断裂的隐喻[①]，这才开始了一个"名"的诞生、聚结过程。随着人类走上理性化的道路，语言的魔力渐渐消散，它不再被视为实体、实在世界的一个部分，而被理解为一种表达实在的工具，一种对于实在的命名与摹写。语言、语词不是实在，而是思想、观念的表达，而思想、观念本身又是实在的映射，于是在真实性的序列中，语词的世界被放置末端。"我们关于事物能在验前知道的只是我们自己所放进事物里的东西"[3]，它显现的只是语言的逻辑本性，自在之物或者说真实的事物本身不在此范围之内，这就是康德"哥白尼式的革命"所达到的结论：它把"名"的世界与实在世界彻底分离了。

然而，当时代再往前发展，"在晚期现代性意识中，语词世界不仅不再被理解为一种主体设立的主观世界，而且还被位于实在序列之始"[4]。格奥尔格"词语破碎处，无物存在"，维特根斯坦"我的语言的

---

① 当代诗人于坚曾以一种朴素的方式描述"名"的生成："最初，世界被命名为一种声音，那个最初的人看见了海，他感叹到，嗨！他说的这个声音和他眼睛所看到的、目击的事物是一元的。在这里，能指和所指尚未分裂，它们密不可分。……'嗨！'是一个元隐喻。之后，这个最初的人把'嗨！'通过字和读音转达给一个'嗨！'不在他目前的人，第二个人。想开始了，元隐喻的时代结束。之后是第三个人，第四个人，第五个人，直到那些一生都不会见到大海的人，根据'海'这个音节想象大海。在我们的时代，诗人们是在第 X 个人的海上说'海'。这时，海，已成为所指的能指。我们再也说不出'嗨！'，我们说，啊，永恒而辽阔！从海第一所指滋生出来的所指的能指取代了第一能指。我们不再说'太阳'，我们说，君王。我们不再说'中国'，我们说'龙'。所谓言此意彼。"（参见于坚《拒绝隐喻：一种作为方法的诗歌》，载《拒绝隐喻》，昆明：云南人民出版社，2004年1月，第125页）可见，最初的隐喻，即元隐喻，使无成为有，这是目击本源的、最初的（第一次的）命名力量，但是无限的隐喻使有成为无，无法再感觉到世界，只是一个陈词滥调的无底洞。

界限意味着我的世界的界限"表达了现代人面临的现实处境。人完全生活在一个由语词、语言、观念、理念、符号等"名"的种种形态所构筑的世界中。这是一个吊诡的颠覆，理性促成了"名"与实在的最终分离，但同时，也正是它赋予了"名"的世界以根本的、日益膨胀的真实性与权威性。所谓真实性与权威性是指，由语词、符号等组织起来的体系提供了一种对于世界的整体性说明。

这一切是如何发生的？牟宗三认为："近代的精神……是为科学所领导，环绕科学而形成的。"[5]这一点为蒋梦麟所认同，在谈及中国现代思想与传统学术的差别时他指出："今日与汉宋思想的不同，其要素在科学。"[6]中国现代性意识的起源，突出表现为科学知识体系与世界观的形成。这一知识体系提供了一种对于世界的整体说明与解释系统，或者用海德格尔的话来说，"关于存在者整体的本质性决断"，"科学发达以后，一切知识道德问题，皆得由科学证明"，[7]"由科学证明"也就是通过知识的秩序而非存在的秩序来证明，知识建基于人类的认识能力、人类理智对现象的理解（正如下文引述海德格尔时提到的"看"），而不是根植于事物自身的存在秩序。知识的秩序成为合法性依据，所以构成知识的概念、定义、公例、准则得到空前强化，万事万物只有被安置进由这些"名"的种种形态所编制的构架与秩序中才能得到理解，所以丁文江认为："我们的人生观脱离了论理学的公例、定义、方法，还成一个甚么东西。"[8]陈独秀也说："举凡一事之兴，一物之细，罔不诉之科学法则，以定其得失从违……"①现代性的态度要求存在的正当性

---

① 陈独秀：《敬告青年》，《青年杂志》第一卷第一号，1915年9月。汪晖在陈独秀的研究中得到的下述结论，在当时的知识分子中间有着极大的代表性与涵盖度："陈独秀的'科学'概念虽然完全指称现代自然科学和社会科学，但其使用范围却主要在伦理道德和信仰的领域，'科学'在此是作为建立合理的人生原则、社会秩序和信仰的有效武器而被运用的，其功能是'修身之根本'，而'修身'或称'伦理的觉悟'则是赢得民族和国家的富强的基本前提。"参见汪晖《科学的观念与中国的现代认同》，载《汪晖自选集》，第246页。

（"一事之兴，一物之细"）建立在知识秩序（"科学法则"）上，由此世界观成为必要。我们可以引入海德格尔的思索来深化认识。

大多数哲学家、思想者都把技术作为现时代的最根本现象。"现代技术之本质与现代形而上学之本质相同一"[9]，它们共同决定了现代性。海德格尔在《世界图象的时代》中指出：以表象化思维为基础，以主体性原则、人类学视域、人类中心主义、人道主义与理性精神为特征的形而上学是支配这个时代的本质和基础。人成为基本的和唯一的主体，成为一切存在者的中心，至此，人看世界的主体性原则（即支配科学世界观的原则）形成，现代性的本质——主体形而上学得以确立。接下来的问题是：人成为主体这样一回事情是如何发生的？"现代"是如何发生的？

"当我们反思现时代的本质时，我们实际上是在追问现时代的世界图象（world picture/Weltbild）……世界图象并非从一个以前的中世纪的世界图象演变为一个现代的世界图象；毋宁说，根本上世界成为图象，这样一回事情标志着现代之本质。""图象"这个词语并不是指一幅关于世界的图画或摹本，而是指世界本身即存在者整体"被把握为图象了"：

> 这时，存在者整体便以下述方式被看待，即：唯就存在者被具有表象和制造作用的人摆置而言，存在者才是存在着的。在出现世界图象的地方，实现着一种关于存在者整体的本质性决断。存在者的存在是在存在者之被表象状态中被寻求和发现的。

当存在者整体被如此把握时，人才在其中成为主体；同时，正是人的表象活动将世界图像化了。知识体系作为一种世界观的形成，与这样一个过程相联属："世界成为图像，人成为主体，现时代这两种决定性事件交相为用，同时也向现时代最根本性的事件投去了一束亮光。这个事件初看起来甚至有点荒诞不经：世界越广泛越有效地作为臣服者听命于人的摆布，主体越是作为主体出现……人对世界的观察，人关于世界的学说，也就越成为关于人自己的学说。……现时代的根本性事件，是人们对作为图像的世界的征服。……在这一制造的过程中，人就占据了这样一个位置，在这个位置上，他成为特殊的存在者，这个特殊的存在者可以给任何存在物提供尺度并且可以为任何存在物勾画出它们必须遵循的路线……"

在海德格尔反复缅怀的一个理想时代，一个对象性关系没有产生（即本章开头讨论的名实具有稳固的内在同一性的人类历史早期）、人完全沉浸在世界中（而不自立为主体）的时代，真理指的是使存在者敞开的过程，但这个过程不是同质化的过程，而是始终处于保留和显现、遮蔽和去蔽的紧张中。但柏拉图无法接受存在的变易，他要确定永恒不变的真理的本质。在他那里，真理不是保留和显现的交互作用，而只是无蔽。柏拉图追求的理型是事物稳定不变的原型，真理的本质就蕴含在理型的显现中。在这样的意义上，知觉就是一种"看"，真理不再是存在者本身的基本特征，而是"正确的看"，这种看能正确符合看的东西，正确性就是认识与事物一致。通过这样一个过程我们可以追溯"名"的诞生，现在惯常意义上的"名"就是这样创制出来的：某种程度上，"名"承载的正是"看"的结果，我们今天对它的理解（参照《辞海》中的基本义项），无论是命名、概念，或表达概念的语词、规律、准则，无不与对"事物稳定不变"的追寻、确认相联系，它代表着人的认识或认识能力。在古希腊早期，变易不居的存在决定了对应于存在的"思"也是有限的，它不能完全掌握存在的秘密。也就是说，这个时候的世界由于含茹着"事物本身"或"事物自性"等意味，因而具有语言上的不可穿透性；但是当"看"、命名、规律、世界观、科学知识体系的世界观交相诞生后，世界被带入了主客体分辨的状态。这也就是世界被图像化的过程，而"名"以各种形态——比如上文中海德格尔所谓"人对世界的观察，人关于世界的学说"——深刻地参与了这一"表象和制造"的过程。至于"给任何存在物提供尺度并且可以为任何存在物勾画出它们必须遵循的路线"，这里的"尺度"与"路线"正是"名"发展到极端暴力的形态。

以上借海德格尔的思想讨论现代之为现代的本质——世界图像化与科学知识体系作为世界观的确立，以及"名"的生成与这一本质的关联。由此带来一个有意味的问题：按照海德格尔的思想，我们可以把"现代"远远往前推，在古希腊晚期和古罗马时代找到技术的源头①。但这样会不会模糊了"现代"的涵盖范围？我们可以如此理解：形而上学的历史，亦即"存在被遗忘的历史"是从苏格拉底、柏拉图处发育，自近现代确立、成熟；世界图像独属于现时代，但柏拉图等哲学家已然遥遥预示了世界的图像化。尤其着眼于本书论题时，这里讨论的当然是一个中国问题，一个中国在卷入现代的过程中出现的危机及有识之士尝试的反抗，所以其物理时间划定的范围不言而喻；但同时，海德格尔立足存在论高度所揭示的文化内涵，有助于我们理解"现代"的本质。

---

① 在有些西方现代性的研究中，除了通常意义上指认现代为自文艺复兴、启蒙运动以来的时代，有的还认为现代性肇始于中世纪，甚至始于古希腊罗马时代的民主、科学的人道精神，这已经不足为奇。

中国现代名教内含于这样一个由世界图像化与知识体系世界观所昭示、引导的世界。在讨论"现代性"，讨论现代之为现代的本质、根据或基础的时候，很容易在对现代世界作一种抽象、普泛的"蒸发"和"萃取"之后，形成一个一体化（全球化）甚或大而无当的结论，然而这样类似的结论往往因其过于学理性与超越性，反而阻碍个人的生存体验。但无论如何，人们从日常生活的切身感受与经验中，确实对现代世界中的种种症结有若干普遍的关注，这是我们借鉴海德格尔的前提。同时再强调一下：对现代名教所布下的弥天之网的发现、示警与反抗，是困扰、纠缠鲁迅等知识人的切身问题，有的甚至与之苦斗了终身。这是本书的立论所据。

"名"的限度与名教批判的哲学意味

"现代性意识所建造的世界，只是思维与语言的逻辑所构筑的假想的图像。"[10] 世界图像化与知识体系世界观的确立所折射出的历史发展轨迹是，人们的自我确证与公共实践不再通过事物本身的秩序，而是通过人类关于事物的"看"与知识来达成。"'科学的方法，不外将世界的事实分起类来，求他们的秩序。等到分类秩序弄明白了，再想一句简单明白的话来，概括这许多事实，这叫做科学公例。'凡是事实都可以用科学方法研究，都可以变成科学。"[11] "有理论而后有事实。"[12] 这些话无不鲜明地昭示了："公例""理论"对自然、事物（事物不再作为事物自身，而是在经过"关于存在者整体的本质性决断"之后，作为被观看的"事实"出现）的分类、概括、处理……一个"名"的世界由此诞生。也就是说，我们接触、面对的所谓自然、事物，已经是被"名"的世界所整饬、编排过的自然、事物。

这其实是不得不尔的情形，如果离开这样一个"名"的世界，我们何以认识事物？何以表达对社会的理解？何以交流彼此的意见？问题的复杂正在于此：我们都知道"名"的诞生有其合理性与必然性（接下来我们就会触及这个问题），但正是这种合理与必然在漫长的发展过程中滋生了危险。我们可以把"名"中潜藏的危险的极端形态，理解为"名教"。名的限度在哪里？反抗名教的切实针对性在哪里？我们不妨通过现代转型时期几位西方先哲的思考来尝试回答上述一连串复杂的问题。

在海德格尔那里，此在是在世的存在，即此在已经在世界上了。"绝没有一个叫作'此在'的存在者同另一个叫作'世界'的存在者'比肩并列'那样一回事。……只有当一个存在者本来就具有'在之中'这种存在方式，也就是说，只有当世界这样的东西由于这个存在者的'在此'已经对它揭示开来了，这个存在者才可能接触现成存在在世界之内的东西。"[13] 从来就没有一个无世界的此在，也从来没有一个无此在的世界。这里的"世界"并非自然物总体的代名词，也不是人的集体名称，"世界是存在者总体的关系，人与事物的关系和人与人的关系，以及事物在这关系总体中所显示出来的意义"。[14] 世界只能是与此在浑然一体并为其领悟和揭示的世界，而此在也是以牵念、上手等非概念的方式知晓世界。上述这一切的改变，始于存在的沉沦——用威廉·巴雷特在其研究存在主义哲学的名著《非理性的人》中的描述——"存在的沉沦，是希腊思想家为了能够更清楚地考虑各种事物，而将其以清晰、明确的形式同其周围的背景割裂开来时发生的。……使形象脱离场所，可以使物体出现在人类意识的光天化日之下，但也可能丧失对场所、对周围背景的感觉。也就是说，形象处于更清晰的焦点上，而场所向后退去，变得模糊不清，以至为人所遗忘。古希腊人使存在者脱离了包围存在的巨大的场所。"这也就是海德格尔所谓"世界图象"时代的开始，这一脱离、改变，清晰而深刻地显现于柏拉图著名的洞穴寓言：人是锁在洞穴中、面对洞壁的囚犯，看不到洞穴外面的真实世界；只有爬出洞穴，借助阳光，才能看到世界。希腊早期关于"存在是对人的直接涌现、人由这种涌现直接领悟存在"这个原为一体的过程分裂了：主、客体相脱离，或者说人和世界的基本关系被确定为"认识"，人无法再以非概念的方式知晓世界，而必须借助"阳光"（理性之光、理念之光）去认识（看、观）身外世界。显然，"名"就是囚徒爬出洞穴外遭遇的阳光中耀眼的一束，它衍化为概念、理念、知识等种种形态，深入参与到人认识世界的过程中，并记载着认识的结果。它使人相信：人们可以用抽象、概念的语言将外在世界的秩序精确地表达出来。对此，巴雷特曾辩证地评论道："任何东方文明都没有造成类似的存在者同存在相脱离的情况。……如果希腊人不使客体从包围它们的存在的场所脱离开来，我们所熟知的西方智慧就不会存在。缺乏这种智慧，正是东方文明的历史性筹划中的消极面和阴影。任何光亮都有其阴影。"[15] 巴雷特的话意味深长：首先，理性与科学主义导致了存在的沉沦、被遗忘，但"光亮"与"阴影"相交织，希腊人发现的这束阳光无疑有着巨大的合理性与历史进步性，它使得各种事物"以清晰、明确的形式""出现在人类意识的光天化日之下"。其次，"西方智慧"照亮的这束阳光，同"名"的成型、发展有莫大关系，它追求对客体事物精确的测量、计算，以科学与理性筹划、组织生活，东方文明"没有造成类似的存在者同存在相脱离的情况"，但是，"缺乏这种智慧，正是东方文明的历史性筹划中的消极面和阴影"，所以，近现代以来的中国思想界大力引入以这一"智慧"为代表的思维、思想与意识形态，甚至可以说，这就是中国人所理解的"现代"的题中应有之义。

西方文化中的理性传统到了近代，尤其是启蒙运动时期登峰造极，怀特海说启蒙时代是一个"基于信仰的理性时代"，可谓一针见血。理性与科学日趋绝对，成为衡量一切的标准，人们相信宇宙万物按照严格的规律运行，理性完全可以掌握这些规律，并且依靠这些普遍的绝对可靠的概念、规律、准则，推演、构造出整个世界图景。

但正如巴雷特所言，"任何光亮都有其阴影"，当理性的光亮被推崇到遮天蔽日时，它的阴影也暴露无遗。我们要讨论的是：那些冲决理性与概念的先哲们，其针对性在哪里？

叔本华开启了现代西方非理性主义的先河。抑制理性的无上地位并不是否弃理性，反对概念也不是抛弃概念，以理性为支撑的概念构成了"名"的基本形态，它是我们彼此交流和处理、保存人类知识的重要工具。叔本华对理性的不满在于："这里显而易见的是概念对实际的不吻合，是概念永不能下达于个别事物，是概念的普遍性和僵硬的规定性永不能精当地符合实际所有的几微之差和多重性相。在生活上，一个迂夫子尽管满腹格言、规范，几乎总是有所短而现为不聪明、索然寡味、没有用处。在艺术上，概念本没有什么生产性，迂夫子也只能生出没有生命的、僵硬的、装扮起来的死婴。甚至在伦理方面，行为如何高尚，如何正义的打算也不能到处按抽象规范行事……"所谓"迂夫子"是指"不能在具体中认识事物的人们"，"抽象之所以抽象，就在于抽掉了细致的规定，而在实际上，要紧的正是这些东西"。[16] 叔本华要提醒世人的是：在生命的鲜活与具体面前，概念（"名"）、理性并不是万能的。顺便一提，叔本华讥讽的"满腹格言、规范"却"不能在具体中认识事物"的迂夫子，正是我们在后文中将要遭遇到的名教卫道士的模型之一。

更大的启迪来自克尔凯郭尔，他毕生的努力都在试图回答 1935 年 8 月 1 日的日记中给自己提出的问题：

> 问题在于了解自己，认清上帝真正希望我做什么；问题在于找到一个对我来说是确实的真理，找到一个我能够为它而生为它而死的观念。[17]

黑格尔的哲学封闭在"名"的形态（概念、绝对精神）中进行推导、演绎，由此建立解释一切事物的体系。但在克尔凯郭尔看来，这不仅在理论上错误，而且在实践上取消了人自由选择的可能，把个人生存的具体性变成了概念的抽象性。"哲学主要关心个人和他的生活方式，而不是概念和概念化的知识。概念的逻辑推演决不能把握个人种种非常普遍的东西——他的感情、特殊的思想、激情和气质等等。"[18] 这里与其说克尔凯郭尔放弃了概念，不如说他富有创见地区分了真理的两种类型：他并不否认客观的、非个人的知识、真理，比如二加二等于四，用巴雷特的话来说，这类知识"一旦我知道，就知道了，不需要继续努力，把它变成我自己的"[19]。但除此之外，还有一类主观真理（哲学的真理），它不像数学公式那样有必然性，也不是"地球围绕太阳转"这般陈述一个事实的判断，它主要和个人的行为密切相关（"对我来说是确实的真理"），"这里成为问题是一个人自己对真理的个人占有——'占有'来自拉丁文词根 proprius，意指'一个人自己的'"[20]。皮埃尔·阿多也曾谈及"概念性的赞许"与"真正的赞许"之间的歧异：前者出于"纯粹知性的接受"，而后者要求"整个生命介入"，必然引发自我和生活的改变。[21] 一位饱学的神学家"满腹格言、规范"，可以运用全部神学真理来证明或推翻命题，然而这些格言、规范、命题对他来说可能永远都只是身外的概念。另一方面，一个对庞大的神学体系一无所知的农民，甚至不会准确表述信仰的原则，他可能谨守虔诚，也可能一辈子为自己偶然的过失所折磨，然而，他活在真理之中。其实鲁迅也有过类似描述：没有经过后天修养但"气禀未失之农人"，较以修身养性为立身之道的士大夫，更具备可贵的信仰。[22] 值得注意的是，二十世纪初，鲁迅正是在"主观真理"的向度上把握住了克尔凯郭尔哲学的精义："契开迦尔则谓真理准则，独在主观，惟主观性，即为真理，至凡有道德行为，亦可弗问客观之结果若何，而一任主观之善恶为判断焉。其说出世，和者日多，于是思潮为之更张，骛外者渐转而趣内……"[23]

密尔在《论自由》中曾以道德教义和宗教信条——和巴雷特区分两类知识一样，密尔也区分过"几何学真理""自然哲学"，以及"道德、宗教、政治、社会关系、生活事务等等"，在他的语境中，后者近于教义和信条——来举例："教义和信条对于其创始人以至他们的直传弟子来说，原是充满着意义和生命力的"，等到这种教义取得了较为公认的地位，主张它的人们往往就会变得"只是承袭了它而不是采纳了它"，而"承袭"和"采纳"却有重大区别——

　　我们时常听到一切信条的宣教者悲叹地说，要使信徒心中对于他们在名义上承认的真理保持一种生动的领会，俾能透入情感而真正支配行为，那是太困难了。当一个信条尚在为其存在而奋斗的时候，便没有这种困难会引起埋怨：那时，即使一些较弱的斗士都知道并且感到他们为什么而奋斗，也知道并且感到它与其他教义有何区别；在每个信条的那个存在时期，都可以看到有不少人曾把那个信条的基本原则体现于思想的一切形式，会把那些原则就其一切重要含义加以量度和考虑，也会体验到那个信条在品性方面的充分效果，那是对于那个信条的信仰在一个为它彻底浸透的心灵中应当产生的效果。但是，一到那个信条变成了一个承袭的东西，而人们之予以接受乃是出于被动而不是出于主动的时候，就是说，一到心灵不复被迫在信条所提示的问题上照初时那样的程度运用其生命力的时候，就有一种逐步前进的趋势会把这信条除开一些公式而外的全部东西都忘记掉，或者对它只付以一种淡漠而麻木的同意，仿佛接受它既系出于信赖就没有把它体现于意识之中或者以亲身经验来加以考验之必要；直到最后，它终于变得与人类内心生活几乎完全没有联系。于是就出现了在这个世界这个年代经常出现以致形成多数的这种情事：信条之存在竟像是存在于人心之外……[24]

克尔凯郭尔与密尔给予我们的最大启迪，如果与本书论题相结合，可以归结为：也许我们找到一个正确、合理的"名"（概念、主义、真理……）并不困难，在现代中国这样一个启蒙时代中，它们甚至充斥在我们周围；然而更重要的是，我们必须把这些"名""变成我自己的"，甚至"为它而生为它而死"——这个过程，这样一个在遭遇"名"之后，"继续努力，把它变成我自己的"过程，关乎生命实践，包含个人承诺，力求在日常生活中加以深化、持存。借用密尔的话来讲，"名"与接受"名"的主体，前者对于后者应当"充满着意义和生命力"，后者则将前者"彻底浸透在内心生活"中，保持"生动的领会，俾能透入情感而真正支配行为"。这样一个追求、"采纳"的过程至关重要，其实就是名教批判的要义所在；而如果只是出于被动的"承袭"，"付以一种淡漠而麻木的同意"，将其置于"人心之外"，则形同"伪士"。后文将具体讨论这个问题。

接下来我们遇到了尼采。尼采把苏格拉底称作"乐观主义科学精神的原型和始祖"，指的是"最早显现于苏格拉底人格之中的那种对于自然界之可以追根究底和知识之普遍造福能力的信念"[25]。我们在上文已经讨论过，以概念、知识为代表的"名"的各种形态及其组织、派生的思维方式，以洞悉万物本质为己任，给世界布下了一张密集的网："概念、判断和推理的逻辑程序就被尊崇为在其他一切能力之上的最高级的活动和最堪赞叹的天赋。"到了近代，科学与理性变本加厉地膨胀，尼采却预言："科学受它的强烈妄想的鼓舞，毫不停留地奔赴它的界限，它的隐藏在逻辑本质中的乐观主义在这界限上触礁崩溃了。"[26]尼采并不是要反对理性、抹杀科学的价值（对于卢梭否定科学文化而提出"回到自然"的主张，尼采不以为然），而是抵制它们的僭越；而科学的界限不是别的，就是生命本身。对于人生的探索不能依靠抽象的概念和推理，理性主义的形而上学传统恰恰限制、扼杀了生命本身。这番思考启发过鲁迅，《破恶声论》正是在这一意义上指认尼采的人格中有"博大深邃，勇猛坚贞"的精神力量，这是当时国内一班"奉科学为圭臬之辈"无法企及的，鲁迅讥诮这些人"知识未能周，而辄欲以所拾质力杂说之至浅而多谬者，解释万事。不思事理神阂变化，决不为理科入门一册之所范围，依此攻彼，不亦慎乎"。[27] 鲁迅并不是站在反科学的立场上发言，而是反对以科学为唯一权威对人和世界的一元解释。科学理性推动人类进步，鲁迅于此心知肚明，甚至赞叹"科学者，神圣之光，照世界者也"，但《科学史教篇》中也分明提醒世人不要迷信科学而致人性之"偏倚"："盖使举世惟知识之崇，人生必大归于枯寂，如是既久，则美上之感情漓，明敏之思想失，所谓科学，亦同趋于无有矣。"[28]《文化偏至论》也是在这一意义上揭示对物质主义"崇奉逾度"所带来的危害："不知纵令物质文明，即现实生活之大本，而崇奉逾度，倾向偏趋，外此诸端，悉弃置而不顾，则按其究竟，必将缘偏颇之恶因，失文明之神旨，先以消耗，终以灭亡，历世精神，不百年而具尽矣。递夫十九世纪后叶，而其弊果益昭，诸凡事物，无不质化，灵明日以亏蚀，旨趣流于平庸，人惟客观之物质世界是趋，而主观之内面精神，乃舍置不之一省。重其外，放其内，取其质，遗其神，林林众生，物欲来蔽，社会憔悴，进步以停，于是一切诈伪罪恶，蔑弗乘之而萌，使性灵之光，愈益就于黯淡……"[29] 我们通过后文讨论，可以见出：当名教世界越出了它的界限时，生命会受到多大的压制与斫伤；而所谓"破名"、名教批判的核心图景，就是人与名教的抗争——警醒理性和知识对生命的限制。越是那些被认为经过理性严格训练的饱学之士，越容易沦为理性和知识的奴隶，缺乏激情和创造性。我们在以后的章节中将会相继遭遇到的名教的奴隶——章太炎笔下的"浮薄少年"、鲁迅笔下的"做戏的虚无党"、胡风笔下的"航空战士"，与尼采所否定的"末人"大有相似之处：他们独特的生命本能和个性被泯灭，缺乏创造力、自主性，千人一面、众口一词……

上文已经多次引述海德格尔，尽管他的思想有不同的发展时期，但归总到一个始基上，就是"要求哲学回到前理论的生命经验去"。这不是一些概念、法则、原理的操作，而是关怀生命本身的问题。"前理论的生命经验"，朴素地说，就是人的现实生活经验，人的日常实践经验。"当农家少年将沉重的雪橇拖上山坡，扶稳橇把，堆上高高的山毛榉，沿危险的斜坡运回坡下的家里；当牧人恍无所思，漫步缓行赶着他的牛群上山，当农夫在自己的棚屋里将数不清的盖屋顶用的木板整理就绪：这类情景和我的工作是一样的。……我的工作却是整个儿被这群山和人民组成的世界所支配和引导。"海德格尔的思想诚然晦涩渊博，但他从未脱离过这样一个生活世界，力图挣脱概念的框架而回到事物本身，"思深深扎根于到场的生活，二者亲密无间"。[30]

　　以上对几位思想者的回顾，可以帮助我们应对如下问题："名"的限度在哪里？反抗"名教"的切实针对性在哪里？这其实是为了规范本书的论题，或者说，我们必须在一个充满张力的复杂结构中展开讨论："名"的诞生有其合理性、必然性，它与人类认识能力的历史性进步紧密相联，它使得各种事物"以清晰、明确的形式"出现在人类意识中。本书的讨论并非旨在打破、弃绝"名"的所有形态。我们就此归于沉默不言。对这一"沉默不言"的意义的思考，可以借鉴老庄的"废除名言"与禅宗的"不立文字"。其实老子并不否认"名"的功用："自古及今，其名不去，以阅众甫。吾何以知众甫之然哉？以此。"尽管老子说"道隐无名"，但如果不给它一个"名"，不留下三千字，则无形抽象之道又何以谈起，何以让人明了，即便这只是不得已的办法，"强为之名"，所以鲁迅评价老子"戒多言而时有愤辞"[31]。而钱钟书说得很显豁："人生大本，言语其一，苟无语言道说，则并无所谓'不尽言'、'不可说'、'非常道'。"[32]"无名，万物之始，有名，万物之母。"关于

《道德经》第一章里的这句话，有一种解释以为：万物的始源，是言语、思想无法企及的；有名代表万物的母体，有母必有子，万物的呈现，离不开言语及思想的基本单位——名。（老子显然也承认，通过"名"，人们可以知晓有形的具体事物。当然，在老子那里，"可名"之"名"是暂存的，非为"常名"。）果真如此，意味着丧失了人类言说、指涉、认知的基本工具和彼此交流的媒介、公共平台；简单来说，我们是在一个由"名"引导的世界中，讨论其中的一种极端形态，或者说有危险的形态——这里的危险，包括叔本华、克尔凯郭尔、尼采等反复述及的科学与理性的越界，对名词符号的独断无所警惕，"概念的普遍性和僵硬的规定性"侵蚀了生命的具体与鲜活，等等。这一危险的形态，我们以"名教"来表述。

在本章的开头，我们探讨了"名"的世界与实在世界的关系经历了从合一，到分离，再到颠覆的过程，并由此发现，在人类历史的早期与现代性境遇中，"名"的世界都占据重要地位。但是，对前者而言，因为名与实的同一，所以"名"的世界是否真实根本不成为问题；但对后者而言，由语词、理念、符号所构筑的世界往往脱离实在自行漂移、膨胀，变成巨大的牢笼，让人困惑何谓真实，甚至演化为对人的一种奴役（且相比于自然界的奴役与生产关系的奴役，它的压迫或许更为隐蔽）。这个时候，名教的弥天大网就悄然张开了。

现在我们可以从哲学角度对现代名教作一番总结：

首先，本书讨论的"现代"，当然意指物理时间划定的范围。其次，中国被动卷入现代的过程与知识体系世界观的确立一体相联，中国现代名教内含于一个由世界图像化与知识体系世界观所昭示、引导的世界，在其中，事物、自然与世界，只有被安置进由"名"的各种形态所编制的秩序与构架中才能得到理解。再次，在中国二十世纪以来这样一个"尊西人如帝天"的特殊时代中，所谓"名教"——比如章太炎批判的"四惑"、鲁迅不满的"恶声"——往往来自西方知识生产创造出来的话语范畴，这与一个全球化时代的到来密切相关，与这样的时代中后发国家的现代化困境相纠缠（第四章会重点讨论这一问题）。这是"现代"的意涵所在。

正如美国作家 E. B. 怀特在若干年前曾感慨的，"某个划时代的转折点已经来到了：人们本可以从他们的窗户看见真实的东西，但是人们却偏偏愿意在荧光屏上去看它的影像"[33]，这个"划时代的转折点"显然就是现代的到来。而荧光屏上的影像之于"真实的东西"，恰似"名"之于实在的世界。由荧光屏虚构、建造出来的影像，通过权力（理性与科学）的保障，占据人们的思想与意识，显示了强于实在世界的力量：当它发展到极致，派生的符号遮蔽了本体，名教的牢笼就这样几乎改变了我们社会生活的整个形式；"符号取缔现实，实在的东西反成泡影"，薇依将此种颠倒视为人所遭受的奴役[34]。我们其实可以将这种异化与奴役理解为一种现代性的危机，如同柄谷行人讨论"日本现代文学的起源"时提到的一种认识装置将价值意义颠倒了，本来是建构的、结果性的东西，却以本源、自然的状态出现在世人面前。更早的时候，尼采已经敏感意识到这个问题，他说哲学家总是"把最后到来的东西设置为'最高的概念'，也就是说，最普遍、最空洞的概念，现实所蒸发的最后水汽一开始就作为开端"，结果他们总是把活生生的现实用抽象和空洞的概念加以肢解，"处理的一切都变成了概念的木乃伊；没有一件真实的东西活着逃脱他们的手掌"。[35]章太炎与鲁迅都在各自的具体处境中发现了这一现代性危机，先后将之表述为"以论理代实在""观念世界的执持"。在《辞海》中，"名"的基本义项是：一、命名或事物的名称；二、概念或表达概念的语词，或规律、准则（"名理"）。[36] 这些都联系着人的认识能力，着眼于历史发展，它们往往也代表着人类认识能力的某种提高。我已经反复申明，本书讨论的不是这些笼统的对象。

苏珊·桑塔格说："没有隐喻，一个人就不可能思考。但这并不意味着不存在一些我们宁可避而不用或者试图废置的隐喻。"[37] 桑塔格所说的"反对阐释"，并不是说简单反对一切阐释，我们生活在意义的世界里，阐释是必要的、不可少的；反对的是"反动的、荒谬的、懦怯的和僵化的"阐释，因为这些阐释"通过把世界纳入既定的意义系统，从而一方面导致意义的影子世界日益膨胀，另一方面却导致真实世界日益贫瘠"。[38] 我们同样必须在这样一个充满张力的结构中探讨名教批判，即承认"名"的合理性又必须揭示其中隐藏的危险：没有"名"，一个人就不可能思考。但这并不意味着不存在一些我们宁可避而不用或者试图废置的"名"。如果它们导致了我们与真实的世界脱节，与生命脱节，如尼采所谓"概念的木乃伊"，我们便把它们归为"名教"的形态，它们具有对现实、实在、本源与人的实践的取缔、遮蔽；并且由上所述，这些"名"同现代性的展开、同"把最后到来的东西设置为'最高的概念'"的认识装置粘连在一起，由此引发现代危机，故而用"现代名教"来表述。而反抗现代名教的针对性与意义在于，恢复被名教所吞没的真实感受世界的能力，使得"我们能够直接地再度体验我们所拥有的东西"，指向"一种新的、更开放的看待我们这个世界以及世界中的万物的方式"。[39]

注释

1 ［法］福柯：《词与物：人文科学考古学》，莫伟民译，上海：上海三联书店，2001年12月。解说参见刘北成《福柯思想肖像》，上海：上海人民出版社，2001年4月，第145页。

2 ［美］斯坦纳：《斯坦纳回忆录：审视后的生命》，李根芳译，杭州：浙江大学出版社，2012年7月，第101、102页。

3 ［德］康德：《纯粹理性批判》，韦卓民译，武汉：华中师范大学出版社，2000年7月，第18页。

4 陈赟：《"语言的转向"与现代境况下人的解放》，载《困境中的中国现代性意识》，上海：华东师范大学出版社，2005年6月，第315页。本章中对语词与实在关系的演变过程的探讨，参考了陈赟先生此文相关论述，特此致谢。

5 牟宗三：《论"上帝退隐"》，载联合报系文化基金会、沙淑芬编《牟宗三先生全集》（9），台北：联经出版事业公司，2003年4月，第244页。

6 蒋梦麟：《中西文化之演进与近代思想之形成》，载明立志、吴小龙、乾恩等编《蒋梦麟学术文化随笔》，北京：中国青年出版社，2001年5月，第215页。

7 蔡元培：《致〈新青年〉记者函》，《新青年》第三卷第一号，1917年3月1日。

8 丁文江：《玄学与科学》，载张君劢、丁文江等《科学与人生观》，济南：山东人民出版社，1997年3月，第42页。

9 ［德］海德格尔：《世界图象的时代》，载孙周兴选编《海德格尔选集》（下），上海：上海三联书店，1996年9月，第885页。本章对《世界图象的时代》一文的引用，除这个版本之外，另外参考了郜元宝译版《人，诗意地安居——海德格尔语要》（上海：上海远东出版社，1995年3月）中相关译文《世界图画的时代》，只是为了行文统一方便，将郜译中"图画"易为"图象"，以下不再注出。

10 陈赟：《科学主义与现代世界观》，载《困境中的中国现代性意识》，第16页。本章对科学世界观的探讨，参考了陈赟先生文中的相关论述，特此说明并致谢。

11 丁文江：《玄学与科学——答张君劢》，载《科学与人生观》，第188页。

12 杨度：《〈游学译编〉序》，载张枬、王忍之编《辛亥革命前十年间时论选集》（第一卷上册），第249页。

13 ［德］海德格尔：《存在与时间》（修订译本），陈嘉映、王庆节合译，北京：生活·读书·新知三联书店，2006 年 4 月，第 64、65 页。

14　张汝伦:《现代西方哲学十五讲》，北京:北京大学出版社，2003 年 1 月，第 287 页。

15　［美］威廉·巴雷特:《非理性的人》，杨照明、艾平译，第 226—228 页。

16　［德］叔本华:《作为意志和表象的世界》，石冲白译，杨一之校，北京:商务印书馆，1982 年 11 月，第 102、103 页。

17　转引自［美］L. J. 宾克莱《理想的冲突——西方社会中变化着的价值观念》，马元德、陈白澄、王太庆等译，北京:商务印书馆，1983 年 5 月，第 166 页。

18　张汝伦:《现代西方哲学十五讲》，第 49 页。

19　［美］威廉·巴雷特:《非理性的人》，杨照明、艾平译，第 169 页。

20　同上，第 170 页。

21　［法］皮埃尔·阿多:《作为生活方式的哲学:皮埃尔·阿多与雅妮·卡尔利埃、阿尔诺·戴维森对话录》，姜丹丹译，上海:上海译文出版社，2014 年 7 月，第 71 页。

22　鲁迅:《破恶声论》，载《鲁迅全集》(第八卷)，第 25—40 页。

23　鲁迅:《文化偏至论》，载《鲁迅全集》(第一卷)，第 55 页。

24　［英］密尔:《论自由》，许宝骙译，北京:商务印书馆，1959 年 3 月，第 41、42、46、47 页。

25　［德］尼采:《悲剧的诞生》，载周国平编译《悲剧的诞生:尼采美学文选》，太原:北岳文艺出版社，2004 年 5 月，第 68 页。

26　同上，第 60、61 页。

27　鲁迅:《破恶声论》，载《鲁迅全集》(第八卷)，第 30、31 页。

28　鲁迅:《科学史教篇》，载《鲁迅全集》(第一卷)，第 35 页。

29　鲁迅:《文化偏至论》，载《鲁迅全集》(第一卷)，第 54 页。

30　［德］海德格尔:《人，诗意地安居——海德格尔语要》，郜元宝译，张汝伦校，第 83、84 页。

31　鲁迅:《汉文学史纲要》，载《鲁迅全集》(第九卷)，北京:人民文学出版社，2005 年 11 月，第 374 页。

32　钱钟书:《谈艺录》(补订本)，北京:中华书局，1984 年 9 月，第 413 页。

33　［美］威廉·巴雷特:《非理性的人》，杨照明、艾平译，第 265 页。

34　［法］西蒙娜·薇依:《自由和社会压迫的起因思考》，吴雅凌译，载陈思和、王德威主编《文学》(2017 春夏卷)，上海:上海文艺出版社，2017 年 8 月，第 284 页。

35　［德］尼采:《偶像的黄昏》，周国平译，北京:光明日报出版社，1996 年 9 月，第

20、22 页。

36 《辞海》"名"条，上海：上海辞书出版社，2002 年 1 月，第 1178 页。

37 ［美］苏珊·桑塔格：《艾滋病及其隐喻》，载《疾病的隐喻》，程巍译，上海：上海译文出版社，2003 年 12 月，第 83 页。

38 程巍：《反对阐释·译者卷首语》，载［美］苏珊·桑塔格《反对阐释》，程巍译，上海：上海译文出版社，2003 年 12 月，第 7、8 页。

39 ［美］苏珊·桑塔格：《反对阐释》《一种文化与新感受力》，载《反对阐释》，第 9、352 页。

第三章

章太炎

1908 年，章太炎在《排满平议》中揭示"殉名"——可以理解为以身殉名教——的危害。同年，他在《四惑论》中又批判"以论理代实在"，这一句恰恰点出了名教的危险实质，即名教世界通过种种"大理"而派生出来的对实在的叙事、编织，反而取缔了实在本身。本章试图在名教批判的视野中重读章太炎：他如何揭示名教实质、危害与名教运作机制中深藏的现代迷信，以及他的思想资源如何为名教批判提供可能性。

破名以求实的精神与践行

"综核名实"的学术品格

章太炎自云："鄙人少年本治朴学，亦唯专信古文经典，与长素辈为背道驰。……中年以后，古文经典笃信如故。"[1] 经古文学派"重证据""贵独立"的学风，深刻地影响着章太炎。他提出"以狱法治经"，具体节目为："审名实，一也；重左证，二也；戒妄牵，三也；守凡例，四也；断情感，五也；汰华辞，六也。"[2]这六条归结起来，就是综核名实，无征不信。钱穆论太炎之学"不为放言高论"[3]，褒扬的正是这一学术风格。其次，既然"诸学莫不始于期验"，那么，从某一虚拟的原理或名词的预设（章太炎谓之"成型"）出发，加以因果演绎"以断成事"，这是治学应该加以戒绝的，所谓"弊之至也"。"凡物不欲绖，丝绖于金栀则不解，马绖于曼荆则不驰。夫言则亦有绖，绖于成型，以物曲视人事，其去经世之风亦远矣！"[4]绖，意为牵绊，不"绖于成型"而能独立思考，这与"破名"的思维是相通的。以上两点结合起来，就是章太炎所说的："字字征实，不蹈空言，语语心得，不因成说，斯乃形名相称。"[5]

章太炎在治学过程中对立"名"为教的僵化思维非常警惕，不管是无征不信的强调，还是破除"执名以求实"的偏执。他在《国故论衡·辨性》中对此有过精湛的讨论：

> 世方谓文教之国其人智，蠕生之岛其人愚。彼则习也，非性。就计所习，文教国固多智；以其智起愚，又愚于蠕生之人。何者？世之恒言，知相、知名者为智，独知相者谓之愚。蠕生之人，五识于五尘犹是也。以不具名，故意识鲜通于法。然诸有文教者，则执名以起愚，彼蠕生者犹舍是。

文明程度较高的"文教之国"，认识事物既能通过感性直观的"相"，又能依借上升到观念形态的"名"，即"知相、知名者"，固然较文明程度低等、"不具名"的"蠕生之岛"之人为"智"，但是，由于"文教国"常常为"名"所蒙蔽，"执名以起愚"，故而实际上"又愚于蠕生之人"。接下来，章太炎罗列了"执名以起愚"的六种现象——征神教、征学术、征法论、征位号、征礼俗、征书契，由此得出结论："见与痴固相依。其见愈长，故其痴愈长。而自以为智者，诚终身不灵哉！"以"征学术"为例："蠕生者之察万物，得其相，无由得其体；虽得之，不横以无体为体。有文教者得其体矣。太上有唯识论，其次有唯物论。识者以自证而知，物者以触、受而知，皆有现量，故可就成也。计唯物者，虽不知圆成实性，犹据依他起性。最下有唯理论师，以无体之名为实，独据遍计所执性，以为固然。"这里所批判的"唯理论师"，以黑格尔为代表，"无体之名，浮屠谓之不相应行。（非心非物，故曰不相应行。《成唯识》有不相应行二十四种。康德所说十二范畴，亦皆不相应行也。）意识用之以贯万物，犹依空以置器，而空不实有。海羯尔以有、无、成为万物本，笛佚尔以数名为实体，此皆无体之名。庄周曰：'名者，实之宾。'（《逍遥游》）尹文曰：'有形者必有名，有名者未必有形。'（《大道上》）今以有名无形者为实，此蠕生者所不执也。"[6]"不相应行"，是指其体、相无从得知的那些概念；"非心非物"，是人们对变迁、流动、造作中的诸现象作出的概括。[7]章太炎认为，康德所说的"十二范畴"，黑格尔的"纯粹理念""绝对真理"，笛卡尔的数学与几何学定理，都属于"不相应行"。这些"唯理论师"，将无法"自证而知""触受而知"的概念理解为超越人们思想并存在于事物之先的唯一真实的实体，宣称只有它们才是事物与对象的本质，这就滋生了理论取缔实在的危险（下文将围绕《四惑论》专门探讨这个问题）。章太炎上述对黑格尔诸人的指摘，都可商榷，但其间确存苦心，他引用庄子、尹文的论述，强调"名"是用来指称"实"的，但"名"不等于"实"，更不能独立于"实"而存在，所以，只有破除人类社会文化发展过程中形成的种种"名"的束缚，才能求得认识的正道。这里另外值得注意的是，章太炎以"文教之国"举例，表达了他对现代名教的敏感。"名"的聚结、膨胀，与现代性的展开实则纠结在一起。

章太炎在齐物哲学的视野中，又有"排遣名相""理绝名言"的说法。受唯识学影响，章太炎认为一切"名相"皆由人内心计度分别而起，而非关涉"物自身"："道何所依据而有真伪，言何所依据而有是非，向无定轨，唯心所取。"[8]《齐物论释》开篇就道出"理绝名言，故平等而咸适"的主旨，不承认有一至高无上的"理"存在，扫除自以为绝对真理的天理、公理、规律、法则等，不是要抹杀所有的"理"，而是正视一切现实的差别，使之各得其所，"齐物者，吹万不同，使其自己"，容许人人物物各有一理。这里没有首出群伦、统辖一切的真理或标准，不管是封建宗法制度中的天理，还是现代社会中的公理，当它们凌驾于每一个体之上成为统治者时，人的独立与自由就会受到严重侵害：

> 宋世言天理，其极至于锢情灭性，椓民常业，几一切废弃之。而今之言公理者，于男女饮食之事，放任无遮，独此所以为异。若其以世界为本根，以凌藉个人之自主，其束缚人亦与天理者相若。……其所谓公，非以众所同认为公，而以己之学说所趋为公。然则天理之束缚人，甚于法律；而公理之束缚人，又几甚于天理矣。[9]

天理的说教以普遍秩序（"天"）的名义来反对人的意志、作为，而现代公理意识则可以把私欲表述为集体性的欲望而合法化，它以齐一的律则、社会的名义构成对异端（少数个人）的压制，以多数大众的名义反对少数精英。所以章太炎感慨"公理之束缚人，又几甚于天理矣"。

"排遣名相"，"理绝名言"，从积极的方面看，前者旨归在于平息纷争与不平等，因为许多纷争与不平等都以虚假的名相为附着；而后者反映了章太炎对西方启蒙哲学所宣扬的公理法则、自然规律的质疑，他反对将世界历史的运动发展直线化、教条化，反对用一个普适的文化模式限定所有文化。但是，在齐物视野的笼罩下，这二者都带有相对主义和虚无主义的色彩。我们可以从中记取的，是章太炎驱散迷雾，对以崇拜公理为代表的名教思维——"言公理者"往往"以己之学说"为教而"凌藉个人之自主"——的驳斥。而鲁迅的"伪士"批判，与上述思路一脉相承。

"先破名言"的政治方略

章太炎的学术精神与其对现实社会政治的关怀紧密相连。《论佛法与宗教、哲学及现实之关系》开篇先是阐扬佛理，最终归结到现实问题的认识上来："近来世事纷纭，人民涂炭，不造出一种舆论，到底不能拯救世人。"这一他视为亟务的舆论原来以破为立，正是"先破名言"四字，因为"世间最可畏的，并不在'相'，只是在'名'"。章太炎举例："世界许多野心家"和"怀着兽心的强国"，"有意要并吞弱国，不说贪他的土地，利他的物产，反说那国本来野蛮，我今灭了那国，正是使那国的人民获享文明幸福"。帝国主义正是以文明取代野蛮的名义来掩饰其"并吞弱国"的恶行，故而唯有"打破文明野蛮的见"，方可"使那些怀挟兽心的人，不能借口"。[10]章太炎还剖析过其余几种帝国主义假借的美名，以此揭露其侵略实质。其一，"众乐"："若云小国寡民不如大国众民之乐，自非侵略他人，其乐何由而遂。夫事有同名而指趋绝相违戾者，博爱并容，墨子之所谓兼士也。侵牟蚕食，商君之所谓兼并也。其言兼同其所以为兼异，乃如水火白黑势不相容。今假众乐之言，以文饰其帝国主义，是犹借兼士之名以文饰其兼并主义。墨孟有知，必萦以朱丝，攻以雷鼓无疑也。"[11]这里是以帮助落后国家的人民成全其快乐之名入侵他国。其二，"竞争"："或云物相竞争，智力乃进……物有自量，岂须增益，故宁绝圣弃知而不可邻伤也。向令《齐物》一篇，方行海表，纵无减于攻战，舆人所不与，必不得藉为口实以收淫名，明矣。"[12]这里以竞争为推动人类智力进步的妙法，以增益落后民族智力的名义实施攻战。其三，"宗教"："墨子虽有禁攻之义，及言《天志》《明鬼》，违之者则分当夷灭而不辞，斯固景教天方之所驰骤，亮不足道……尚考成汤伊尹之谋，盖藉宗教以夷人国……今之伐国取邑者，所在皆是……"[13]这里又假借传播宗教福音之名侵略他国。以上种种可见，只有打破现代名教对文明、众乐、竞争、宗教的判别与叙述（这其中有太多以"名"掩"实"的迷障），才能看清帝国主义的真实嘴脸，不为种种"名言"所迷惑。

揭批侵略实质，能为人所认同；而章太炎对立宪、代议制的质疑，则经常招来误解，以致被訾为"不革命"。其实贯穿其中的思维方法是一致的，简单说来，就是警醒世人不要为"名"所惑。1906年9月，清政府发布预备仿行立宪的上谕；次年2月，自称"大喜欲狂"的康有为把保皇会改名为"国民宪政会"；1908年9月，清廷正式颁布《钦定宪法大纲》《议院法要领》《选举法要领》，并宣布以九年为预备立宪期。在这样的氛围中，章太炎目光如炬地指出："宪政者，特封建世卿之变相。"[14] 而那些"宪政巨公"眼中也并无民间疾苦，只是给清政府祸国殃民的行径涂上一层保护色。章太炎在《驳宪废疾》中对《钦定宪法大纲》作了详细剖析，充分论证这个所谓大纲"不为佐百姓，亦不为保乂国家，惟拥护皇室尊严是急"[15]。

　　章太炎对议会政治的批驳更加周遍而严厉。原因大致如下：第一，对代议制形成的历史背景作考察之后，他认为西方的议会两院制是"封建的变相"，只有在尚存贵族黎庶之分的封建国家内才实行上下两院，而中国去封建已远，如要照搬议会制，是"逆反古初""横分阶级"。第二，议院使豪民取得合理化的特权，在贵族平民二阶级之外又新添一批拥有特权的"议士"。按照中国当时的实际情形，选举的结果只能是原来横行地方的豪右当选。这些人过去一直是乡曲大患，现在通过议会制将其特权合理化，"庶事多端，或中或否，民不能预揣而授其意于选人。选人一朝登王路，坐而论道，惟以发抒党见为期，不以发抒民意为期，乃及工商诸政，则未有不徇私自环者"。由这样的人组成国会，"名曰国会，实为奸府"，民众的权利仍然得不到保障。因此，民主的美名并未落到实处，"民权不借代议以伸，而反因之扫地"，"议院者，民之仇，非民之友"。同一时期的鲁迅与章太炎并肩作战，对改良主义者"立宪国会之说"加以批驳，且思路高度一致："假是空名，遂其私欲，不顾见诸实事，将事权言议，悉归奔走干进之徒，或至愚屯之富人，否亦善垄断之市侩……"[16]

　　在举世攘攘追慕西方代议制政体的年代里，章太炎不趋时尚。他对代议制的质疑不是反民主，倒是为了真正的民主。"大抵建国设官，惟卫民之故，期于使民平夷安隐，不期于代议。若舍代议政体无可使其民平夷安隐者，吾亦将摭取之。今代议则反失是，不代议则犹有术以得是，斯掉头长往矣。"①重要的不是名，而是实，议会政治的美名并不等同于民主的实效，这里当然需要有一定的制度形式与安排，但首务不在于此，而在于一定的形式与安排在具体的条件下能成就什么、实现什么。

不管是立宪还是代议，背后都有太多个人私欲的追逐，章太炎对此否定，是要探求建立具有名副其实民主精神的政治制度。第一章中曾经讨论过，私欲的驱动是现代名教聚结的成因之一，由上可见一斑。所以，"破名者"每每针锋相对地在美名标榜中勘破"徇私自环者"的嘴脸。再比如，当清季孔教大兴时，章太炎激烈地加以抨击，晚年在《国学概论》中借庄子自况："庄子所以连孔子要加抨击，也因战国时学者托于孔子的很多，不如把孔子也驳斥，免得他们借孔子作护符。"[17] 太炎经常诋孔子"湛心利禄"，又说"自汉武帝专尊孔教以后，这热衷富贵利禄的人，总是日多一日"，这些都有现实的所指。其时，所谓"借孔子作护符"者，大抵就是孔教运动中人，他们高悬"护符"以营私，

---

① 以上两节引述参见章太炎《代议然否论》，载姜玢编选《革故鼎新的哲理——章太炎文选》，第315、324页。抗战胜利后，茅盾有这样一个观察："在重庆我看到过一次市选举，这是一保的居民选举市参议，在一家茶店里举行。有选举权的老百姓走进茶店，保长就交给他们一张选举人的名单。老百姓有的说：这些人我们不认识呀。保长说：不要紧，我认识。于是老百姓就依样画了葫芦……在积威之下，老百姓对于保长不敢不服从，而在生活压迫之下，老百姓也实在分不出精心来关心政治，而最后，从长期的经验中，老百姓又知道即使他们敢于违抗保长的命令而选举了他们心目中的好人，事实上那个好人还是不能当选的……试问这样的选举有几分民主的气味？这不是真民主，这是假民主。"[参见茅盾《和平·民主·建设阶段的文艺工作》，载北京大学等主编《文学运动史料选》（第五册），上海：上海教育出版社，1979年12月，第209页]时在1946年，章太炎近四十年前的洞见，实非无的放矢。

章太炎欲斥其说贬其行，只好将其"护符"一并打破①，恰如上文提到的"先破名言"。"破名者"注目警惕的，往往正是现代名教背后所包藏的"徇私自环"，章太炎的学生鲁迅，甚至针锋相对地设计出一套釜底抽薪式的著名战法——"使麒麟皮下露出马脚"。1925 年，鲁迅在杂文中写道："民国十四年的'读经'，也如民国前四年，四年，或将来的二十四年一样，主张者的意思，大抵并不如反对者所想像的那么一回事。……他们的主张，其实并非那些笨牛一般的真主张，是所谓别有用意；反对者们以为他真相信读经可以救国，真是'谬以千里'了。"[18]章太炎、鲁迅师徒二人对尊孔、专经的批驳，用的正是同一战法，矛头所向，直指"假借大义，窃取美名"者。

　　正因为有此敏感，所以在同一阵营内，章太炎更担心因为革命党人道德状况的亏缺，将革命蜕成一没有实绩、"号于天下"的空名。1906 年 10 月，他在《民报》上发表长文《革命之道德》："今与邦人诸友同处革命之世，偕为革命之人，而自顾道德犹无以愈于陈胜、吴广，纵令暗其口焦其唇破碎其齿颊，日以革命号于天下，其卒将何所济？"尤为严重的是，一些革命者以"公德不逾闲，私德出入可也"来为自己开脱，章太炎予以当头棒喝："道德果有大小公私之异乎？于小且私者，苟有所出入矣；于大且公者，而欲其不逾闲，此乃迫于约束非自然为之也。政府既立，法律既成，其人知大且公者之逾闲，则必不免于刑戮，其小且私者，虽出入而无所害，是故一举一废，应于外界而为之耳。政府未立，法律未成，小且私者之出入，刑戮所不及也；大且公者之逾

---

① 太炎在书信中还有这样的自白："深恶长素孔教之说，遂至激而诋孔。"参见章太炎《致柳翼谋书》，载汤志钧编《章太炎政论选集》（下册），第 764 页。

闲，亦刑戮所不及也。如此则恣其情性，顺其意欲，一切破败而毁弃之，此必然之势也。吾辈所处革命之世，此政府未立法律未成之世也。方得一芥不与一芥不取者，而后可与任天下之重。"他反复强调："道德者不必甚深言之，但使确固坚厉、重然诺、轻死生则可矣。"[19] 章太炎由此提醒革命党人，革命不是"号于天下"的空洞标语，也不是竖起旗号就完事了，而必须以卓荦坚毅的道德笃行以求。这与鲁迅倡导的"永远革命""革命无止境"的精神又是相通的（参看第四章相关论述）。

吕思勉评价章太炎，有如下一番议论：

> 他非不主张改革，然在戊戌变法以前，在上海的新党叫嚣浮薄的状态，却为他所看不惯。戊戌党案中人，虽亦贤肖不齐，在大体上说来，总还算是君子。然其中有贪恋权势，欣于人家的奔走、馈赠而不忍去，以致终罹其祸的，他亦不肯宽恕，而援《春秋》责备贤者之义，加以指斥。后来立宪之论，掩袭一世，他又审中西情势之不同，作《代议然否论》，以明其行之中国，不必能得善果。都可见得他综核名实的精神。[20]

上面提到的章太炎政治方略的几方面，确实可以归纳到"综核名实"这四字中去，也与他的学术品格一脉相承。首先是警示世人不要在种种"名言"前目迷五色、执名为实，尤其是许多空乏甚至变质的内容实际，及其背后包藏的私心杂念，与其标举的美名"乃如水火白黑势不相容"；其次在现实的情势下，如果其"名"确实代表了社会公正与进步，则须身体力行以求名实相符。

章太炎政治方略的种种或可讨论（比如他对代议制缺乏了解，批评过于片面），但是这背后支撑着他判断的精神与思维特质很值得我们注意，其中就有"破名"的精要所在：

> 不先检方域之殊，习贯之异，而豫拟一法以为型模，浮文犷令，……强而遵之，则龃龉不适，……医者视疾，必先诊脉，而后处方，未有悬拟一方以待疾至者，亦未有以一方兼治众疾者。[21]

> 凡所谓主义者，非自天降，非自地出，非掇拾学说所成，非冥心独念所成，正以见有其事，则以此主义对治之耳，其事非有，而空设一主义，则等于浮沤，其事已往，而曼引此主义，则同于刍狗。[22]

审时度势的现实主义态度，往往与立"名"为教针锋相对。章太炎在进行社会文化新秩序的重建时，注重"现在"的价值（这在鲁迅那里得到了更为显著的阐扬。把握身边的"现在"，与陷入现代名教所编织的未来黄金世界的美梦，也是一组对立），"圣人固不能测未来"[23]。相反，一意以别国文化为规范而罔顾"中西情势之不同"，对中国的社会秩序加以重构（"以一方兼治众疾"），或者根据抽象的、无法经考验的主义，制定一套新的制度以律民（"悬拟一方以待疾至"），这些都只会流于不切实际的空想（"强而遵之，则龃龉不适"）。而现代名教正是在这样悬拟一方的设计中产生，或者用章太炎的话，"夸大殉名之主义"由此萌发。

"修辞立诚"的语言观

我们在这里要讨论的是章太炎对语言文字的基本态度，其中会联系到鲁迅的看法，尤其还要引入 1965 年，胡风写于狱中、给妻子梅志的一封家书[24]。其中的历史回响，实际构成了一条重要的思想脉络，值得细致梳理；而从中提取出的围绕"实感"的种种阐述，恰是抵拒现代名教最宝贵的资源。

《国故论衡》中《文学总略》一篇，要在辨析文学义界："文学者，以有文字著于竹帛，故谓之文。论其法式，谓之文学。凡文理、文字、文辞，皆称文。"进而区分"文章"与"彣彰"的不同："夫命其形质曰文，状其华美曰彣，指其起止曰章，道其素绚曰彰，凡彣者必皆成文，凡成文者不皆彣，是故推论文学，以文字为准，不以彣彰为准。"[25] 尽管在为《革命军》作序时，出于鼓动民心、宣传革命的目的，提倡过"跳踉搏躍"的文风，但总体说来，章太炎本着"修辞立诚其首"的原则，注重语言的质素朴拙、中诚所发，反对虚浮、夸张，"文皆质实而远浮华，辞尚直截而无蕴藉"。《检论》中所附《正名杂义》，指陈"表象主义"的危害使得"言语不能与事物完全一致"[26]："文辞愈工者，病亦愈剧。是其分际，则在文言质言而已。文辞虽以存质为本干，然业曰'文'矣，其不能一从质言，可知也。文益离质，则表象益多，而病亦益笃。"[27] 这一看法直接影响了他的学生钱玄同。新文化运动中，钱玄同倡导"老老实实讲话"，指斥"以表象语代事实者，尤为恶劣"。[28] 章太炎在其文字学的治学脉络中反复议及"转注""假借"诸问题，其实也是为了应对现实中语文的滥用和败坏。[29] 张新颖先生讨论章太炎的行文方式时参引尼采的话，以见出"对同一问题的批判与主张出奇地吻合"："由于几百年来情感的夸张，一切词汇都变得模糊而肿胀了，这种情况严重地妨碍了认识。高级文化，在认识的支配（倘若不是专制）下，必须有情感的大清醒和一切词汇的强浓缩……"[30]

下面我们来看胡风在家书中的两段话：

常见的把感觉和思想分为二事的说法，只有在极限定的意义上才可以用。至于语言，它所表现的既是思想也是感觉，二者为一物的两面，恐怕连抽象的逻辑语言都可以这样说的。人对某些语言（文字）所以没有感觉，是因为那语言所表现的事物和运动他没经验过。没有注意过哲学问题或读过哲学书的人，"哲学"这个词就对他是无感觉的，神秘的，正如热带没有见过雪的人对"雪"和"下雪"这类词一样。

所以，从基本性格上说，语言是极老实、极诚恳的东西。没有被客观事物所引起的感觉（思想），人怎么会创造某一个词呢？……

那么，为什么又出现了极不老实，极不诚恳的语言？……在统治阶级利用下的这种语言，有的原来就没有实际事物和运动的感觉，有的在这样使用中失去了具体事物和运动的感觉，即所谓陈词滥调。……这种东西，除了以思想内容本身毒害人以外，更可怕的是，它使人的感觉力伪化，因而使人的思想力虚化，也就是，完全拒绝新鲜的具体的事物和运动进入受害者的主观世界。

在形而上学的传统中，知识是依靠理性获得的，只有理念代表了真正的存在，而人的感官直觉与本能被忽略，甚至被完全否定。而胡风在这里却无限压缩了"感觉"与"思想"的区隔（恰如尼采对西方哲学传统的反抗），"感觉和思想分为二事的说法，只有在极限定的意义上才可以用""二者为一物的两面"。

章太炎也有类似的说法。"夫物各缘天官所合以为言"[31]，"缘天官"的说法来自荀子，制定"名言"的基础是感官对客观事物的感觉。章太炎早年在《诸子学略说》《原名》等篇中（尤其是在吸收唯识宗的义理后），对认识过程作了细致梳理："官有五根，物有五尘，故知而有异。凡人之知，必有五遍行境，谓之触、作意、受、想、思。"[32]"五根"是指眼、耳、鼻、舌、身这五官，"五尘"指的是色、声、香、味、触这五境。认识的过程首先是"触、作意、受"的阶段。所谓"作意"，指认识主体的感觉器官与思维器官在认识对象面前积极活动起来，通过"触"与"作意"，"五官"开始接触"五境"，并通过"受"，完成对事物的感性认识。一个完整的认识过程，离不开"想"与"思"："想"可以用胡风所说的"思想"来比附，"思"大致相当于获得"思想"之后再作的考察。[①] 然而，意识的全部活动，包括"想"与"思"在内，说到底都是以"触、作意、受"为基础。"名之成，始于受，中于想，终于思"，而"想随于受，名役于想"。[33] 理性尽管在"名言"的形成与认识的展开过程中起着关键作用，但它不得不受制于感性认识的获取。

---

① 在《诸子学略说》中讨论荀子"缘天官"一节时，章太炎指出："作意与触，今称动向，受者今称感觉，想者今称知觉，思者今称考察。"见姜玢编选《革故鼎新的哲理——章太炎文选》，第172、173页。这是1906年章太炎在东京国学讲习的文稿，当时听讲诸生中的鲁迅，可能正受此论述影响。

而胡风对感觉的作用更加敏感。在这封家书中他多次提到鲁迅（并且说产生这番"感慨"的导引之一正在于"去年又重读了鲁迅有关汉字和文字改革的文章"），其中的那个比方显然来自《摩罗诗力说》："直示以冰，使之触之，则虽不言质力二性，而冰之为物，昭然在前，将直解无所疑沮。"[34]突出感觉的作用，是因为感觉来自主体与具体事物最直接的接触，饱含着感觉体温的文字，"直语其事实法则"，将"具体事物和运动"，"直笼其辞句中"。认可这样一种语言文字，等于最大限度地关联着具体事物、日常生活和生活世界。也就是说，主体直接置身于存在，而不是被关于存在的种种整合、编排所淹没。

对上述讨论稍作总结：首先，章太炎的"修辞立其诚"、胡风的"极老实、极诚恳"的语言，都是为了强调言辞符号的"模糊而肿胀""陈词滥调"，使人"失去了具体事物和运动的感觉"，他们在意的，是"名"的世界对存在本源的挤压、取缔。其次，他们都强调生动而丰富的感性机能，执着于感觉和促生感觉的具体事物，往往可以避免被名教世界所攻陷。

"文字者，语言之符。语言者，心思之帜。"[35]"心思—语言—文字"，正是在这样一幅图景中，章太炎解构了文字与主体的关系。无心思则无主体，不与心思往返沟通的语言文字则不是主体性的语言文字。鲁迅通过《域外小说集》的翻译实践，"有意识地使用尽可能古的字词义，这与鲁迅'白心'的思想紧密结合。这个'白心'，是与中国知识分子的文化传统正相反的东西，是被这一传统污染之前的、执着于内部生命真实的心灵状态"[36]。太炎与鲁迅经常喜欢用"蠕生"岛民、"农人"之类作比方，这种溯求的方向并不意味着简单的文化复古，而是指向"厥心纯白"的"朴素之民"那种未经文化沉疴与思想腐叶所遮蔽的、最自然而真实的心灵图景，而语言文字应该在这样的心灵图景中孕育而生。胡风说得更加明白了："语言是什么呢？那是普通劳动者在劳动中在生活中彼此表现他们的理解和需要等等的感觉（思想），那是还没有受到有害的旧思想的腐蚀的纯朴天真的儿童表现他们的欲望和印象的感觉（思想）……"正是着眼于语言和心灵之间最自由而真实的映射，胡风在家书中这样劝告妻子："你虽然写了点什么，但你不是以什么作家身份写，而是以一个青年母亲的身份写的。你的语言是青年母亲的语言，是儿童和老母亲之间的语言，幼稚一点，但没有存心骗人，存心唬人，或存心媚人的感觉，你只是想凭单纯的愿望向你用血肉喂养的孩子们诉说一点平凡的单纯的欢喜或悲哀，希望他们少点苦难，多点纯洁、聪明和坚强。"

在这样"心思—语言—文字"往返沟通的结构中来观照上述章太炎与胡风的看法，则可发现，他们追求"修辞立其诚"，不脱离"具体事物和运动"，主要是追求主体对"具体事物和运动"的"经验"与"感觉"，并且必须在文字中实现这一"经验"与"感觉"。而这就是胡风所说的"实感"，他在文论中如此偏爱地使用这一词语："对客观事物（以人为主）要有实感，自己主观上发的要是真情。这不是能不能的问题，而是诚不诚的问题。"[37]大量公式化的写作"从信念出发"，"从观念看现象，看生活"，高悬着"抽象、空洞"的"人民的本质"，而不去"探测到他们内心的存在"，这样的写作"是不会有生活实感"的。[38]"感觉"与"感受"这样的字眼在胡风笔下高频率地出现，因为在"实感"的依托下，它们都有特殊的含义，它们指主体对对象真诚无伪的、"血淋淋"的突进与拥合，在这一过程中所迸发的力量往往就能刺穿概念的空壳，抵达鲜活的具体事物与流动的生活世界。有的时候，为了强调这一突进、拥合过程的动态性，尤其是为了将这一突进、拥合的力量实体化，胡风还创造了"思想力""感觉力"这样的词。也就是说，"思想力""感觉力"是为了抓取、获得"实感"的力量，经由它们的作用，文字就能够置身于"具体事物和运动"之中，就能够呈现生命内部真实的心灵状态。这似乎也在回应中国早期文学思想中主张内外相和、情貌相符的原则[①]，情动于中而形于言，故诚中形外，表里如一。

　　而相反，"思想力虚化""感觉力伪化"，往往就会导致胡风所说的"极不老实，极不诚恳的语言"。这个问题值得再深入一步讨论。胡适在《中国新文学大系·建设理论集》导言中盛赞周作人《人的文学》是"最平实伟大的宣言"，因为它顾及了新文化草创期"我们还没有法子谈到"或仅仅是"悬空谈"的议题，即"新文学应该有怎样的内容"。显然，这个问题不解决好，"非人"的思想或内容，仍然能借壳而生，故鬼重来，白话文仍然可能沦为腐朽价值内容的载体。所以，胡适将"活的文学"与"人的文学"视作"我们的中心理论"，前者解决了"文字工具的革新"，后者保证了"文学内容的革新"。1935年在写下这一长篇导言之际，胡适大有"总结"历史的意味："中国新文学运动的一切理论都可以包括在这两个中心思想的里面。"[39]那么，是不是有了这两个条件就足够了？显然胡风在家书中并没有如此乐观，相反，他忧心忡忡：

　　　　用革命的人民的要求推翻了这个传统，在语言（文字）上

---

① 比如："信情貌之不差，故每变而在颜；思涉乐其必笑，方言哀而已叹。"见〔晋〕陆机《文赋》。

说，于是出现了表现新鲜活泼的具体事物和运动的感觉（思想）的语言，反映革命的思想内容的语言，新的文风。但反映革命思想的语言，如果脱离了具体事物和运动，从语言本身说，那同样也可以成为陈词滥调，那就是所谓教条主义、公式主义、新八股、庸俗社会学的语言即文风……这种东西，同样会使人的感觉力伪化，思想力虚化，具有点金成石、化神奇为腐朽的"本事"，也就是"祸国殃民"。

胡风是从白话文运动的实绩谈起的，但是在他看来，具备了革新后的工具（白话文）与内容（反映革命思想），仍然会产生危险。他素来强调，"题旨有某种人生意义或政治意义以至应时的或重大的直接政治意义但作者的感情淡漠或虚伪作态，文字没有实感，也很难读下去"，"不愿看那些解释或演绎原则的寡淡的所谓通俗文章，也不愿看那些用没有切肤之感的政治术语来表白自己的文章，甚至对它们的客观效果也怀疑，以为是假效果或反效果"。[40] 也就是说，"思想力虚化"，"感觉力伪化"，文字不能具备"实感"；"没有切肤之感"，那么即便它表达着"某种人生意义或政治意义"的题旨，也会导致"假效果或反效果"。这一点被前人极大地忽视了，但是它又为害甚广，胡风甚至提到了"祸国殃民"的高度，这只是杞人忧天、危言耸听吗？如果我们长期使用"脱离了具体事物和运动"的语言，人的思维和感受"虚化""伪化"，对现实逐渐隔膜，就会转而在空言的说教中不能自拔。而如果整个社会被这一丧失"实感"的语言所控制，即用胡风的话说，完全拒绝"具体的事物和运动进入"人的主观世界，被名教所制造的幻梦集体俘虏，那么确实已经离"祸国殃民"不远了。胡风这封家书写于 1965 年 9 月，由此你不得不佩服他的目力深邃。①

　　胡风在胡适、周作人"工具""内容"的主张之外，出示了更为严苛的标准（胡适在《文学改良刍议》中以"真挚之情感"来讨论"言之有物"，但基本上是以个性伸张作为"真"的实现；胡风强调语言不脱离具体事物似乎也不外于《文学改良刍议》所开示的范围，但显然胡风的设想与标准远为艰深），严苛到会让你觉得这一标准观照下的语言已经不是一种自然状态里的语言（或者说，他追求一种至高标准的"自然"）。在家书中他反复强调语言的"极老实、极诚恳"，又以鲁迅为典范，号召学习他"极端诚恳地对待语言的劳动精神，学习他的语言的血肉的感觉力"。终于，胡风作了这样的总结："我的意思是，语言是做人的工具；要做一个真诚的人，非有对语言的真诚的感情不可。"由此我们真正可以理解上面提到的"心思—语言"往返沟通的内涵，这里严苛的标准是双向的：语言要真实地呈露主体对生活世界的"置身"以及这一"置身"状态中生命内部的心灵图景，而主体要对语言付诸"真诚的感情"——综合起来，就是"极老实、极诚恳"的语言与"一

① 根据黄宗智对"文革"中"表达主义政治"的研究，当时的很多悲剧，往往来自官方正统建构的现实和人们感受到的现实之间的差异和冲突，"远离客观现实的表达成为划分阶级、阶级斗争的唯一标准"，"在'文革'中，表达现实和客观现实之间的距离变得如此遥远和如此明显，以至于导致了阶级斗争话语的整个崩溃……当阶级和阶级斗争越来越脱离现实之时，它们也越来越成为仅仅是官方通讯社制造的空洞口号，只被充满怀疑的人们挂在口头"。参见黄宗智《中国革命中的农村阶级斗争——从土改到文革时期的表达性现实与客观性现实》，载黄宗智主编《中国乡村研究》（第二辑），北京：商务印书馆，2003年12月。从这一意义上来说，"文革"可以被理解为一场由名教泛滥所导致的悲剧与梦魇，而新时期人们在"实事求是"的引导下驱除名教，要求表达现实与客观现实的重新同一，确为有的放矢。

个真诚的人"。① 由此不难理解胡风的如下表白："文字能对感情负责，自己的行为能对文字负责。否则，宁可掷笔不写。"⁴¹

同样可以理解的是，胡风在家书中添上的这样一段话：

> 如果占主导地位的是使人的感觉力伪化、思想力虚化的文风，即令它打的是堂皇的大原则的旗子，或者不如说，尤其因为它打的是堂皇大原则的旗子，到时机一转，那些原则话（空洞话）和过头话（积极话或漂亮话）所造成的如花似锦的大戏场，会即刻现出全是假象的本质，变成最卑污的东西。

主体对语言应该有严格、自觉的担当与责任，犹如孔子所谓"君子于其言，无所苟而已"（《论语·子路》），由此，浸透着"实感"的语言才不是身外可以相机而变的"空言""空名"。"实感"是"心思—语言"往返沟通时的介质，语言文字的"实感"，是指文字的及物性，现代名教往往编织出名词符号的迷梦让人身陷其中，与现实世界隔离，而"实感"昭示的是一种"回到事物本身"的力量。语言文字的"实感"，同样指向主体与语言彼此之间的高度认可、彼此"负责"。按照胡风的推论，"语言是极老实、极诚恳的东西"，它亲密地附着于"被客观事物所引起的感觉"，而如果"原来就没有实际事物和运动的感觉"或者在"使用中失去了具体事物和运动的感觉"，那么你就根本没有必要去放言高论这种没有"实感"的"陈词滥调"。"热带之人"何以妄言"冰

---

① 必须说明的是，胡风此处的关怀，显然有别于从文学修辞角度对语言文字的理解。关于后者，可参照钱钟书先生的论述："盖文词有虚而非伪、诚而不实者。语之虚实与语之诚伪，相连而不相等，一而二焉。"见钱钟书《管锥编》（第一册），北京：中华书局，1979年8月，第95—98页。

雪"？这里接通的，正是鲁迅在《破恶声论》中召唤的发自内心的真的声音（"声发自心""诚于中而有言"）。所以反过来，如果是浸透着"实感"的语言，它必然最真实地反映着人的内心世界，在心思与语言之间，本就没有虚假的"空名"所横亘，本就没有"原则话（空洞话）和过头话（积极话或漂亮话）"。语言是"极老实、极诚恳"的，而"行为能对文字负责"，这样真正主体性的语言，即和主体彼此"认定"后的语言，既不自欺，又不欺人，当然不会随"风向"而转变。这样一种"私人性"的语言是与名教相抗衡的重要力量，维特根斯坦论证过私人语言的不可能，这里只是强调语言的私人承担，而不是托庇在纷纷扰扰、云起云飞的标语、口号、主义等面具的背后。反之，正因为逐渐放弃了真正主体性、充分私人性的语言，在文字游戏国中"蒙帼面而不能白心"，遂助长了名教风行。

在与外界隔绝的情况下，胡风取得的这番思索，显然来自历史、现实的特殊境遇，以及这一境遇对他心灵造成的强大压力。也可以说，他是从语言文字的角度，对缠绕着他的现代名教卫士、"做戏的虚无党"以及整个时代败坏的语言①，进行探本溯源的清理。所以，这又不仅是

---

① 关于那样一个时代环境中语言的败坏，可参见何兆武先生的回忆："人与人之间，领导和基层之间非常隔膜，彼此不能了解内心真正的想法，甚至于文风都是一样的……"（何兆武口述、文靖撰写：《上学记》，北京：生活·读书·新知三联书店，2006年8月，第261页）"文革"后，巴金在《随想录》中反思自己喝"迷魂汤"的经历：空话大话"越讲越多"，"一旦成了习惯，就上了瘾，不说空话，反而日子难过"。（巴金：《豪言壮语》，载《随想录（1—5集）》，北京：人民文学出版社，2000年7月，第144页）个人对这样的"豪言壮语"完全没有伦理担当。在"习惯""上了瘾"中，将个人的权利交付给假话的制造者，自我扭曲成人云亦云的传播者，以致谎言满天飞，说谎者得势，人人自危不敢讲真话……语言的败坏显然为专制的合法性提供了保障，"文革"正是建立在这种名教乌托邦之上。身处狱中的胡风不知是否有所预感，但面对语言的毒化与控制，胡风所谓"极老实、极诚恳"的语言之可贵显然不言而喻。

一个语言的问题，借用胡风上面的话，从语言文字扩展开去，主张、思想、主义等都可以包容在"堂皇的大原则的旗子"之下，所以，不仅是对语言真诚、负责，对主体标举的所有主张、思想、主义等都要一并真诚、负责。而"实感"，以及为求得"实感"而存在的"思想力""感觉力"，往往能够使合理的主张、思想、主义溶解在主体生命的机能里，变成一种自觉的实践。故而，它们才不会沦为身外的"空名"，"到时机一转"。相反，在"如花似锦的大戏场"里可以随"风向"转变的语言、主张、思想、主义，则全是丧失主体性的道具罢了（先前"你"高擎这些"堂皇的大原则的旗子"时，是否真的出于"真诚的感情"相信它们？）由此出发，我们就不难理解为什么说"实感"是"破名"最可倚重的资源。胡风在这里讨论的问题似乎和"文风"有关，但又未必尽然，至少在他本人看来远没有如此简单。就如我们在第一章中所述及的，"破名"的能力（在此或可理解为获得"实感"的能力）是深藏在主张、思想、主义等背后的一种根柢性质的能力。后文关于胡风的章节，还会重点讨论这一问题。

从章太炎到胡风，他们都在"心思—语言"的结构中恪守双向的标准——"极老实、极诚恳"的语言与"一个真诚的人"。章太炎对新文化运动未必以为然，胡风是"五四"新文化最坚定的守护者，这两位看似趋向歧异的人，其实捍卫着一条共同的底线。

语言文字是一种符号，或者也可以说是一种"名"。中国古代即称文字为"名"，《周礼·春官·外史》曰："掌达书名于四方。"郑玄注："古曰名，今曰字。"[42] 在语言文字的范围内讨论"破名"，意义之一就是上文所揭示的抵抗"名"的空洞化、不及物性。但是如果我们立于这一范围之外来观照，那么，语言文字作为一种"名"是否也应该被打破？由此引发的一系列疑问似乎都能对上文中的结论加以质疑，比如：语言真的是及物的么？我们在多大程度上可以说语言能够真实地裸露个体内部生命的心灵状态^①？要求主体与语言之间高度认同、彼此负责，可是语言真的可以"属己"吗？（维特根斯坦说"私人语言"是不可能的。）再扩大开去，对于存在而言，语言在根本上是一种揭示，抑或遮蔽？（尤其联想到老庄"废除名言"以及禅宗"不立文字"的启示。）

语言文字必须被破除，在章太炎的齐物哲学中，这其实是理所当然的推论：

> 《齐物》者，一往平等之谈，详其实义，非独等视有情，无所优劣，盖离言说相，离名字相，离心缘相，毕竟平等，乃合《齐物》之义。

"不齐而齐"、终极平等的玄境已经超越语言，不能用语言文字的形式表达。而人们只有抛弃语言、概念、思维等认识事物的方法才能实现齐物，"自非涤除名相，其孰能与于此"，"人心所起，无过相、名、分别三事。名映一切，执取转深，是故以名遣名，斯为至妙"。⁴³这都是在说"涤除名相"在达到万物齐一过程中的重要意义。

但同时我们也清楚地看到，章太炎自始至终从未放弃过对语言的

---

① 从这个角度来看，胡风对把思想和内容无障碍地传递给读者的"透明"文本的坚定信仰，自然也值得检讨。有论者以为这正是中国现代文学对现代性之片面体认的一个方面。参见［日］坂井洋史《关于中国现代文学家的语言意识及其现代性认识的片面性》，载《忏悔与越界：中国现代文学史研究》，上海：复旦大学出版社，2011年3月。

孜孜探求。比如，博考方言土语以作现代语文的建设之用；凭借往复回环的语源学考订为"言文一致"奠基；1910年在《论文字的通借》一文中又说："今人若添写许多别字，各处用各处的方音去写，别省别府的人，就不能懂得了。后来全国的文字，必定彼此不同，这不是一个大障碍么？"⁴⁴ 从中不难辨识出汉字注音、推广普通话和统一国语的先声。也就是说，在二十世纪早期，民族共同语初建时，章太炎已然为国语统一奠定了坚实的学理依据①。

由此我们可以理解《齐物论释》中所说的："方谓之齐，已与齐反，所以者何？遮不齐故。……徒以迹存导化，非言不显，而言说有还灭性，故因言以寄实。"我们参照日本一位学者的解释如下：

> 他提倡"不齐而齐"的"齐物"平等论。但是因为"一往平等"的"齐物"境界是"涤除名相"之后才会显现出来的。"毕竟平等"是超越语言结构的元秩序（meta-order）。所以，一说到"齐"，就已经不是"齐"了。虽然如此，我们离开语言又可以依靠什么呢？章太炎告诉我们：我们只能依靠语言，因为我们至少可以借助语言所留下来的"迹"来"存导化"的。脱离生死流转之相入涅槃之境叫作"还灭"。人的生命有限，只

---

① 章太炎的这些主张，在他的一批弟子那里得到了继承、实现。比如1913年在教育部召集的读音统一会上，"有些人主张用国际音标，有些人主张用清末简字，各执一偏，争执甚烈。而会员中，章门弟子如胡以鲁、周树人、朱希祖、马裕藻及寿裳等，联合提议用先生之所规定，正大合理，遂得全会赞同"。（许寿裳：《章炳麟》，重庆：重庆出版社，1987年7月，第67页）会议选定章太炎所拟"纽文""韵文"，略作改动，后来成为推行全国的注音字母。特别是钱玄同，任教育部国语统一筹备会常驻干事，其制作及推广国语、国音、注音符号、简体字等举措背后，皆可见出太炎的影子。详可参见拙作《章太炎语言文字观略说》，载《中国现代文学研究丛刊》2006年第5期。

能永远顺应轮回转世之流。但唯独语言与此不同，它可以跨越时间传承于后世。我们寄托于语言的"还灭"性以期继往开来……[45]

　　章太炎几乎所有的语言探索，都关怀着一个现代民族国家的创制。你可以说他是不彻底的"破名者"，但正如我们会在第六章结语部分中所探讨的，这其实也是中国现代"破名者"的独特之处。然而，或许也正是在学问与政治、求是与致用、"破名"与"存名"这些微妙的分离粘连、左右互搏中，我们可以见出在一个"华夏雕瘁，国闻沦失，西来殊学，荡灭旧贯"[46]的转型时代，在一个被黑格尔称作"非历史的历史"境遇中，一位非西方知识分子的思想与实践，倡言与矛盾，追求与困惑，以及那"百折不回，孤行己意"的姿态所包蕴的含义。

"以论理代实在"的批判

　　1908年，章太炎写下《四惑论》，集中表达了他对由名教世界组织而成的现代知识体系的严厉批判："今人以为神圣不可干者，一曰公理，二曰进化，三曰惟物，四曰自然。有如其实而强施者，有非其实而谬托者。要之，皆眩惑失情，不由诚谛。"[47]本节主要解读这一文献。

　　什么是"公理"？"其所谓公，非以众所认同为公，而以己之学说所趋为公"，章太炎矛头指向的，是以公理名义出现的一偏之见。在社会生活中衡定是非，要看其是否符合社会实际需要与广大民众的愿望，即《齐物论释》中出示的"以百姓心为心"，而不能以一种预设的观念或模式，即"虚矫之公理"，来强制人人必须遵循。"人类所认公者，不可以个人故，陵轹社会；不可以社会故，陵轹个人"，章太炎对公理的批判，正在于立"名"为教而形成的思维定势、权势（"以为神圣不可干"）借社会之力"抑制个人"，对人生活与精神自由的侵害。

首先，个人是绝对自主的存在：

> 盖人者，委蜕遗形，倏然裸胸而出，要为生气所流，机械所制；非为世界而生，非为社会而生，非为国家而生，非互为他人而生，故人之对于世界、社会、国家，与其对于他人，本无责任。

个体是个体自身的绝对者，拒绝听命于任何集体性观念。其次，个人自由以无害于人为界。"人伦相处，以无害为其限界"，"当诃问者云何？曰：有害于己，无害于人者，不得诃问之；有益于己，无益于人者，不得诃问之；有害于人者，然后得诃问之"。这种自由的根本意义在于拒绝的自由，由此他依次展开对退守、隐遁、自杀的自主权的辩护，这很接近伯林所说的"否定性自由"，在何种场域中，个人可以或应该不受他人干涉地做其能做的事，可以面对"神圣不可干"的诸公理做出拒绝的姿态。正是在这一意义上，个人自主性的强调与对自由的理解联系了起来，"善与恶之间，必以'无记'为之平线，责人以'无记'以上，而谓之曰公理，则束缚人亦甚矣"。

相对于天理，公理"以社会常存之力抑制个人"，"以众暴寡"，"束缚无时而断"，是以"公理之惨刻少恩，犹有过于天理"，现代名教世界派生的意识形态对个人的压制，远甚于古典世界以天理为中心的伦理体系。这一意识形态旨在确立一种对于物性的强制规定：

余谓进化之说，就客观而言之也。若以进化为主义者，事非强制，即无以使人必行。彼既标举自由，而又预期进化，……若是者，正可名"进化教"耳。本与人性相戾，而强为训令以笼愚者曰："尔之天性然。"若是而主持强权者，亦可为训令以笼人曰："服从强权者，尔之天性然。"此与神教之说，相去几何？

对于进化的事实，章太炎没有简单否定（《俱分进化论》中说"进化之实不可非"），这里反对的，是立进化以为教，用这种强制性的规定作为社会行为规范和价值标准，"奉空洞抽象之名……而将一己的武断意志强加于千万人类"（这里的"空洞抽象之名"显然可用公理、进化、唯物、自然等任意填充）。这是社会专制的认识论起源。借用伯林讨论赫尔岑时的措辞，"太多人渴求文字魔力"（即"符咒"）与"将人类牺牲于文字"正是现代名教生发、作用的一体两面，于是，"社会真实单元所在的个人经常被作为牺牲而献祭于某个概括观念、某个集合名词、某块旗帜"。

庄周所谓"齐物者，非有正处、正味、正色之定程，而使万物各从所好"。其度越公理之说，诚非巧历所能计矣。若夫庄生之言曰："无物不然，无物不可。"与海格尔所谓"事事皆合理，物物皆善美"者，词义相同。然一以为人心不同，难为齐概；而一以为终局目的，借此为经历之途。则根柢又绝远尔。

黑格尔哲学体系中对立面相反相成的矛盾论，在章太炎看来与齐物之说极为接近。从逻辑而言，章太炎万物唯识的齐物观与黑格尔"现实是理念的外化"的说法没有本质不同。但是，黑格尔是将绝对真理的实现作为整个历史运动的最终目的，宇宙万物的演变，都只是绝对真理在实现自身过程中的一个尚存缺陷、有待克服的阶段。章太炎则明确指出，这种历史目的论是不可靠的，终极目标也并不存在，事物都有自身存在的自然之理，而不是过渡阶段。其次，在有自己特殊理解与发挥、未必完全符合唯识论原义的齐物论，与始终立足于逻各斯同一性的黑格尔之间，章太炎选择了前者放弃了后者，而这一裂隙中的择取，恰见出太炎思想中耐人寻味的一面："与其说章氏看重的是与黑格尔逻各斯同一性逻辑同构的唯识论式的视千差万别的万物存在在本体阿赖耶识意义上的同一、'齐'，毋宁说他看重的是万物差异性存在的本身的意义。章氏实际更偏倾于事物的差异一面，即庄子所说的'吹万不同'的天籁境界。"[48]万物的差异性存在本就是其自然而然的状态，而自由与平等，即是对这一差异性存在的正视、平视；将这一差异有意编排为有等级性的秩序排列，或将单一的规范与尺度，即所谓"定程"，强加给差异性的世界，这就是为"名相"所蔽。其实，所谓"公理""进化""惟物""自然"，都是以黑格尔为代表的"唯理论师"编派给事物的种种"定程"，当它们被立"名"为教（比如上文提及的"进化教"）、产生"神圣不可干"的权威后，必然凿伤世界本有的性质。所以章太炎终究要与黑格尔分道扬镳，声明"根柢又绝远矣"。

完成了对"公理"的解构，接下来对其余三者的批判就水到渠成。首先，正如上面提到的，黑格尔的历史目的论为人类社会规定了一个明确的发展程序，这是一个一元的、绝对的思想体系，章太炎对这一单线直进的进化论持否定态度，"一切物质，本自不增不减，有进于此，亦必有退于彼，何进化之足言"，这就是"俱分进化"，对于将人类社会历史界定为按照某种规则演化的做法，太炎谥之为"成型"，其起点正是"以无体之名为实"。其次，"惟物者，自物而外，不得有他。应用科学者，非即科学自体；而科学之研究物质者，亦非真惟物论"。在章太炎看来，科学"妄托其名于惟物"，为什么呢？"言科学者，不能舍因果律。因果非物，乃原型观念之一端。"也就是说，科学是以因果律来观照事物的，而包括因果律在内的自然规律其实是人对自然现象作出的归纳，这种归纳不可避免会带有主观局限，因此，"亦非真惟物论"，不能以科学的名义对自然界进行凝固化、绝对化的概括。最后，自然规则同然，"所谓自然规则者，非彼自然，由五识感触而觉其然，由意识取像而命为然。是始终不离知识，即不得言本在物中也"。自然规则，归根结底离不开人的知识，它不是客观事物所固有，只存在于人的主观意识中，"不得言本在物中"。

　　章太炎解构的"四惑"，实际上互相关联、彼此支持。再以"进化"为例："今夫进化者，亦自然规则也"，而自然规则绝非"本在物中"，而由"五识感触而觉其然"，所以"主持进化者"不能以此为公理，"责人以不求进化"。否则，落后国家不但要败于强权的武力下，更要败于"不服从自然规则"的公理下，此亦正是现代名教"以理杀人"的显现。"四惑"是现代中国人思想世界中四个被抹杀了编派的痕迹而以为是不言而喻的成见、预设。所以，章太炎对此四者的批驳，几乎都针锋相对围绕着一个共同的基点展开：揭示其主观建构的性质与过程（即将立"名"为教中"立"的具体过程揭示出来）。"非有自性，非宇宙间独存之物，待人之原型观念应于事物而成"，这是观念对于事物的一种规划，甚至取代。由此我们逼近了《四惑论》批判的核心——"以论理代实在"。

如布鲁东氏之说，则曰："天下一事一物之微，皆将有而非现有，转变化成，体无固定。而百昌之在恒沙世界，节族自然，盘旋起舞，合于度曲，实最上极致之力使然。有此极致，故百昌皆乡此极致，进步无已，是虽必然，而亦自由。是故一切强权，无不合理。凡所以调和竞争者，实惟强权之力。"此以互相牵掣为自由，其说已暗昧难知矣。原其立论，实本于海格尔氏，以力代神，以论理代实在，采色有殊，而质地无改。既使万物皆归于力，故持论至极，必将尊奖强权。名为使人自由，其实一切不得自由。后此变其说者，不欲尊奖强权矣。然不以强者抑制弱者，而张大社会以抑制个人，仍使百姓千名，互相牵掣，亦由海格尔氏之学说使然。名为使人自由，其实亦一切不得自由也。

章太炎的责难，首先在于它将世界的本原归结为"论理"。"论理"为 logic（逻辑）之日译[49]，在黑格尔逻辑形式的辩证法内部，包裹着目的论的核心，事物的对立发展都组织进由"绝对精神"指明方向的整体链条上，由此，"论理"侵吞了"实在"，逻辑预设规约了现实发展，名教往往就相应而至。章太炎所谓"真如"，只表示客观、永恒的实在，而黑格尔的"绝对精神"则是完全脱离客观物质的精神实体，它是整个世界的立法者与创造者。而且，章太炎并不承认宇宙万物的运动服从某种固定的法则，而黑格尔"绝对精神"的运动则丝毫不会偏离他所勾画的运动的辩证法。这一点，上文中已多有申述。

关于康有为、梁启超和章太炎这两派旨趣的歧异，吕思勉曾有一番评骘："一派感情较重于理性。他们热情激越，偏见著现状之坏，及其不可不改革，而不暇计及因此所生的弊窦。其又一派，则理性较重于感情，不肯徒骛其名，而必考察其实际的状况，所以容易反对名不副实的改革。康长素是前一派中人……梁任公的性质，比康长素要中和些，然亦近于这一派。……章太炎的感情，也是极激越的，然和康梁比较起来，则其头脑要冷静些。所以在比较上，可以算属于后一派。"[50] 这里以理性为标准加以比较，是新颖的见解。但如果我们以西方思想史的发展为参照，还能接过话头继续说下去。

自笛卡尔、培根以来，一直存在着"建构的理性"与"批判的理性"这两大对立的传统。笛卡尔从"我思故我在"的第一原理导出思想是宇宙间唯一存在的结论："凡是宇宙间的东西都是由思想产生的，只有思想本身是创造的源泉，宇宙不是创造的源泉。……一切文化必须经由人类理性来建造。"[51] 这一极度自信的理性主义，忽视社会、文化传统的自然形成，认为理性的设计可以建构一个理想的社会文化秩序，并以此作为努力的方向。这一"建构的理性"思想对启蒙时代构成了巨大影响。而培根"批判的理性"与此相反，之后休谟、伯克继承此说，他们尊重传统和习惯，主张多元发展的模式。以上述"建构的理性"与"批判的理性"的分野来参照，今文经学的学者往往以虚悬的"第一原理"（如"三世说""三统说""进步主义"）为基点，推演人类社会的理想图式，以此为改造的目标。而章太炎则如培根，注重经验与实证。由笛卡尔"一切文化必须经由人类理性来建造"很容易过渡到黑格尔的思想，而章太炎对"以论理代实在"的批判，恰恰针对这一点展开。

哈耶克甄别了两大理性传统之后指出："理性犹如一个危险的爆炸物，如果小心管理处置将非常有益，如果不小心管理处置，则可能将整个人类文明炸毁。"⁵² "以论理代实在"正是其中最严重的危险。自二十世纪初黑格尔学说传入中国之后，"黑格尔主义的幽灵"就一直飘荡其上，"老黑格尔布下的似乎是一个巫阵，只要你一思考，一进入逻辑演绎，就会不自觉地深陷其中而不能自拔"⁵³，而章太炎某种程度上避开了这一"巫阵"；反过来说，正是在拒斥"以论理代实在"的过程中，"破名者"能够超拔于流辈之上，对黑格尔学说有所免疫。在此我们可以联想到的是，胡风理论的起点之一，正是对"黑格尔鬼影"的反抗（在第五章中我们会讨论到他的思考）。

章太炎对"以论理代实在"的责难，其次在于这一命题中深藏的命定论色彩。《四惑论》末尾提醒世人，现代名教往往导致现代迷信，因为要人们依循这样的自然规则，其实是要人们皈依于宿命论，"承志顺则，自比于斯养之贱者，其始本以对越上神，神教衰而归敬于宿命，宿命衰而归敬于天钧，俞穴相通，源流不二"，在这样的困境中，必得召唤"大雄无畏"的"破名者"，"必不与竖子聚谈猥贱之事已"。这里其实又有着盱衡世相的现实关怀，"使万物皆归于力，故持论至极，必将尊奖强权。名为使人自由，其实一切不得自由"，秉持公理者以为一切事物背后皆有一"最上极致之力"在运转，"是故一切强权，无不合理"，帝国主义列强可以高举合理的大旗侵略落后国家，"以文明国而统治野蛮国之土地，此天演上应享之权利也；以文明国而开通野蛮国之人民，又伦理上应尽之责任也"①。而章太炎揭示的是，通过"力"的概

---

① 梁启超：《张博望、班定远合传》第一节《世界史上之人物》，载《饮冰室合集·专集之五》，第1页。后进国家的知识分子从源自西方的民族主义中习得了民族自决独立的普遍性原则，以此对抗帝国主义的殖民霸权；但与此同时，他们又步帝国主义后尘，极力鼓吹本身的民族势力向外扩张。梁任公的此则言论，恰体现出后进国家民族主义言说隐含的内在矛盾，及其与西方彼此交织的共谋关系。

念与"合理"的框架所展现的，恰恰不是根源于存在者自性的平等与自由。

　　木山英雄先生将章太炎批判的"四惑"称为"理念偶像"，这是精当的评语，"四惑"既是理念造作的"定程"，又如宗教一般辐射着偶像崇拜的强力。"以力代神，以论理代实在"，将规律性、必然性的作用绝对化，在这一强制取代过程的作用下，人们甚至遗忘了其主观构造的痕迹，安之如"命"。所以章太炎极力发扬人的自由、"自心"：

> 　　凡取一物一事，而断其合法与否，此亦惟在自心，非外界所能证也。……于此则被以不合法之名，于彼而被以合法之名，此特人心之自为高下，而于物何与焉？……云何合法？心之合法。与其归敬于外界，不若归敬于自心。[54]

对于由现代名教所叙述出来的公理、终极真理、自然规则，章太炎一律拒绝。这里没有控制万物秩序的造物主以及与之等同的自然规则，人们也不应该以某种固定、先验的逻辑程式来建立社会秩序或社会关系。自性与公理的抗争，其实质就是人与名教的抗争——我们在后文的章节中会多次提到这一点，因为这正是"破名"过程中的核心图景。

　　由以上这番对《四惑论》的解读，我们可以略作总结。

　　第一，章太炎对公理世界观的"破名"实践，是通过对进化论的历史目的论、唯物论的历史决定论以及科学主义的自然观的具体分析展现出来的。章太炎的驳难逻辑并不复杂，他由认识论入手，试图证明：进化、唯物和自然等科学思想和现代意识形态归根结底是人的意识的建构,"本由根识迷妄所成"。《四惑论》转向非理性主义,主要为了抗议将社会、国家等在公理名义下变成宰制人的外在力量,而之所以力拒科学,是为了反对将人们有限的认识绝对化,用新的观念崇拜来桎梏人。否则,一切就本末倒置了。文末所召唤的"大雄无畏者",正是为了挣脱现代迷信的精神枷锁。由此我们也可以认为,章太炎否定的,不是公理等概念本身,而是借公理为名制造的强迫机制对个人的压抑。

第二,《四惑论》最直接的产生背景,既"是对《新世纪》假借服膺于科学、顺应于进化、尊重唯物及信奉自然规则等名义来否定同盟会纲领及群众实际斗争的愤懑",也是"为了回击《新世纪》对《民报》和同盟会纲领的诋毁"。于是有了《新世纪》诸人之"时吐谲觚之语,以震荡人"。"谲觚之语"正是指公理、进化、唯物、自然。章太炎既用"惑"来指这四者不证自明的观念学说,又用来形容深受震荡者面对"谲觚之语"时的心灵状态——他们没有饱含丰富生存体验的精神痛苦,只是被"惑"诱导,取消了独立思考与判断,转而精神涣散、个性沦丧,只在思维世界中留下空白,供种种现代名教大行其道。当心思与学说之间缺少磨勘淬砺,学说就会沦为名教的空洞符号。"时吐谲觚之语,以震荡人"在章门弟子鲁迅那里被归结为"伪士",分属"当去"之列,掊击之意与其师无二。顺带说一句,鲁迅早年的几篇著名的文言论文,与《四惑论》的发表差不多正属同一时期,面对同样的世相时态,议论每每有若合符节之处,让人感觉血脉同流。比如,《四惑论》挥发的非理性主义以及对个人的守护,与"掊物质而张灵明,任个人而排众数"(《文化偏至论》)同源;"大雄无畏者"当有"立意在反抗,指归在动作"(《摩罗诗力说》)的特质;至于力排"尽义务""尚齐一",以及"科学""民主""适用""进化""文明"种种"以众虐独","使之泯然不敢自别异"(《破恶声论》)的强势话语，正与太炎拆解"今人以为神圣不可干者"一脉相承。

第三，一般都认为，《四惑论》挥发着强烈的非理性主义色彩[55]，那么，在这一层面上，章太炎到底反抗的是什么？或者说他批驳"唯理论师"着眼于何处？古希腊先哲以为事物存在和变化依循着某种尺度（逻各斯），因而对于事物的认识必须借助于人的理性能力，章太炎将之表达为"科学之说，既得现象，亦必求本质"。可以说这是人类认识能力的一种进步，西方哲学强大而漫长的形而上学传统亦由此奠定路向。但危害也由此诞生，尼采的批判最清晰地显现了这一点。他上溯至古希腊哲学，认为苏格拉底的人格中潜藏着一个"不可动摇的信念，认为思想循着因果律的线索可以直达存在至深的深渊，还认为思想不仅能够认识存在，而且能够修正存在"（这似乎正是"建构的理性"的原始雏形），尼采将之斥为"崇高的形而上学妄念"。[56] 而尼采反对的正在这里，重逻辑而轻精神，抬高科学而贬低智慧，必然导致生命本能的衰退，探索精神的黯然。尼采进而对理性概念本身进行了剖析："一切长期存在的事物在其存在过程中都慢慢被理性化了，以至于它们的非理性起源越来越变成不可能的了。"[57] 理性本身的非理性起源被逐渐掩盖起来，尼采称之为"理性的巨大原罪"。那么，这一起源被掩盖的原因何在？因为哲学家总是"把最后到来的东西设置为'最高的概念'"，他们总是把活生生的现实用抽象和空洞的概念加以肢解。上述尼采批判的锋芒，与章太炎在《四惑论》中的致思，高度几乎一致。"以论理代实在"所导致的工具化、建构，对实在、根基的背弃和取代，也恰如海德格尔所谓对存在本身的遗忘。存在显现的时间境遇被遮蔽，只保留了存在显现而成的"在场者"的"外观"。于是，"世界被把握为图象了","这样一回事情标志着现代之本质","现代的基本进程乃是对作为图象的世界的征服过程"。[58] 海德格尔所描绘的"世界图象的时代"在章太炎笔下同样得到揭示:"科学","妄托其名于惟物",但其实它研究的不是自在的物质,而是被纳入到特定视野中的物质,只能通过因果律呈现自身,因此,科学把世界建构为它的对象,并纳入到概念式的思维与对象性的关系中去诠释。同样,"进化"的透视法则,使得现代成为"观"的时代,人生、实在与生活世界,只有在被一定视角的透视与观察中,才能具备意义,得以存在,进入我们的视野。我们所关联着的,不再是实在本身,而是对实在的观看,是名教世界通过种种"大理"对实在的叙事、编织……由以上与西方思想家的互相参证,兴许可以帮助理解《四惑论》最切要的批判所在。

作为"破名"资源的"自贵其心"与生命"亲证"

以上讨论《四惑论》的时候,我们已经明了在章太炎那里"个人之自主"成为至高原则,这一原则被他贯彻到了方方面面。于学术而言,他重视思想之独立自得,周秦诸子因此为他所重:"惟周秦诸子,推迹古初,承受师法,各为独立,无援引攀附之事,虽同在一家者,犹且矜己自贵,不相通融。"[59] 在道德方面,他鼓吹继承"依自不依他""厚自尊贵"的传统[60]。宗教问题上,他以不立一神的佛教为上,以横立一神、归敬外界的有神宗教为下,当研习佛理之际,又告示说:"理的是非,要以自己思量为准,不必以释迦牟尼所说为准。"[61] 立身处世则召唤"大独":"排除生死,旁若无人,布衣麻鞋,径行独往,上无政党猥贱之操,下作愞夫奄竖之气,以此揭橥,庶于中国前途有益。"[62]

至于"用宗教，发起信心，增进国民的道德；用国粹，激动种姓，增进爱国的热肠"[63]的革命方略，同样落实在自尊自强自明自爱的"自心""自性"上。

关于"自性"，章太炎作如下解释：

> 自性者，不可变坏之谓。情界之物，无不可坏；器界之物，无不可变；此谓万物无自性。[64]

> 凡云自性，惟不可分析、绝无变异之物有之；众相组合，即各各有其自性，非于此组合上别有自性。[65]

所谓"自性"，就如同当时物理学所认识的物质的最终的、不可分析的构成物——原子，它们都是宇宙和世界的终极本原和最基本的构成要素。在广泛的意义上，可以认为，只要没有触及事物的自性，那么对存在的经验在本质上就只是对词语、符号、说教的经验。"因有了抽象的'名'，一面使具体的事物，去做他们的牺牲，一面又建设出许多差别，以唤起不平等。"[66]所以章太炎的处置针锋相对：因唯有不可再分的个体具有自性，所以一切无自性的符号、团体与组织，一概都要打倒，无论是古代名教关于三纲五常、忠信孝悌的宣扬，抑或现代名教对国家、政府的演绎，无不是通过名相而控制具体事物的方式，在符号化的过程中剥夺存在的真实性。其次，"'名'只是种种限制，把完全无缺的宇宙，割成七零八碎；'名'也是神通广大的魔王，将具体事物的自由，剥夺尽去"[67]。这就类似于章太炎论述中"遍计所执自性"而成立的世界，它由"意识周遍计度刻画而成"，而此"意识周遍计度刻画"

之"名言"，本为妄执，并非实有①。用浅近的话来说，这是一个概念的世界，一个由概念的限制分割、"计度刻画"所构成的世界，如果人生活在这样的概念世界中，则其与世界发生的关联，就是与抽象符号的关联，要挽救存在者不至沦为这样的殉葬品，则必得有独具自性、顶天立地的个人，打破概念的"计度刻画"。我们在第二章讨论过，现代科学知识体系正是通过名相构造世界，由此，人们"被那些不是其自身的或者不是有益于其自身的东西弄得眼花缭乱，将主体的自立性变成了一座自闭的牢狱"⁶⁸。名相的世界敌视具备自性的个人及其置身生活世界的饱满的经验，与此相对，反抗现代名教，具体落实在从"不是其自身的或者不是有益于其自身"的概念、符号的"计度刻画"中，拯救出个人的存在及其日常生活。所以哲学家朱谦之在写《无名主义》一文时，直截了当地说："由'无名'一个观念，发生出个人主义。"⁶⁹要提请注意的是，我们曾再三申言本书所谓"破名"有特定意涵，基本上不涉及破除名言（抛弃语言、概念等认识事物的工具、方法）这一路，但在对章太炎的讨论中，似乎很难做到如此清晰、直截（比如以上讨论到的"无名"），根本原因在于章氏思想本身的复杂，这在本章第一部分最后已作说明。

　　"字字征实，不蹈空言，语语心得，不因成说"，这是章太炎学术风格的自况。"自心""心得""空言"这几者之间，到底是何种关系？

　　章太炎素常被时人目为"疯子"，奇怪的是他不以为忤，反倒"格

---

① 根据唯识宗义理，世界之成立在有"三性"，即"遍计所执自性""依他起自性""圆成实自性"。章太炎以为："第一自性，惟由意识周遍计度刻画而成。若色若空，若自若他，若内若外，若能若所，若体若用，若一若异，若有若无，若生若灭，若断若常，若来若去，若因若果。离于意识，则不得有此差别。其名虽有，其义绝无。是为遍计所执自性。"参见章太炎《建立宗教论》，载上海人民出版社编《章太炎全集》（四），第403—418页。

外高兴"，大加宣扬：

> 独有兄弟却承认我是疯癫，我是有神经病，而且听见说我疯癫，说我有神经病的话，倒反格外高兴。为甚么缘故呢？大凡非常可怪的议论，不是神经病人，断不能想，就能想也不敢说。说了以后，遇着艰难困苦的时候，不是神经病人，断不能百折不回，孤行己意。所以古来有大学问成大事业的，必得有神经病才能做到。[70]

研习法相唯识哲学，是章太炎学术思想生涯上最重大的转捩点，时恰逢章太炎拘因于上海狱中，《自述学术次第》中坦言："余少年独治经史《通典》诸书，旁及当代政书而已，不好宋学，尤无意于释氏。三十岁顷，与宋平子交，平子劝读佛书，始观《涅槃》《维摩诘起信论》《华严》《法华》诸书，渐及玄门，而未有所专精也。遭祸系狱，始专读《瑜伽师地论》及《因明论》《唯识论》，乃知《瑜伽》为不可加。"[71]何以先前"无意""未有所专精"的佛书，却在狱中通达深趣？其实，正是在这一特殊时刻，知识活动中的主观契机终于开启，由此，知识、学术、思想就不是书斋中的闭门造车，而真正粘连着思想者的血肉与心灵压力，浸透着他的痛苦与生命质感。这一段在"艰难困苦的时候"学终有成的际遇，恰可以启示我们，所谓知识获取的"破名"化（第三、五章会重点讨论这一意义上的"破名"）。也就是说，不仅是知识、思想、学说在表层形态上的谨严通达，而且是在获取这些知识、思想、学说的动态过程中个人精神、生命实感与之的关切。对此，李振声先生在研究中有过评议，至为剀切，照录如下：

> 在章看来，真正的思想和学术，总是与个人生命精神之间有着一层切肤之痛的关联，出自最深刻的生命体验，是在生命的困厄和忧患中被领悟和认同的，否则，你再怎么完整、周密，也是浮浅的，有问题的。说白了，思想学术不仅仅是一种信念的主张，也不仅仅是一个逻辑的推论、纯理的思辨和可供传输授受的知识，而更是一种聚集而成的生命形态，在其知识学形式的背后，须得有深厚的生命经验作为支柱。确切地说，它是精神生命的一种体验、印证和确认。知识分析和理论构架是有价值的，但它们须得建立在思想者内在生命体验之上才会真实可靠。思想、学术不仅仅是以发现客观真理为承诺的一套超然的分析系统，同时更是一种加深和扩大生命精神的功夫。[72]

对于思想者所付出的涵养思想、知识、学说的资源，章太炎有着独得的看法，或者说是严格的标准：这到底是一汪与个体精神生命往复环流的源头活水，抑或气血呆滞的沙漠？在这一意义上，知识获取中名教的危害，就是将学说、思想板结成冰冷凝固的空言；而反之，知识获取的"破名"化，用章太炎的话来说，"到底还要亲证，方才不是空言"[73]，这就是要求学说、思想在最深切的生命经验背景上具化、证验、展开、落实……章太炎选择法相唯识宗，不仅是一个逻辑学、认识论上的问题，而且是在一个最"艰难困苦的时候"恰给予他将自心与学问相融淬的生命亲证的机遇。故而，甫出狱赴东京不久，那三篇文化批判的关键性文字（《俱分进化论》《无神论》《建立宗教论》）便连篇而出，这也不仅是因为在纯粹的知识层面上他获得了与西学正面争衡的佛学支援，它们不纯然是上海西牢中面壁苦想的产物，同样得自精神扩大之后对自身生命形态的一种重新安顿、设计。

以章太炎为代表的"破名者"的思想学术形态，往往是与众不同的，它们褪去了纯粹的观念形式，成为主体的一种机能，在生命内部如血液般流贯，往外则更具备进入历史的实践能力。章太炎这份质朴而独特的资源，在鲁迅那里得到了发扬光大；至于未经个体生命亲证的思想学说，到底有什么样的"问题"、会引发何种危害，胡风是以深入的思索与苦痛的代价回答了这个难解之谜。

在结束这一部分时，还有一个问题可以交待。章太炎揭举其汇合"自贵其心"的思想资源如下：

> 明之末世，与满洲相抗、百折不回者，非耽悦禅观之士，即姚江学派之徒。日本维新，亦由王学为其先导。王学岂有他长？亦曰"自尊无畏"而已。其义理高远者，大抵本之佛乘，而普教国人，则不过斩截数语，此即禅宗之长技也。仆与佛学，岂无简择？盖以支那德教，虽各殊途，而根原所在，悉归于一，曰"依自不依他"耳。上自孔子，至于孟、荀，性善、性恶，互相阋讼。讫宋世，则有程、朱；与程、朱立异者，复有陆、王；与陆、王立异者，复有颜、李。虽虚实不同，拘通异状，而自贵其心，不以鬼神为奥主，一也。佛教行于中国，宗教十派，独禅宗为盛者，即以自贵其心，不援鬼神，与中国心理相合。[74]

以珍重个人作为"破名"的资源，重要原因在于个人鲜活的经验是穿透名教对生活世界组织、编排的有力武器，这本是依借唯物的途径；但是，章太炎所谓"自贵其心"是来自王学"心外无物"与佛理"万法唯识"的汇合，这一背景又有着鲜明的唯心色彩。实则章太炎的认识论本就取径繁复，他几乎对古今中外所有的认识方法都进行过考察批判。章太炎首先重视感性经验，但随即发现经验论者的局限①，于是诉诸知性，但包括范畴之念，甚至公理等等有可能导致独断虚妄，于是转进"直觉"。他既主"期验"，又承认"原型观念"，最终得出的结论是："太上有唯识论，其次有唯物论。识者以自证而知，物者以触、受而知，皆有现量，故可就成也。（凡非自证及直觉感觉所得者，皆是意识织妄所成……）"[75]借用一位学者的说法：这依赖"自证"的部分（与"种

---

① 章太炎对以休谟为代表的经验论者的批评，详见《四惑论》讨论"惟物"的部分及《国故论衡·原名》诸篇。康德以为，我们的一切知识固然要从经验开始，但却不能说一切知识都来自经验，因为我们的认识能力自身为认识提供了空间、时间这样两种"感性直观的纯形式"，又提供了单一性、多数性、总体性等十二个"知性的纯粹概念或纯粹范畴"，这些"先天的知识形式"是知识的又一来源。太炎秉持法相唯识哲学的"相、见二分"说，基本上同意康德关于先验的认识能力的判断。所谓"相分"，就如康德所说的感性印象或直观素材；所谓"见分"，即摄取或识别这些印象与素材的能力。当眼、耳、鼻、舌、身五识及大脑产生的意识开始活动时，必定同时产生"相、见二分"。而意识的积极活动，除去储存五识所接受的感性印象或直观素材之外，主要就是运用一系列的"种子"或"原型观念"来整理和加工这些印象、素材，而这里的"种子""原型观念"正相当于康德的"纯形式""纯范畴"，它们先于意识而存在。由此章太炎批评休谟等"专信感觉者"。至于《四惑论》中所谓"必有原型观念，在其事前，必有综合作用，在其事后"，几乎就是康德的认识论。但是复杂之处在于，太炎又将康德从"唯识论"降格到"唯理论师"，同黑格尔、笛卡尔并列（参见前文相关论述）加以批判，他从齐物思想清算康德的"纯范畴"（因为"范畴"必讲分别），又不满于"不可知论"的"证验绝少"。具体可参见孙万国《也谈章太炎与王阳明》，载章念驰编《章太炎生平与思想研究文选》，第330—333页，及姜义华著《章太炎评传》第6章，第191—271页。

子""原型观念"人类先验的认识能力相联系），"便是七十分的唯心"，依赖"感觉"的部分"则是所保留的三十分的唯物"。[76] 无怪乎章太炎声称："真惟物论，乃即真惟心论者之一部。所以者何？不许因果，不许本质，惟以现所感触为征，此则所谓'现见别转，远离一切种类、名言、假立，无异诸门分别'者，是正惟心论之见量。"[77] 讨论章太炎的"依自不依他"，复转入他的认识论，往往就会接触到这幅唯物、唯心交相驳杂的情景。但章氏又说："故不能真知唯识者，宁持唯物。"[78] 在这一前提下，章太炎终究捍卫了个人经验的意义，由此得以抵拒"论理""空言"的"织妄"。其实，鲁迅"独往来于自心之天地"，大抵是在太炎主张的延长线上思考，章太炎的认识论来源芜杂，诚淹博精深，但让人总感觉有难解之处，而鲁迅却处处以文化创造立基阐扬"自心"之可贵，更显清朗爽脆，这是我们下一章讨论的重点。

结语

上文的讨论往往将"自性"与个体、个人混为一谈，但实际上在章太炎的思想中此二者有着微妙差异。"凡诸个体，亦皆众物集成，非是实有。然对于个体所集成者，则个体且得说为实有，其集成者说为假有。"[79] 他并不认为个体的主体性是绝对的，它只是在与国家、社会、政府、家族等的关系中具有相对的优先性，这一优先性也只是由于它更接近于而非等同于"自性"而已。"若云原子本无方分，互相抵触而后见形者。既无方分，便合浑沦为一，何有互相抵触之事？故知原子云者，徒为妄语。"[80] 由此原子亦应打破，而由原子组成的个人（或者说作为社会原子的个体）当然也不具备"自性"。可见，个体在章太炎的论述中是一个临时性的概念（所以在"实有"之前要加上"且得说"来限定）。[①]这同样表现在他的政治思想中，个体的观念构成了对一切普遍观念和集体认同的否定，但对章太炎而言，最重要的任务莫过于建立民国。"夫大独必群，不群非独也"，"小群，大群之贼也；大独，大群之母也"[81]，真正的"大独"，必得是有利于"大群"即整体的社会和国家的"独"，并以此为旨归。总之，章太炎高扬"自性"时，拒绝承认个人的存在是通达社会整体价值或任何其他目标的方式；但是身处革命滚滚洪流，又往往将个体生命的觉解落实到对他人、对群体的关怀，以"菩萨行"入世，借宗教增进生民之道德。

依照俱分进化的论点，一个没有社会根源冲突的世界，唯有进入五无境界方始可得。其中的乌托邦自是大悲虚空。但救时应务时，他又每每反对各种乌托邦思想，不管是无政府主义、社会主义抑或田园返古，以为这些统统不适用于中国现状。按照章太炎"无物不然，无物不可"的齐物主旨，则一国之内的各区域间，以及世界上各种文化、文明之间，当可和谐共处。然而这岂非又带有乐观的乌托邦色彩？

《五无论》倡言"无政府、无聚落、无人类、无众生、无世界"，如此决绝，真是虚无思想的顶点。但在通向此完整、彻底之境界的同时，章太炎严厉批判"以论理代实在"，如此执着于存在者的自性及其置身的世界，恰恰又是对虚无主义的正面抵拒。

以上种种依违游移之处，还可大篇幅地开列下去。章太炎的思想

---

① 关于"个体"这一临时性概念的阐释，参见汪晖《现代中国思想的兴起》（下卷第一部）第十章《无我之我与公理的解构》，第1011—1104页。

背景驳杂多变，其言述往往只在某一对待语境中立论，具体文章又交织着现实论争的动机。故而矛盾裂隙，在所难免。汪荣祖道出了这一疑难："一般认为章氏的思想与言论，难以捉摸，有时显得十分保守而有时又十分激烈；有时似乎很积极，而有时却甚消极。他是个儒者，却提倡佛教；他要革命，又要保存国粹；他讲民族主义，又谈无生主义；他倡导共和，却又谴责代议政府。"[82]李泽厚由阶级特征批判地总结章太炎的思想："一方面夹杂封建毒素，另一方面又充满了小生产者惯有的反动思想，是章太炎思想的显著特征。在反满反帝的民族主义、经济平均主义、政治专制主义、道德纯洁主义之旁，再加上绝对个人主义和极端虚无主义，便构成了章的社会政治思想特色的全貌。"[83]萧公权则颇显体贴的同情："章氏言九世之仇则满腔热血，述五无之论则一片冰心。寒暖相殊，先后自异。章氏所以如此者，虽或激于闻见，有为言之，而细绎其学说内容，亦自有其一贯之旨。盖章氏之政治思想乃一深切沉痛而微妙之抗议也。"[84]然则即便是在依违游移中寻绎"其一贯之旨"，也是各家众说纷纭①。毕竟，"他那不一致的思想'犹如一幅荒谬的壁画，显示一个与自己以及整个世界相冲突的人'"[85]。

在西来大潮袭卷华夏大地之初，章太炎最早揭示了中国现代性的核心危机之一——"以论理代实在"；当现代名教编织、叙述的种种公理神话孕育、萌发并渐次展现其庞大的鬼影时，又是章太炎以特立独行

---

① 具有代表性的解决方法，或者是在"现实任务与未来理想的矛盾"中去诠释章太炎的思想悖论，或者归因于其思想本身的急剧变化与混乱，或者举出"真、俗之辩"。在我目力范围内，关于这个问题较为值得参看的研究，有孙万国《也谈章太炎与王阳明》，收入章念驰编《章太炎生平与思想研究文选》。

的"破名者"姿态应世。他的言论中如上所述的那些歧异纷披，兴许并不能在纯粹学理的范围内探讨解决，而必须联系到他所处的特殊的时代境遇。其实，正是这些"如一幅荒谬的壁画"般的论述以及困境中左右互驳、独立苍茫的姿态，恰恰弥足珍贵、意味深长。

注释

1　章太炎：《致柳翼谋书》，载汤志钧编《章太炎政论选集》（下册），第 764、765 页。

2　章太炎：《说林下》，载上海人民出版社编《章太炎全集》（四），第 119 页。

3　钱穆：《余杭章氏学别记》，载章念驰编《章太炎生平与学术》，北京：生活·读书·新知三联书店，1988 年 7 月，第 29 页。

4　章太炎：《征信论下》，载上海人民出版社编《章太炎全集》（四），第 59 页。

5　章太炎：《再与人论国学书》，载上海人民出版社编《章太炎全集》（四），第 355 页。

6　章太炎：《辨性下》，载姜玢编选《革故鼎新的哲理——章太炎文选》，上海：上海远东出版社，1996 年 7 月，第 392—396 页。

7　姜义华：《章太炎评传》，第 262、263 页。

8　章太炎：《齐物论释》，载上海人民出版社编《章太炎全集》（六），上海：上海人民出版社，1986 年 12 月，第 17 页。

9　章太炎：《四惑论》，载上海人民出版社编《章太炎全集》（四），第 444 页。

10　章太炎：《论佛法与宗教、哲学及现实之关系》，载姜玢编选《革故鼎新的哲理——章太炎文选》，第 407—409 页。

11　章太炎：《驳神我宪政说》，载上海人民出版社编《章太炎全集》（四），第 316 页。

12　章太炎：《齐物论释》，载上海人民出版社编《章太炎全集》（六），第 40 页。

13　同上。

14　章太炎：《记政闻社员大会破坏状》，载上海人民出版社编《章太炎全集》（四），第 376 页。

15　章太炎：《荩宪废疾》，转引自姜义华《章太炎评传》，第 120、121 页。

16　鲁迅：《文化偏至论》，载《鲁迅全集》（第一卷），第 47 页。

17　章太炎：《国学概论》，上海：上海古籍出版社，2003 年 4 月，第 32 页。

18　鲁迅：《十四年的"读经"》，载《鲁迅全集》（第三卷），第 136—142 页。

19　章太炎：《革命之道德》，载姜玢编选《革故鼎新的哲理——章太炎文选》，第 186、187 页。

20　吕思勉：《从章太炎说到康长素、梁任公》，载章念驰编《章太炎生平与思想研究文选》，杭州：浙江人民出版社，1986年8月，第172页。

21　章太炎：《先综核后统一电》，载汤志钧编《章太炎政论选集》（下），第550页。

22　章太炎：《排满平议》，载上海人民出版社编《章太炎全集》（四），第269页。

23　章太炎：《信史上》，载上海人民出版社编《章太炎全集》（四），第62页。

24　胡风：《致梅志》，这封家书可以参见《胡风遗稿》，晓风整理，济南：山东友谊出版社，1998年9月，或《胡风全集》（第9卷），以上两个版本均有删节。晚出的《胡风家书》提供了一个较为完整的版本，此处对《致梅志》一信的引录，均自晓风选编《胡风家书》（上海：复旦大学出版社，2007年4月），以下不再注出。

25　章太炎：《文学总略》，载章太炎撰、陈平原导读《国故论衡》，上海：上海古籍出版社，2003年4月，第49、50页。

26　［日］木山英雄：《"文学复古"与"文学革命"》，载《文学复古与文学革命：木山英雄中国现代文学思想论集》，赵京华编译，第221页。

27　章太炎：《检论·订文·正名杂义》，载上海人民出版社编《章太炎全集》（三），上海：上海人民出版社，1984年7月，第495页。

28　钱玄同：《寄陈独秀》，原载《新青年》第三卷第一号，1917年3月1日。引自北京大学等主编《文学运动史料选》（第一册），上海：上海教育出版社，1979年5月，第27页。

29　关于该问题的讨论，参见王风《章太炎国故论说中的历史民族》，载东亚观念史集刊编审委员会编《东亚观念史集刊》（第三期），台北：政大出版社，2012年12月。

30　［德］尼采：《人性，太人性了》，转引自张新颖《中国现代意识的发生与原有文化资源的考掘与重造——章太炎的极端性思想实验》，载《20世纪上半期中国文学的现代意识》，北京：生活·读书·新知三联书店，2001年12月，第46页。

31　章太炎：《公言中》，载上海人民出版社编《章太炎全集》（三），第15页。

32　章太炎：《明见》，载姜玢编选《革故鼎新的哲理——章太炎文选》，第375页。

33　同上，第342页。

34　鲁迅：《摩罗诗力说》，载《鲁迅全集》（第一卷），第74页。

35　章太炎：《规〈新世纪〉》，《民报》第二十四号，1908年10月10日。转引自姚奠中、董国炎《章太炎学术年谱》，太原：山西古籍出版社，1996年8月，第123页。

36　张新颖：《主体的确立、主体位置的降落和主体内部的分裂：鲁迅现代思想意识的心灵线索》，载《20世纪上半期中国文学的现代意识》，第74页。

37　胡风：《简述收获》，载《胡风全集》（第6卷），第650页。

38　胡风：《创作上的三个现象和一个问题》，载《胡风全集》（第6卷），第16、17页。

39　胡适：《中国新文学大系·建设理论集》导言，载胡适编选《中国新文学大系·建设理论集》（影印版），上海：上海文艺出版社，2003年7月，第18、28—30页。

40　胡风：《简述收获》，载《胡风全集》（第6卷），第602、614页。

41　同上，第607页。

42　《辞海》"名"条，第1178页。

43　章太炎：《齐物论释》，收入上海人民出版社编《章太炎全集》（六）。

44　章太炎：《论文字的通借》，转引自姚奠中、董国炎《章太炎学术年谱》，第152页。

45　［日］石井刚：《理、势、语言以及个人的生存——汪晖〈现代中国思想的兴起〉中的章太炎论所引发之思考》，载《思想与社会》编委会编《托克维尔：民主的政治科学》，上海：上海三联书店，2006年12月。

46　黄侃：《〈国故论衡〉赞》，载章太炎撰、陈平原导读《国故论衡》，第4页。

47　章太炎：《四惑论》，原刊于《民报》第二十二号，1908年7月10日。现据上海人民出版社编《章太炎全集》（四），本节以下对此文的引述不再一一注出。

48　李振声：《作为新文学思想资源的章太炎》，载《书架上的历史：李振声文学批评选》，合肥：安徽人民出版社，2005年12月，第31页。

49　林少阳：《鼎革以文：清季革命与章太炎"复古"的新文化运动》，上海：上海人民出版社，2018年4月，第282页。

50　吕思勉：《从章太炎说到康长素、梁任公》，载章念驰编《章太炎生平与思想研究文选》，第171、172页。

51　何信全：《海耶克自由理论研究》，台北：联经出版事业公司，1988年5月，第38—41页，转引自王玉华《多元视野与传统的合理化：章太炎思想的阐释》第四章第二节《"批判的理性"之运用》，北京：中国社会科学出版社，2004年11月。本节的讨论参考了上述论述。

52　何信全：《海耶克自由理论研究》，第41页，转引自王玉华《多元视野与传统的合理化：章太炎思想的阐释》，第 522 页。

53 许纪霖：《黑暗中的理性之光》，载《寻求意义：现代化变迁与文化批判》，上海：上海三联书店，1997 年 12 月，第 167 页。

54 章太炎：《建立宗教论》，载上海人民出版社编《章太炎全集》（四），第 412 页。

55 姜义华：《章太炎的人性论与近代中国人本主义的命途》，载章念驰编《章太炎生平与学术》，第 457—487 页。

56 ［德］尼采：《悲剧的诞生》，载周国平编译《悲剧的诞生：尼采美学文选》，第 59、60 页。

57 ［德］尼采：《曙光》，田立年译，桂林：漓江出版社，2000 年 1 月，第 3 页。

58 ［德］海德格尔：《世界图象的时代》，载孙周兴选编《海德格尔选集》（下），第 899—904 页。

59 章太炎：《诸子学略说》，载姜玢编选《革故鼎新的哲理——章太炎文选》，第 159 页。

60 章太炎：《答铁铮》，载上海人民出版社编《章太炎全集》（四），第 369 页。

61 章太炎：《论教育的根本要从自国自心发出来》，载姜玢编选《革故鼎新的哲理——章太炎文选》，第 353、354 页。

62 章太炎：《答铁铮》，载上海人民出版社编《章太炎全集》（四），第 375 页。

63 章太炎：《我的生平与办事方法》，载《章太炎的白话文》，第 69 页。

64 章太炎：《辨性》，载《章氏丛书·国故论衡》，浙江图书馆校刊，第 148 页，转引自汪晖《现代中国思想的兴起》（下卷第一部），北京：生活·读书·新知三联书店，2004 年 7 月，第 1028 页。

65 章太炎：《国家论》，载上海人民出版社编《章太炎全集》（四），第 457 页。

66 朱谦之：《无元哲学》，载黄夏年编《朱谦之文集》（第一卷），福州：福建教育出版社，2002 年 9 月，第 412 页。

67 同上，第 414 页。

68 张祥龙：《海德格尔传》，北京：商务印书馆，2007 年 4 月，第 34 页。

69 朱谦之：《无元哲学》，载黄夏年编《朱谦之文集》（第一卷），第 414 页。

70 章太炎：《东京留学生欢迎会演说录》，载姜玢编选《革故鼎新的哲理——章太炎文选》，第 141 页。

71 章太炎：《自述学术次第》，转引自姚奠中、董国炎《章太炎学术年谱》，第 88 页。

72 李振声：《作为新文学思想资源的章太炎》，载《书架上的历史》，第 6、7 页。

73 章太炎：《论佛法与宗教、哲学以及现实之关系》，载姜玢编选《革故鼎新的哲理——章太炎文选》，第 399 页。

74 章太炎：《答铁铮》，载上海人民出版社编《章太炎全集》（四），第 369 页。

75 章太炎：《辨性下》，载姜玢编选《革故鼎新的哲理——章太炎文选》，第 393 页。

76 孙万国：《也谈章太炎与王阳明》，载章念驰编《章太炎生平与思想研究文选》，第 333 页。

77 章太炎：《四惑论》，载上海人民出版社编《章太炎全集》（四），第 453 页。

78 章太炎：《辨性下》，载姜玢编选《革故鼎新的哲理——章太炎文选》，第 393 页。

79 章太炎：《国家论》，载上海人民出版社编《章太炎全集》（四），第 457 页。

80 章太炎：《五无论》，载上海人民出版社编《章太炎全集》（四），第 435 页。

81 章太炎：《明独》，载上海人民出版社编《章太炎全集》（三），第 53—55 页。

82 汪荣祖：《康章与晚清思想的解放》，载《康章合论》，北京：新星出版社，2006 年 1 月，第 81 页。

83 李泽厚：《章太炎思想剖析》，载《中国思想史论》（中册），合肥：安徽文艺出版社，1999 年 1 月，第 735 页。

84 萧公权：《中国政治思想史》（三），沈阳：辽宁教育出版社，1998 年 3 月，第 819 页。

85 汪荣祖：《康章与晚清思想的解放》，载《康章合论》，第 81 页。

第四章

鲁迅

鲁迅在现代名教笼罩中的直观感受

在鲁迅笔下，现代名教有种种赋形。"奴才"们打着"鲜明好看的旗子"[1]行私利己，"做戏的虚无党"标举"好看的假面具"[2]"甜腻的话头"[3]。又比如"招牌"："中国的事情往往是招牌一挂就算成功"，人们都满足于挂"招牌"，以为到此为止即可，"至于所挂的招牌是佛学，是孔道，那倒没有什么关系"[4]。"多少伟大的招牌，去年以来，在文摊上都挂过了，但不到一年，便以变相和无物，自己告发了全盘的欺骗"[5]，"我们能听到某人在提倡某主义……而从未见某主义的一篇作品，大吹大播地挂起招牌来，孪生了开张和倒闭，所以欧洲的文艺史潮，在中国毫未开演，而又像已经一一演过了"[6]……正是在"招牌"林立中，任何主义、学说、思潮进入中国"不过留下一个空泛的名词"，甚至"连名目也奄奄一息"。为了对抗"一味闭了眼睛作豪语"，鲁迅每每主张宣传"常识"[7]，而文化界、舆论界乃至整个社会都在轻视常识的同时沉迷于超越常识以上的"豪语","豪语"遮天蔽日，让人无法自拔。第一章中曾述及名教危害在于将个人从具体的现实环境中抽拔出来，沉迷于"豪语""大词"等制造的幻梦中，正是这个意思。所以鲁迅劝告世人与其陷落于身外的"豪语"，不如固守基本常识与个人诚实的感觉，并且以为自己的文章不过就是"说说较为切己的私事"[8]。

正是在上述"旗子""面具""话头""招牌""豪语"等的作用下，名实不符者有之，以名掩实者有之，"事实常没有字面这么好看"[9]，"挂了招牌，而无货色"[10]。鲁迅感觉置身中国就恍如跌入"文字游戏国"，"一切总爱玩些实际以上花样，把字和词的界说，闹得一团糟"[11]，"有明说要做，其实不做的；有明说不做，其实要做的；有明说做这样，其实做那样的；有其实自己要这么做，倒说别人要这么做的；有一声不响，而其实倒做了的。然而也有说这样，竟这样的。难就在这地方"[12]，中国的"名"（口号、标语、说辞、主义等）往往游离于想和做的实际之外，自行扩张，不受实际制约，"文字游戏国"根本上就是"名教之国"，其国民丧失了"信"，说的人固然无信，听的人也不信，清醒地知道虚伪却仍然维持，大家都只是"做戏""游戏"，没有人如《皇帝的新装》中的小孩跳出来破坏游戏规则。"有谁来揭穿的，他们反以为扫兴。"[13]不幸连青年也堕入此道："青年好游戏，请游戏罢。其实中国何尝有真正的党徒，随风转舵。"[14]在"名教之国"里，"大抵是名实并用者失败，只用其名者成功"[15]，"盗名""借名"者蜂起，"假名""空名""乱名"随即泛滥成灾。

使人们对一切"名"失去信心的，恰恰是名教；在名教时代中，恰恰没有"发生""容纳"新"名"的可能。鲁迅沉痛地说："我们中国本不是发生新主义的地方，也没有容纳新主义的处所，即使偶然有些外来思想，也立刻变了颜色，而且许多论者反要以此自豪。"[16] 这里有两层意思。第一，"不是发生新主义的地方，也没有容纳新主义的处所"，是说中国不具备接受新"名"的基本条件，"自由主义么，我们连发表思想都要犯罪，讲几句话也为难；人道主义么，我们人身还可以买卖呢"[17]。第二，更可怕的是，"即使偶然有些外来思想，也立刻变了颜色"，这种使得"名"变质、腐化的力量，鲁迅称之为"染缸"的法力："新名词，传入中国，便如落在黑色染缸，立刻乌黑一团……"它有种种发挥、污染的途径：比如宣布"古已有之"，"某种科学，即某子所说的云云"[18]，"科学不但并不足以补中国文化之不足，却更加证明了中国文化之高深。风水，是合于地理学的，门阀，是合于优生学的，炼丹，是合于化学的，放风筝，是合于卫生学的"[19]。这种"合群的爱国的自大"，说到底是不敢直面、接受新"名"而变相抵拒的卑怯态度。再比如取其"名"而变其"实"，《阿Q正传》中赵秀才襟上挂一块"柿油党的顶子"，洋洋得意自命时髦，骨子里却还是腐朽旧思想。

名教卫士当道，名教风行天下。"中国人总只喜欢一个'名'，只要有新鲜的名目，便取来玩一通，不久连这名目也糟蹋了，便放开，另外又取一个。真如黑色的染缸一样，放下去，没有不乌黑的。"[20] 在这样险恶的名教时代中，鲁迅"知人论世"自有其特殊的战法。

总体而言，与"只看名目，连想也不肯想"[21]，"虚有其名，不求实际"[22] 的"崇名"思维相对，鲁迅的"思想方法，不是从抽象的理论出发，而是从具体的事实出发的，在现实生活中得其结论"[23]。1927年大革命失败后，鲁迅的进化论发生转变，一般看法认为这是他接受马克思主义的结果，但鲁迅自己的解释是："我一向是相信进化论的，总以为将来必胜于过去，青年必胜于老人……然而后来我明白我倒是错了。

这并非唯物史观的理论或革命文艺的作品蛊惑我的，我在广东，就目睹了同是青年，而分成两大阵营，或则投书告密，或则助官捕人的事实！我的思路因此轰毁，后来便时常用了怀疑的眼光去看青年，不再无条件的敬畏了。"[24] 可见，思维调整的首要条件是客观事实的变化，这是鲁迅"求实"思维的体现，即以客观事实为起点，亦以客观事实为终点，在思维过程中始终以客观存在作为衡量取舍的标准。鲁迅往往用各种形象化的描述来凸显其"求实"思维的闪光点。

比如"使麒麟皮下露出马脚"。鲁迅"每不肯相信表面上的事情"[25]，总要质问"话的背后藏着什么意思"[26]，这就是在等待"使麒麟皮下露出马脚"的考验。

还有"推背图"，"从反面来推测"[27]，于是发现，"仁义道德"的字里行间写着"吃人"，"正人君子"实为"盗贼"[28]，"貌似彻底的革命者，而其实是极不革命或有害革命的"[29]。

再有"揭穿假面"。"假面"往往冠冕堂皇，以种种"美名"作装饰来扭曲实际，鲁迅说肿毒"倘若生在中国人身上，也便'红肿之处，艳若桃花；溃烂之时，美如乳酪'"[30]。猛士如入无物之阵，"无所用其力"，因为中国社会到处充斥着"假面"："那些头上有各种旗帜，绣出各样好名称：慈善家，学者，文士，长者，青年，雅人，君子……。头下有各样外套，绣出各式好花样：学问，道德，国粹，民意，逻辑，公义，东方文明……"[31] 所以鲁迅针锋相对，"偏要在庄严高尚的假面上拔它一拔"[32]，"揭穿假面，就是指出了实际来"[33]，即破名求实，打破"假面""美名"的障蔽和"瞒与骗"的迷梦，看清社会、人生的本来面目，撕掉一切名教说辞织成的、将不平等关系合法化的帷幕。鲁迅自称"我是喜欢萧的"，因为萧伯纳"往往撕掉绅士们的假面"[34]。鲁迅是"爱夜的人","只有夜还算是诚实的",可以"脱去人造的面具和衣裳",在暗夜里,"人肉酱缸上的金盖","鬼脸上的雪花膏"都无法再充装饰。[35]

　　鲁迅谈及自己的思想特点时,一再说:"我看事情太仔细,一仔细,即多疑虑。"[36]"多疑"表现为对事物表面价值、表面形态的不信任,是对事物现象与本质的差异、矛盾的直观把握。我们在第一章中界定过名教批判的几层意思,其一即是对空洞的名词、符号的反抗,对"名"脱离了实际,甚或扭曲、侵吞实际(名实不符、以名代实、鱼目混珠)的警觉、勘破。以此相参照,鲁迅上述几种战法,无不是名教批判智慧的表现,它们往往出之以一种"剥离"策略。一方面,在"名"本身的真理性之外,探讨"名"在现代中国特定环境中的现实遭遇:"……如落在黑色染缸……化为济私助焰之具,……此弊不去,中国是无药可救的。"[37]另一方面,将"名"(口号、言论、学说、主义等)与操持"名"的主体相剥离,具体说来,并不是考究现代中国知识分子所追求的价值本身,而是针对他们在追求过程中的实际表现,在"说什么"的背后考量"做什么"以及"说"与"做"的居心与动机[①]:"是'信'而'从'呢,还是'怕'和'利用'?"[38]是言行合一,还是文字游戏?

　　鲁迅在名教时代中还总结过一种特殊的战法——逃名。"名"的精义正是在名教嚣攘、名教卫士横行中被玷污,所以,"我们国民中的大怀疑主义者,有时岂不是最肯定底,而且常常是最勇敢的人么?""谁敢保证,无信仰之人却是信仰之人,而世上所谓信仰之人,却反而是无

---

① 这一观察方法与唯物主义是相合的,列宁说:"判断一个人,不是根据他自己的表白或对自己的看法,而是根据他的行动。判断哲学家,不应当根据他们本人所挂的招牌,而应当根据他们实际上怎样解决基本的理论问题、他们同什么人携手并进、他们过去和现在用什么教导自己的学生和追随者。"参见列宁《唯物主义和经验批判主义》,载中共中央马克思恩格斯列宁斯大林著作编译局编《列宁选集》(第二卷),第221页。

信仰之人呢？"[39] 标举美名的人"连自己也并不相信所发的议论，连自己也并不看重所做的文章"[40]，"名"已经被"借名""盗名"者封杀，所以老实人只好"逃名"：

> 魏晋时代，崇奉礼教的看来似乎很不错，而实在是毁坏礼教。不信礼教的，表面上毁坏礼教者，实则倒是承认礼教，太相信礼教了。因为魏晋时所谓崇奉礼教，是用以自利，那崇奉也不过偶然崇奉。如曹操杀孔融，司马懿杀嵇康，都说是因为他们和不孝有关。实在曹操司马懿何尝是著名的孝子，不过将这个名义，加罪于反对自己的人罢了。于是老实人以为如此利用，亵渎了礼教，不平之极，无计可施，激而变成不谈礼教，不信礼教，甚至于反对礼教，——但其实不过是态度，至于他们的本心，恐怕倒是相信礼教，当作宝贝，比曹操司马懿们要迂执得多。[41]

先前章太炎也认为："魏晋人最佩服老子，几个放荡的人，并且说：'礼岂是为我辈设'，却是行一件事，都要考求典礼。"① 孔融是著名的"非孝"人物，而《后汉书》本传上明说他"十三丧父，哀悴过毁，扶而后起，州里归其孝"[42]。可见名教与自然的矛盾在孔融这里，起于虚伪礼法和内心真正的情感不能相应。魏晋时，"礼教"是最大的"名"；在鲁迅写作的时代，自然也有许多高大俨然的"名"，他以"三民主义"

---

① 参见章太炎《论教育的根本要从自国自心发出来》，载姜玢编选《革故鼎新的哲理——章太炎文选》，第349页。另外，周作人也有过这样的观察："一切在礼教的面具下实行迫压与放恣，实在所谓礼者早已消灭无存了。"（参见周作人《生活之艺术》，载周作人著、止庵校订《雨天的书》，第92、93页）

为例，说很多人自称信徒，拉起大旗，行私利己，这时候，"真的总理的信徒，倒会不谈三民主义，或者听人假惺惺的谈起来就皱眉，好像反对三民主义模样"①。后来，鲁迅就将老实人在本心里相信"名"，却因为借名、盗名者玷污了"名"，于是故意反对的态度，概括为"逃名"："比较自爱的人，一听到这些冠冕堂皇的名目就骇怕了，竭力逃避。逃名，其实是爱名的，逃的是这一团糟的名，不愿意酱在那里面。"[43] 不妨引述雅斯贝尔斯的一段话作为参证："克尔凯郭尔的基督教虔诚和尼采的不信神之间似乎有本质的区别，但恰恰是这种区别使他们思想之间的相似性更加明显，在反思时代，似乎过去的一切都存在着，在这样的假象下，人们生活在实际的无信仰之中。在这样一个时代里，对信仰的抛弃和强制自己去信仰是互为补充的。不信上帝的人可以成为虔诚的信徒，信仰者也可以成为叛教者。"[44] 在克尔凯郭尔看来，周围无数的基督徒实际上是"把上帝当傻瓜"的叛教者，正是这些基督徒"没完没了、华而不实的空谈"使得"基督教界不知不觉地取消了基督教"；[45] 而声称"上帝死了"的尼采却是坚持生存信仰之人。"不信上帝的人可以成为虔诚的信徒，信仰者也可以成为叛教者"，与鲁迅所谓"无信仰之人却是信仰之人，而世上所谓信仰之人，却反而是无信仰之人"一致无二，而尼采、克尔凯郭尔正可被视为上述语境中的"逃名者"。"逃名"，就是警惕一切"名"的装点，还原被"名"所歪曲玷污的真实内容，摆脱"名"的框定而把握朴素的、活泼泼的内在精

---

① 参见鲁迅《魏晋风度及文章与药及酒之关系》，载《鲁迅全集》（第三卷），第535页。鲁迅曾借一首打油诗讽刺这类假装正经、暗怀鬼胎的伪三民主义信徒："大家去谒灵，强盗装正经。静默十分钟，各自想拳经。"参见鲁迅《南京民谣》，载《鲁迅全集》（第七卷），第400页。

神。这其实可以在中国传统思想中找到源头，比如《庄子·大宗师》中一段："颜回曰：'回益矣。'仲尼曰：'何谓也？'曰：'回忘仁义矣。'曰：'可矣，犹未也。'他日，复见，曰：'回益矣。'曰：'何谓也？'曰：'回忘礼乐矣。'曰：'可矣，犹未也。'他日，复见，曰：'回益矣。'曰：'何谓也？'曰：'回坐忘矣。'"

鲁迅一辈子都被各派人士所颁布、授予的各类"徽号""称号"包围，但他其实就是一个"逃名者"。用胡风的话说，鲁迅"耻于占用任何堂皇的招牌"[46]。在观察他人时，一方面，鲁迅讨厌随意罗织名号，"拉大旗作为虎皮，包着自己，去吓呼别人；小不如意，就倚势（！）定人罪名，而且重得可怕的横暴者"[47]；另一方面，他每每要揭起"名号"勘查背后掩藏的实际，"偏要在庄严高尚的假面上拔它一拔"。在对待自己时，则是不安于"名号"，拒绝"名号"。"中国大概很有些青年的'前辈'和'导师'罢，但那不是我，我也不相信他们。"[48]因为鲁迅发现所谓"前辈""导师""学者""文学家"等，"乃是他们所公设的巧计，是精神的枷锁，故意将你定为'与众不同'，又借此来束缚你的言动，使你于他们的老生活上失去危险性的"[49]。也就是说，形形色色的头衔、尊号，往往是名教派定给个人的符号，它不仅是一个称谓，更意味着一种规范，如果对屈己从"名"的危险无所自觉，则正中名教的迷魂剂，或借章太炎的话，这正是一种"殉名"主义。"'派'呀，'首领'呀，这种谥法实在有些可怕"[50]，无不构成对人个体生命自由的束缚，"一变'名人'，'自己'就没有了"[51]，故而鲁迅每每自居"一无所有"[52]，"我想撕掉别人给我贴起来的名不符实的'百科全书'的假招贴"[53]，"掷去了这种尊号"[54]，"一戴纸冠，遂成公物，……然则固不如从速坍台，还我自由之为得计也"⁵⁵。《野草》中的"过客"对他所弃绝的生存世界的真相有着本质认识："回到那里去，就没一处没有名目，没一处没有地主，没一处没有驱逐和牢笼，没一处没有皮面的笑容，没一处没有眶外的眼泪。我憎恶他们，我不回转去！"华美的名目、冠冕堂皇的主子与真实的牢笼，于是，"我不如彷徨于无地"，宁可直面无所有，也要彻底否定现有的环境秩序及其价值信条。在捍卫生命的独立、自由与创造实践这一基本点上，鲁迅不作让步。

鲁迅在现代名教的笼罩中有自己特殊的战法，但归结到根本上，他对现代名教的揭破与反抗，围绕着"伪士"批判而展开。

"伪士"及其对立面

这一部分将细读《破恶声论》，并与鲁迅同期论文相勾连，具体通过三组对比，刻画出"伪士"及其对立者的面貌与特质——他们身上鲜明的异质因素，恰可剖析出各自与现代名教的复杂关系。"伪士"是鲁迅揭举的最具典型意味的现代名教卫道士，以此入手，可以究明若干核心问题。

"伪士"与"独具我见之士"

《破恶声论》开篇即渲染出笼罩四野的"寂漠"感，紧接着却笔锋一转："吾未绝大冀于方来，则思聆知者之心声而相观其内曜。内曜者，破黮暗者也；心声者，离伪诈者也。"⁵⁶我在第一章中讨论过，"内曜"指人内心的自觉，"心声"是人发自内心的真的声音。然后通过人类与自然物的对比，刻画出"内曜""心声"的特质①：自然物是被动应和，而人类的"特异"在于不随外物变迁的主动性、主体性，这就是"内曜""心声"的作用，甚至与"天时人事"相违也"无足易"。"今之中国，其正一扰攘世哉"，"扰攘"的言论，被鲁迅归纳为"恶声"，这源于"内曜""心声"的"不可见"。作为"恶声"的理论后盾，"则有科学，有适用之事，有进化，有文明"，这四者都是当时最典型的启蒙话语，代表着进步的意识形态，"腾沸于士人之口"，但何以它们会转变为"恶声"扰攘的现代名教？鲁迅解释如下："特于科学何物，适用何事，进化之状奈何，文明之谊何解，乃独函胡而不与之明言，甚或操利矛以自陷。嗟夫，根本且动摇矣，其柯叶又何侲焉。岂诚其随波弟靡，莫能自主，则姑从于唱喁以荧惑人；抑亦自知其小陋，时为饮啄计，不得不假此面具以钓名声于天下耶。"这一段话具体指明了"内曜""心声"流失的原因：一是为私欲所蒙蔽，"号召张皇"新学话语者大抵假"公名"而"钓名声于天下"（这一点下文中还会述及，暂且不表）；二是被"众嚣"所挟持，"轻才小慧之徒"对新学话语一知半解，"莫能自主"，却随波逐流般摇旗呐喊，"从于唱喁以荧惑人"。②区别"诚"

---

① 参见《破恶声论》："至于有生，应乃愈著，阳气方动，元驹贲焉，秒秋之至，鸣虫默焉，蠕飞蠕动，无不以外缘而异其情状者，则以生理然也。若夫人额，首出群伦，其遇外缘而生感动拒受者，虽如他生，然又有其特异；神畅于春，心凝于夏，志沉于萧索，虑肃于伏藏。情若迁于时矣，顾时则有所连拒，天时人事，胥无足易其心，诚于中而有言；反其心者，虽天下皆唱而不与之和。其言也，以充实而不可自已故也，以光曜之发于心故也，以波涛之作于脑故也。是故其声出而天下昭苏，力或伟于天物，震人间世，使之瞿然。瞿然者，向上之权舆已。盖惟声发自心，朕归于我，而人始自有己；人各有己，而群之大觉近矣。"

② 1919 年，张奚若在致胡适信中发牢骚说，"一知半解的维新家"比"一味守旧的活古人"更危险、可怕。参见张奚若《致胡适》（1919 年 3 月 13 日），载中国社会科学院近代史研究所中华民国史组编《胡适来往书信选》（上），第 30 页。

与"不诚"（伪）的依据，借用周作人的话讲，"一个真切的感到，一个是学舌而已"[57]。我们在第一章的《现代名教与"主义"话语的纠结》一节中，曾议及：名教危害之一即以为树起大旗就一劳永逸了。鲁迅早期论文主要措意即在于向世人指明这一危害。以《科学史教篇》为例，矛头指向的是：当时将科学救国"日腾于口者"，于科学繁盛之"本根""本柢"实则函胡不明。鲁迅早年平议晚清思想界种种代表性思潮，每每失望，在研究者看来，鲁迅"对于这些'主义'的批判，是指缺乏'个性'和'精神'之'根底'的这些'主义'，或者抛弃精神改造的无批判地'输入'的这些'主义'，或对它们的'膜拜'，绝对不能联系到真正意义上的人类解放这一问题上的，而不是对'国家'、'科学'、'道德'等等的本身的否定"[58]。突破主义、思潮的空壳，而探习隐伏在其根柢、滋养其生长繁茂的"神髓"——铸成了鲁迅文明批评的方法论核心，而这与名教批判的思维，其实是相通的。

"考索未用，思虑粗疏，茫未识其所以然，辄皈依于众志"，"舍己从人，沉溺逝波，莫知所届"，[59]鲁迅清晰地勾勒出"中无所主"者被名教所蒙昧、虏获的情形。"今之所贵所望，在有不和众嚣，独具我见之士"，"思想行为，必以己为中枢，亦以己为终极"，[60]由此摆脱"众嚣"炮制的攘攘"恶声"对"我"的挟持，这是一个反抗名教的现实问题。鲁迅借鉴施蒂纳的思想资源展开对策。无政府主义先驱施蒂纳说过："我的事业不是神的事业，不是人的事业，也不是真、善、正义和自由等等，而仅仅只是我自己的事，我的事业并非是普通的，而是唯一的，就如同我是唯一的那样。"[61]鲁迅用"己""自性"等概念转述了施蒂纳的"唯一者"："斯契纳尔乃先以极端之个人主义现于世。谓真之进步，在于己之足下。人必发挥自性，而脱观念世界之执持。惟此自性，即造物主。"⁶² 在施蒂纳的思想中，所谓"脱观念世界之执持"的"唯一者"对"观念世界"的排除，是指排除民族、国家、权利、义务等外在指令和"真、善、正义和自由"等内在规定之后，求得原初的"我"，这个"我"是具体、现实、活生生的存在，自身之中就具有完善性、实在性（鲁迅所谓"惟有此我，本属自由；既本有矣，而更外求也，是曰矛盾"）。可见，施蒂纳剔出的这个"我"，并非是有意对抗一切"观念世界"，而是对抗这些"观念世界"对人的统治。⁶³ 正是这一点触动了鲁迅，在喧嚣的"恶声"中，施蒂纳立"唯一者""而脱观念世界之执持"，沟通、启发了鲁迅"发挥自性"，起而反抗名教。《文化偏至论》质疑"法律""义务"之"专制"①，《破恶声论》扫荡"破迷信""崇侵略""尽义务""同文字""弃祖国""尚齐一"等时髦言论，这里作为意识中心（"中枢"）的，不是启蒙主义的一般的、普遍的、抽象的理性人，而是充满感性、活生生的独异个体。十年后在《随感录》中，鲁迅将之总结为"个人的自大"，"一切新思想，多从他们出来，政治上宗教上道德上的改革，也从他们发端"，可惜中国人向来是"合群的爱国的自大"，"这便是文化竞争失败之后，不能再见振拔改进的原因"。⁶⁴ 只有这样的个人，才能"不和众嚣"，抵抗住名教纷扰的诱惑，才能从一切既成的思想和意识形态中独立出来，真正肩负起"新思想"建设和改革的实践。鲁迅自身就是绝佳例证，比如《科学史教篇》，从当时的主流观念中疏离出来，在"科学"与"思想""神话""迷信"

---

① "苟有外力来被，则无间出于寡人，或出于众庶，皆专制也。国家谓吾当与国民合其意志，亦一专制也。众意表现为法律，吾即受其束缚，虽曰为我之舆台，顾同是舆台耳。去之奈何？曰：在绝义务。义务废绝，而法律与偕亡矣。"参见鲁迅《文化偏至论》，载《鲁迅全集》（第一卷），第 52 页。

等国人视作悖反的两类精神活动形式间尝试沟通，探本溯源。

本节末了再作三点补充与总结：

首先，根据上述辨析，似乎不难得出一个结论："个人"的伸张，是反抗名教的立基，丧失了"个人"，则容易成为名教的奴隶。这层认识可以上溯到《老子》第四十四章的"名与身孰亲"；或者杨朱的无名主义，即认为"实"是个体的、特别的，"名"则代表"实"的共相，杨朱"只承认个体的事物（实），不认全称的名"，由此"趋于个人主义"①。朱谦之倡导"无名主义"，直截了当地说："由'无名'一个观念，发生出个人主义。"因为有了抽象的"名"，使"具体的事物，去做他们的牺牲"，所谓"正名"的效果，"只能阻抑具体事物的伸张"，"将具体事物的自由，剥夺尽去"，"埋没了个体的事物，使他压服在'名'的底下"。⁶⁵"个人主义"是一个附着了太多知识积累的概念，此处不拟展开，但毋庸置疑，"独具我见"、"自性"充分的"个人"，是名教批判的重要资源。

其次，在章太炎的《四惑论》中，"个人"被视为批判"公理""进化""惟物"和"自然"等无自性"观念世界"的前提，"自""自我""自主"在章太炎文章中每每被推为至高的价值。"居位者率憒不知学，苟闻其说，则且视为迂阔而无当。学者退处于野，能确然不拔，自葆其真者，盖又绝鲜。大氐稗贩泰西，忘其所自，……若夫浮薄少年，中无所主，遭逢世变，佹托幽忧，冒取古人及时行乐之义，

---

① 根据胡适在《中国哲学史大纲》中的研究，杨朱无名主义的应用有两种趋势：一是把一切名都看作人造的虚文，没有实际存在；一是认识个人的重要，轻视人伦的关系，故趋于个人主义。参见胡适《中国哲学史大纲（卷上）》第七篇《杨朱》，载《胡适学术文集·中国哲学史（上）》，第124页。

而益驰骛于纷华……"⁶⁶这一立场，张新颖先生精当地总结为"对基本单位的根本关注和极端强调"①。而鲁迅张扬"个人"抨击"众数"，对"自心""自性"的关怀，并以此为前提对以"国家""文明"等种种名义出现的"观念世界"的质疑，与上述章太炎的立场交相呼应。而没有"自心"的"伪士"们，依附在目迷五色的名教下轮流打转的情形，被胡风鄙为"唱'黑头'的戏子"："这一点钟做包公，下一点钟可以做曹操，再下一点钟可以做秦桧。"由上，从"忘其所自""中无所主"的"浮薄少年"，到"随波弟靡""从于唱喁以荧惑人"的"伪士"，到"唱'黑头'的戏子"；从章太炎的"依自不依他"，到鲁迅的"以己为中枢"，到胡风自我洋溢的"主观战斗精神"——这正是两条交相驳难的线索，而且，后者给予了前者最深沉的抵抗。

总之，鲁迅所揭露的"恶声"（包括章太炎归纳的"四惑"）是现代名教中极端危险的构成，它裹挟着强大的权力关系（新学思潮、启蒙话语）向人袭来，"灭裂个性"，"灭人之自我"，由此造成的"中无所主"者最易陷入名教的合唱之中。而"伪士"们操持着"新名""正信"，自命权威，"天天把自己从西方学到的许多对中国民众并非切肤之痛的思想和理论来无条件地向他们炫耀夸扬"⁶⁷，实则往往斫伤他人的精神自由。"执己律人"的"伪士"态度在现代中国社会中屡屡发作（往往伴随着独握"真理"的热情、道德力量的显示、政治立场的甄别

---

① 参见张新颖《中国现代意识的发生与原有文化资源的考掘与重造：章太炎的极端性思想实验》，载《20世纪上半期中国文学的现代意识》，第45页。与"对基本单位的根本关注和极端强调"相反的思维方式，阿伦特有过描述："在19世纪中期，知识界发生了巨大的变化，其中包括拒绝看待或接受任何事物的'本身所是'概念，一致解释每一种事物都只是进一步发展之前的一个阶段。"参见［德］汉娜·阿伦特《极权主义的起源》，林骧华译，第578页。

等），这种主体对于"名"彻底的控制、支配的欲望与幻觉（借用前引丸山真男的话，缺乏"对于自身的知识运作的严格的伦理意识"），既排除了反思自我被名教所俘获的可能，也排除了别人对"名"自主选择的可能。这个过程中，又是"中无所主"者最易"心夺于人"，被"伪士"所"殖民"，甚或变成新的"伪士"——这几乎就是恶性循环。所以，鲁迅树立起"独具我见之士"，在自我生命与民族文化的精神本原上确立，展开思想与实践。只有这样的人，才能挡住现代名教的侵袭，冲破"轻才小慧""志士英雄""浇季士夫"等"伪士"们编织出来的"恶声"滔天的罗网，敢于"自别异"，和势力强大的"众数""正信"相抗，大胆提出自己孤立无援的见解；敢于"白心"，不"掣维新之衣，用蔽其自私之体"，不"蒙帼面而不能白心"，不"羞白心于人前"而直抒己见、"吐露本心"、"放手直干"……

"伪士"与"迷信"

鲁迅在留日期间所写的最早的论文《中国地质略论》里，痛斥道士们"因迷信以弱国，利身家而害群"，列强环伺中，"而何图风水宅相之说，犹深刻人心，力杜富源，自就阿鼻。不知宅相大佳，公等亦死；风水不破，公等亦亡，谥曰至愚，孰云不洽"，实乃"历代民贼"之首。[68]《人之历史》揭示西方中世纪教会对人类发展的阻遏："当十三世纪时，力大伟于欧土，科学隐耀，妄信横行，罗马法王，又竭全力以塞学者之口，天下为之智昏，黑格尔谥之曰世界史之大欺罔者，非虚言也。"[69]又在《文化偏至论》中总结为"教力堕地，思想自由，凡百学术之事，勃焉兴起"[70]。"五四"时期，在给《新青年》写的《随感录》

中，鲁迅对所谓"国粹"的批判也多指向涉及宗教与封建迷信的言论行为，包括迎神、显灵、成仙、见鬼、扶乩、画符、打拳等，统称之为"讲鬼话"。至于将上述"国粹"加上外来的名词术语改头换面，以伪科学的形态继续欺骗世人，则更让鲁迅义愤填膺，贬斥为"好讲鬼话的人"在"捣乱"："先把科学东拉西扯，羼进鬼话，弄得是非不明，连科学也带了妖气。"[71]

"伪士当去，迷信可存"，"当"字显示斩钉截铁的决断，而"可"字多少意味着一定的余地，就是说这里有可以辩证讨论的地方。"迷信"中危害与增益交织，鲁迅的这一思路指示着"火中取栗"一般的工作。由上述例举可知，鲁迅并非站在"反科学""反近代"的立场上发言，他对迷信所酿成的"火灾"心知肚明。而偏要由"大火"围困中取出的"栗"到底是指什么？下面从三方面讨论之。

第一，迷信表达"人心向上之需要"。

鲁迅这样理解神话、宗教与迷信："宗教由来，本向上之民所自建，纵对象有多一虚实之别，而足充人心向上之需要则同然。顾瞻百昌，审谛万物，若无不有灵觉妙义焉，此即诗歌也，即美妙也，今世冥通神闶之士之所归"，"向上之民，欲离是有限相对之现世，以趣无限绝对之至上者也。人心必有所冯依，非信无以立，宗教之作，不可已矣"。[72] 显然，鲁迅的重点并非在教义，而是在产生神话、宗教与迷信的人类精神作用上。这种精神推动着"有限相对"的人类，"超乎群动"，努力摆脱"有限相对之现世"，向着"无限绝对"飞升。我们其实还能联想到《野草》中"过客"所说的"那前面的声音叫我走"，这神秘的"声音"，很类似于宗教中至上而绝对的召唤、指引①，它不能实体化，而昭示着一

---

① 王乾坤先生亦作此解，参见王乾坤《鲁迅的生命哲学》，北京：人民文学出版社，1999 年 7 月，第 137 页。

种纯粹的、非经验的精神向度，为"人心"所"冯依"，"向上之民"所不可或缺。这里的思路可能受到章太炎"用宗教发起信心，增进国民之道德"的影响，尽管后来鲁迅对这一"救国论"深表失望①，但失望的是原有宗教精神的丧失、异化，而并未否定其间蕴含的"向上"的精神追求。

1915 年 9 月，陈独秀"敬告青年"："在昔蒙昧之世，当今浅化之民，有想象而无科学。宗教美文，皆想象时代之产物……今且日新月异，举凡一事之兴，一物之细，罔不诉之科学法则，以定其得失从违；其效将使人间之思想云为，一遵理性，而迷信斩焉，而无知妄作之风息焉。"[73] 在科学与宗教、想象的对举中，后者因不合"日新月异"的进化而受贬抑。五年之后，在《新文化运动是什么？》一文中，尽管陈独秀重申科学理性的重要，但对先前的趋于极端已有很深反省："利导本能上的感情冲动，叫他浓厚、挚真、高尚，知识上的理性，德义都不及美术、音乐、宗教底力量大。知识和本能倘不相并发达，不能算人间性完全发达。"陈独秀甚至表示"首先认错"："现在主张新文化运动的人，既不注意美术、音乐，又要反对宗教，不知道要把人类生活弄成一种什么机械的状况，这是完全不曾了解我们生活活动的本源，这是一桩

---

① 比如在《关于太炎先生的二三事》中表示："而先生则排满之志虽伸，但视为最紧要的'第一是用宗教发起信心，增进国民之道德；第二是用国粹激动种性，增进爱国的热肠'（见《民报》第六号），却仅止于高妙的幻想……"［《鲁迅全集》（第六卷），第 566 页］在致许寿裳的信中说："所未敢苟同者，惟在欲以佛法救中国耳。"［《鲁迅全集》（第十四卷），北京：人民文学出版社，2005 年 11 月，第 153 页］周氏兄弟早年都深受章太炎影响，在宗教问题上，周作人也严厉指责"以破迷信为言，至不惜种火古庙，椎仆金人而后快"的幼稚行为，以为"破迷信者，在于改革敝习，而非拔除宗教"。在他看来，对宗教的形而上追求，正是人不可或缺的。［周作人：《论保存古迹》，载陈子善、张铁荣编《周作人集外文（1904—1925）》，海口：海南国际新闻出版中心，1995 年 9 月，第 146 页］

大错，我就是首先认错的一个人。"① 陈独秀显然认识到了宗教"足充人心向上之需要"，所谓"人类生活弄成一种什么机械的状况"，正是《文化偏至论》中警示的："人惟客观之物质世界是趋，而主观之内面精神，乃舍置不之一省。……使性灵之光，愈益就于黯淡……"[74] 至于"知识和本能倘不相并发达，不能算人间性完全发达"，也就是《科学史教篇》中指明的"致人性于全，不使之偏倚"[75]。而鲁迅洞见，先于陈独秀十数年。

　　第二，迷信与科学的沟通。

　　《科学史教篇》一开始，就将科学理解为"毅然起叩古人所未知，研索天然，不肯止于肤廓"[76] 的精神；如果"仅眩于"兴业振兵"等"当前之物"，则"未得其真谛"②。《破恶声论》将迷信、神话与宗教解说为人类不局限于有限的现实世界的超越性；而斥迷信者则"精神窒塞，惟肤薄之功利是尚，躯壳虽存，灵觉且失。于是昧人生有趣神閟之事，天物罗列，不关其心"[77]。上述正反两方面，都勾勒出迷信与科学的相通，它们都是人类超越物质世界的"向上之需要"。而与之相悖，对不解科学"本柢"与"神圣之光"者，及斥迷信者，都以现实世界"肤薄之功利是尚"，与森罗万象的"百昌""万物"无法感应。

---

① 参见陈独秀《新文化运动是什么？》，《新青年》第七卷第五号，1920 年 4 月 1 日。1922年那场围绕着"信教自由"的风波中，陈独秀是"非宗教同盟"一方的干将。陈独秀的思路转变这里无法探其究竟，但其态度的摇摆更能见出时人对宗教与迷信并无全面而辩证的认识。

② 参见鲁迅《科学史教篇》，《鲁迅全集》（第一卷），第 33 页。陈寅恪在留学期间的一番感慨与上述鲁迅的意见不谋而合："今则凡留学生，皆学工程、实业，其希慕富贵、不肯用力学问之意则一。而不知实业以科学为根本。不揣其本，而治其末，充其极，只成下等之工匠。……而救国经世，尤必以精神之学问（谓形而上之学）为根基。"参见吴宓日记（1919 年 12 月 14 日）中所记录陈寅恪谈话条，载吴宓著、吴学昭整理《吴宓日记（第 2册：1917—1924）》，北京：生活·读书·新知三联书店，1998 年 3 月，第 101 页。

《科学史教篇》中对"神思"与"学"有如下划分:"盖神思一端,虽古之胜今,非无前例,而学则构思验实,必与时代之进而俱升,古所未知,后无可愧,且亦无庸讳也。"[78]鲁迅于此第一次提到"神思"。"神思"语出《文心雕龙》,含有想象力的意思。"学"与"神思"相对,指近代意义上的科学知识,它必须得到实验的验证,由此"验实"之实证知识积累,"与时代之进而俱升";但"学"之"构思",显然需要有假设、想象力的参与,这正与"神思"相沟通。鲁迅不仅把科学把握为"实证之德",而且"把科学同'理想''圣觉''神思'即思想结合起来","作为受神思=思想所支配的'假说'来理解"。[79]显然鲁迅的认识是全面的:他揭示了"科学之发见"的"深因","受超科学之力""非科学的理想之感动",此即"神思";也可以说,他将科学理解为形而上的科学精神与形而下的物质成果的统一,时人"自迷"于后者却昧于前者,遂割裂、抛弃了"本根"。而神话,鲁迅将其理解为"神思"的产物:"夫神话之作,本于古民,睹天物之奇觚,则逞神思而施以人化,想出古异,淑诡可观。"[80]"神思"作为创造力与想象力,是人类精神力量的核心,"科学""迷信"皆受其涵养。

综合上述二者,正是奠基于探索未知的精神与想象力飞扬的"神思",迷信与科学得以沟通①,在鲁迅早期论文的语境中,二者共同淬炼

---

① 值得注意的是,沈从文关于"迷信"与"科学"相通的一番认识与此神合:"'迷信'是个可诅咒的名词,含有历史性的血腥气和霉腐味……'去除迷信'因之亦成为一个永远明朗动人口号;从事其役的科学家或思想家,于旗麾下沉默下前而,记录上有血迹斑斑。然而试从人性深处发掘,迷信实和生命同在。是一种生命青春期的势能。……迷信曾产生宗教,使之具强烈光辉,照耀历史,照耀人生;余光反映于文学艺术中,……即世所谓'科学精神',究其实,亦无不由于挹取沾润余芳剩馥而来。"参见沈从文《巴鲁爵士北平通讯(第七号)》,原刊《世纪评论》第四卷第十七期,1948 年 10 月 23 日,《沈从文全集》失收,后由裴春芳辑校,刊于《中国现代文学研究丛刊》2008 年第 1 期。

出"寂漠"之境中召唤世人超越向上、创进不已的精神力量。而且不妨说，"人心向上之需要"、探索未知的精神与理想，已然囊括在"神思"之中，《鲁迅全集》将"神思"注释为"理想或想象"，它可以代表一切人类超越物质需要的精神渴求及由此展开的精神活动。这些精神活动自然包括科学、宗教、文学、伦理等，它们交织一体，共享同一"土壤"的滋养，这一"土壤"就是"神思"。就是说，"科学"并不是一种关于自然与社会的个别性知识，它背后有着主体性精神态度的支撑。关于这一点，伊藤虎丸先生有过很好的总结："科学与'迷信'是一脉相通的，而不是对立的。使它们相通的，就是'神思'，即丰富的想象力、空想力以及成为其基础的'白心'，也就是不顾忌既成教条和体面，舍弃一切虚饰，具有真实而率直之魂魄，也就是不安于物质生活，自己向上追求的主体性的精神。"[81]而欠缺这一"主体性的精神"的"伪士"，与"灵觉妙义"相隔膜而钻营于"肤薄之功利"，恰恰容易被名教世界所俘虏。这一点下文会论及。

第三，迷信对"正信"的抵拒。

"顾吾中国，则夙以普崇万物为文化本根，敬天礼地，实与法式，发育张大，整然不紊。……设有人，谓中国人之所崇拜者，不在无形而在实体，不在一宰而在百昌，斯其信崇，即为迷妄，则敢问无形一主，何以独为正神？宗教由来，本向上之民所自建，纵对象有多一虚实之别，而足充人心向上之需要则同。"[82]所谓"无形""一宰"之教，应指在西方有深厚传统的基督教。一般而言，偶像（"实体"）崇拜与多神（"百昌"）崇拜往往是人类宗教的早期形态，而成熟的标志即信仰对象的抽象化（"无形"）与固定化（"一宰"），由此比较而贬中褒西往往是老调。鲁迅在上文曾张扬"希伯来之民"的宗教，而此处对基督教又语出不满，表面上看似乎立场游移，其实根柢则一："足充人心向上之需要"是人类宗教的共同特征，而"多一虚实"实非本质区别，他更反感的是树立"正神"而将信仰固定的思维。章太炎在《国故论衡·辨性下》中有过极为一致的批驳①，他们的思路或可商榷（尤其章太炎的逻辑多少显得诡怪而强词夺理），但必须记取的，是二者对人类精神自由的争取与呵护。

面对斥迷信为"迷妄"的论调，鲁迅反问何为"正信"。"且今者更将创天下古今未闻之事，定宗教以强中国人之信奉矣，心夺于人，信不繇己，然此破迷信之志士，则正敕定正信教宗之健仆哉。"[83] 关于"定宗教以强中国人之信奉"，有学者以为指康有为立孔教为国教之事，也有推测是以基督教代中国宗教说[84]，不管确指何者，鲁迅反对的是精神的定于一尊。《科学史教篇》中，鲁迅认为："希腊既苓落，罗马亦衰，而亚剌伯人继起，受学于那思得理亚与傉思人，翻译诠释之业大盛；眩其新异，妄信以生，于是科学之观念漠然，而进步亦遂止。"这里的"妄信"压抑了科学发展，而《破恶声论》中又反对"正信""妄信"之分，似显矛盾，其实下文就有解释："盖希腊罗马之科学，在探未知，而亚剌伯之科学，在模前有，故以注疏易征验，以评骘代会通，博览之风兴，而发见之事少……"[85] 原来，他肯定的都是不断向上"探未知"的精神，而反对信仰成为定见，精神定于一尊。

---

① "蠕生者事牛耿黾，以虺易为灵蛇，而文教者或事上帝。由慢计之，事上帝则优，事牛虺耿黾则劣。自见计之，上帝不可验，而牛虺耿黾则验。其言有神灵，皆过也，一事可验，一事不可验，则蠕生者犹少智。何以明之？今有二人，一谓牛角能言，一谓马角能言，其过则等。牛角虽不能言，固有牛角，其过一。马角者，非直不能言，又无马角，其过二。故以马角为能言者，视以牛角为能言者，其愚以倍。"参见章太炎《辨性下》，载姜玢编选《革故鼎新的哲理——章太炎文选》，第 392、393 页。

由上可知，不管是对"正神"的排斥，抑或对"正信"的拒绝，鲁迅立场坚定：反抗任何外在的权威、宗教，由上而下地强人以从，而倡扬以人自身为根基的不断超越的精神。这里的"精神"也不是什么虚无飘渺的东西，《破恶声论》为"赛会""神龙"辩护，着眼点即在于二者同农人生活本身与情感寄托、精神想象的切身而实在的联系，这里的基点仍然植根于生命的血肉真实之中。故伊藤虎丸先生以为"迷信可存""姑且可以理解为一种反语"[86]，拒斥那些拿着"正信"来裁决他人的态度，这种裁决正出于"伪士"的态度，而"迷信"之外，其实并无"正信"。只有自发的、内发的信仰才是真正的信仰，它本就有着执着、痴迷而被"伪士"们讥为"迷妄"的色彩。

　　鲁迅晚年有篇杂文《〈如此广州〉读后感》，当时"新党"对广东人的迷信"加以讥刺"，鲁迅却抱不平（这里大摇其头的"新党"兴许就让鲁迅想起早年论文中加以驳斥的"哂神话为迷信，斥古教为谫陋者"）："广东人的迷信似乎确也很不小，走过上海五方杂处的衖堂，只要看毕毕剥剥在那里放鞭炮的，大门外的地上点着香烛的，十之九总是广东人，这很可以使新党叹气。然而广东人的迷信却迷信得认真，有魄力，即如那玄坛和李逵大像，恐怕就非百来块钱不办。汉求明珠，吴征大象，中原人历来总到广东去刮宝贝，好像到现在也还没有被刮穷，为了对付假老虎，也能出这许多力。要不然，那就是拚命，这却又可见那迷信之认真。"相比之下，"在江浙，恐怕就不肯这样的出死力来斗争，他们会只化一个铜元买一条红纸，写上'姜太公在此百无禁忌'或'泰山石敢当'，悄悄的贴起来，就如此的安身立命。迷信还是迷信，但迷得多少小家子相，毫无生气，奄奄一息……"而这种"模胡"与"不认真"就隐藏着欺骗，"与其迷信，模胡不如认真。倘若相信鬼还要用钱，我赞成北宋人似的索性将铜钱埋到地里去，现在那么的烧几个纸锭，却已经不但是骗别人，骗自己，而且简直是骗鬼了"。鲁迅并非为封建陋习招魂，文章末了他点出了主旨："广东人的迷信，是不足为法的，但那认真，是可以取法，值得佩服的"，而"中国有许多事情都只剩下一个空名和假样，就为了不认真的缘故"。[87]

　　只有自发的、内在的信仰才是真正的信仰，鲁迅判断"真信""伪信"的标准不在于宗教的教义，而是一般教徒的主体态度。这一标准贯穿始终。表面上看来敬天礼地，但实际上或出于"心夺于人"的从众，或为"饮啖""名声"而"遂其私欲"，并不真信，更少坚信，而是做戏、做伪、"荧惑人"。"我常常感叹，印度小乘教的方法何等厉害：它立了地狱之说，借着和尚、尼姑、念佛老姬的嘴来宣扬，恐吓异端，使心志不坚定者害怕……但是，时代迁流了，到现在，我以为这些老玩意，也只好骗骗极端老实人。连闹这些玩意儿的人们自己尚且未必信，更何况所谓坏人们。"[88]"我们所认为在崇拜偶像者，其中的有一部分其实并不然，他本人原不信偶像，不过将这来做傀儡罢了。和尚喝酒养婆娘，他最不信天堂地狱。巫师对人见神见鬼，但神鬼是怎样的东西，他自己的心里是明白的。"[89]鲁迅这里所说的"崇拜偶像者""闹这些玩意儿的人们"已经不限于宗教、教众范围之内，而包括那些竖起旗号"做傀儡"而追逐私欲者，这是"伪士"之中最下等的一群。而所谓"认真"的"极端老实人"，屡屡受骗之后，往往成为"逃名者"。鲁迅常将佛教和革命类比："我对于佛教先有一种偏见，以为艰苦的小乘教倒是佛教，待到饮酒食肉的阔人富翁，只要吃一餐素，便可以称为居士，算作信徒，虽然美其名曰大乘，流播也更广远，然而这教却因为容易信奉，因而变为浮滑，或者竟等于零了。革命也如此的，坚苦的进击者向前进行，遗下广大的已经革命的地方，使我们可以放心歌呼，也显出革命者的色彩，其实是和革命毫不相干。这样的人们一多，革命的精神反而会从浮滑，稀薄，以至于消亡，再下去是复旧。"[90] 惜乎不幸言中："青天白日旗插远去，信徒一定加多。但有如大乘佛教一般，待到居士也算佛子的时候，往往戒律荡然，不知道是佛教的弘通，还是佛教的败坏？"[91] "释迦牟尼出世以后，割肉喂鹰，投身饲虎的是小乘，渺渺茫茫地说教的倒算是大乘，总是发达起来，我想，那机微就在此。"[92] 这里的批判又进一层："伪士"们欺世盗"名"不但"遂其私欲"，而且"渺渺茫茫地说教"中，"坚苦的进击"荡然无存，真正的革命精神变得"浮滑，稀薄，以至于消亡"。早在《破恶声论》中鲁迅就慨叹过"众昌言自由，而自由之蕉萃孤虚实莫甚焉"，"腾沸于士人之口"的口号、主义、信仰，一一落空，甚至走向反动，这就是现代名教积聚的危害。这已经成为鲁迅国民性批判的重要组成："中国自南北朝以来，凡有文人学士，道士和尚，大抵以'无特操'为特色的。"鲁迅并非观察宗教在中国传播、接受的历史和现状，而是警醒世人：举凡打出形形色色的口号而"无特操"、不声发自心者，都可归入"伪士"一流，"纵唱者万千，和者亿兆"，都不是学习、接受、相信与践行"名"及其代表的价值、意涵，而只是在盗取、利用，甚至消费"名"。鲁迅一针见血地将之总结为"吃教"："耶稣教传入中国，教徒自以为信教，而教外的小百姓却都叫他们是'吃教'的。这两个字，真是提出了教徒的'精神'，也可以包括大多数的儒释道教之流的信者，也可以移用于许多'吃革命饭'的老英雄"，"教"——如口号、学说、主义等各种"名"的形态一般——之在中国，不过是教徒用来飞黄腾达的"敲门砖""上天梯"罢了。[93]

由此可以明了：所谓"迷信可存"，确实同反抗"名教"交相沟通。鲁迅对自居为信徒者的不"坚信"、"无特操"深恶痛绝，而对"乡曲小民"的迷信，则给予宽容，以至褒扬。究其实，"迷信"中潜藏了他以为宝贵的质素，此即鲁迅不惜"火中取栗"的根源所在：因为声发自心，"惟向所信是诣"，所以是真正的信仰，这种由自我本心发轫的信仰一旦建立起来，则很难撼摇。真诚相信（"有自信，不自欺"）、笃力以行（"埋头苦干""拼命硬干"[94]），不谋私、不浮滑，这些就是抵拒"伪士"横行与名教"扰攘"的品质。通过"迷信"与"伪士"的对举与考察，鲁迅指出："无特操"者即"伪士"。这一对主体精神态度的标举与考较，已经成为鲁迅判别"伪士"的尺度，也出于名教批判的方法论。如果根植于生命自身的血肉真实（比如"赛会""神龙"之于农人）与个体自由（"繇己"）的精神作用，则即使是"迷信""信之失当"，也不能随便加以讽刺、排击；而如果自上而下地被授予，即便标举的是"正信"，也不算真正的信仰。同样，即便是负载着正确的价值、意涵的"名"，倘若没有健康的精神态度去承纳，则不但会演成欺名、盗名的流氓式游戏，甚或将其蚀成空名、假名。"反虚伪"、反抗"伪士"，确是鲁迅一生中"最主要的精神"[95]。

"伪士"与"气禀未失之农人"

恩格斯这样评价早期基督教："自发的宗教，如黑人对偶像的膜拜或雅利安人共有的原始宗教，在它产生的时候，并没有欺骗的成分。"[96] 自发而不伪，这与鲁迅笔下"气禀未失之农人""古民""朴素之民"高度一致，这一人物群像与"伪士"森然对峙，我们不妨究明其特质所在。

　　鲁迅将"普崇万物"①作为中国具有"始基"意义的"信"或"宗教"，当它落实到"农人"的个体身上时，就成为"性""气禀"，这些与人的本真状态紧密相连，却丢失于"多艰"之"民生"与违反天性、受传统污染的"士大夫"。正是在这一意义上，鲁迅说"文学革命者"最初的要求是"扫荡了旧的成法，剩下来的便是原来的人"⁹⁷。章太炎曾从职业角度判定"农人于道德为最高"⁹⁸，又于《答铁铮》一文中将"愚民妇子"的道德心性置于"上流知学者"的"死生利害之念"上②，同鲁迅肯定"农人"而否定"伪士"相呼应。略有不同的是，鲁迅所谓"性""气禀"，还不仅仅是一个道德范畴内的概念（下文将有述及）。"盖浇季士夫，精神窒塞，惟肤薄之功利是尚，躯壳虽存，灵觉且失。于是昧人生有趣神闳之事，天物罗列，不关其心，自惟为稻粱折腰；则执己律人，以他人有信仰为大怪，……伪士当去，迷信可存，今日之急也。"一方面，"气禀""精神"丧失于"功利""稻粱"，另一方面，"灵觉"是与"顾瞻百昌，审谛万物"，"人生有趣神闳之事，天物罗列"相关联。我们上面已经指出，鲁迅视野中，在"神思"的涵养下，宗教

---

① "顾吾中国，则凤以普崇万物为文化本根，敬天礼地，实与法式，发育张大，整然不紊。覆载为之首，而次及于万汇，凡一切睿知义理与邦国家族之制，无不据是为始基焉。效果所著，大莫可名，以是而不轻旧乡，以是而不生阶级；他若虽一卉木竹石，视之均函有神闳性灵，玄义在中，不同凡品，其所崇爱之溥博，世未见有其匹也。顾民生多艰，是性日薄，洎夫今，乃仅能见诸古人之记录，与气禀未失之农人；求之于士大夫，夐夐乎难得矣。"参见鲁迅《破恶声论》，载《鲁迅全集》（第八卷），第29—30页。本节中引用此文不再注出。

② "愚民妇子之间，崇拜鬼神，或多妖妄，幸其蒙昧寡知，道德亦未甚堕坏，死生利害之念，非若上流知学者之迫切也。"参见章太炎《答铁铮》，载上海人民出版社编《章太炎全集》（四），第375页。

与文学、诗歌是交相激荡的，而"精神窒塞"的士人恰与此相反。这里的启发是：不脱离一个具体的生活世界，与"百昌""万物"保持生动、息息相关的呼应，这是抵拒"伪士"与"名教"的一种力量。关于这一点，在第六章中会作总结。

紧接着，鲁迅将"气禀未失"的状态形容为"厥心纯白"，相类的还有"白心"。两个概念都来自《庄子》。《天地》篇中"机心存于胸中，则纯白不备"，"纯白"是指未受污染的本然之心。"白心"出自《天下》篇，基本可以理解为"明白其心，表白心愿"[99]。在《破恶声论》的语境中，前者是为农闲季节举行赛会的农民辩护（"夫使人元气黮浊，性如沉垤，或灵明已亏，沦溺嗜欲，斯已耳；倘其朴素之民，厥心纯白，则劳作终岁，必求一扬其精神。"）；后者是对"伪士"的呵斥与劝告（"志士英雄，非不祥也，顾蒙帼面而不能白心，则神气恶浊，每感人而令之病。……若其本无有物，徒附丽是宗，辄岸然曰善国善天下，则吾愿先闻其白心。"）。对精神舒展的肯定和对坦陈心声的要求结合起来，可以理解为："纯白""白心"都是为了鼓励执着于内心的真实状态并真率地加以表达，摆脱外部制约或众数的意见。显然，"白心"的概念与上文讨论过的信仰的自发性、内在性是相关的。早在弘文院学习时，鲁迅和许寿裳谈论国民性问题，就说："我们民族最缺乏的东西是诚和爱，换句话说：便是中了作伪无耻和猜疑相贼的毛病。口号只管很好听，标语和宣言只管很好看，基本上是只管说得冠冕堂皇，天花乱坠，但按之实际，却完全不是这回事。"[100]"白心""厥心纯白"的提出显然与这样的思考有关，强调真诚，直白，声发自心，让表达的"名"直接关联内心，让心声直剖明示，不要"附丽"，不要作伪。这些，都是遏制口号、标语和宣言天花乱坠却不关实际的可贵因素。《狂人日记》中的一句"你们立刻改了，从真心改起"，可以看作鲁迅对"伪士"的喝令。

这种真率直白的态度，还与自由畅达的想象力密切相关。"白心""灵觉"本就受到"神思"的激发，涌现出源头活水般的创造力，这是鲁迅视若瑰宝的。当他面对"借口科学，怀疑于中国古然之神龙"的指责，辩护道："夫龙之为物，本吾古民神思所创造，例以动物学"，则"自白其愚"。去世前写《女吊》，他再一次为"鬼魂报仇更不合于科学"的诟病而大鸣不平："敢请'前进'的文学家和'战斗'的勇士们不要十分生气罢。我真怕你们要变呆鸟。"[101] 鲁迅这里所张扬的"白心"中含茹的原初性与创造性交相激荡的精神能力，当是中西思想资源会通的产物，比如儒释道三家都讨论的"初心"，李贽揭举的"童心说"，袁枚《随园诗话》中标示诗人的"赤子之心"，等。李贽说："夫童心者，绝假纯真，最初一念之本心也。若失却童心，便失却真心；失却真心，便失却真人。人而非真，全不复有初矣。……然童心胡然而遽失也？盖方其始也，有闻见从耳目而入，而以为主于其内而童心失。其长也，有道理从闻见而入，而以为主于其内而童心失。……"（《童心说》）当"闻见道理"取代"童心"则"人而非真"，恰如鲁迅说"精神窒塞""灵觉且失"而沦为"伪士"。其后袁宏道力倡"性灵说"时，鼓吹"无闻无识真人"（《叙小修诗》）、讥讽"毛孔骨节俱为闻见知识所缚"之人（《叙陈正甫会心集》），与李贽的意见异曲同工。倘若转向西方，我们首先想到的是尼采，他认为哲学家须有"初次（有创始性地）看察事物"的特性，"他不让种种观念、意见、书籍插在自己与事物之间，他的天性未受俗见的污染，他永远保留着看事物的新鲜的第一眼"。[102] 这与李贽反对"闻见道理"、袁宏道鼓吹"无闻无识"正是一个意思。我们不能草率地以反智主义来苛责上述见解，因为在形形色色、潮来潮往的"闻见"中，积聚着太多看似天花乱坠实则人云亦云、"莫知其可"的舆论，甚至斧钺人天性，使得主体的内在空间被悬置、漠视的"俗见"。如果对此无所警惕，就为名教的生成与膨胀大开方便之门。越是身处信息爆炸、传播媒介发达的时代，越容易为名教所苦[①]。正是在这一意义上，"新鲜的第一眼"与"白心"共享自由畅达的"创始性"（而不受强制灌输），它们对人天性、内在精神空间的守护，以及对"毛孔骨节"俱为俗见所缚的警觉，可以帮助个人抵抗名教的污染。当然尼采还说过，没有赤裸裸的现实，只有不断被解释的现实。恰如我们在第二章中曾探讨的，现实一旦进入人的视野，就不可避免落入纷纭的"名"的网络之中，它们还会按照各自的权力关系结成相对稳定的"解释的循环"——永葆"新鲜的第一眼"何其困难，没有人可以宣称自己是从"白板"开始面对世界、生活的。破除一切"名"的编织而赤裸裸地面对现实恐怕是无法实现的。强调"白心""新鲜的第一眼"，意在提醒世人对名教有所警惕，对以不健康的主体态度去承纳"名"有所反思。《破恶声论》曾指出"伪士"的危害之一在于"执己律人"，"伪士"拿着所谓"正信"自上而下地去裁决他人，却不觉悟这可能是一种对精神自由的伤害；同时也没有反省这里的"己"是出于健康的

[①] 写到这里，我想起张新颖老师的一篇短文《必要的无知》，引录数句如下："当代社会传播媒介的发达和膨胀妨害了任何个人正常、自然、健康地生活，信息的发送远远超过了必要的限度，不可遏止地侵入和渗透到生活的每一角落和每一环节当中。无知本来是匮乏的表示，可是在当下的现实中，正当的对应关系已经被颠覆，新的对应关系有可能揭示一种内在的真实：知道得太多恰恰代表个体性的本质匮乏。信息的无限繁殖和增长导致的最严重的后果是信息的大大贬值，它像窗外的风，迅速刮过来，又迅速刮走，而新的风正紧跟在后面，也是来也匆匆，去也匆匆。……对大量泛滥的信息保持一种拒绝态度是必要的，对于风行信息的必要的无知也许可以预防当代社会时时都在发生的无形的没顶之灾。"参见张新颖《必要的无知》，载《歧路荒草》，上海：上海人民出版社，1996年3月，第32页。

主体精神，还是来自外部的权威与"众数"的灌输。如果有这样一层自觉，那么名教批判的意义就显现了。

　　尼采是鄙弃"学者"的，因为他们就缺乏"初次（有创始性地）看察事物"的能力，而一个哲学家必须是"一个真实的人"。不妨从《查拉图斯特拉如是说》的《学者》一节中摘录若干片段，这可以帮助我们总结"伪士"与"农人"的特质（鲁迅熟稔尼采学说，曾两次翻译《查拉图斯特拉如是说》序言，故而如下比较兴许不全是无的放矢）：

　　　　我爱自由和新鲜土地上的空气；我宁愿睡在牛皮上，胜似睡在他们的体面和尊严上。

　　　　……

　　　　但他们冷漠地坐在阴凉的暗影里；他们小心翼翼不坐到太阳晒烤的台阶上去。

　　　　如同那些站在街头张口呆望过客的人，他们也如此期待和张口呆望别人想过的思想。

　　　　……

　　　　他们如同磨盘，也如同杵臼一样地工作着，只要向他们投放谷粒便成！——他们擅长磨碎谷粒，制成白粉！ [103]

"伪士"与"农人"的对比，正似"学者"与"哲学家"的对比：学者天性扭曲，而哲学家"爱自由和新鲜土地上的空气"，伪士"躯壳虽存，灵觉且失"，"昧人生有趣神閟之事"，而农人的心灵与万汇百物在生命本源上有着"冥契"；学者冷漠，哲学家热情，伪士傲慢、故作姿态，而农人直率、畅达；学者没有创造性，"如同磨盘也如同杵臼"等待咀嚼现成的思想再加工、贩卖，哲学家富于创造性，伪士"精神窒塞"，头脑囤积着各种口号标语，农人守护着精神本根而"神思美富"……这其实已经构成了两种截然不同的知识生产方式（本章结尾会讨论这个问题）。当鲁迅失望于"伪士"时，内心自然对"真实的人"和"精神界之战士"属望良多。"农人"并不构成"精神界之战士"的全部，但其"气禀未失"，是可待启蒙的精神主体。这二者构成了鲁迅所描绘的"略为乐观的革命图式"[104]。而且，由于"农人""朴素之民"特殊的质地，他们要求唤起的是主观能动性与主体创造力，而不倚靠外在而多数的权威给予"正信"，这就能够抵御启蒙过程中"伪士"的产生。也可以说，反抗"伪士"是鲁迅国民性批判的重要构成，而名教的抗争者也被组织到了"精神界之战士"的系谱中，成为其中特殊的面相。

"伪士"批判的实质："接球手"问题

上文已经讨论到：鲁迅并不是批判"士人""新党"等知识分子所趋附的"名"及其所代表的价值，而是将口号、名词、言论、学说、主义等同主体相剥离，勘查他们的实际操守，结果往往发现"提倡者思想不彻底，言行不一致"[105]，"只偷一些新名目，以自夸耀，而其实毫无实际"[106]。此即流弊所在，因为"倘以欺瞒的心，用欺瞒的嘴，则无论说 A 和 O，或 Y 和 Z，一样是虚假的"[107]。所以鲁迅呼唤"真的声音""真态度"[108]，他有一篇著名的杂文《十四年的"读经"》，谈到"诚心诚意主张读经"者，其观点当然是迂腐的，但是"决无钻营，取巧，献媚的手段"，也"一定不会阔气"，这样的人鲁迅称为"笨牛"[109]——这自然含着贬义，但又不乏可爱、可佩，因为真诚地坚守自

第四章　鲁迅　　187

己的主张而不随外界变通，就像《破恶声论》中"迷信"的"乡曲小民"，虽"信之失当，而嘲之则大惑"，是不得轻慢、不得随便加以排击的①。鲁迅最痛恨的，是"假此面具以钓名声于天下"的"伪士"。这种知人论世的方法，可以视作"鲁迅思想的原点"②。

伊藤虎丸先生对"伪士"有过一个经典的归纳：

> 鲁迅所说的"伪士"，（1）其论议基于科学、进化论等新的思想，是正确的；（2）但其精神态度却如"万喙同鸣"，不是出于自己真实的内心，唯顺大势而发声；（3）同时，是如"掩诸色以晦暗"，企图扼杀他人的自我、个性的"无信仰的知识人"。也就是，"伪士"之所以"伪"，是其所言正确（且新颖），但其正确性其实依据于多数或外来权威而非依据自己或民族的内心。110

---

① 鲁迅对"笨牛""乡曲小民"的维护，很像陈寅恪置身道德底线失守的年代，批判"杂采新旧两种不同标准中之有利于己者行之"，而保护那些真心诚意实践无论新旧道德者的权利。陈氏的态度，参见赵刚《抵抗道德机会主义：二十世纪中国革命激进背景下的陈寅恪"光宣全盛论"》，收入郭长城等著、周言编《陈寅恪研究：新史料与新问题》，北京：九州出版社，2014年8月。

② 参见钱理群《与鲁迅相遇：北大演讲录》，北京：生活·读书·新知三联书店，2003年8月，第89页。颇值得注意的是，周作人着力批判的"士大夫"形象，与鲁迅笔下的"伪士"庶几近似。他们"无定见，说体面话"（周作人：《颜氏学记》，载周作人著、止庵校订《夜读抄》，石家庄：河北教育出版社，2002年1月，第25页）；受着"名与利的诱引"，"乐此不疲"地玩着"文字之国"的"把戏"（《关于试帖》，载周作人著、止庵校订《瓜豆集》，石家庄：河北教育出版社，2002年1月，第123页）；很轻易地宣布习得"真理"且以此自居，裁定他人，"相信世间有一种超绝的客观的真理，足为万世之准则，而他们自己恰正了解遵守着这个真理，因此被赋裁判的权威，为他们的批评的根据"（周作人：《文艺批评杂话》，载周作人著、止庵校订《谈龙集》，第5页）。所以周作人用"士大夫"这样的"旧词"来形容某些民国的"新"知识阶级。参详石坚《周作人："士大夫"的发现》，博士学位论文，华东师范大学中国语言文学系，2008年。

章太炎在《辨性》中论"伪":"计度而起,不任运而起,故曰伪。……伪者,谓心与行非同事。"[111] "伪士"口头播弄的话语,与内心("自己或民族的内心")没有关联。前一节将"伪士"与"独具我见之士"、"迷信"者、"气禀未失之农人"三者作对比,在在皆可见出此一特征。结合伊藤虎丸先生的归纳,我们其实可以再细分清楚一些:所谓"掣维新之衣,用蔽其自私之体"者,借名、盗名以"遂其私欲"者,是"伪士"群体构成中最下等者,但问题并不是仅仅纳入道德论范畴就可以解决的。有一类"伪士",我们考察其"精神态度"时,发现弊端并非出于"欺瞒的心""欺瞒的嘴"之类道德素质的低劣;症结在于"名"是新的,精神态度与思维方式却是旧的。在此我们必须重温康德在《答复这个问题:"什么是启蒙运动?"》中的告诫:"一场革命也许能够废除专制的政府及其私利的追求。但革命本身不能够改变思维方式。新的偏见如同它们所取代的旧的偏见一样,将会成为驾驭缺少思想的广大人群的圈套。"舒衡哲在讨论"五四"启蒙时提醒道:"关于自然和社会的新的科学知识本身不足以对抗长期以来形成的屈服于专制权威的习惯。这样,启蒙就不仅仅意味着是新的知识,而是意味着一种新的思维方式。"[112] 启蒙必须经由"新的知识"与"新的思维方式"这两个支点来实现①,但是"一场革命"爆发与"新的知识"出现并不必然确保

---

① 黄兴涛先生也以"现代基本观念"和"现代思维方式"这两方面的关怀来理解"思想现代性"(Modernity of Thinking and Ideas)。在现代汉语中,"思想"是名词,但传统的思与想的动词含义也仍有保留;从事实逻辑上讲,人类进行思想活动时,思维方式与基本价值观念当然也是紧密联系在一起共同发生作用的。"没有这种'思想现代性'的整体性形成,社会'现代化'的整体使命将是无法全面实现的。"参见黄兴涛《清末民初新名词新概念的"现代性"问题——兼论"思想现代性"与现代性"社会"概念的中国认同》,《天津社会科学》2005 年第 4 期,第 128—136 页。

思维方式的更新①，诚如王元化先生所言："思维模式和思维方式，是比立场观点更具有稳定性和持久性的东西。它在相当长的时间内，不会随着时代的不同和社会条件更易而变化，因此成为文化传统的一个重要基因。在一定的条件下，相同的思维模式和思维方式也会出现在立场观点完全相反的人身上，也就是说，有些人虽然立场观点迥然不同，但他们的思维模式和思维方式却是一模一样的。因为后者是一种抽象的传承，并不涉及立场观点的具体内容。"¹¹³思维方式很可能跨越时代而持久地延续下来，甚或出现以"旧的思维方式"去接受、运思"新的知识"的情形②。不幸这样的情形为现代以来中国的历史实际所一再印证，也被老舍等敏感的文学家写入小说加以讽刺③。钱玄同就曾感慨："改

---

① 此处"新的思维方式""现代思维方式"系袭用前人成说，当然，"新的""现代的"未必等同于"好的"，如果周到一些的话，可以表述成"合理的""健康的"思维方式。

② 余英时先生在研究中国古代思想的"轴心突破"时曾指出："就思想的实质内容而言，巫文化与轴心突破后以'道'为中心的思维世界无往而不枘凿，彼此间极少交流与商榷的余地。但思维结构与思维模式则是方法论层次的问题，和思想内容可以完全分开。在这一层次上，巫文化的结构与模式在轴心突破后的思想及文化史上仍有一脉相承之处……"可见，思想内容与思维方式的两立，以及后者的延续性，并非历史发展中的"反常"现象，思维结构与方式的延续也并非总是引发不良影响，如在余先生的论题中，中国的轴心突破以"内向超越"为特征，正因为"在某些特定方面延续了巫文化的结构与模式"。（以上参见余英时《论天人之际：中国古代思想起源试探》，北京：中华书局，2014 年 7 月，第 51、61 页）不过，本书所谓以"旧的思维方式"接受、运思"新的知识"，主要以其导致的消极方面言之，详见后文论述。

③ 在老舍小说《赵子曰》《猫城记》中，年轻学生单凭对新知识的一知半解就盲目地追求新思想，打着"新名词"的旗号混日子，这种学习知识的态度，使得"新制度与新学识到了我们这里便立刻长了白毛，象雨天的东西发霉"，因为"采取别人家的制度学识最容易象由别人身上割下一块肉补在自己身上，自己觉得只要从别人身上割来一块肉就够了，大家只管割取人家的新肉，而不管肌肉所需的一切养分。取来一堆新知识，而不晓得研究的精神"，最终在一星半点的"新"知识底下填充着"糊涂"的"老底"，"他们在平日以摹仿别人表示他们多知多懂，其实是不懂装懂。及至大难在前，他们便把一切新名词撇开，而翻着老底把那最可笑的最糊涂的东西——他们的心灵底层的岩石——拿出来，因为他们本来是空洞的，一着急便显露了原形，正如小孩急了便喊妈一样"。参见老舍《猫城记》，载《老舍全集》（第 2 卷：小说 2 集），北京：人民文学出版社，1999 年 1 月，第 237、283 页。

变中国人的思想真是唯一要义。中国人'专制''一尊'的思想，用来讲孔教，讲皇帝，讲伦常，……固然是要不得；但用它来讲德莫克拉西，讲布尔什维克，讲马克思，讲安那其，讲赛因斯，……还是一样的要不得。"[114] 而今天的史家也观察到："通观中国启蒙运动发展的全过程，不能不痛苦地承认，人们在更多的场合，其实仍在继续使用着传统的思维方式，包括对于进化论、人权论及社会主义这样一些西方启蒙运动最具体的卓越成果，人们也经常是以传统的思维方式来对待来处置的。"[115] 上述情形，周作人称作用"熟练的技巧"来"应付新来的事物"[①]，而鲁迅则形容为"皮毛改新，心思仍旧"[②]。在鲁迅的语境中，所谓"旧"，是指并没有在主体内心培育出坚实的接受、含纳、消化"名"的根基——鲁迅说："新主义宣传者是放火么，也须别人有精神的燃料，才会着火；是弹琴么，别人的心上也须有弦索，才会出声；是发声器么，别人也必须是发声器，才会共鸣。中国人都有些不很像，所以不会相干。"[116] 所谓"根基"，就是指这里的"燃料""弦索""发声器"——如伊藤虎丸先生说的"依据于多数或外来权威而非依据自己或民族的内心"。这一类"伪士"是最为复杂的（他们往往并不自觉为"伪士"），打个比

---

① 周作人通过中西对比——西方的文艺复兴和中国的新文化运动——来讨论后者不成功的缘由，其中一条是："国民传统率以性情为本，力至强大，中国科举制度与欧洲文艺复兴同时开始，于今已有五百余年，以八股式的文章为手段，以做官为目的，奕世相承，由来久矣。用了这种熟练的技巧，应付新来的事物，亦复绰有余裕，于是所谓洋八股者立即发生，即有极好的思想，也遂由甜俗而终于腐化……"参见周作人《文艺复兴之梦》，载周作人著、止庵校订《苦口甘口》，石家庄：河北教育出版社，2002年1月，第21、22页。
② 参见鲁迅《随感录四十三》，载《鲁迅全集》（第一卷），第346页。李洁非先生认为"'五四'前后中国式启蒙"的最大失误在于："单纯引进新知、新学，而忽视引进现代的精神原则、精神立场"，"这个工作的匮乏，造成现代中国人文精神的巨大空缺"。参见李洁非《告密与知识者操守》，《小说评论》2010年第1期，第43—47页。鲁迅是在历史"现场""预警"，而近半个世纪后李洁非的检讨仍以此为重点，可见当日鲁迅等人的"先见之明"并未引起更多人注意，不幸一语成谶。

方，"伪士"批判的实质，就是这样一个类似"接球手"[117]的问题：当"球"迎面飞来时，"你"是否已经作好准备伸手牢牢地接住它；当遭遇那些黏附着科学、进步价值的"名"之后，主体是否有健康的精神态度、坚实的根基去接受，并且"把它变成我自己的"？

那么，如何才能成为一个合格的"接球手"？首先，对"名"的接受应该有所觉悟、省思：这是一个不为外力拘囿而自由思考的过程么？借用郜元宝先生的话说："是以自由'的'思想、学术、主义为第一要义，还是以自由'地'思想的方法、原则为第一要义？"[118]鲁迅说"伪士当去"，抵抗新派人士炮制的流行意识形态，这并非反对启蒙，恰恰是在反省何为真正的启蒙：如果不纠缠于字面理解而直探本根，则拒绝自上而下的"正信"，而宝爱由内而发的"迷信"，完全等同于康德意义上"运用你自己的理智"的启蒙："启蒙运动就是人类脱离自己所加之于自己的不成熟状态。不成熟状态就是不经别人的引导，就对运用自己的理智无能为力。当其原因不在于缺乏理智，而在于不经别人的引导就缺乏勇气与决心去加以运用时，那么这种不成熟就是自己所加之于自己的了。Sapere aude！要有勇气运用你自己的理智！这就是启蒙运动的口号。"[119]由此来说，"接球手"首先应该具备"勇气运用你自己的理智"。其次，正如鲁迅通过早期论文所指明的：不应该将西方文化分成各种各样的现成品来浮泛、零散地模仿，而是要将文化视为整体，学习造就这一文化的精神。《科学史教篇》用"圣觉""理想"这样的词语"把科学作为伦理问题和人的主体性精神态度问题来把握"[120]，汲取的是一种"科学精神""科学者的精神"；当面对"只偷一些新名目，以自夸耀，而其实毫无实际"的普遍性困境时，鲁迅仍然提倡"用科学之光照破""伪士"们"所举的各主义"，[121]而这并不生吞活剥外形，转而注重探求内质，把握"人的主体性精神态度"的学习过程，本身就是在塑造自身健康的"主体性精神态度"，锻造合格的"接球手"。再重复一遍：鲁迅并没有把近代思想以及由这些思想提供的成果，当作既定的公理、教条与法则，而是从造就思想的"本柢"、精神中学习，由此就能避免僵滞的名教话语产生，转而在内心培育出坚实而健康的根基，汲取"名"中含藏的进步、科学的价值，并最终转化为自身的血肉存在。这个过程，"基于人——作为精神的人，或作为个的人——的主体性自由的爱和决断"[122]。

这么说其实仍然显得简单、粗线条，不妨再作细化深入。以下三则材料，生动说明了"名"在现代中国创制的主要途径与过程：

> 新理踵出，名目纷繁，索之中文，渺不可得，即有牵合，终嫌参差，译者遇此，独有自具衡量，即义定名。……此以见定名之难，虽欲避生吞活剥之诮，有不可得者矣。他如物竞、天择、储能、效实诸名，皆由我始。一名之立，旬月踟蹰。①

> 公所草新民说，若权利，若自由，若自尊，若自治，若进步，若合群，皆吾腹中之所欲言，舌底笔下之所不能言，其精思

---

① 参见严复《〈天演论〉译例言》，载王栻主编《严复集》（第五册），第 1321—1323 页。有意味的是，面对清末大量日译新名词传入中国，以严复为代表的国人曾起而批判并抗拒，"最后全军覆没，没有留下太多的遗迹"，严复那些苦心创立的名词，绝大多数都竞争不过从日本转译的新名词，"'名'的好坏与其是否能'约定俗成'，并无必然的关系"。见黄克武《新名词之战：清末严复译语与和制汉语的竞赛》，载"中央"研究院近代史研究所编辑委员会编印《"中央"研究院近代史研究所集刊》（第六十二期），台北："中央"研究院近代史研究所，2008 年 12 月，第 4、34 页。

伟论，吾敢宣布于众曰，贾、董无此识，韩、苏无此文也。[123]

> 国于今日，非使其民具有世界之常识，诚不足以图存；而今世界之学术，什九非前代所有，其表思想之术语，则并此思想亦为前代人所未尝梦见者，比比然也。[124]

可见，"名"在现代中国的创制——新的字词符号及其所代表的崭新的概念、思想内容的出现和传播——大抵离不开一个翻译、引介西方现代思想知识的过程。所以，"接球手"问题的特殊性在于，它粘连着后发国家在特殊时代中的困境，这是"一个离开了中国近代化问题就不存在"[125]的问题。具体而言：一方面，"接球手"面对的"名"，大多是在西方历史发展中已然产生的"名"，其中蕴含着"无论是在物质文明还是精神文明方面都优越于亚洲的价值"[126]，也就是说，这些"名"是现成的（已经产生），优越的（已被证明）①；而另一方面，在中国与亚洲，又往往缺乏产生这些"名"、思想与价值的社会经济基础、制度条件等。这个时候，"近代主义"式的"伪士"往往应运而生——"近代主义"是竹内好独创的概念，主要指"在残存着等级制意识的前近代社会里，将欧洲近代思想作为权威从外部拿来时产生的意识形态"——"也就是说，基督教也好，马克思主义也好，存在主义也好，被拿来的确实都是欧洲近代思想，但是，接受这些思想的主体方面的意识，仍残存着前

---

① 因此才有史家认为，"近代中国新名词的思想史意义之所以格外突出"，从根本上说，取决于"它们所携带的先进西方思想文化及其物化形态的'现代性'因素之能动作用"。参见黄兴涛《近代中国新名词的思想史意义发微——兼谈对于"一般思想史"之认识》，载杨念群、黄兴涛、毛丹主编《新史学：多学科对话的图景》，北京：中国人民大学出版社，2003 年 10 月，第 325 页。

近代的等级制意识，即尊卑观念、权威主义，欧洲近代思想是被作为权威接受下来的"[127]，借用上文所述，即新的知识勾连旧的思维方式，这并不是真正的、充分的启蒙。竹内好属望一种"真正的近代""鲁迅型的近代"，这样的一种近代化方式并不表现为清晰的理论与实践形态，而表现为血肉粘连的苦苦挣扎。竹内好赋予了"挣扎""抵抗""转化""回心"等概念以特殊的意义。"面对自由、平等以及一切资产阶级道德的输入，鲁迅进行了抵抗。他的抵抗，是抵抗把它们作为权威从外部的强行塞入。他把问题看透了，那就是把新道德带进没有基础的前近代社会，只会导致新道德发生前近代的变形，不仅不会成为解放人的动力，相反只会转化为有利于压制者的手段。……总而言之，他并不相信从外部被赋予的救济。"[128]"'转化'是凭借'抵抗'来否定旧的自己，但同时却并不是把自己变成别人，而是更好地成为自己，即必须要有崭新的自我发现相伴随。"[129]在这样的语境中，"伪士"就是未经挣扎的启蒙者。现代名教的危险与鲁迅所说的"符咒"气味密切相关，前文述及，名教强加给人精神世界一种"特殊形态的逻辑"，即以为一念符咒就万事大吉，"抓到一面旗帜，就自以为出人头地"[130]，过度迷信"符咒"、"旗帜"（"名"），对具体困难期冀一劳永逸式地解决。这样的"伪士"，无法把握"挣扎"的精义与必要性，更不会主动去身受这一过程。在伊藤虎丸看来，"伪士"是"尚未实现的'个人'"（"真的人"）[131]。伊藤先生对"近代"与"现代"有严格区别（日本人"难以区分近代与现代"让他深感不满），从"近代"到"现代"（真正争得民族独立与自我实现）的过程，就是从"伪士"到（脱"伪士"成为）"真的人"的过程。以下，我们将通过具体文本的解读来讨论这一问题。

默默地相视片时之后，破屋里便渐渐充满了我的语声，谈家庭专制，谈打破旧习惯，谈男女平等，谈伊孛生，谈泰戈尔，谈雪莱……她总是微笑点头，两眼里弥漫着稚气的好奇的光泽。

《伤逝》中的这番叙述，也许是极具代表意味的"五四"启蒙图景吧：一个渴望学习新观念的年轻女性，无助地爱上了故事中的第一人称叙事者。子君将涓生视为启蒙者，涓生通过从西方文学中获得的观念、价值征服了子君，以至于涓生求爱的动作都是沿袭自西洋电影（"我含泪握着她的手，一条腿跪了下去……"），而这个"食洋不化"的举动竟然成为子君后来无数次怀旧、温习的对象。"五四"启蒙者的绝大部分说服力源自他们的欧美和日本文学知识，由这些知识组织出来的现代性话语无疑具有一种威权，如杜赞奇所说，因为它的表达者可以用现代性的名义来压制他人[132]。启蒙者通过翻译的供给获取了文化与象征资本（注意小说中涓生的职业是译者），又在播撒现代性话语的过程中取得了一种想象性的领导权，涓生正是其中一个启蒙者。其实即便在当时，启蒙运动的领袖也隐隐对此生出了某些质疑。1920 年 9 月，胡适在北大开学典礼上的演讲中，就以为这是"浅薄的'传播'事业"：

现在所谓新文化运动，实在说得痛快一点，就是新名词运动。拿着几个半生不熟的名词，什么解放，改造，牺牲，奋斗，自由恋爱，无政府主义……，你递给我，我递给你，这叫做"普及"。这种事业，外面干的人狠多，尽可让他们干去，我自己是赌咒不干的，我也不希望我们北大同学加入。[133]

鲁迅在《伤逝》中的叙述，以及胡适的不满，其实指向同一幅图景——"半生不熟的名词"的传递[①]。在这些经典的启蒙图景中，完成的只是话语的翻译、编排、传递与默认，这些自然也是必须的，但问题在于这样的启蒙完全只是观念形态的存在（到这一步是远远不够的），《伤逝》告诉我们这种观念形态的存在甚至凌驾于生命与死亡之上。一个类似上帝般的启蒙者在宣谕（"破屋"里"充满了我的语声"），一个被启蒙者默然地接受（"总是微笑点头"）。喊着"我是我自己的"子君只是在"名"（"半生不熟的名词"）的意义上被涓生从西方文学中贩卖的观念所征服，而没有将这些观念内化为自身的血肉。"他们谁也没有干涉我的权利！"但这恰恰是一个被干涉、被权威从外部导入而塑型的"自我"。

所以，只停留于"名"的传递式的启蒙——准确地说，未经生命机能化的启蒙——是脆弱而不堪一击的；不合格的"接球手"基本上没有勇气或能力贯彻他们一切类似"我是我自己"一般的伦理冲动。问题还是回到怎样才是一个合格的"接球手"？经过"挣扎"的"接球手"与子君这般冲出了封建旧家庭却迅速枯萎的个体究竟有什么区别？

---

① 当时各种立场的发言者都会围绕新名词来检讨新文化运动的成绩，比如 1921 年一篇署名"慧心"的文章指出："所谓新文化，非仅摭拾一二新名，即已蒇事，其要尤在于探新文化之精蕴，以应用之于吾人之实际生活，而欲探新文化之精蕴，非有极深研几之精神，决难收最后之效果。"（慧心：《新文化前途之消极的乐观》，《东方杂志》第十八卷第十二号，1921 年 6 月 25 日）出于对"五四"的反思，茅盾也在 1922 年表达过同样的意思："五四学生运动，除了普遍几个新名词之外，在政治上社会上的意义，更觉很小。"参见茅盾《五四运动与青年们底思想》，《民国日报·觉悟》1922 年 5 月 11 日；又见《茅盾全集》（第 14 卷），第 339 页。据文末落款提示，这是茅盾 5 月 4 日在交通大学上海学校学生会"五四"纪念会上的讲演。

我们再引入《野草》中"聪明人和傻子和奴才"的故事来参照。一般对于这个故事的理解是:"奴才"和"聪明人"显示出一种"同构"关系,共同处于一个不断循环的"主奴结构"中,唯有"傻子"外在于这个结构,他代表了突破循环的力量。但是竹内好重新解读了这则寓言:"这篇寓言的主语是奴才。不是奴才的根性,而是具体的奴才。如果仅从这篇寓言里抽象出傻子和聪明人之间人性对立的一面,那么,将失去其个性化的特征而还原为一般的人道主义,这样的东西在欧洲和日本都存在,没有什么新鲜的。鲁迅不是那种性质的人道主义者。"这种以"奴才"为"主语"的解读个性在哪里?按照竹内好的理解,对于傻子而言,傻子不能救助奴才,他只能把奴才唤醒并告诉他没有出路;对于聪明人而言,聪明人能够救助奴才,但他的方法是让奴才处于不被唤醒的状态而继续做梦;对于奴才而言:

奴才向外寻求拯救,这件事情本身正是使他为奴的根源。因此,叫醒这样的奴才,就意味着必须让他体验"无路可以走"之"人生最痛苦的"状态,即自己为奴才的状态。意味着他不得不去忍受这种恐怖。如果他忍受不了这种痛苦而求救,他甚至要失去对自己是奴才的自觉。换句话说,所谓"无路可以走"乃是梦醒了之后的状态,而觉得有路可走则还是睡在梦中的证明。奴才拒绝自己为奴才,同时拒绝解放的幻想,自觉到自己身为奴才的事实却无法改变它,这是从"人生最痛苦的"梦中醒来之后的状态。即无路可走而必须前行,或者说正因为无路可走才必须前行这样一种状态。他拒绝成为自己,同时也拒绝成为自己以外的任何东西。这就是鲁迅所具有的,而且使鲁迅得以成立的、"绝望"的意味。绝望，在行进于无路之路的抵抗中显现；抵抗，作为绝望的行动化而显现。把它作为状态来看就是绝望，作为运动来看就是抵抗。……

鲁迅拒绝幻想，憎恶聪明人，忍受着"被叫醒"的痛苦状态，摸索着与黑暗斗争。他不是把解放的社会性条件作为"被给予"的东西来追求。这是过去不曾，现在、将来也不会被给予的环境中所形成的自觉。因为抵抗，所以不能得到，因为不能得到，故拒绝得到的幻想。如果放弃抵抗便可以得到，可是为此，对于得到的幻想加以拒绝的能力也将同时失去。[134]

"这时的问题已经不在于奴才是否能得救，而在于他是否抗得住梦醒之后无路可走的'人生最痛苦'的状态。"假如他抗不住，那么他将"失去对自己是奴才的自觉"而继续沉湎于梦幻；假如他抗得住，那么他会拒绝成为奴才，同时以清醒的现实精神拒绝解放的幻想，而开始"行进于无路之路的抵抗"。只有在这样的层面上，"绝望之为虚妄，正与希望相同"才有了具体内涵而不再是费解的玄思。在这个意义上，鲁迅不是傻子更不是聪明人（尽管他热爱前者而憎恶后者），竹内好极端地说，奴才"即鲁迅本身"。鲁迅与他笔下的奴才的不同在于，他能够打熬和隐忍那梦醒之后无路可走的人生最大痛苦。

与惯常的理解不同，鲁迅把自己置身于"主奴结构"的内部来寻找突破"主奴结构"循环的力量与可能，"在扭转支配与被支配关系当中"，不是"向自己身外的强者寻求权威"，而是"从自己内侧寻求扭转的契机"。[135]鲁迅拒绝把自己当作解放者，也拒绝任何来自外部的解放。而这，正是鲁迅／"破名者"与子君的区别所在：后者追求被给予的解放，并依靠拒绝承认自己的奴才处境而获得幻觉上的解放，"还是睡在梦中"，而鲁迅则拒绝了一切被给予的解放。竹内好说，抵抗必须是二重的，"即对于失败的抵抗，与对不承认失败或者忘却失败的抵抗"。因为失败是一次性的东西，"与自己处在失败之中这一自觉并非是直接相关的"，失败将子君的自我引导到忘却失败的方向去，在每日每夜对"爱"的温习中（滔滔背诵、叙述涓生的求爱言辞与举动），丧失了失败感的自觉，丧失了绝望，丧失了"对于得到的幻想加以拒绝的能力"。这一切的丧失，使得子君无法承受梦醒之后的痛苦，子君式的"觉醒"无法导出"行动"（"抵抗，作为绝望的行动化而显现"）与"前行"，即"无路可走而必须前行，或者说正因为无路可走才必须前行"。

这样的理解对子君来说非常残酷，还是借竹内好的话说吧，对于这篇环绕着道德忏悔情绪的小说的解读，"没有人道主义插足的余地"，唯有这样，才能获得"现实感"。我们把《伤逝》解读为"五四"启蒙之父对"启蒙"之"名"未经合法化的深刻质疑。自然，这里质疑的矛头，更主要地指向涓生，由他所主导的启蒙是失败的，本质上这就是"聪明人"的启蒙。甚至可以说，子君的缺陷，几乎毫无例外地也集中在涓生身上。

先前关于《伤逝》的理解中，有一种具有代表性的意见，在讨论悲剧何以发生时归咎于"历史原因"："宣扬个人解放爱情自由的资产阶级民主主义思想，在反对封建制度和封建思想的斗争中，曾经起过进步的历史作用，在中国，在'五四'前后，它构成了反封建革命潮流的一个部分。但是，这种思想有着严重的局限。当革命形势向前发展，特别是在十月社会主义革命以后，中国无产阶级登上历史舞台，马克思列宁主义开始在中国传播的历史条件下，它愈来愈显得软弱无力了。"这样的意见诚然不错，但略微显得空疏，其着力于在历史条件的变迁中考较思想的科学性与革命性，集中于"思想"而对获得"思想"的主体关注不够。我要追问的是：即使涓生"跟上形势"，选择了正确的思想解放武器，他是否一定就能避免成为"伪士"？如果回答是肯定的，即判断的最终根据只在思想的真伪，那么鲁迅在革命文学论战中与创造社和太阳社的辩难，胡风与阵营内部"航空战士"们的苦斗，意义何在？

涓生是一个发现了旧社会黑暗根源的独醒者、先觉者，但还不能说他已经获得了真正的主体性，在这个阶段，"他虽然确实摆脱了过去自己深信不疑并且埋没于其中的'被赋予的现实'，但他是被作为'新的权威'的新的'思想'和'普遍真理'所占有"[136]，而不是拥有。对于这样一批独醒者的心灵世界，可以借用俄罗斯宗教哲学家弗兰克的话来描述：

> 企图"逃避"世界的虚华琐事……以便在与世无争的孤独中安享平静的生命，这种感伤主义－田园诗式的愿望是虚伪的和错误的。这种愿望的基础是一种暗自的信念：我之外的世界是充满邪恶和诱惑的，而人本身，我自己，是无罪孽的和善良的……然而实际上，这个恶的世界就包含在我自身之中，所以我无处可逃……谁还生活在世界中和世界还生活在他之中，谁就应当承担世界所赋予的重担，就应当在不完善的、罪孽的、世俗的形式中活动……[137]

《伤逝》的叙事中让人颇感费解的是，先前可以使涓生"骤然生动起来"的子君，何以在涓生的视域中，那么快地显现出退步、保守，甚至庸俗："子君竟胖了起来……管了家务便连谈天的工夫也没有，何况读书和散步"，"她近来似乎也较为怯弱了"，"她近来实在变得很怯弱了"，"子君又没有先前那么幽静，……子君的功业，仿佛就完全建立在这吃饭中……她似乎将先前所知道的全部忘掉了"，"子君很颓唐，似乎常觉得凄苦和无聊，至于不大愿意开口，我想，人是多么容易改变呵"，"但子君的识见却似乎只是浅薄起来"……如果我们参照弗兰克的论述，这可以理解成：从一个有着"我自己，是无罪孽的和善良"的信念，依借着"新的'思想'和'普遍真理'"从原先身在其中的现实世界脱离出来，"企图'逃避'世界的虚华琐事"的"我"的眼光看出去，仍然处于世界内部和世俗形式中（在相识初期，涓生就认为子君"大概还未脱尽旧思想的束缚"，显然涓生意识中子君和自己在启蒙结构中的位置是不同的，他原本就高高在上），并且担负着虚华琐事（"喂阿随，饲油鸡"）的子君，无可避免地变得"怯弱""无聊""浅薄"。

涓生陷入的正是这样一种"感伤主义－田园诗式的愿望"，而这恰恰是"虚伪的和错误的"。"获得某些思想和精神，从已往自己身在其中不曾疑惑的精神世界中独立出来，可以说是容易的。比较困难的是，从'独自觉醒'的骄傲、优越感中被拯救出来，回到这个世界的日常生活中（即成为对世界负有真正自由责任的主体），以不倦的继续战斗的'物力论'精神，坚持下去，直到生命终了之日为止。——这是比较困难的。"[138] 准此理解，《狂人日记》中"然已早愈，赴某地候补"的惊人逆转，就能获得不同一般的正面解读："鲁迅轻描淡写地交代的狂人的痊愈，不可不谓是意义重大的新生"，"标志了'超人'的'精神界之战士'重返人间现实的再次自觉。……从表面上看个人主体从上向下的位移，内部却发生了对现实世界真正构成意义的变化：一个多少带着浪漫色彩、处于脱离状态的主体，质变为一个'对世界负有真正自由责任的主体'"，鲁迅"没有让他的狂人坚持他的狂并以此作为空泛的批判之所——在另一个意义上也正是逃避现实之所，而是让他清醒地认识到他的失败，并且进一步从狂中走出来。走进复杂的现实中，从而与他置身的环境恢复有机的联系"。[139]

从伊藤虎丸先生上述这番话中可以分析出两个不同阶段，而我们会发现涓生恰恰还处于第一个阶段：

在第一个阶段，人被"新的'思想'和'普遍真理'"从上面或从外部所赋予、所占有，他越是身陷这些往往裹挟着权力色彩的观念形态中，其个人的存在越是容易从他置身的世界中、从他与周遭事物的交互关系中抽离出来。这个时候，"如果价值外在于己身，如果身外强力迫使我们行动，那么我们就会沦为它们的奴隶——也许那是一种极其崇高的奴役方式，但奴役就是奴役"[140]。倘若"外在于己身"、裹挟着"身外强力"的价值，附着于口号、主义、思想、学说等形态出现，那么名教对人的奴役就在不动声色间展开，名教的奴隶往往随即产生。在这个阶段，他常常以"先觉者"自负（涓生在子君面前陶醉于独自觉醒的优越感），因独握真理而对"后进者"示以轻蔑、焦躁（涓生对子君日益生出的鄙弃感，但鲁迅通过祥林嫂的追问深刻地颠覆了启蒙者精神和道德上假想的领导权），又往往因独异而感受到来自社会的伤害（《伤逝》中这样描写涓生："我觉得在路上时时遇到探索，讥笑，猥亵和轻蔑的眼光，一不小心，便使我的全身有些瑟缩……"）。满足或止步于这一阶段的个体，一方面，在这个世界内部找不到自己的位置（涓生四处碰壁，"不知道怎样跨出那第一步"），他越是沉迷于观念形态的存在，越是与日常生活格格不入，但是，"记住某种一般性教条，熟读某种普遍性理论，并且去信奉它们，并不是具有思想"[141]，"强迫的敬重"反而"限制一个人"，"狭隘其自由"①。另一方面，他对现实的批判往往会沦为"抽象的姿态"而"逃遁到空空荡荡的世界里去"[142]，他的实践无法进入历史，甚至可谓无效②，涓生自叹"过去一年中的时光全被消灭，全未有过"，"只有寂静和空虚依旧"。于是，先觉而勇敢的青年，很快地坠入疲劳、颓废。总之，这一阶段的个体并未将"半生不熟的名词"内化到血肉机能中，如果对此无所自觉则止步于不合格的"接球手"，甚或变成"伪士"。

所以，进入第二个阶段的意义不言自明。必须在这个阶段获得再次的"觉醒"，此时的"觉醒"密切联系着"破名"的过程。所谓"破名"，并不是抛弃在第一个阶段获得的那些思想和普遍真理，而是"从被一种思想所占有的阶段，前进到将其作为自己的思想所拥有的阶

---

① "强迫的敬重"出于赫尔岑《法意书简》："人惟不屈物以从其理，亦不屈己以就物，始可谓自由待物；敬重某物，如果不是自由的敬重，而是强迫的敬重，则此敬重将会限制一个人，将会狭隘其自由……这就是拜物——你被它压服了，不敢将它与日常生活相混。"（转引自［英］以赛亚·伯林《赫尔岑与巴枯宁论个人自由》，载《俄国思想家》，彭淮栋译，第110页）按此理解，名教即"名"的拜物教，为空洞的名词压服，出于"强迫的敬重"而非"自由的敬重"。被压服之后"不敢将它与日常生活相混"，即上文所述身陷裹挟着权力色彩的观念形态中，其个人的存在容易从他置身的世界中、从他与周遭事物的交互关系中抽离出来。
② "独自觉醒"的主体最终逃逸于历史与现实的故事，在中国二十世纪的文学呈现中反复出现。有论者这样评述以北岛为代表的新诗潮诗人们主体的生成与困境："北岛诗中的主体一开始就是以与历史的脱序关系而生成为审美的主体，最终日渐流亡在历史和现实之外。但另一方面，当北岛诗歌中生成的审美的主体以其审美形象凌驾于历史之上或者之外，也会相应地减弱对历史中的主体进行反思的力度，难以像鲁迅那样真正地正视主体的危机，而是在审美环节以超逸的方式跨越了这个问题，最终则演变为流亡的形态。所以，新诗潮一代的主体没有扎根在中国的现实和历史中，主体问题没有得到真正解决，危机依然潜伏……"参见吴晓东《从政治的诗学到诗学的政治》，载《文学的诗性之灯》，上海：上海书店出版社，2010年1月，第261页。

段——真正获得主体性的阶段"[143]。他将"外在于己身"的主义、思想、学说等收归于个人，这个时候的"名"已然"及身"，甚至化为一种生命感觉，持存着这样的生命感觉，将主体位置降落到现实境遇中，投入现实世界成为负有自由责任的主体[①]。这个时候他已经完全滤去了疯狂、焦虑、忧郁等在"五四"文学中经常出现的"现代主义者"似的症状，而置身于具体的世界中，脚踏实地，沉稳坚毅，埋头苦干，鲁迅笔下的黑衣人、夏禹、墨子正是其中典型。再补充一句，鲁迅的小说自然不是"自叙传"，但鲁迅文学特有的机能化特征（下文会讨论这一相关问题）完全容许通过其作品读出创作者的心迹、行迹。也就是说，我

---

① 涓生的困境并非孤例，不妨以丁玲创作于 1929 年的中篇小说《韦护》作参照。这两篇小说几乎用同样的情节元素"编码"而成：一对情侣恋爱、同居，但好景不长，男方渐渐在童话般的爱情与事业之间感到难以两全，同时也感受到周围环境的压力（韦护"知道不满意他的人太多了"），当女方（子君／丽嘉）仍然沉浸在爱情的梦幻中时，男方（涓生／韦护）开始转变（毫无例外，男方终于看不惯女方），最终男方离开了女方。对《韦护》这一革命加恋爱的作品当然有多种解读，但韦护同样可以理解为被一种思想所占有却无法将主体位置降落到现实境遇中的个体。涓生宗奉民主与科学，韦护更为"先进"，他接受了马列主义，但一致的是，这些信仰对于他们而言更多是一种抽象名词，正如丽嘉近乎直觉般地对韦护们的批评："你们有些同志太不使人爱了。你不知道，他们仿佛懂了一点新的学问，能说几个异样的名词，他们就也变成只有名词了……"韦护的原型是瞿秋白〔参见丁玲《我所认识的瞿秋白同志——回忆与随想》，载张炯主编《丁玲全集》（6），石家庄：河北人民出版社，2001 年 12 月；丁言昭《在男人的世界里：丁玲传》第一章《秋之霜白》，上海：上海文艺出版社，1998 年 11 月〕。在瞿秋白最后的文章里，他沉痛地说：中国现代的"文人""书生"，"对于宇宙间的一切现象，都不会有亲切的了解。往往会把自己变成一大堆抽象名词的化身。一切都有一个'名词'，但是没有实感。……对于实际生活，总像雾里看花似的，隔着一层膜"。〔瞿秋白：《多余的话》，载《瞿秋白文集》（政治理论编 第七卷），第 716 页〕这是"只有名词"、作为"抽象名词的化身"的启蒙者的自省吧。此外，饶有意味的是，与丁玲一样，张爱玲也倾向于将名教视作一种"男人病"："现在的知识分子之谈意识形态，正如某一时期的士大夫谈禅一般，不一定懂，可是人人会说，说得多而且精彩。女人很少有犯这毛病的，这可以说是'男人病'的一种……"〔参见张爱玲《论写作》，载《张爱玲文集》（卷四），长春：时代文艺出版社，1999 年 10 月，第 164 页〕

们可以认为涓生式的困苦同样曾深深地压迫鲁迅：1908 年之前处于相对自由时期的青年鲁迅，径直把人类生命在独立、自由之中富于个性尊严的生命创造视为存在的根本意义与人类文化的根基，但是很快他意识到自己"决不是一个振臂一呼应者云集的英雄"[144]，而 1909 年重返中国之后，先前激情昂扬的超越之思更是遭遇现实强有力的挑战、封堵，他亲身经历了最基本的生存苦境，这一时期的书信及公开发表的文章中最集中地留下了他为生存、温饱等问题而焦虑的文字，可以说鲁迅完全陷入了涓生一般四处碰壁的生存苦境中。但不同的是，鲁迅最终实现了一次充满痛苦却又绽放新意的生命降落过程。诚如上文所述，这并不是说他封闭、悬置了先前对生命存在的意义与价值的至高期望，而是说他"回到这个世界的日常生活中，以不倦的继续战斗的'物力论'精神，坚持下去"，通过风沙尘土中与虎狼相搏来践履通向真正自由、独立之我的根本生命路径。在"五四"的典型话语尤其是青年人的话语表达中，日常世界以及与此相关的具体性事务往往遭到贬斥，比如 1919 年毛泽东在《恋爱问题——少年人与老年人》一文中就义正辞严地宣告："烧菜、煮饭等奴隶工作，是资本主义的结果。"[145] 显然以阶级分析的方式设置了压抑形态（在《伤逝》里涓生的视野中，是吃饭、家务与读书、散步的对立，在涓生看来，子君就不幸将生命消耗在了烧菜、煮饭之中）。由此可知，"回到这个世界的日常生活中"在"五四"的氛围中并不容易达成，甚至不妨说这种主体下降的方式隐含着对"五四"启蒙的反思。

《狂人日记》最后，主人公幡然自省："我"未必没有吃过人——"这个恶的世界就包含在我自身之中"。这是鲁迅文学的起点，我们马上看到了投身在"不完善的、罪孽的、世俗的"世界中的文字，这就是鲁迅的杂文，在"风沙扑面"的现实中纠缠与苦斗，从"恶的世界就包含在我自身之中"的觉悟起步，承担起了"世界所赋予的重担"（鲁迅杂文的意义，在我看来，不仅仅是对外部世界种种弊端的揭露、批判，同样出于鲁迅对自我生命本身的安放、成全）。由仍然处于上述第一个阶段的涓生所引导的启蒙注定失败，而身经第二个阶段"挣扎"淬炼的、鲁迅的文学，是一种关乎生命具体性的文学。还是借弗兰克的话："今天和当下的事业以及我对自己周围人的关系，是与我生命的具体性，与生命的永恒本质直接联系的……我就必须完成切近的具体事业，因为生命的永恒因素就是表现在这些具体事业之中。"[146] 所谓"生命的具体性"，在我的理解，是不将个人凝固成一个自外于现实世界、高高在上而又一尘不染的封闭自我，而是舍身到不完善，甚至污浊罪孽的现实中，通过完成切近的具体事业——哪怕它们是平庸、烦琐的（往往如此）——来担负起变革现实世界的责任。关乎生命的具体性的文学，从现代名教编织的抽象牢笼中挣脱出来，展现的正是一种独特的知识生产方式，我们在本章的最后会作总结。

　　通过以上具体文本的解读，我们要引出的一个结论是：由未经挣扎、抵抗的启蒙者（"伪士"）所引导的启蒙，并不具备"合法性"。启蒙必须和"破名"的实践相联系，"破名"本就是挣扎、抵抗的题中应有之义。具体来说，启蒙并不是由外在或"众数"权威自外而内植入的绝对命令，它必须由先验的"名"的形态转化为一种更加本源性的存在，启蒙就由这样的存在自然而然地导源出来。这种存在，竹内好以为就是"文学"——"在他，是有着一种除了称作文学者以外无可称呼的根本态度的"[147]，"文学家鲁迅是无限地产生出启蒙者鲁迅的终极的场所"：

一个文学者鲁迅、一个反叛作为启蒙者自己的鲁迅，是否更加伟大呢？是否正因为如此，才成全了现在的这个启蒙者鲁迅呢？因此，把鲁迅冰固在启蒙者的位置上，是否把他以死相抵的惟一的东西埋没了呢？

（孙歌译文如下：文学家鲁迅、向作为启蒙者的自己进行反叛的鲁迅，却是比启蒙者鲁迅更为伟大的吧。毋宁说，因为有了文学家鲁迅，启蒙者鲁迅才得以具体地显现于我们面前。将启蒙者鲁迅供奉起来，不是会隐没掉他以死相抵的那惟一的东西么？）[148]

"作为态度的文学"，毋宁说，文学就是一种根本性的态度，或者用我们在上文中的讨论，这种文学关乎生命的具体性。文学家鲁迅"反叛"启蒙者鲁迅，由此才成就优秀的启蒙者，文学这一"终极的场所"使得思想消逝于其间复又诞生于其间（就好像，"破名"是为了"名"所负载的价值更加有效地被吸收、消化，最终收归于个人）。也就是说，在现代中国，思想与价值，必须褪去抽象甚至僵固的"名"的形态，转而肉身化，被个体的血肉挣扎所检验，被生命气息所浸润，"使言语变成工作，使原则跟灵魂的内部要求合在一起，消融在里面"[149]。东亚启蒙必须在这样诚实的生命源头上，通过"破名"实践，确立自己的资源。由上，"破名"的实践几乎就是一杆标尺，它判别"伪士"，指明挣扎过程的不可省略，检验精神立场与启蒙的合法性（这是下一章讨论胡风时的重点，会作进一步展开）。

此外，挣扎的意义还在于，这样一个过程可以抵御意识形态领导权的强制性所转化而成的自觉的、臣服式认同。这种认同的古典形态即封建纲常名教。它强调必然之理与当然之则的统一，按照社会规范来教化人，使人性复归于天理，但这种认同以独断论为工具，以摧残人性与精神自由为手段。通过前文的论述我们知道："破名"、名教批判的意义强调代表合理价值的"名"血肉化、肉身化，从外在律令转为人内在的生命存在。由表面上看，上述二者很容易混同，但正因为有了鲁迅提供的挣扎经验，所以二者的实质意涵与实际效果天差地别。

从方法来看，纲常名教是用理智消弭人的情感、意志，用伦理理性吞并人的感性要求，"心所不乐而强之，身所不便而缚之"，结果徒耗精力，"有限之光阴，以从事无谓之虚礼。即彼自命为守礼，亦岂不知其无谓，特以习俗所尚，聊伪以将之云耳"[150]。借柳亚子的话说，"有天然之道德，有人为之道德"，而名教出于"人为"的"伪道德"："天然之道德，根于心理，自由、平等、博爱是也。人为之道德，原于习惯，纲常、名教是也。天然之道德，真道德也。人为之道德，伪道德也。"[151]纲常名教的运作机制恰恰体现了冯契所言中国传统儒家"忽视自愿原则，忽视意志自由和独立人格的前提，实际上也就是忽视了个性解放，忽视了每个人本身都是目的"[152]。而名教批判的实践——借上引柳亚子的意思，即出于建立在"自由""平等"基础上的"真道德"——首先包括了一种对一切"公名"抽空个体的警惕，"苟有外力来被，则无间出于寡人，或出于众庶，皆专制也。国家谓吾当与国民合其意志，亦一专制也"[153]。"挣扎"这个词内含的忍耐不屈、坚韧不拔之意，充分显示了"名"与主体这二者之间互相进入、甄别、选择、消化的过程与特质，用"竹内鲁迅"式的语汇来表述，就是"挣扎"，是主体在他者中的自我选择。挣扎的过程，是进入又扬弃他者的过程，同时也是进入和扬弃自身的过程。也就是说，要让他者充分地进入主体，但主体必须"选择出自己","只有当他者成为主体的一部分的时候,它才具有意义。而这又意味着,在不断的自我否定过程中,他者也必须经历不断地被否定过程才能够成为他者"[154]。我们在后文中会提到,胡风用他的"主客观化合论"对上面这一动态过程作了充满个性的演绎。从结果来看,拒绝意志自由的强制性认同造成了泯灭自我的奴才或"伪以将之云耳"的"伪士";名教批判的实践则在主体精神(鲁迅在早期论文中标举的、具有充分现代意义的"争天抗俗""人各有己")的烛照下,通过"抵抗"与"自我执着"而实现"真的人"。

总之,在"破名"的起点,是个人的心声与外力相抗的"声发自心";"破名"的过程又伴随着"选择出自己"的"挣扎"——这就像两个榫子钉入了"破名"的思维,使其不同于自我奴化、伪化的精神迷魂剂。

我们反复提到现代名教关涉着后发国家的现代化困境,而"破名"与挣扎的意义在于向人指明:中国与亚洲无法在排他意义上对抗西方文明,必须在西方文明内在化的历史过程中建立独立的文明,即不能在排他的意义上拒绝身外蕴含着现代价值的"名",否则不是"破名者"的态度。但是这一内在化的历史过程必须使自己既区别于东方的西方中心主义——这就是挣扎的意义,否则同样不是"破名者"的态度而沦为"伪士";同时,这也区别于保守的民族主义。这就是竹内好在《鲁迅》一书中描述的"极限状态",即拒绝成为自己,也拒绝成为自己以外的任何东西:

> 转向是在没有抵抗的地方发生的现象,即它产生于自我欲求的缺失。执著于自我者很难改变方向。我只能走我自己的路。不过,走路本身也即是自我改变,是以坚持自己的方式进行的

自我改变（不发生变化的就不是自我）。我即是我亦非我。如果我只是单纯的我，那么，我是我这件事亦不能成立。为了我之为我，我必须成为我之外者，而这一改变的时机一定是有的吧。这大概是旧的东西变为新的东西的时机，……表现在个人身上则是回心，表现在历史上则是革命。[155]

"破名"助成了"回心型"主体的诞生（竹内好通过对鲁迅的讨论所揭举的"挣扎""抵抗""回心"等主题，其意义的丰富性自然并非名教批判所能涵盖，但是，无妨将其视为促成上述主题的力量来源之一）。首先，如果"我"无视"我"之外的事物、价值，对于"我"之外的"名"缺乏主动迎击、吸收、消化的意愿与行为（这样主动的意愿与行为，鲁迅多有表述："凡取用外来事物的时候，就如将彼俘来一样，自由驱使，绝不介怀"，"放开度量，大胆地，无畏地，将新文化尽量地吸收"[156]），那么主体根本不能生成（这有几种类型：比如神经"衰弱过敏"者，"每遇外国东西，便觉得彷佛彼来俘我一样，推拒，惶恐，退缩，逃避，抖成一团，又必想一篇道理来掩饰"；比如嚷嚷"古已有之"者，还有"力禁"新思潮者……他们正是《拿来主义》中讽刺的"得了一所大宅子"却"徘徊不敢走进门"的"孱头"或"放一把火烧光，算是保存自己的清白"的"昏蛋"[157]）。"有力量，有自信力的人是不至于此的"[158]，即"不发生变化的就不是自我"，"如果我只是单纯的我，那么，我是我这件事亦不能成立"。在自我与民族文化的根柢处涵养开放活力，这是鲁迅早年在留学东京时代就确立的基本态度。于是，"我"与"我之外者"相遭遇了，其中的一种情形是："我"毫不经抵抗而臣服于他者，仅满足于"半生不熟"的"名词运动"，甚至在不断地追求"转向",在名号、招牌的轮转中放弃了自我,此即"伪士"。"伪士"并不具备自我,"因为主体放弃了自我成为自我的可能,即放弃了抵抗"[159],虽然"我"与"名"遭遇了,但后者并未"及身",这里没有"破名"、挣扎的过程,这样的过程必然伴随着"肉体的痛苦",只有让"名"进入主体以选择、熔铸、再造、扬弃,只有"当这一对立对于我来说成为肉体的痛苦的时候,它才是真实的"[160]。不能孤立于他者,也不能"没有抵抗"而认同他者——在排除了上述两种情形后,"回心型"主体终于诞生了。他诞生于对自身的一种否定性重造:既进入、扬弃他者("破名"),同时又在自我内部催生、再造;不在"我之外者"的"给予"中丧失自我(鲁迅所谓"决不会吃了牛肉自己也即变成牛肉"[161]),而是在不断抵抗中获得自我的更新("以坚持自己的方式进行的自我改变")——这几个方面必须同时进行,毋宁说,这就是一个完整而无法分割的过程。"无产阶级文学进来的时候,曾顽强抵抗过的鲁迅,经过了某个时期后,则比起无产阶级文学家们更马克思主义。"[162]"比无产阶级文学家们更马克思主义",就是经受、持守了"破名"、抵抗后的自我更新,而1928年论战中大言炎炎的左翼青年们,在鲁迅眼中,原来也是"伪士"一种。通过抵抗来持守自我就不会丧失自我,但如上文所述,持守并不是拒绝改变,而是"以坚持自己的方式进行的自我改变",更新来自上文所谓"否定性的重造"。它还意味着批判并不仅仅是指向外部(伪士的道德沦丧或不健全的精神态度),同时也将自我对象化("抉心自食"),将主体自我与外界、他者一并放置在反思与批判的平台上(伪士在"抢夺思想锦标"、以己律人的过程中是不会质疑自身是否"心夺于人"的),在与"名"相遇的过程中,通过"不断的自我否定"来"选择出自己"。唯有如此,名教批判的过程才不是单向度的，而是充满张力；唯有如此，自我与主体性才不是本质主义的画地为牢，而是处于不断流动的生成、更新、丰富之中。

这不仅是"个人身上"主体的形成，更关涉着东方与现代发生关联性的历史契机，或者说，后发国家在现代化的过程中，通过"破名"、挣扎，以充满着"肉体的痛苦"的紧张感，来进入世界史并且积累为形成自我而拼搏的经验。

"伪士"的构成与谱系

"伪士"的构成

无定见、无特操而借名、盗名以谋私者，是"伪士"中最显明而又最低劣者，鲁迅呼之为"流氓""做戏的虚无党""假吉诃德"①……

---

① "无论古今，凡是没有一定的理论，或主张的变化并无线索可寻，而随时拿了各种各派的理论来作武器的人，都可以称之为流氓。"［参见鲁迅《上海文艺之一瞥》，载《鲁迅全集》（第四卷），第304页］"做戏的虚无党"或"体面的虚无党"们，"善于变化，毫无特操，是什么也不信从的，但总要摆出和内心两样的架子来"。［参见鲁迅《马上支日记》，载《鲁迅全集》（第三卷），第346页］胡风在"文革"后仍然沿袭了这一批判思路："鲁迅毕生向它战斗的那种'做戏的虚无党'，那个半封建半殖民地的最恶毒最狡猾的意识形态，正是'四人帮'这个大祸胎的血统。"（参见晓风选编《胡风家书》，第465页）鲁迅有两篇杂文比较中西的堂吉诃德［参见鲁迅《中华民国的新"堂·吉诃德"们》《真假堂吉诃德》，收入《鲁迅全集》（第四卷）］："真正的吉诃德"言必行，行必果，这种"西班牙书呆子""老实人"在"向来爱讲'中庸'的中国，是不会有的"，中国只有"假装着堂·吉诃德的姿态"、积极于"高喊""提倡"的"伪士"。而且"允执厥中"的中庸之道往往成为"假吉诃德"们利用的道具："他现为批评家而说话的时候，就随便捞到一种东西以驳诘相反的东西。要驳互助说时用争存说，驳争存说时用互助说；反对和平论时用阶级争斗说，反对斗争时就主张人类之爱。论敌是唯心论者呢，他的立场是唯物论，待到和唯物论者相辩难，他却又化为唯心论者了。要之，是用英尺来量俄里，又用法尺来密达，而发见无一相合的人。因为别的一切，无一相合，于是永远觉得自己是'允执厥中'，永远得到自己满足。"［参见鲁迅《非革命的急进革命论者》，载《鲁迅全集》（第四卷），第233页］

"做戏的虚无党"们利用好听的"名"伪饰自己进行欺骗和榨取，如同"精神的资本家"在"放债"[①]。这些人把"名""拿去"，垄断"世界上冠冕堂皇的招牌"，于是糟践得一塌糊涂，"名"再也干净不起来。"伪士"攫取"放鬼债的资本"，在《铸剑》里黑衣人与眉间尺的对话中演绎得淋漓尽致：

> "你么？你肯给我报仇么，义士？"
>
> "阿，你不要用这称呼来冤枉我。"
>
> "那么，你同情于我们孤儿寡妇？……"
>
> "唉，孩子，你再不要提这些受了污辱的名称。"他严冷地说，"仗义，同情，那些东西，先前曾经干净过，现在却都成了放鬼债的资本。我的心里全没有你所谓的那些。我只不过要给你报仇！"

"仗义""同情"这些好"名称"，"先前曾经干净过"，但是后来被"污辱"，由名实相符变得名实不符。《铸剑》表现的内容之一，就是张扬朴素、不为任何"名"所框定的复仇意志，并以此为代表，还原被名教所掩盖、被"伪士"所"污辱"的人类精神的真实内容。

---

① "先前，我总以为做债主的人是一定要有钱的，近来才知道无须。在'新时代'里，有一种精神的资本家。你倘说中国像沙漠罢，这资本家便乘机而至了，自称是喷泉。你说社会冷酷罢，他便自说是热；你说周围黑暗罢，他便自说是太阳。阿！世界上冠冕堂皇的招牌，都被拿去了。……这是一宗恩典。不但此也哩。你如有一点产业，那是他赏赐你的。……这又是一宗恩典。还不但此也哩！他到你那里来的时候，还每回带来一担同情！一百回就是一百担——你如果不知道，那就因为你没有精神的眼睛——经过一年，利上加利，就是二三百担……"参见鲁迅《新时代的放债法》，载《鲁迅全集》（第三卷），第 520、521 页。

更大的危险在于，如果充斥的都是"做戏的虚无党""流氓"，那么国民思想意识的空间就会成为任由各种堂皇的"名"所填充的"伸缩袋"、供"名"所奔驰的"跑马场"，使人"体质和精神都已硬化"[163]。名教器攘中，再无坚信，只有"吃教"："崇孔的名儒，一面拜佛，信甲的战士，明天信丁。"[164]"讲革命，彼一时也；讲忠孝，又一时也；跟大嘛打圈子，又一时也；造塔藏主义，又一时也。有宜于专吃的时代，则指归应定于一尊，有宜合吃的时代，则诸教亦本非异致，不过一碟是全鸭，一碟是杂拌儿而已。"[165]"要做事的时候可以援引孔丘墨翟，不做事的时候另外有老聃，要被杀的时候我是关龙逄，要杀人的时候他是少正卯，有些力气的时候看看达尔文赫胥黎的书，要人帮忙就有克鲁巴金的《互助论》……"[166]所以鲁迅每每称赞那些"锲而不舍""不肯退让"的"傻子""书呆子""老实人"，他们是不为"伪士"谱系所网罗的人格典范。

"伪士"中还有一类"一事不做，徒作大言的空谈家"[167]，比如《非攻》中鼓吹"民气"的曹公子，《理水》中高谈阔论的"文化山上的学者"，他们永远只满足于口头上的表演，所有"新名目"都在这些"空谈家"们的"大言""豪语"中沦为无法实现的"空名"，最终枯萎、变质，这也是名教与名教卫士的危害之一。鲁迅早就说过，在中国"提口号，发空论，都十分容易办"[168]，"中国的读书人，却往往只讲空话，以自示其不凡"[169]。所以，"现在的青年最要紧的是'行'，不是'言'"[170]。鲁迅甚至有针对性地告诫左翼青年作家："坐在客厅里谈谈社会主义，高雅得很，漂亮得很，然而并不想到实行的。这种社会主义者，毫不足靠"，"关在房子里，最容易高谈彻底的主义，然而也最容易'右倾'"。[171]"两个口号"论争时鲁迅表示二者可以共存，但反对

第四章　鲁迅　　215

喊口号、争正统，"因为问题不在争口号，而在实做"[172]。文艺界支持抗日民族统一战线的《中国文艺工作者宣言》发表后，他又提醒"宣言登出，事情就完，此后是各人自己的实践"[173]。鲁迅在杂文中屡屡讽刺"空腹高心"、善于鼓动"造言"而言行不一、不肯实践的"慷慨党""空谈家"，而在夏禹、墨子等人身上寄予理想——他们不尚空谈，不弄悬虚，沉稳坚毅，埋头苦干，是"中国的脊梁"。

对"伪士"的判断成为鲁迅知人论世的重要方法，是"鲁迅思想的原点"，下面通过两次著名的论争来揭示，正是依据这一判断、方法，鲁迅在分属不同阵营的对手身上发现了内在的同一：他们都属于中国的"伪士"传统与谱系。

> 此后又突然遇见了一些所谓学者，文士，正人，君子等等，据说都是讲公话，谈公理，而且深不以"党同伐异"为然的。可惜我和他们太不同了，所以也就被他们伐了几下，——但这自然是为"公理"之故，和我的"党同伐异"不同。[174]

在与现代评论派的论战中，鲁迅首先嗅到了道学家"以理杀人"的气味。这批自由主义知识分子以公理和正义的化身自居，以此裁决他人，但在这些美名、旗号的背后，鲁迅却发现了顺势应变、"忽然脱胎换骨"[175]而实无特操，"可惜正如'公理'的忽隐忽现一样，'少数'的时价也四季不同的。杨荫榆时候多数不该'压迫'少数，现在是少数应该服从多数了"[176]，"破名者"终于照见了所谓"正人君子"们的灵魂："但我又知道人们怎样地用了公理正义的美名，正人君子的徽号，温良敦厚的假脸，流言公论的武器，吞吐曲折的文字，行私利己，使无刀无笔的弱者不得喘息。"[177]鲁迅在这批现代知识分子身上又发现了"做戏的虚无党"。他在论战中矛头所向是非常明确的：并不是鄙弃自由主义知识分子标举的"自由"，而是反感将"自由"凝固为名教，更反感以此自上而下地去裁决他人，这本身就是对精神自由的伤害。也不是质疑公理内涵的真理性，而是考验实际的接受立场："是'信'和'从'呢，还是'怕'和'利用'？"所以绕开一切名教话语编派的大义、美名，鲁迅要求的只是"除下假面具，赤条条地站出来说几句真话就够了"，"只要谁露出真价值来，即使只值半文，我决不敢轻薄半句"。[178]这些话，都是鲁迅开给"伪士"的解毒剂。

接下来再看"革命文学"论争。创造社、太阳社当时的作为，在鲁迅眼中，几乎就是一个时髦却又虚无无为的"无物之阵"，"在演'空城计'"，"专事于吹擂，不务于招兵练将"[179]，有轰轰烈烈的声浪、烟雾，却没有"革命文学"的实绩，"原不过一种空喊，并无成绩"[180]。1928 年鲁迅翻译了片上伸所著《现代新兴文学的诸问题》，次年 2 月在为它而写的小引中明确表示了对无产阶级文学必然出现的确信。"势所必至，平平常常，空嚷力禁，两皆无用"[181]，这句话一方面表达了对国民党反动派"力禁"历史新潮的蔑视，另一方面也指出新运动指导者们的"空嚷"是幼稚的，如此"空嚷"本就是名教一种。"中国之所谓革命文学，似乎又作别论。招牌是挂了，却只在吹嘘同伙的文章，而对于目前的暴力和黑暗不敢正视。"[182]"空嚷"与"哗啦哗啦大写口号理论"[183]（鲁迅贬之为"呆鸟"），既不关涉实际、缺乏"实感"，又不具备进入社会与历史实践的可能，"纸面上写着许多'打，打'，'杀，杀'，或'血，血'的"，"听去诚然是英勇的，但不过是一面鼓"[184]。

创造社与太阳社中积聚着强烈的"招牌"意味，这是很让鲁迅反感的，我们必须注意到，"招牌"正是现代名教最具典型意味的形态之一，且看论战中鲁迅描绘的这幅场景：

> 遥想洋楼高耸，前临阔街，门口是晶光闪灼的玻璃招牌，楼上是"我们今日文艺界上的名人"，或则高谈，或则沉思，面前是一大杯热气蒸腾的无产阶级咖啡，远处是许许多多"龌龊的农工大众"，他们喝着，想着，谈着，指导着，获得着，那是，倒也实在是"理想的乐园"。[185]

挂起"晶光闪灼的玻璃招牌"，躲在"热气蒸腾的无产阶级咖啡"背后，远离"龌龊的农工大众"，故作沉思，或高谈革命大众——这不又是"做戏的虚无党"！这批以革命与现代都市色彩改头换面加以装点的"伪士"，其特征之一正是上文总结的不关乎实际而仅止于"空嚷"，鲁迅给予其"Salon 的社会主义者"称号，他们"不和实际的社会斗争接触"，"高雅得很，漂亮得很，然而并不想到实行的"[186]。特征之二就是"毫无定见"："毫无定见因而觉得世上没有一件对，自己没有一件不对，归根结蒂，还是现状最好的人们。他现为批评家而说话的时候，就随便捞到一种东西以驳诘相反的东西。"[187]鲁迅称之为"个人主义论客"。仔细推究他们的三种表现，恰恰和现代名教的性征、危害相纠缠：一是"急进"的姿态，"摆着极左倾的凶恶的面貌"，鼓吹"革命一到，一切非革命者都得死"。这正是现代名教强加给个人精神世界的一种"特殊形态的逻辑"，以为"把思想概念当作一面大旗，插在头上就可以吓软读者的膝盖。旗子是愈高愈好，于是他自己也就腾空俯视了"[188]，这种"急进""腾空俯视"般的自我膨胀，其实可能恰恰带来自我丧失与异化。二是要求"彻底，完全，并无缺陷"的革命，完全沉湎于名教的豪言、大词所编织的乌托邦幻梦中。三是"唯我独革"的架势，"世上没有一件对，自己没有一件不对"，这同《破恶声论》中鲁迅驳斥的自居拥有"正信"，并以此由上而下强加给"乡曲小民"的"伪士"并无二致。正是根据这些特征，鲁迅归纳出"流氓"的面貌："无论古今，凡是没有一定的理论，或主张的变化并无线索可寻，而随时拿了各种各派的理论来作武器的人，都可以称之为流氓。"因为"没有一定的理论，或主张的变化并无线索可寻"，所以"随时拿了各种各派的理论"来变换标语、口号，所以"貌似彻底的革命者，而其实是极不革命或有害革命的"[189]，"关在房子里，最容易高谈彻底的主义，然而也最容易'右倾'"。再往后，到了"两个口号"论争中，还是根据这些特征，鲁迅又提炼出"奴隶总管"的丑态："抓到一面旗帜，就自以为出人头地，摆出奴隶总管的架子，以鸣鞭为唯一的业绩。"[190]

正是在混迹于革命队伍里一干"伪士"们"唯我独革"，"抓到一面旗帜，就自以为出人头地"的逻辑与架势中，鲁迅发现了可怕的符咒气味："新潮之进中国，往往只有几个名词，主张者以为可以咒死敌人，敌对者也以为将被咒死。喧嚷一年半载，终于火灭烟消。"[191]鲁迅力劝革命文学家们脱离符咒气味，从名教的幻梦中走出，免得中国无产阶级文学从空嚷到火灭烟消。我们上面提及的"招牌"和此处讨论的"符咒"正是如影随形的一对鬼魅，前者是现代名教的典型形态，后者是现代名教的心理动因与运作机制。

上文反复提到，现代名教的危害在于，对抽象名词的迷信中往往潜藏着祈求一次性解决具体问题的心理——念动符咒拒敌，一劳永逸，"中国的事情往往是招牌一挂就算成功"。所以，那些空嚷着"革命成功"的常常都是"伪士"，就像落在战士尸体上的苍蝇；而真正的革命者自觉到"永远革命"，"革命无止境"。鲁迅与某些左翼青年作家、理论家的不同，亦即真正的革命者、"真的知识阶级"与"伪士"的不同，原因之一在于，对鲁迅而言，马克思主义文艺思想不是先验教条，而是必须以自身多年的探索与体验加以参证。由此我们再回过头去看"空嚷力禁，两皆无用"的告诫，原来正是指明了前面一节中讨论过的对"名"的两种错误态度："力禁"者无视或不敢正视身外体现历史发展趋势的"名"；而"空嚷"者迫不及待地把"名"树为"招牌"，却不经"肉身化"的挣扎过程，他们沾沾自喜所标举的"新"其实欠缺与中国现实、个人经验真正交锋、砥砺的深刻性和坚实性。这两类人——卑怯的抗"名"者（名教批判并不是单纯地抵拒"名"）与伪化的现代意识形态的创制者（"伪士"）——是鲁迅终身与之肉搏的对象。正因为"破名"、挣扎过程的不得轻慢、无法省略，故而鲁迅以为"今天发表这个主张，明天发表那个意见的人，思想似乎天天在进步；只是真的知识阶级的进步，决不能如此快的"[192]，"我真疑心他们都得了一种仙丹，忽然脱胎换骨"[193]——前者是对革命文学家们的预警，后者是对现代评论派的讥刺，正是在这里鲁迅发现了对立者思维逻辑内在的共性。鲁迅对这些"突变""突进"，甚至"突飞"的"伪士"式的"进步"语含讥讽，宁肯表示"原落后方，自仍故态"[194]。我们在后面一章中也将论及，胡风之所以不满他的那些论敌，其中的质疑与鲁迅一脉相承：如此"脱胎换骨"，变化"好快"，这样的"改造"具有"合法性"么？正是在这一意义上，竹内好反复强调鲁迅不是"先觉者"："他和那些大肆标榜新价值，力图以此来对抗旧价值的同时代的进步主义者，从未有过一次同调，反倒是同他们进行了执著的战斗"[195]，"执著的战斗"的建设性方面，就是大量绍介、翻译马克思主义文艺论著，而这些工作的措意之一，原也在于"'打发'掉只偷一些新名目，以自夸耀，而其实毫无实际的'文豪'"[196]。

"伪士"谱系的历时性考察

鲁迅在二十世纪初揭批"轻才小慧之徒"，"借新文明之名，以大遂其私欲"；二十世纪二十年代的"正人君子"们同样"假借大义，窃取美名"，之后发现貌似"急进"的革命文学论者不过也是"只偷一些新名目，以自夸耀"；二十世纪三十年代中期，又观察到阵营内部的"奴隶总管"们"抓到一面旗帜，就自以为出人头地"的丑态……这构成了庞大的"伪士"谱系。最早，鲁迅是在维新派身上提炼出"伪士"的原型，但接连遇到种种"变体"（"做戏的虚无党""流氓"等），正因为其构成庞杂，我们可以在一个宽泛的意义上使用"伪士"这个概念——不管是半新半旧的维新派，还是操持着西方现代理论的知识分子，抑或归属同一战线的某些"革命者"。归结到一点，这是一个与现代名教形影相随的群体，他们是名教的产物，依附在形形色色的"招牌"下的名教俘虏；同时他们又助长着名教，"造言任事"，"今之中国"遂成"一扰攘世哉"。现代名教与"伪士"正是鲁迅左右开战加以反抗、鞭挞的对象。

钱理群、薛毅两位先生曾在语言与权力意志的关系结构中讨论名实不符的产生及危害[197]，以下参考此种讨论，把围绕着"名"的几种现象联系起来观察，并将"做戏的虚无党""流氓"等伪士众生相纳入历时脉络中再加探究。

福柯讨论"陈述方式的形成",以为第一个问题当是:"谁在说话?在所有说话个体的总体中,谁有充分理由使用这种类型的语言?谁是这种语言的拥有者?"[198] 我们不妨参照这一方法论来考察。任何一个统治者在建立起自己的统治时,首先要做的是"正名"。我们在前文中曾提到"正名"思想在历史上源远流长,孔子曰"名不正言不顺",管子也说"有名则治,无名则乱,治者以其名",作为法家的韩非子讲得就更直截:"圣人之所以为治道者三:一曰利,二曰威,三曰名。""正名"不仅仅是一个"名"的创建、清理过程,它是由权力运作将"名"与实在强行胶合,即所谓建立"合法性"。对此鲁迅解释得很清楚:"这里最要紧的还是'武力',……至于理论,那不过是随后想出来的解释。这种解释的作用,在于制造自己威权的宗教上,哲学上,科学上,世界潮流上的根据,使得奴隶和牛马恍然大悟这世界的公律,而抛弃一切翻案的梦想。"[199] 这样的权力结构之下,产生三种类型的人:主人、奴才与奴隶,此三者可以互相转化。当一个人处于主人地位时,其语言形态的特点就是语言与权力的合一:"皇帝所诛者,'逆'也,官军所剿者,'匪'也,刽子手所杀者,'犯'也。"[200] 这种由单一权力结构掌控的语言与"名"的生产、运作是排斥讨论和交流的,即《狂人日记》中所谓"总之你不该说,你说你就错"。"指鹿为马"可以理解为权力意志发展到极端而形成的语言游戏。由此,在语言霸权下名实不符的现象就出现了:对于统治者而言,所谓"正名",准确地说是将"名"与权力所指定的"实在"而非现实世界中的实在相胶合;对于被统治者而言,也许他们并不相信"主子"所提供的"名",但为了谋求生存,就有了缺乏内在信仰的"借名"。"一面是肯定和维系着各种观念和话语,一面对任何观念和话语都不倾心和信仰,鲁迅称之为'普遍的游戏'。

权力要求臣民们真诚地信仰意识形态并服从权力，而臣民们则扮演着'真诚地信仰和服从'。一面占有和享用权力赋予的利益，一面最大限度地逃脱权力对他的灾害。"一面支撑着"名"，一面消耗着"名"，所以鲁迅有这样的观察：

> 我们这曾经文明过而后来奉迎过蒙古人满洲人大驾了的国度里，古书实在太多，倘不是笨牛，读一点就可以知道，怎样敷衍，偷生，献媚，弄权，自私，然而能够假借大义，窃取美名。再进一步，并可以悟出中国人是健忘的，无论怎样言行不符，名实不副，前后矛盾，撒谎造谣，蝇营狗苟，都不要紧，经过若干时候，自然被忘得干干净净；只要留下一点卫道模样的文字，将来仍不失为"正人君子"。况且即使将来没有"正人君子"之称，于目下的实利又何损哉？ [201]

但这里的"借名"者还可以细分：一类"献媚，弄权，自私"，"假借大义，窃取美名"的"伪士"；一类完全只为争取生存权利，极权统治往往不允许人沉默而"强迫人说话"，于是不得不"敷衍"；还有一类是利用统治者的语言来表达反抗意志的异端，即通常所说的"打着红旗反红旗"[①]，利用原有的语言外壳而偷梁换柱的策略往往发生于历史过渡时期。但这些"借名"都造成了"名"与"实"之间的移位、断裂。同时"逃名"现象也出现了，真正相信"名"及其代表的意识形态的人反

[①] 顾骧先生在一篇回忆录中就曾别有会心地说："在历史过渡时期，人们为了取得思想的合法性，常常利用原有的语言外壳，如同中世纪向文艺复兴过渡，人们常常利用圣经语言，运用人文主义思想一样。"参见顾骧《乡贤胡乔木》，《文学报》2008 年 4 月 24 日。

而不愿意使用同一语言系统，有些"笨牛"为划清界限，宁可"逃名"。

在鲁迅的语境中，同处于被统治地位的奴隶与奴才还有区别。他们都没有自己的语言，只能归趋、借用主子的语言，但奴隶是"被迫迎合"，"固然有自我保存、自我求生存的性质，也未尝不可说是一种愚君政策"，这往往出于"民间的智慧"。"而奴才是主动的，他们主动、自觉地充当做戏的虚无党"，鲁迅说这些人"其实也并不真相信，只是说着玩玩，有趣有趣的"[202]，"大家本来看得一切事不过是一出戏，有谁认真的，就是蠢物。……一做戏，则前台的架子，总与在后台的面目不相同。但看客虽然明知是戏，只要做得像，也仍然能够为它悲喜，于是这出戏就做下去了；有谁来揭穿的，他们反以为扫兴"[203]。清醒地明白"瞒与骗"话语的虚幻性但同时仍然制造、扮演"瞒与骗"，"做戏的虚无党"正是启蒙困境的症结所在，使得启蒙者的解放与拯救如入无物之阵一般归于虚无。

到了旧的统治机器崩溃，单一的权力结构与语言秩序被打破，出现真空，这个时候先前由权力支撑着的、独一无二的"名"消散了，"名"趋于纷繁，这很容易让人想到"多元化"，但事实并不如此简单。"本来，多命名和多话语的汇合在一起如西方现代社会，彼此之间能产生无穷的冲突，彼此勾消了对方的绝对性，从而获得对各种名目和话语的否定性认识。但这种否定在中国 20 世纪并不出现，鲁迅不同意将中国主体在多项共在状态下的选择归结为否定性的'不战，不和，不守，不死，不降，不走'。鲁迅认为这种'无主意，不盲从，不附势'而使自己陷入危险的境遇不符合中国行为主体的选择策略。鲁迅将此联修改为'似战，似和，似守，似死，似降，似走'，认为这种'骑墙'或者是巧妙的'随风倒'在中国最得法。"因此，"名"的纷繁化并未导致出一个对抗将"名"推为绝对的多元共存空间，"名"起伏长消，完全沦为"济私助焰工具"。极权统治下"正名"／"借名"的二元对立，转化为"争名""夺名""换名""盗名"的游戏。鲁迅的观察确实透辟："有宜于专吃的时代，则指归应定于一尊，有宜合吃的时代，则诸教亦本非异致，不过一碟是全鸭，一碟是杂拌儿而已。"这个时候"流氓"就大行其道，他本就奉行"二丑"艺术，为主子服务，享受主子赋予的权力；同时又保持一定距离，一旦主子倒台则赶紧另事新主，所以"没有一定的理论，或主张的变化并无线索可寻，而随时拿了各种各派的理论来作武器"。"流氓"在名教的空间中穿梭，奋力"夺名"，又随手抛弃，从"做戏的虚无党"演化为"流氓"，正是名教游戏发挥到极致，也可以说是走到了末路。在名教的轰炸中所有的"名"如入染缸被糟蹋，"众昌言自由，而自由之蕉萃孤虚实莫甚焉"。

以鲁迅为代表探讨"破名者"知识生产的特性

"与人生即会"

章太炎反感那些中学根基浮薄而无批判地转向西学、在变革时代中不探"本柢"却急功近利者。鲁迅早期论文言及西学东渐之影响，矛头每每指向"稍耳物质之说""稍稍耳新学之语"的"近世人士"，对"耳""聆""耳食"一类语汇的敏感、质疑，正是承继了章太炎的"耳学""眼学"之辨：

> "眼学""耳学"之分，不只是一般读书方法的区别，而是

两种学制在教学方式上的根本差异。以耳学为学问，乃古人治学之大忌，颇有但凭听闻不加钻研乃至道听途说欺世盗名的味道。……章氏之批评学校之重"耳学"，除强调其可能导致"学在皮肤"外，更将其与"眼学"相对立，突出治学中自力修持与他人辅助之别。在《救学弊论》中，章氏论读史"其所从人之途，则务于眼学，不务耳学"；而在《章太炎论今日切要之学》和《与邓之诚论史书》中，章氏又称"历史之学宜自修，不适于讲授"；"史书宜于阅读，不宜于演讲"。可见，章太炎心目中的"眼学"即"自修"，"耳学"即听教师"讲授"。"讲授"固然利于启发初学引导入门，可能让大众听得进去的必是卑之无甚高论，真正精微之处是无论如何难得以语言传授的。读书只能自家体会，教师最多从旁略加点拨，关键处助其一臂之力。倘若全凭讲授，囿于耳学，最好也不过获得些许高等常识——还难保不因教师的愚钝而误入歧途。[204]

确实，"以耳学为学问，乃古人治学之大忌"，在一般意义上而言，中国传统思想讲究治学从自家体会中得来，与自我人生体验相契合。《论语·阳货》记载："子曰：'道听而涂说，德之弃也。'"获闻懿训嘉声，必得反体之于我心，潜修密诣，深造而默成，始得"为己"之学。倘若入于耳，随即出于口，不内入于心，纵闻善言，亦不为"己有"。荀子说得更明白："入乎耳，著乎心，……为己也。入乎耳，出乎口，……为人也。"孔安国注："为己，履道而行。为人，徒能言之。"我们还可以联想到《庄子·齐物论》中："圣人怀之，众人辩之以相示也。"（再往前可以追溯到《老子》第八十一章："善者不辩，辩者不善。")王先谦注"怀"字为"存之于心"[205],"圣人"在心中默默体道,而"众人"只在口头喋喋争辩竞相夸示而不由身心内在体会。上述道听途说而争口舌之胜、"徒能言之"而不"著乎心"者可以视为"伪士"在先秦典籍中的"原型"之一。宋明理学有一系列的范畴建构,但仍然保持着与世俗人生的广泛联系。朱熹生动地告诫学生:"'明明德'乃是为己工夫。那个事不是分内事?明德在人,非是从外面请入来底。""须是自家见得这物事光明灿烂,常在目前,始得。"(《朱子语类·卷十四·大学一》)只不过理学发展到极端,将道德教化推为道德戒律,在天理与人欲的对立中泯灭了人生体验中感性欲求的一面。有清一代江南知识阶层对此有所反拨,浙东学术的鲜明特征即"切于人事",章太炎与这样的学术氛围有着密切联系。《原名》中指出:"今辩者所持,说尔。违亲与闻,其辩亦不立。"[206]这里突出了亲身感知的知识的决定性作用,离开了它们,分析、演绎、归纳、推理根本不能成立。章太炎甚至将生存困境作为学问增长的根源:"余学虽有师友讲习,然得于忧患者多","近遭忧患,益复会心","迩来万念俱灰,而学问转有进步"[207],这些就是第三章中曾议及的章氏之学的质地所在:突出知识、思想、学说的动态获取过程,同个人经验、生命实感二者之间的互渗和砥砺。

我们完全可以将鲁迅纳入上述思想脉络中考察。虽然与章太炎相比,鲁迅对文学的理解自有突破门墙、独出机杼之处,但如果将学问与文学均宽泛地视为一种精神生产(如前文所述,在鲁迅的语境中,"神思"是人类一切创造活动的源泉,而"文章之职与用"正在于"涵养人之神思",所以学术受文学导源,正是合二而一的关系),那么张扬其"与人生即会"正是章太炎与鲁迅一脉相承的。《摩罗诗力说》中写道:

"盖世界大文，无不能启人生之阊机，而直语其事实法则，为科学所不能言者。所谓阊机，即人生之诚理是已。此为诚理，微妙幽玄，不能假口于学子。如热带人未见冰前，为之语冰，虽喻以物理生理二学，而不知水之能凝，冰之为冷如故；惟直示以冰，使之触之，则虽不言质力二性，而冰之为物，昭然在前，将直解无所疑沮。惟文章亦然，虽缕判条分，理密不如学术，而人生诚理，直笼其辞句中，使闻其声者，灵府朗然，与人生即会。如热带人既见冰后，曩之竭研究思索而弗能喻者，今宛在矣。"[208]鲁迅强调文学与人生的直接关联，其实在鲁迅那里，知识生产与他的文学是有同一性的（下文会述及这个问题），所以在获取知识的过程中必得要求人生体验的真切参证。那么，这样一种获得知识、思想的过程意义何在？

首先，上文曾述：鲁迅入手"伪士"批判时以"中无所主"与"独具我见"来标示两种判然有别的态度。"中无所主"这个词可能来自《庄子·天运》的"中无主而不止"。意谓心中不自得则道不停留。林希逸的解释是："学道者虽有所闻于外，而其中自无主，非所自得，虽欲留之，不住也。"[209]"自得"用鲁迅杂文中的词来表达，正是"自做工夫"[210]。中国的现代及现代民族国家建构的历史，是"仿照西方以建构取消差异的现代意识形态一体化的历史"[211]，在此过程中文化领域的特殊困境在于，很多知识分子"有所闻于外"后即单纯依赖，甚或竭力抢夺西方概念词语的"思想锦标"而遗忘"此时此地"、一点一滴的"自做工夫"；下等的巧滑"伪士"则乘势而起，操名教为暴政。鲁迅强调"独具我见"的"自得""自做工夫"，其现实针对性恰在于此。

其次，前文中曾借鉴克尔凯郭尔的意见，区分真理的两种类型：一种是客观的、非个人的知识、真理（比如二加二等于四），还有一类是主观真理（哲学的真理），主要和个人的实践密切相关（"对我来说是确实的真理"）。其实，张载所谓"见闻之知"与"德性之知"①，欧克肖特提出"技术的知识"与"实践的知识"②，弗兰克探究"感性和理智的观察"与"生命的知识"基本上都是在处理同一个问题。对于前一类知识，"一旦我知道，就知道了"，但对于后一类知识而言，必得"需要继续努力，把它变成我自己的"，因为它不像数学公式那样具备必然性，也不是"地球围绕太阳转"这般陈述一个事实判断，"不是作为对存在的淡漠的外在的观察的结果的知识，而是产生于我们自身，由我们在生命经验的深处孕育的知识，也就是我们的全部内在本质参与其中的知识"，"和我们的生命本身合为一体的"[212]。关于上述两种知识类型的区别，弗兰克有过一段生动描述："从内部认识社会和政治生活，参与其中，感受其波澜激荡，享有其鲜活经验，这是一回事；像自然科学家研究食蚁熊的生活那样研究这种社会政治生活，则完全是另一回事。在前一种情况下，鲜活经验以其全部生命力、丰富性、具体性、原生性直接展示于从内部来认识它的思想；向这种思想展示的是完全不同的一种量度，第二种思想类型不可能具有这种量度，它只是从外部去认识这里现有的实在的外围图景或者外露的表层。"[213]如果我们将上面这番

---

① "见闻之知"与"德性之知"的划分，始于张载，定于程颐，盛于王阳明，而泯于明清之际。各家各派对二者不同的解说及侧重，是中国思想史上的重要课题。详参余英时《清代学术思想史重要观念通释》，载《中国思想传统的现代诠释》，南京：江苏人民出版社，2003年8月。大体说来，"见闻之知"可比附为一般客观知识，可于书本或外界习得；而"德性之知"不仅要从自家内心来体认，更须通过践履来扩充为生命实践。

② 欧克肖特提出两种知识类型：一种是技术的知识，一种是实践的知识。前者是通过学习获得的理性知识，后者是在生活实践中心领神会而无法言说的知识。参见［英］迈克尔·欧克肖特《政治中的理性主义》，张汝伦译，上海：上海译文出版社，2004年6月，第7—13页。

梳理与本书论题范围相结合，并且把知识看作"名"的一种代表类型，那么可以把问题归结为两个方面：首先，作类型区分当然不是为了排除二加二等于四之类的知识操作（前文中反复申明名教批判并不是指打破"名"的所有形态，弃绝任何形式对"名"的操作），而是因为我们这里所讨论的"名"，大抵不是"自然科学家研究食蚁熊的生活"这一路，所以，在获取另外一路具备"完全不同的一种量度"的"名"时，需要"我们的全部内在本质参与"，需要"全部生命力、丰富性、具体性、原生性"的投入。否则，缺陷不仅在于你认识到的仅止于"现有的实在的外围图景或者外露的表层"，而且意味着这样的认识只附着于主体的"表层""皮肤"，没有"肉身化"、机能化，没有"和我们的生命本身合为一体"。其次，找到一个科学、合理的"名"（概念、主义、真理等）并不困难，在中国现代这样一个启蒙时代中，它们甚至充斥在我们周围；然而更重要的是，我们必须让这些"名"与个人经验、生命实感相摩擦，"参与其中，感受其波澜激荡，享有其鲜活经验"，在"生命经验的深处孕育"——这个过程，这样一个在遭遇"名"之后，"继续努力，把它变成我自己的"过程，饱含个人承诺，关乎生命实践，力求在日常生活中加以深化、持存。而我们现在可以发现，这其实就是"破名"的过程：要求学说、思想必须褪去僵硬的"名"的形态（空洞的名词堆砌与冷漠的符号操作），而在最深切的生命经验背景上具化、证验、展开、落实。"破名"同时就是一个真正获得"名"的过程，如上文所述，它与挣扎体验相联系，未经此过程而占有的知识、学说、思想，亦即不"和我们的生命本身合为一体的"知识、学说、思想，是不具有生产性的。

以鲁迅为例，他自述《呐喊》诸篇是"听将令"式的"遵命文学"，"不过我所遵奉的，是那时革命的前驱者的命令"，但紧接着就特意追加、强调一句——"也是我自己所愿意遵奉的命令，决不是皇上的圣旨"。[214]就是说，这已经不是由上而下的外在律令，而是身历"绝望之为虚妄，正与希望相同"的挣扎之后的自由主体内在的律令。再比如我们上文探讨的启蒙合法性问题：启蒙并不是由外在或"众数"权威自外而内植入的绝对命令，它必须由先验的"名"的形态转化为一种更加本源性的存在，被个体的血肉挣扎所检验，被生命气息所浸润。启蒙必须确立在这样诚实的生命源头上。更加文学性的描绘来自《野草》，"过客"拒绝布施，拒绝休息，拒绝回转去，时时感到有"声音常在前面催促我，叫唤我，使我息不下"。这声音并不来自外在于个体的超越实体或他律性企图，而是"声发自心"的召唤，源于自我内在生命的"绝对命令"——召唤自己成为对世界负有真正自由责任的主体。这召唤神秘却又真实，因为它来自摆脱了"各种旗帜""各样好名称""各样外套""各式好花样"等假面掩埋的真实自我。"过客"诚然不知道"前面"是什么，但"正因为无路可走才必须前行"，意义与价值的源泉就通过"此时此地"的走路来亲证、敞亮。

让身外的知识内入于心的治学工夫，古人用"如切如磋，如琢如磨"来形容，这个短语的本意——不管是凿石还是治玉，处理的对象都质地坚硬——指向艰苦卓绝的工作，所以这个过程必然是艰难而漫长的。诚如伊藤虎丸先生的由衷感慨："思想是一种多么脆弱的东西，或者换言之，将'思想'真正变成自己的东西是多么困难。"[215]与其他人相比，"破名者"抛弃、拒绝被施予省事的捷径与幻想：章太炎《四惑论》中揭批"惑"，"惑"之为物，恰在于诱导人们取消心灵痛苦，转而精神涣散、个性沦丧，只在思维世界中留下空白的"跑马场"，供种种现代名教大行其道地加以填塞。相反，章太炎自身学问精进"得于忧患者多"，实因饱含丰富生存体验的精神痛苦往往是文化创造的契机，恰如尼采所谓"我们必须不断从痛苦中分娩出我们的思想"[216]。再到鲁迅"此时此地"的"挣扎"、一点一滴的"自做工夫"，再到胡风文论中每每闪现的"艰苦""紧张""痛楚"等，无不指向将"身外的观念"透进"主体内部"去的血肉搏斗过程。正视、忠实，并勇于身受心思与学说之间痛苦而必要的磨勘淬砺——由"破名者"所呈现的这样一条线索，值得我们记取。

知识生产的非观念性

鲁迅知识生产的非观念性——或借伊藤虎丸的说法，"彻底的反实体、反实念论的思维方法"，伊藤先生甚至以为这是鲁迅"根本性的思维方法"[217]——最显在的表现是，他关心的往往是精神态度而非思想内容。本书多处述及，鲁迅往往突破主体所标举的种种"名"（口号、观念、言论、学说、主义）的空壳而考较主体自身精神的健全与否。再举一例，"五四"前后，《新青年》陆续发文讨论世界语，引出一场争论，全力提倡者有之，坚决反对者有之，还有主张停止讨论者，而这个时候鲁迅的发言，真是度越流俗：

> 但我还有一个意见，以为学 Esperanto 是一件事，学 Esperanto 的精神，又是一件事。——白话文学也是如此。——倘若思想照旧，便仍然换牌不换货：才从"四目仓圣"面前爬起，又向"柴明华先师"脚下跪倒；无非反对人类进步的时候，

从前是说 no，现在是说 ne；从前写作"唏哉"，现在写作"不行"罢了。所以我的意见，以为灌输正当的学术文艺，改良思想，是第一事；讨论 Esperanto，尚在其次；至于辨难驳诘，更可一笔勾消。[218]

鲁迅不为抽象的观念形态所拘，而注重培育、养护观念的"精神"，这是根柢所在，"是第一事"。他放眼西方时，主张"用科学之光照破""所举的各主义"，并不生吞活剥外形，而注重探求精神内质。他所把握的"现代"，不是什么形形色色的概念、主义、意识形态。也就是说鲁迅并不把这些当作可以随意更换的"零部件"来把握，而是关怀将它们孕育出来的精神。相反，正因为这样的精神缺失，主义才散乱一地而无实效；他判别知识分子真伪时，也是将口号、名词、言论、学说、主义同主体相剥离，勘查他们实际的主体态度，有时径直"戳破新盒子而露出里面所藏的旧物来"[219]。上文讨论如何才能避免沦为"伪士"而成为一个合格的"接球手"时议及，首先要对"名"的接受过程有所觉悟、反思。鲁迅曾注目于在中国活动的"主义者"们："外表都很新的，但我研究他们的精神，还是旧货，所以我现在无所属，但希望他们自己觉悟，自动的改良。"[220] 柯林伍德在《历史的观念》一书中也谈到"反思"（reflection），认为"反思"的对象不仅涉及客体，更主要针对的是那种与对象相关的主体的思想，或建构了对象的主体自身的思维方式。现代名教的危害在于，它往往使主体在不自觉间被强加上一种"特殊形态的逻辑"，这个时候就需要主体有"反思"的能力，将质疑的矛头转向自身，对准建构了"名"的"主体自身的思维方式"："我"的一切主张言论都是"声发自心"么？"我"对"新名""公名"

的接受，是否已经摒弃了"旧货"般的精神而出于不为外力拘囿的自由思考？"我"没有轻慢那个无法忽略的让"名""肉身化"的"破名""挣扎"过程吧？……如果对上述自我质疑无法得出肯定的回答，那么宁可从名教的众声合唱中逃离出来，守住"本心"，选择"无所属"。而这就是鲁迅所谓"自己觉悟"。

这一"无所属"，"一无所有"，"没有主义要宣传"[221]的状态，鲁迅多有自述。那么，非观念性的知识生产方式究竟具备何种特质？

首先，它不同于书斋式的知识积累，当然这并不意味在知识活动中取消观念操作，而是对此观念操作持守一种丸山真男所说的"伦理意识"。"比起从现实出发进行抽象化的作用来，被抽象化了的结果更受到重视。由此，理论和概念失掉了其作为虚构的意义，反倒转化为一种现实"，由此，理论和概念被实体化、绝对化后转化为"理论信仰"，"认为理论可以无限地解释现实问题"，否认既定法则之外的个别性事件、现象，这就是名教的发生。周作人也曾以此来检讨中国思想史："中国过去思想上的毛病是定于一尊，一尊以外的固是倒霉，而这定为正宗的思想也自就萎缩，失去其固有的生命，成为泥塑木雕的偶像。"[222]本来流动状态中的思想，被"定于一尊"后，由理论转为"理论信仰"，切断了与现实的关联，异化为"泥塑木雕"的名教符号。故而，在名教批判的意义上讨论非观念性格，亦即——还是借丸山真男的话来说——自觉到理论的"有限性"，保持"对于自身的知识运作的严格的伦理意识"："理论家的任务不是与现实直接融合，而是依照一定的价值基准把复杂多样的现实归纳为方法序列，因而被归纳整理的认识无论如何完美都不可能无限地包容复杂多样的现实，也不可能成为现实的代用品。理论就是理论家从自己的责任出发，从现实当中，准确地说是从现实微乎其微的一部分当中有意识地挤压出来的产物。因而，理论家的目光一方面要严密地注意抽象的操作，另一方面，由于现实在自己的处理对象之外伸展着无边无际的旷野，它的边际消失在半明半暗之中，故理论家必须对此保有某种断念之感，同时又对于在自己的操作过程中不断地被舍弃掉的素材保持爱惜之情。这种断念和对剩余之物的感觉培养着对于自身的知识运作的严格的伦理意识，并进而唤起能动性地推进理论化的冲动。"[223] 所谓"断念和对剩余之物的感觉"、敏感于"现实在自己的处理对象之外伸展着无边无际的旷野"，就是说，只有与生活建立了开放而互动关系的观念，才具有知识生产的能动性，它的本源是一个莽莽苍苍、生机活泼的大世界。这和反对现代名教的规训和宰制正是一个意思。鲁迅在逝世前不久写下感人至深的《"这也是生活"……》，临近生命的终点，鲁迅仍然深切表达着与这个世界紧密关联的经验："外面的进行着的夜，无穷的远方，无数的人们。都和我有关。"[224]

其次，在知识生产过程中坚持主体性，也就是上文谈到的力求获取"和我们的生命本身合为一体的"知识，没有主体血肉、精气参与的"客观的知识"只能导致知识的虚伪与僵化。鲁迅反抗的不是"名"（价值观念）本身，而是它们被抽象化和空洞化的运作方式，比如缺乏"个性"和"精神"之根柢的主义，以及对这些主义顶礼膜拜般的灌输。总之（借用上文中引述以赛亚·伯林的话），这必须不是出于"身外强力迫使"而对"外在于己身"的"价值"的趋附。这是我们在讨论鲁迅的"伪士"批判时不断触及的问题。非观念性所强调的知识生产中的主体，不是一个形而上的抽象自我，而是一个生气淋漓，有着生存欲望，无法将他从所置身的周围事物的复杂关系中抽离出来，因而才试图通过知识活动反过来为自我的生存寻找可能性的现实个体。只有在这一层面上才可以说"客观的知识"是无意义的。由于主体性的介入，由于主体不断通过获取知识来建构自身和反省自身，知识也才得以通过不断变化而获得存在的意义与可能。

鲁迅不以严格的概念、范畴和逻辑推理作为表达手段，"他在气质上，也和凭借概念来思考缘分甚远"。[225] 鲁迅诚然是思想家，但他的思想，并非一般意义上的观念、体系之类，而是个人浑然的存在体验，个人对现实社会和宇宙全体的直面与担当。这就是鲁迅的文学，或者说，鲁迅之所以能够避免众多同代人因理念操作的失度而身陷名教世界的命运，根本上源于文学的成全。上述鲁迅知识生产非观念性的两个特质——与生活的呼应，与主体存在的互动——根本上也就是文学，而且是一种身经"破名"的文学。"破名"的精神要求对文学重新定义：把文学从竹内好批判的"那种所谓的文学论"中解放出来，推向终极性和本源性的存在，同时又使这一终极性和本源性在文学的名义下获得现实人生的流动形态[226]。经此"破名"的文学，是审美，是思想，是政治，是行为，但是它又是度越这一切，催生也废弃了这一切的那个终极性和本源性的"无"——那个不断流动的、自我更新的空间。承载着这一意识的，正是鲁迅创造的独异文体——杂文。

鲁迅素来反感"文学概论"或"什么大学的讲义"之类俨然、雍容的本质性规定："我们试去查一通美国的'文学概论'或中国什么大学的讲义，的确，总不能发见一种叫作 Tsa-wen 的东西。这真要使有志于成为伟大的文学家的青年，见杂文而心灰意懒：原来这并不是爬进高尚的文学楼台去的梯子。托尔斯泰将要动笔时，是否查了美国的'文学概论'或中国什么大学的讲义之后，明白了小说是文学的正宗，这才决心来做《战争与和平》似的伟大的创作的呢？我不知道。但我知道中国的这几年的杂文作者，他的作文，却没有一个想到'文学概论'的规定，或者希图文学史上的位置的，他以为非这样写不可，他就这样写，因为他只知道这样的写起来，于大家有益。"[227] 正是依借着"不愿意酱在那里面"的"逃名"思路，鲁迅捍卫他所实践的杂文创作："我以为如果艺术之宫里有这么麻烦的禁令，倒不如不进去；还是站在沙漠上，看看飞沙走石，乐则大笑，悲则大叫，愤则大骂，即使被沙砾打得遍身粗糙，头破血流，而时时抚摩自己的凝血，觉得若有花纹，也未必不及跟着中国的文士们去陪莎士比亚吃黄油面包之有趣。"[228] 鲁迅对"文学本位主义"的揭破，正是要警醒世人潜藏在"严肃的工作""繁重文学制作"之类背后的权力体系，以及在这种纯文学性的"文艺价值"麻痹之下，切勿遗忘了"生存的血路"。鲁迅对文学经典化、体制化的反思，立意于艺术、文学一旦"被命名"，往往就容易失去其原有的生命与活力，而杂文的价值正在于"对于有害的事物，立刻给以反响或抗争，是感应的神经，是攻守的手足"[229]。同时，鲁迅的杂文从来不作超出具体问题的悬空议论，它由具体事情得出，始终向着具体事情展开，郜元宝先生称之为"具体的智慧"[230]，正是这种智慧使得鲁迅相比其他人更能推开各种障眼蔽目的悬浮性名词、概念、学说、主义……

胡风对杂文有这样的认识："杂文的特征应该是把思想化成了方法，也就是化成了作者自己的血肉要求的，对于现实的具体的批评，社会批评、思想批评、文艺批评之类，使思想成为突入现实的力量而不是反复背偏的抽象原则，使现实内容不断地丰富思想，发展思想，因而也就是不断地丰富作者自己，发展自己。"[231] 这与上文所述的知识生产方式——与具体的现实紧密互动，主体通过获得知识来建构和反省自身，知识也通过不断变化而获得存在的意义与可能——正是一个意思。显然，胡风对此独有会心，鲁迅的文学极大影响着胡风。胡风所处的时代对文学的理解愈趋偏狭，对文学的要求日益峻急，但总体来说，胡风没有将文学实体化，没有将文学与政治抽象化后再对立起来。他心意中的文学结构必须处于流动状态，能够自我更新而非凝固不变，近似一种"实践"或"机能"。上文讲鲁迅的文学是"破名"的文学，"破名"在这里的意思，就是指文学穿透种种文学名教（关于文学的本质主义定义、规范、界说）而化作更加本源、贴己的机能性存在。

结语

> 不知从何时开始，那些笃信书本的人，把他们认为理解的东西一点一滴地积累起来，并不考虑这一点一滴的知识是否积累得正确；及至最后发现错误十分明显，而又仍不怀疑他们最初的根据，于是终日埋头书卷，东找西翻，却不知道怎样清理自己……[232]

> 这样取得了统治地位的传统首先与通常都使它所"传下"的东西难于接近，竟至于倒把这些东西掩盖起来了。流传下来的不少范畴和概念本来曾以真切的方式从源始的"源头"汲取出来，传统却赋予承传下来的东西以不言而喻的性质，并堵塞了通达"源头"的道路。传统甚至使我们忘掉了这样的渊源。传统甚至使我们不再领会回溯到渊源的必要性。传统把此在的历史性连根拔除……[233]

很不幸，"五四"以来的思维方式恰可作为上面两段论述的注脚，"这种方式：一是把'制造'出来的东西说成是'发现'的东西，从而不言自明地获得了合法性；进而，跟这个相辅相成，它把自己暗含的理论模式和由之生发的理论话语，套到自然的东西上面，把一个理论的东西套到现实的、自然的世界上面"[234]。这种遮蔽、取缔的力量畅通无阻，强大到排斥任何质疑，而再生产的过程从人为的操作变成自然的心理认同，甚至这一过程在惯性中逐渐被人忽视、遗忘。其结果是，不经反省的名词神话、主义崇拜四处泛滥。而非观念性的知识生产方式，一方面提供了类似黑格尔所谓"保持其自身于具体事物之中"而与生活世界紧密呼应的禀赋（黑格尔说："有生活阅历的人绝不容许陷于抽象的非此即彼，而保持其自身于具体事物之中。"[235]）；另一方面又出具了一把严格的标尺：高蹈的对于现代理论的依附，只要无从与现实经验和个人内心发生深切的关系，统统不可靠。上述二者融淬而产生的合力，恰能同"制造"当"发现"，"人为"当"自然"的现代名教形成对抗。

　　进化论也罢，阶级论也罢，这都不是鲁迅本人所创造的"思想体系"……

　　……他没有想到过创造任何"思想体系"，更看不起任何东方式的"思想体系"。

　　当然，这只是他的作为思想家的一个要点。这里面的活的过程和丰富的内容，只有在作为战士的他的道路以及作为诗人的他的道路的有机的联系里面，才能构成这个"现代革命圣人"

的俯视一代的巨像。[236]

> 他从来没有打过进化论者或阶级论者的大旗，只是把这些智慧吸收到他的神经纤维里面……那些思想运动者只是概念地抓着了一些"思想"，容易记住也容易丢掉，而鲁迅却把思想变成了自己的东西。思想本身的那些概念词句几乎无影无踪，表现出来的是旧势力望风奔溃的他的战斗方法和绝对不被旧势力软化的他的战斗气魄。[237]

以上，是胡风对作为思想家的鲁迅的总结。我们可以发现，获取"和我们的生命本身合为一体的"知识以及知识生产的非观念品格，基本上都已经蕴含在胡风对鲁迅的理解中。

鲁迅的挚友瞿秋白曾经把中国现代"文人""书生"的特征概括为不会亲切了解"宇宙间的一切现象"，把自己变成"一大堆抽象名词的化身"，因而对实际生活没有实感。对于自二十世纪初叶以来甚嚣尘上的现代名教，上述这段话可谓诛心之论。人被异化进名教的牢笼而无法接触实在，他的确证与实践，不需要面对事物本身，而是通过种种对事物的知识来完成，这一过程甚至完全沦为血气丧失、冷漠而机械的操作；不是具有自在本性的事物，而是名教对事物的编排，成了合法性源泉；抽象的概念以及由它所再生产的说法、看法，遮蔽、斩断了真实丰富的生活世界与流动不已的历史过程；与此同时，具体的个人及其真切的现实生活，在一大堆抽象名词的挤压下，被碾碎成微不足道的尘埃……这正是中国现代意识的核心危机，用章太炎的话说是"以论理代实在"，用鲁迅的话说是"观念世界之执持"。

以鲁迅为代表讨论知识生产方式，其实是要提出一种中国现代知识分子的精神能力——用"朴素之民"的"白心"来抵抗理念的依附性，将学说、主义、思想等与生命实感交相砥砺，褪去僵硬而不及身的形态，最终在深切的生命经验背景上具化、证验、展开、落实……由此刺穿现代名教的空壳而抵达活泼的现实世界，真正进入社会历史实践。这是二十世纪中国文学，乃至中国现代思想传统中最最值得宝爱的品质。有了这番启示，现在我们可以把瞿秋白那段话的意思反过来说一下：从"一大堆抽象名词"中走出来，通过"亲切的了解"，去获取对"宇宙间的一切现象"的"实感"……

注释

1 鲁迅：《再论雷峰塔的倒掉》，载《鲁迅全集》（第一卷），第 204、205 页。

2 鲁迅：《通讯》，载《鲁迅全集》（第三卷），第 27 页。

3 鲁迅：《我们不再受骗了》，载《鲁迅全集》（第四卷），第 441 页。

4 鲁迅：《十四年的"读经"》，载《鲁迅全集》（第三卷），第 137 页。

5 鲁迅：《叶永蓁作〈小小十年〉小引》，载《鲁迅全集》（第四卷），第 151 页。

6 鲁迅：《〈奔流〉编校后记》，载《鲁迅全集》（第七卷），第 194 页。

7 鲁迅：《水性》，载《鲁迅全集》（第五卷），第 546 页。

8 鲁迅：《记"发薪"》，载《鲁迅全集》（第三卷），第 369 页。

9 鲁迅：《崇实》，载《鲁迅全集》（第五卷），第 14 页。

10 鲁迅：《中国文坛的悲哀》，载《鲁迅全集》（第五卷），第 264 页。

11 鲁迅：《逃名》，载《鲁迅全集》（第六卷），北京：人民文学出版社，2005 年 11 月，第 409 页。

12 鲁迅：《推背图》，载《鲁迅全集》（第五卷），第 97 页。

13 鲁迅：《马上支日记》，载《鲁迅全集》（第三卷），第 344、345 页。

14 鲁迅：《致郑振铎》（1935 年 1 月 8 日），载《鲁迅全集》（第十三卷），北京：人民文学出版社，2005 年 11 月，第 338 页。

15 鲁迅：《庆祝沪宁克服的那一边》，载《鲁迅全集》（第八卷），第 197 页。

16 鲁迅：《"圣武"》，载《鲁迅全集》（第一卷），第 371 页。

17 鲁迅：《随感录五十六·"来了"》，载《鲁迅全集》（第一卷），第 363 页。

18 鲁迅：《随感录三十八》，载《鲁迅全集》（第一卷），第 328 页。

19 鲁迅：《偶感》，载《鲁迅全集》（第五卷），第 505、506 页。

20 鲁迅：《致姚克》（1934 年 4 月 22 日），载《鲁迅全集》（第十三卷），第 82 页。

21 鲁迅：《"硬译"与"文学的阶级性"》，载《鲁迅全集》（第四卷），第 214 页。

22 鲁迅：《致许寿裳》（1926 年 12 月 29 日），载《鲁迅全集》（第十一卷），第 668 页。

23 许寿裳：《我所认识的鲁迅·鲁迅的人格和思想》，载鲁迅博物馆等选编《鲁迅回忆录》（专著，上册），北京：北京出版社，1999 年 1 月，第 520 页。

24 鲁迅：《〈三闲集〉序言》，载《鲁迅全集》（第四卷），第 5 页。

25 鲁迅：《两地书》，载《鲁迅全集》（第十一卷），第 40 页。

26 鲁迅:《随感录三十五》,载《鲁迅全集》(第一卷),第 321 页。

27 鲁迅:《推背图》,载《鲁迅全集》(第五卷),第 97 页。

28 鲁迅:《小杂感》,载《鲁迅全集》(第三卷),第 555 页。

29 鲁迅:《非革命的急进革命论者》,载《鲁迅全集》(第四卷),第 232 页。

30 鲁迅:《随感录三十九》,载《鲁迅全集》(第一卷),第 334 页。

31 鲁迅:《这样的战士》,载《鲁迅全集》(第二卷),北京:人民文学出版社,2005 年 11 月,第 219 页。

32 鲁迅:《〈华盖集续编〉小引》,载《鲁迅全集》(第三卷),第 195 页。

33 鲁迅:《"招贴即扯"》,载《鲁迅全集》(第六卷),第 235 页。

34 鲁迅:《看萧和"看萧的人们"记》,载《鲁迅全集》(第四卷),第 508 页。

35 鲁迅:《夜颂》,载《鲁迅全集》(第五卷),第 203、204 页。

36 鲁迅:《两地书》,载《鲁迅全集》(第十一卷),第 33 页。

37 鲁迅:《偶感》,载《鲁迅全集》(第五卷),第 506 页。

38 鲁迅:《马上支日记》,载《鲁迅全集》(第三卷),第 346 页。

39 鲁迅:《思想·山水·人物·所谓怀疑主义者》,载鲁迅先生纪念委员会编纂《鲁迅全集》(第十三卷),北京:人民文学出版社,1973 年,第 567、569 页。

40 鲁迅:《上海文艺之一瞥》,载《鲁迅全集》(第四卷),第 309 页。

41 鲁迅:《魏晋风度及文章与药及酒之关系》,载《鲁迅全集》(第三卷),第 535 页。

42 余英时:《名教思想与魏晋士风的演变》,载《士与中国文化》,第 364、365 页。

43 鲁迅:《逃名》,载《鲁迅全集》(第六卷),第 409 页。

44 〔德〕雅斯贝尔斯:《目前哲学状况的由来——论克尔凯郭尔和尼采的历史意义》,载熊伟主编《存在主义哲学资料选辑》,北京:商务印书馆,1997 年 10 月,第 525 页。

45 〔丹〕克尔凯郭尔:《基督徒的激情》,鲁路译,北京:中央编译出版社,2001 年 8 月,第 50、51 页。

46 胡风:《致梅志》,载《胡风全集》(第 9 卷),第 417 页。

47 鲁迅:《答徐懋庸并关于抗日统一战线问题》,载《鲁迅全集》(第六卷),第 557 页。

48 鲁迅:《写在〈坟〉后面》,载《鲁迅全集》(第一卷),第 300 页。

49 鲁迅:《通讯》,载《鲁迅全集》(第三卷),第 26 页。

50 鲁迅:《辞"大义"》,载《鲁迅全集》(第三卷),第 481 页。

51 鲁迅:《致章廷谦》(1927 年 2 月 25 日),载《鲁迅全集》(第十二卷),北京:人民文学出版社,2005 年 11 月,第 21 页。

52　鲁迅：《辞"大义"》，载《鲁迅全集》（第三卷），第482页。

53　鲁迅：《通信（复魏猛克）》，载《鲁迅全集》（第八卷），第379页。

54　鲁迅：《通讯》，载《鲁迅全集》（第三卷），第27页。

55　鲁迅：《厦门通信（三）》，载《鲁迅全集》（第三卷），第412页。

56　鲁迅：《破恶声论》，载《鲁迅全集》（第八卷），第25页。本节中对此文的引用不再一一注出。

57　周作人：《汉文学的前途》，载周作人著、止庵校订《药堂杂文》，石家庄：河北教育出版社，2001年9月，第31页。

58　［日］伊藤虎丸：《鲁迅早期的尼采观与明治文学》，载《鲁迅、创造社与日本文学》，孙猛、徐江、李冬木译，第52页。

59　鲁迅：《文化偏至论》，载《鲁迅全集》（第一卷），第46、56页。

60　同上，第52页。

61　［德］麦克斯·施蒂纳：《唯一者及其所有物》，金海民译，北京：商务印书馆，1989年12月，第5页。

62　鲁迅：《文化偏至论》，载《鲁迅全集》（第一卷），第52页。

63　汪卫东：《鲁迅前期文本中的"个人"观念》，第91页。

64　鲁迅：《随感录三十八》，载《鲁迅全集》（第一卷），第327页。

65　朱谦之：《无元哲学》，载朱谦之著、黄夏年编《朱谦之文集》（第一卷），第412—415页。

66　章太炎：《〈华国月刊〉发刊辞》，载姜玢编选《革故鼎新的哲理——章太炎文选》，第534页。

67　钱穆：《中国思想史》，转引自罗志田《近代中国社会权势转移——知识分子的边缘化与边缘知识分子的兴起》，载许纪霖编《20世纪中国知识分子史论》，北京：新星出版社，2005年4月，第145页。

68　鲁迅：《中国地质略论》，载《鲁迅全集》（第八卷），第6页。

69　鲁迅：《人之历史》，载《鲁迅全集》（第一卷），第9页。

70　鲁迅：《文化偏至论》，载《鲁迅全集》（第一卷），第49页。

71　鲁迅：《随感录三十三》，载《鲁迅全集》（第一卷），第314—320页。

72　鲁迅：《破恶声论》，载《鲁迅全集》（第八卷），第29、30页。

73　陈独秀：《敬告青年》，《青年杂志》第一卷第一号，1915年9月。

74　鲁迅：《文化偏至论》，《鲁迅全集》（第一卷），第54页。

75　鲁迅：《科学史教篇》，《鲁迅全集》（第一卷），第 35 页。

76　同上，第 26 页。

77　鲁迅：《破恶声论》，载《鲁迅全集》（第八卷），第 30 页。

78　鲁迅：《科学史教篇》，载《鲁迅全集》（第一卷），第 26 页。

79　〔日〕伊藤虎丸：《鲁迅与日本人：亚洲的近代与"个"的思想》，李冬木译，石家庄：河北教育出版社，2002 年 5 月，第 71 页。

80　鲁迅：《破恶声论》，载《鲁迅全集》（第八卷），第 32 页。

81　〔日〕伊藤虎丸：《早期鲁迅的宗教观》，载《鲁迅、创造社与日本文学》，孙猛、徐江、李冬木译，第 99 页。

82　鲁迅：《破恶声论》，载《鲁迅全集》（第八卷），第 29、30 页。

83　同上，第 33 页。

84　〔日〕伊藤虎丸：《早期鲁迅的宗教观》，载《鲁迅、创造社与日本文学》，孙猛、徐江、李冬木译，第 88 页；汪卫东：《鲁迅前期文本中的"个人"观念》，第 67 页。

85　鲁迅：《科学史教篇》，载《鲁迅全集》（第一卷），第 27 页。

86　〔日〕伊藤虎丸：《早期鲁迅的宗教观》，载《鲁迅、创造社与日本文学》，孙猛、徐江、李冬木译，第 88 页。

87　鲁迅：《〈如此广州〉读后感》，载《鲁迅全集》（第五卷），第 460、461 页。

88　鲁迅：《有趣的消息》，载《鲁迅全集》（第三卷），第 214 页。

89　鲁迅：《通信（复张孟闻）》，载《鲁迅全集》（第八卷），第 262 页。

90　鲁迅：《庆祝沪宁克复的那一边》，载《鲁迅全集》（第八卷），第 198 页。

91　鲁迅：《在钟楼上》，载《鲁迅全集》（第四卷），第 33 页。

92　鲁迅：《叶永蓁作〈小小十年〉小引》，载《鲁迅全集》（第四卷），第 150、151 页。

93　鲁迅：《吃教》，载《鲁迅全集》（第五卷），第 328、329 页。

94　鲁迅：《中国人失掉自信力了吗》，载《鲁迅全集》（第六卷），第 122 页。

95　瞿秋白：《鲁迅杂感选集序言》，载北京大学等主编《文学运动史料选》（第二册），上海：上海教育出版社，1979 年 6 月，第 284 页。

96　〔德〕恩格斯：《布鲁诺·鲍威尔和早期基督教》，载中共中央马克思恩格斯列宁斯大林著作编译局编译《马克思恩格斯全集》（第 19 卷），北京：人民出版社，1963 年 12 月，第 327 页。

97　鲁迅：《〈草鞋脚〉小引》，载《鲁迅全集》（第六卷），第 21 页。

98　章太炎：《革命之道德》，载姜玢编选《革故鼎新的哲学——章太炎文选》，第 189 页。

99　陈鼓应注译：《庄子今注今译（下册）》（修订本），北京：商务印书馆，2007 年 7 月，第 1001 页。

100　许寿裳：《我所认识的鲁迅·回忆鲁迅》，载鲁迅博物馆等选编《鲁迅回忆录》（专著，上册），第 487 页。

101　鲁迅：《女吊》，载《鲁迅全集》（第六卷），第 640 页。

102　［德］尼采：《作为教育家的叔本华》，转引自周国平《尼采：在世纪的转折点上》，上海：上海人民出版社，1986 年 7 月，第 47、48 页。

103　［德］尼采：《查拉图斯特拉如是说》，转引自周国平《尼采：在世纪的转折点上》，第 43、44 页。

104　［日］伊藤虎丸：《鲁迅与日本人：亚洲的近代与"个"的思想》，李冬木译，第 85 页。

105　鲁迅：《致宋崇义》（1920 年 5 月 4 日），载《鲁迅全集》（第十一卷），第 382 页。

106　鲁迅：《〈奔流〉编校后记》，载《鲁迅全集》（第七卷），第 194 页。

107　鲁迅：《论睁了眼看》，载《鲁迅全集》（第一卷），第 255 页。

108　鲁迅：《无声的中国》，载《鲁迅全集》（第四卷），第 11—17 页。

109　鲁迅：《十四年的"读经"》，载《鲁迅全集》（第三卷），第 137 页。

110　［日］伊藤虎丸：《亚洲的"近代"与"现代"》，载《鲁迅、创造社与日本文学》，孙猛、徐江、李冬木译，第 13、14 页。

111　章太炎：《辨性上》，姜玢编选《革故鼎新的哲理——章太炎文选》，第 387 页。

112　［美］薇娜·舒衡哲：《"五四"：民族记忆之鉴》，李存山译，载中国社会科学院科研局、《中国社会科学》杂志社编《五四运动与中国文化建设——五四运动七十周年学术讨论会论文选》（上册），北京：社会科学文献出版社，1989 年 10 月，第 173 页。以上对康德思想的引用，借鉴、综合了舒衡哲文与何兆武先生的译本，参见［德］康德《答复这个问题："什么是启蒙运动？"》，载《历史理性批判文集》，何兆武译，北京：商务印书馆，1990 年 11 月，第 24 页。

113　王元化：《思辨录》，上海：上海古籍出版社，2004 年 4 月，第 42 页。

114　钱玄同：《致周作人》（1932 年 4 月 8 日），载沈永宝编《钱玄同五四时期言论集》，上海：东方出版中心，1998 年 10 月，第 373 页。

115　姜义华：《"理性缺位"的启蒙》，前言第 5 页。

116　鲁迅：《"圣武"》，载《鲁迅全集》（第一卷），第 371 页。

117　［日］伊藤虎丸：《早期鲁迅的宗教观》，载《鲁迅、创造社与日本文学》，孙猛、徐江、李冬木译，第 96 页。

118　郜元宝：《自由"的"思想与自由"地"思想》，载《鲁迅六讲》，第 179 页。

119　［德］康德：《答复这个问题："什么是启蒙运动？"》，载《历史理性批判文集》，何兆武译，第 22 页。

120　［日］伊藤虎丸：《鲁迅与日本人：亚洲的近代与"个"的思想》，李冬木译，第 70 页。

121　鲁迅：《〈奔流〉编校后记》，载《鲁迅全集》（第七卷），第 194 页。

122　［日］伊藤虎丸：《鲁迅与日本人：亚洲的近代与"个"的思想》，李冬木译，第 80 页。

123　黄遵宪：《水苍雁红馆主人来简》，载张枏、王忍之编《辛亥革命前十年间时论选集》（第一卷上册），第 331 页。

124　章士钊：《论翻译名义》，《国风报》第二十九期，1910 年 11 月 22 日。

125　［日］伊藤虎丸：《早期鲁迅的宗教观》，载《鲁迅、创造社与日本文学》，孙猛、徐江、李冬木译，第 95 页。

126　［日］伊藤虎丸：《鲁迅与日本人：亚洲的近代与"个"的思想》，李冬木译，序言第 5 页。

127　同上，序言第 7 页。

128　［日］竹内好：《作为思想家的鲁迅》，载《近代的超克》，李冬木、赵京华、孙歌译，北京：生活·读书·新知三联书店，2005 年 3 月，第 148 页。

129　［日］伊藤虎丸：《鲁迅与日本人：亚洲的近代与"个"的思想》，李冬木译，第 47 页。

130　鲁迅：《答徐懋庸并关于抗日统一战线问题》，载《鲁迅全集》（第六卷），第 558 页。

131　［日］伊藤虎丸：《亚洲的"近代"与"现代"》，载《鲁迅、创造社与日本文学》，孙猛、徐江、李冬木译，第 15 页。

132　［美］杜赞奇：《现代性话语的知识和权力》，转引自［美］史书美《现代的诱惑：书写半殖民地中国的现代主义（1917—1937）》，何恬译，南京：江苏人民出版社，2007 年 4 月，第 82 页。

133　胡适：《提高与普及》，载《胡适文集》（2），第 65、66 页。

134　［日］竹内好：《何谓近代》，载《近代的超克》，李冬木、赵京华、孙歌译，第 204—208 页。相关论述可参考孙歌《竹内好的悖论》，北京：北京大学出版社，2005

年 2 月。

135　[日]北冈正子：《鲁迅的"进化论"》，转引自[日]伊藤虎丸《鲁迅与终末论：近代现实主义的成立》，李冬木译，北京：生活·读书·新知三联书店，2008 年 8 月，第 92 页。

136　[日]伊藤虎丸：《鲁迅与日本人：亚洲的近代与"个"的思想》，李冬木译，第 120 页。

137　[俄]谢苗·弗兰克：《精神事业与世俗事业》，徐凤林、李昭时译，载方珊、方达琳、王利刚选编《人与世界的割裂》，济南：山东友谊出版社，2005 年 5 月，第 254 页。

138　[日]伊藤虎丸：《〈狂人日记〉》，载《鲁迅、创造社与日本文学》，孙猛、徐江、李冬木译，第 116、117 页。

139　张新颖：《主体的确立、主体位置的降落和主体内部的分裂：鲁迅现代思想意识的心灵线索》，载《20 世纪上半期中国文学的现代意识》，第 79—82 页。

140　[英]以赛亚·伯林：《浪漫主义的根源》，吕梁、洪丽娟、孙易译，南京：译林出版社，2008 年 1 月，第 76 页。这段话出自伯林对康德道德哲学的转述。

141　[日]伊藤虎丸：《鲁迅与日本人：亚洲的近代与"个"的思想》，李冬木译，第 122 页。

142　[匈]卢卡契：《现代主义的意识形态》，载袁可嘉等编选《现代主义文学研究》（上），北京：中国社会科学出版社，1989 年 5 月，第 148—151 页。此处理解主要引自张新颖先生在《主体的确立、主体位置的降落和主体内部的分裂：鲁迅现代思想意识的心灵线索》一文中的讨论，收入《20 世纪上半期中国文学的现代意识》。

143　[日]伊藤虎丸：《鲁迅与日本人：亚洲的近代与"个"的思想》，李冬木译，第 122 页。

144　鲁迅：《〈呐喊〉自序》，载《鲁迅全集》（第一卷），第 439、440 页。

145　毛泽东：《恋爱问题——少年人与老年人》，载中共中央文献研究室、中共湖南省委《毛泽东早期文稿》编辑组编《毛泽东早期文稿（1912.6—1920.11）》，第 436 页。

146　[俄]谢苗·弗兰克：《精神事业与世俗事业》，载方珊、方达琳、王利刚选编《人与世界的割裂》，第 262 页。

147　[日]竹内好：《政治与文学》，载《近代的超克》，李冬木、赵京华、孙歌译，第 108 页。

148　[日]竹内好：《关于传记的疑问》，载《近代的超克》，李冬木、赵京华、孙歌译，第 16 页；孙歌：《竹内好的悖论》，第 33 页。

149　[俄]杜勃罗留波夫：《什么是奥勃洛莫夫性格》，载《杜勃罗留波夫文学论文选》，辛未艾译，上海：上海译文出版社，1984 年 11 月，第 47 页。

150　谭嗣同：《仁学》，载蔡尚思、方行编《谭嗣同全集》（下册），第 312 页。

151　柳亚子：《论道德》，载郭长海、金菊贞编《柳亚子文集补编》，北京：社会科学文献出版社，2004 年 8 月，第 35 页。

152　冯契：《中国近代哲学的革命进程》，上海：上海人民出版社，1989 年 8 月，第 559 页。

153　鲁迅：《文化偏至论》，载《鲁迅全集》（第一卷），第 52 页。

154　孙歌：《竹内好的悖论》，第 59 页。

155　[日]竹内好：《何谓近代》，载《近代的超克》，李冬木、赵京华、孙歌译，第 212 页。

156　鲁迅：《看镜有感》，载《鲁迅全集》（第一卷），第 209、211 页。

157　鲁迅：《拿来主义》，载《鲁迅全集》（第六卷），第 40 页。

158　鲁迅：《关于知识阶级》，载《鲁迅全集》（第八卷），第 228 页。

159　[日]竹内好：《何谓近代》，载《近代的超克》，李冬木、赵京华、孙歌译，第 208 页。

160　孙歌：《竹内好的悖论》，第 59 页。

161　鲁迅：《关于知识阶级》，载《鲁迅全集》（第八卷），第 228 页。

162　[日]竹内好：《何谓近代》，载《近代的超克》，李冬木、赵京华、孙歌译，第 212 页。

163　鲁迅：《习惯与改革》，载《鲁迅全集》（第四卷），第 228 页。

164　鲁迅：《运命》，载《鲁迅全集》（第六卷），第 135 页。

165　鲁迅：《吃教》，载《鲁迅全集》（第五卷），第 329 页。

166　鲁迅：《有趣的消息》，载《鲁迅全集》（第三卷），第 212 页。

167　鲁迅：《〈出关〉的"关"》，载《鲁迅全集》（第六卷），第 540 页。

168　鲁迅：《论现在我们的文学运动》，载《鲁迅全集》（第六卷），第 613 页。

169　鲁迅：《致阮善先》（1936 年 2 月 15 日），载《鲁迅全集》（第十四卷），第 27 页。

170　鲁迅：《青年必读书》，载《鲁迅全集》（第三卷），第 12 页。

171　鲁迅：《对于左翼作家联盟的意见》，载《鲁迅全集》（第四卷），第 238 页。

172　鲁迅：《答徐懋庸并关于抗日统一战线问题》，载《鲁迅全集》（第六卷），第 554 页。

173　鲁迅：《致时玳》(1936 年 8 月 6 日)，载《鲁迅全集》(第十四卷)，第 123 页。

174　鲁迅：《〈华盖集〉题记》，载《鲁迅全集》(第三卷)，第 4 页。

175　鲁迅：《庆祝沪宁克复的那一边》，载《鲁迅全集》(第八卷)，第 198 页。

176　鲁迅：《这回是"多数"的把戏》，载《鲁迅全集》(第三卷)，第 186 页。

177　鲁迅：《我还不能"带住"》，载《鲁迅全集》(第三卷)，第 260 页。

178　同上。

179　鲁迅：《对于左翼作家联盟的意见》，载《鲁迅全集》(第四卷)，第 241 页。

180　鲁迅：《致曹靖华》，(1930 年 9 月 20 日)，载《鲁迅全集》(第十二卷)，第 242 页。

181　鲁迅：《〈现代新兴文学的诸问题〉小引》，载《鲁迅译文集》(第五卷)，第 360 页。

182　鲁迅：《文艺与革命》，载《鲁迅全集》(第四卷)，第 85 页。

183　鲁迅：《致曹白》(1936 年 10 月 15 日)，载《鲁迅全集》(第十四卷)，第 168 页。

184　鲁迅：《革命文学》，载《鲁迅全集》(第三卷)，第 567、568 页。

185　鲁迅：《革命咖啡店》，载《鲁迅全集》(第四卷)，第 117 页。

186　鲁迅：《对于左翼作家联盟的意见》，载《鲁迅全集》(第四卷)，第 238 页。

187　鲁迅：《非革命的急进革命论者》，载《鲁迅全集》(第四卷)，第 233 页。

188　胡风：《今天，我们的中心问题是什么？》，载《胡风全集》(第 2 卷)，第 614 页。

189　鲁迅：《非革命的急进革命论者》，载《鲁迅全集》(第四卷)，第 232 页。

190　鲁迅：《答徐懋庸并关于抗日统一战线问题》，载《鲁迅全集》(第六卷)，第 558 页。

191　鲁迅：《〈现代新兴文学的诸问题〉小引》，载《鲁迅译文集》(第五卷)，第 359、360 页。

192　鲁迅：《关于知识阶级》，载《鲁迅全集》(第八卷)，第 226 页。

193　鲁迅：《庆祝沪宁克复的那一边》，载《鲁迅全集》(第八卷)，第 198 页。

194　鲁迅：《敬贺新禧》，载《鲁迅全集》(第八卷)，第 308 页。

195　[日] 竹内好：《作为思想家的鲁迅》，载《近代的超克》，李冬木、赵京华、孙歌译，第 148 页。

196　鲁迅：《〈奔流〉编校后记》，载《鲁迅全集》(第七卷)，第 194 页。

197　钱理群：《论"演戏"》，收入《话说周氏兄弟：北大讲演录》，济南：山东画报出版社，1999 年 9 月；薛毅：《无物之阵——论鲁迅作品的一个重要主题》，收入《无词的言语》，上海：学林出版社，1996 年 8 月。以下相关几节的讨论参考了上述二文，其中引述内容如不加注出，均出自二文。

198　［法］福柯：《知识考古学》（第 2 版），谢强、马月译，北京：生活·读书·新知三联书店，2007 年 4 月，第 54 页。

199　鲁迅：《同意和解释》，载《鲁迅全集》（第五卷），第 303、304 页。

200　鲁迅：《"抄靶子"》，载《鲁迅全集》（第五卷），第 215 页。

201　鲁迅：《十四年的"读经"》，载《鲁迅全集》（第三卷），第 138 页。

202　鲁迅：《世故三昧》，载《鲁迅全集》（第四卷），第 606、607 页。

203　鲁迅：《马上支日记》，载《鲁迅全集》（第三卷），第 344、345 页。

204　陈平原：《章太炎与中国私学传统》，载王晓明主编《批评空间的开创》，上海：东方出版中心，1998 年 7 月，第 67 页。

205　陈鼓应注译：《庄子今注今译（上册）》（修订本），第 93 页。

206　章太炎：《原名》，载姜玢编选《革故鼎新的哲理——章太炎文选》，第 345 页。

207　章太炎：《太炎先生自定年谱》，转引自陈平原《章太炎与中国私学传统》，载王晓明主编《批评空间的开创》。

208　鲁迅：《摩罗诗力说》，载《鲁迅全集》（第一卷），第 74 页。

209　陈鼓应注译：《庄子今注今译（上册）》（修订本），第 440 页。

210　鲁迅：《"立此存照"（三）》，载《鲁迅全集》（第六卷），第 649 页。

211　郜元宝：《反抗"被描写"》，载《鲁迅六讲》，第 207 页。

212　［俄］谢苗·弗兰克：《生活在先，哲学在后》，载方珊、方达琳、王利刚选编《人与世界的割裂》，第 2、3 页。

213　同上，第 4 页。

214　鲁迅：《〈自选集〉自序》，载《鲁迅全集》（第四卷），第 469 页。

215　［日］伊藤虎丸：《日本的鲁迅研究》，转引自赵京华《竹内好的鲁迅论及其民族主体性重建问题——从竹内芳郎对战后日本鲁迅研究的批评说起》，《中国现代文学研究丛刊》2006 年第三期，第 69—86 页。

216　［德］尼采：《快乐的知识》，转引自周国平《尼采：在世纪的转折点上》，第 46 页。

217　［日］伊藤虎丸：《早期鲁迅的宗教观》，载《鲁迅、创造社与日本文学》，孙猛、徐江、李冬木译，第 95、101 页。

218　鲁迅：《渡河与引路》，载《鲁迅全集》（第七卷），第 36、37 页。

219　鲁迅：《我和〈语丝〉的始终》，载《鲁迅全集》（第四卷），第 176 页。

220　鲁迅：《致许广平》（1925 年 3 月 31 日），载《鲁迅全集》（第十一卷），第 470 页。

221 鲁迅：《写在〈坟〉后面》，载《鲁迅全集》（第一卷），第 298 页。

222 周作人：《杂文的路》，载周作人著、止庵校订《立春以前》，石家庄：河北教育出版社，2002 年 1 月，第 109 页。

223 对于丸山真男的引述，参见孙歌《丸山真男的两难之境》，载《文学的位置》，第 86、87 页。

224 鲁迅：《"这也是生活"……》，载《鲁迅全集》（第六卷），第 624 页。

225 ［日］竹内好：《作为思想家的鲁迅》，载《近代的超克》，李冬木、赵京华、孙歌译，第 146 页。

226 孙歌：《竹内好的悖论》，第 39—41 页。

227 鲁迅：《徐懋庸作〈打杂集〉序》，载《鲁迅全集》（第六卷），第 300 页。

228 鲁迅：《〈华盖集〉题记》，载《鲁迅全集》（第三卷），第 4 页。

229 鲁迅：《〈且介亭杂文〉序言》，载《鲁迅全集》（第六卷），第 3 页。

230 郜元宝：《"言立而文明"》，载《鲁迅六讲》，第 159、160 页。

231 胡风：《〈希望〉编后记》，载《胡风全集》（第 3 卷），第 297 页。

232 ［英］托马斯·霍布斯：《海中巨兽》，转引自［英］艾·阿·理查兹《意义的四大种类》，王岱译，载［英］戴维·洛奇编《二十世纪文学评论》（上册），葛林等译，上海：上海译文出版社，1987 年 2 月，第 209 页。

233 ［德］海德格尔：《存在与时间·导论》第二章第六节，载孙周兴选编《海德格尔选集》（上），第 52、53 页。此段译文参照了网上的版本（http://www.bjsos.com/html/books/Heidegger），译者同样是陈嘉映、王庆节，但文字稍有出入，而表意更为晓畅。

234 张新颖、刘志荣：《沈从文与二十世纪中国》，载张新颖：《沈从文精读》，上海：复旦大学出版社，2005 年 9 月，第 6 页。

235 ［德］黑格尔：《小逻辑》，贺麟译，北京：商务印书馆，1981 年，第 176 页。

236 胡风：《作为思想家的鲁迅》，载《胡风全集》（第 2 卷），第 679 页。

237 胡风《关于鲁迅精神的二三基点》，载《胡风全集》（第 2 卷），第 501 页。

第五章

胡风

　　中国古代哲学在讨论"名实相符"及如何臻于"名实相符"时，往往用"知行"关系来考较。此时的"破名求实"，就意味着知行合一的实践（第六章的《指归在动作》一节会对此作总结）。"破名"是一种思想的方式或精神能力，这一章将更加关注胡风的理论形态与他"此时此地"、一点一滴的斗争之间的呼应，我要强调的是："破名"是一种思想方式和精神能力，同时更是在这种方式、能力指导与运用下的实践活动。

"破名"的历程：与"航空战士"们的苦斗

　　1933 年 3 月，胡风因组织新兴文化研究会、宣传抗日等罪名在东京被捕，拘留三个月后驱逐回国。6 月 15 日，他回到了上海，几天后，与鲁迅、周扬见面。8 月，胡风开始担任左联宣传部长，不久又接任左联书记。这其实是胡风文学活动的一个重要起点。就在这个时候，他写了一篇短小的杂文《辩证法与江湖诀》，刊于 1933 年 8 月 3 日《申报·自由谈》，文章抨击的是这样一种现象："一些术语如'积极性'啦，'革命的主题'啦，'契机'啦"满天飞，尤其是"辩证法"成为众人哄抢的"话语"，但是"辩证法"恰在"声名鹊起"中堕为"江湖诀"，其本应具有的"战斗性洗刷得干干净净"。[1]差不多十年后，胡风将这篇短文收入杂文集《棘源草》，《解题》中对它的说明是：该文"送给那些以搬弄名词术语唬人的高士，他们在今天已经取得了正式的雅号，曰：八股先生"[2]。上面这些材料可以说明两个问题：第一，"搬弄名词术语唬人"的风习，胡风素来反感、抵触，他初涉文坛时的这一态度，与 20 世纪初鲁迅对制造"恶声"的伪士们的排拒一脉相承；第二，在他起步进入文坛主流的同时，已隐约注意到这种风习的危害所在——众声应和的"名词术语"，容易堕为"江湖诀"，甚至走向反动，"战斗性洗刷得干干净净"。

1935 年，在为《半农杂文》而作的书评《五四时代的一面影》中，胡风指出刘半农最值得肯定的地方在于"始终是没有离开所谓'实事求是'的精神"："少说不着边际的空话，不弄'观念游戏'，从现实的需要里面找出具体的问题来，切切实实地展开讨论。"胡风进而把这一精神誉为"平凡的战斗主义"，以为这是"五四精神的清醒的现实的一面，和夸大狂是截然对立的"。[3]其实在"五四时代"的"面影"中，也不乏"不着边际的空话"与夸张的"观念游戏"，"思想锦标"满天飞。胡风借一个自述被挤到"三代以上"[①]去的人物，侧重叙述与

---

① 1932 年，刘半农在编选《初期白话诗稿》后感慨："我们这班当初努力于文艺革新的人，一挤挤成了三代以上的古人……"参见刘半农《〈初期白话诗稿〉序目》，载徐瑞岳编《刘半农文选》，北京：人民文学出版社，1986 年 12 月，第 274 页。

重新组织"五四精神"，恰可见出他本人的寄望；或者倒过来读也可以，在这个时候，胡风特意拈出"'实事求是'的精神"和"平凡的战斗主义"来大力褒扬，正因为"不着边际的空话"与"观念游戏"的风习已经到处弥漫了。

次年，在纪念高尔基的文章中，胡风又是借力打力般揭示"高尔基的影响"对于中国革命文学所发生的"决定的意义"："不要把作家看成留声机，只要套上一张做好了的片子（抽象的概念），就可以背书似地歌唱；作家也不能把他的人物当作留声机，可以任意地叫他替自己说话。"在这里，胡风已经很明白地道出，无论是作家还是作品中的人物，都不能成为"抽象的概念"的俘虏；更进一步，"文艺作品里的思想或意识形态不能够是廉价地随便借来的东西"。[4]也就是说，文学中的"思想或意识形态"与"廉价地随便借来"的抽象概念之间有很大距离。

战争给作家直接带来的是灾难，然而同时也给他们的文学带来了意想不到的生长契机。即便如此，像胡风这样多次以感激口吻提到抗战爆发的还是不多见，他甚至就有这般主动的自觉："幸而战争来了"，"战争终于来了"，"我们幸运地生在战争与革命的时代里面"。[5]抗战爆发后，胡风将批判的火力，每每指向"概念可以直接产生文学"。他欢迎战争的原因之一，在于战争提供了作家的"创作生活和实践生活的有机的统一"，这是"新文艺运动一向所追求而未能顺利得到的"。[6]这一点，也许正能克服他所不满意的"名词术语""观念游戏"……伴随对这样一种克服力量的寻找与阐扬，胡风的理论在战火纷飞中淬炼成熟。

战争让人情绪鼓动，在这样的氛围中，胡风首先苦口婆心地劝诫人们"不要概念的发泄""只捉着一些抽象的热烈的词句"。文艺工作者"不能把他的哭泣他的狂叫照直地吐在纸上，而是要压缩在、凝结在那使他哭泣使他狂叫的对象里面，那使他哭泣使他狂叫的对象的表现里面"。"把他的哭泣他的狂叫照直地吐在纸上"正是上文提到过的"廉价地随便借来的东西"，而主客观化合论的闪现，在胡风看来就能给"概念的发泄"以纠偏与克服。在同一篇文章里，胡风已经触摸到了根本性的问题，即概念化与观念论对现实生活的宰制，文学只是它的投影之一："文学上的标语口号主义，和对于现实的观念的看法、概念的看法，是分割不开的，在现在，我们也还有时时给以警戒的必要。"[7]也就是说，名教的膨胀已经严重侵害了生活和文学，对于后者，即在文学创作与表现中，"传奇的虚构性所演绎出来的政治概念代替了形象的真实"，"创作从一种思想出发，尽可能地离开现实的人生"，[8]"只用纸人纸马做他的'思想'的工具"[9]——在胡风看来，这是"现实主义的传统"所出现的危机。

1940年初，胡风给"坐着概念的飞机藐视人寰"的"航空战士"勾勒了这样一副嘴脸：

> 他们把思想概念当作一面大旗，插在头上就可以吓软读者的膝盖。旗子是愈高愈好，于是他自己也就腾空俯视了。[10]

整个二十世纪四十年代，"抢夺思想概念"的"航空战士"形象反复在胡风脑海、笔端出现，比如1941年《一个要点备忘录》："对于现实生命的深刻的感受，决不是驾着概念的飞机在现实的上空腾云驾雾"[11]；同年为纪念鲁迅逝世五周年而写《如果现在他还活着》："一个伟大的现实主义的思想战士，得即于现实也针对现实，不能只是急于坐着概念的飞机去抢夺思想锦标的头奖"[12]；又如 1945 年《人道主义和现实主义的道路》："坐着概念的飞机在现实人生的上空掠过"[13]；还有1948 年《以〈狂人日记〉为起点》："骑在思想的原则性上面腾空而上"[14]——这分明是他最最忧心所在。

另外必须提到的是，作为文学群体的"七月派"正是在战火纷飞中成长的。1939 年，绿原从一个偏远小城向重庆《七月》编辑部寄去自己的习作，"使我欣慰的是，胡先生居然给我回了一封信"，"指出那篇习作'缺乏生活气息'，'是从概念出发的'，'还没有化成诗'"。1942 年，鲁煤将发表在校内壁报上的讽刺诗寄给胡风，得到的回信是："太理念化了。""我顿时领悟到：这是抽象的感想、概念，不是诗。……没有经过感性的烈火……从此，我谨谨记住：防止概念化。"顾征南也曾将自己创作的长诗带给胡风看，胡风"令人信服地指出我的诗只是一些政治概念，缺乏以真实情感凝练成诗的语言的热情"[15]。胡风在回忆录中总结抗战期间一批青年作家的创作："空虚的所谓爱国主义的作品"，其缺陷在于"作品中的形象并不是从他所深知的现实人物的性格溶化成的或生发起来的，而是为了表演某种概念而制造出来的"[16] 反过来，胡风之所以倾心赞美路翎，正是因为后者创造的形象，"不是表相上的标志，也不是所谓'意识'上的符号，他从生活本身的泥海似的广袤和铁蒺藜似的错综里面展示了人生诸相"[17]。从以上正反两方面的褒贬来看，胡风"依靠的是对生活的感受力还没有麻木或冷淡的作者"[18]，他特别珍视青年作家"思想力的真朴和感应力的新鲜"[19]，以此来冲破"'意识'上的符号"；警醒年轻人不要被"抽象的感想、概念"所俘房；时时注意张扬"化成诗"的过程，"以真实情感凝练成诗的语言的热情"……诚如绿原在晚年所总结的，"反对毫无生活血肉的'概念化'"正可以用来回答"这拨人究竟是怎样结合起来的"。[20] 这样一个文学阵营，并无客观组织或明确纲领，"反对毫无生活血肉的'概念化'"恰是他们文学理想的核心之一，他们倾心的，恰是为胡风所启发、感召的，在自身参与到"破名"的文学实践中所体验到的精神共鸣的震撼力。

1949 年 1 月，胡风一行人由东北踏上了自由新天地。在东北，胡风给一位诗人回信："诗，读了一遍。很高兴地读了一遍。我觉得，你能够以拥抱历史的心情唱出了战斗者的生命，一个情绪的微波但却通向了历史的无际。"这里投射着胡风当时的心情，但是胡风仍然指出"不满足的地方"："安于表面的政治概念，……没有突入真的活的内容。"[21] 时代正在旧貌换新颜，然而胡风忧心的创作顽疾并未消失。更明显的担忧是下面这段：

> 今天，大家都从信念出发，以为人民的本质是好的，这当然没有问题。但仅以信念出发，有时反会让我们脱离实际，流为表面，……创作上有一种顽固的思想派，从观念看现象，看生活，写东西常是停留在表面和一般的意义上。[22]

文章著于 1951 年，与整个时代氛围格外不协调。写这段话的时候，不知道胡风对自己即将遭受的厄运是否有所预知。一年后，仍然是借路翎的创作来加以规劝——路翎是他树立的、用以清除文坛不良风习的标杆："作者却摆脱了一切观念性的表现，直接向生活肉搏，抓出来了现实的矛盾内容，因而真切地透出了人民的苦恼和追求，这就使我们感到了那后面的或底层的、非化成洪流不止的潜在的力量。"[23]"三十万言书"中更是反复表达，路翎"不会向观念上飘浮起来去作虚伪的适应"[24]。从二十世纪四十年代到五十年代，当中横亘着一个天翻地覆的转折，但就与"抢夺思想概念"的"航空战士"们的苦斗而言，胡风一以贯之。上文提到，1944年初，胡风在文章中宣称新文艺与现实主义面临危机，出现两种在他看来"等于不要文艺"的理论，首要的就是要求"创作从一种思想出发，尽可能地离开现实的人生"。也许当时胡风想给予这一初露端倪的现象以打击，但事实是，从"政治化"出发强调的"倾向性"，乃至"首先要具有工人阶级的立场和共产主义的世界观"一并尾随着"创作从一种思想出发"鱼贯而出。面对愈演愈烈的文艺危机，胡风终于在1954年的"三十万言书"中重提"写真实"的口号，以对抗世界观先行论所造成的普泛的公式化和概念化。

1977年，身陷囹圄的胡风应监狱当局要求，历时数月，写就长篇思想汇报《简述收获》。文中回顾早年在东京，小林多喜二的评论对自己的文学启蒙，"发散着火热的战斗气息"，"和创造社、太阳社那种空洞的，没有任何现实生活气息的，意识形态词句的大言壮语"相比，完全是"两种世界"。[25]次年，胡风在狱中所写的最后一篇思想汇报中，为当日"民族革命战争的大众文学"辩护："它们的艺术构成是在一定程度上凝集了历史的真实，而不是凭刺激读者表面感情的某种观念伪造的赝品。"[26]而与此相对立的，依然是入狱前在"三十万言书"中猛烈捶击的"像林默涵所想的……从马列主义大原则提出来"的公式化写作。

上文按照时间顺序罗列了胡风在不同时期的若干言论。这些言论也许未必出自每一时期中胡风的代表作，但重要的是——借胡风喜欢的一个词来说——它们都在往同一个方向"射击"①，而且他持续不断地"射击"，这显然已成为他思想发展中的一条重要脉络：与攘臂争先地夺"名"入怀、趾高气扬地持"名"在手的"航空战士"们抵死苦斗。依据这一思想脉络持续的发展、深化，我们可以见出两种思维方式的对峙："大而空的'意识形态'的表演"，"没有任何现实生活气息的，意识形态词句的大言壮语"，与"感觉的清新健康和感情的朴实单纯"，"真情实感的文字"；27"驾着概念的飞机在现实的上空腾云驾雾"，与"对于现实生命的深刻的感受"，"对于现实生活的反应的情绪的饱满"；28"在观念里面立下了一个完成了的'民族形式'"与"通过具体的活的形象，即中国作风与中国气派成功地反映了特定阶段的民族现实"；29"专谈至理，圆混无际的大块文章"与"对于具体历史情势下面的具体事象的理解或感应"；30"侈谈'一般性的原则'，从原则演绎出'内容'"与"看一看实际"；31"照图样造出的、按尺寸照出的东西"与"活的具体的人民"；32"被那些大言壮语飘浮了起来或恐吓了下去"与"凭着切实的感受和坚强的追求去沉入这个泥土上的人民斗争的实际"33……这真正显影出"崇名""借名"与"破名"这两种思维方式的对峙。

---

① 胡风对文学理解有独特的要求，他冀望读者用力所在是："特定时代，特定社会立场的特定诗人，怎样从生活实际形成了他的特有的精神状态，他的特有的精神状态又采取了怎样特有的射击姿势，朝向了怎样的射击方向……"参见胡风《关于题材，关于"技巧"，关于接受遗产》，载《胡风全集》(第3卷)，第81页。

名教在创作上的表现与危害："公式主义"与"题材决定论"

在胡风看来，文学创作中的名教（尽管他没有用过这个称呼）——即文学创作中名词、概念的空言与独断的俯首听命——有种种表现："观念游戏"，"观念性的表现"，"大而空的'意识形态'"，"搬弄名词术语"，"廉价地随便借来"的"抽象概念"……我们要拣出两种名教的表现具体讨论，以究明文学创作中"殉名主义"的实质与危害。"公式主义"与"题材决定论"是胡风在名教围困中不懈"射击"、抵抗最甚的目标。

公式主义

什么是公式主义？"公式主义是一种态度，一种看法。这态度或看法是从一个固定的抽象的观念引申出来的，不顾实际生活的千变万化的情形，无论在什么场合都把这个固定的看法套将上去。"[34] 公式主义以对固定之"名"的依循、引申为出发点，图解生活，"不顾实际生活的千变万化的情形"，并且因为操作的轻易而迅速泛滥。在胡风看来，名教的聚结、凝固以及创作中对名教的膜拜而不加警惕，往往表现为"公式化"，这是"新文艺运动里面的根深蒂固的障碍"[35]。

公式主义导致的危害主要有两种。其一，作品中的人物变成观念的"傀儡"而丧失感染力。在《张天翼论》中，胡风具体论证了作家笔下人物"色度的单纯"："他的大多数人物好像只是为了证明一个'必然'——流俗意义上的'必然'，所以在他们里面只能看到单纯地说明这个'必然'的表情或动作，感受不到情绪的跳动和心理的发展。他们并不是带着复杂多采的意欲的活的个人，在社会地盘的可能上能动地丰富地发展地开展他的个性，常常只是作者所预定的一个概念一个结论的扮演脚色。当然，作者的目的是想简明地有效地向读者传达他所估定了的一种社会样相，但他却忘记了，矛盾万端流动不息的社会生活付与个人的生命决不是那么单纯的事情。"胡风对"作者的目的"是肯定的，但是文学与文学中的人物不能单纯作为对一种"名"（"流俗意义上的'必然'"）的应和而存在，不能牺牲"情绪的跳动和心理的发展"而沦为"作者所预定的一个概念一个结论的扮演脚色"。据此，胡风对"艺术家的工作"提出了希望："在社会生活的河流里发现出本质的共性，创造出血液温暖的人物来，在能够活动的限度下面自由活动，给以批判或鼓舞，他没有权柄勉强他们替他自己的观念做'傀儡'。"[36]在"三十万言书"中，胡风将路翎的创作与公式主义对举，说明前者所要写的"是在历史要求的照明之下的生活真实"，后者"在主观主义压迫"之下"按着'主题计划'去匠心地收集"，写的是"从概念出发、凭概念制造的，'英勇的'但却是虚伪的故事"；前者写出"高贵的东西在普通人身上有着潜在的根须"，后者"制造出来的人物只不过是傀儡"；前者"能够和读者血肉相应"，后者是"冷冰冰的'思想'演义"，"使人读了无动于衷"，和读者"不能发生一点点内心的感应"。[37]《张天翼论》是胡风早期文学批评的代表作，"三十万言书"可谓胡风理论的集大成者，它们之间相距近二十年，其中一以贯之的，是他不懈抵抗文学作品中人物对概念、观念的迁就。

其二，公式主义会诱使作者沦为"概念的留声机"。胡风曾以讽刺的笔墨勾勒其脸谱，沦为"留声机"的公式主义者与"航空战士"正为一体："'主观公式'先生，你不愿，不屑到这泥沼里来，还是坐飞机好而且快么？那么，请飞罢，你自己随身带着仪仗队和'活的群众'，够热闹，恕不恭送。"[38]"航空战士"趾高气扬的轻浮姿态与其空白贫乏的文学建设恰成对比。胡风在他早期的论文中揭批公式主义的根源，认为这主要受到了苏联"拉普"的左倾机械论和庸俗社会学的消极影响。1932年，苏联提倡社会主义现实主义，开始清算"拉普"错误和"唯物辩证法的创作方法"的消极影响，不久，社会主义现实主义理论传入中国。胡风反对公式主义与这一形势有关，但要求更为严格；尤其是抗战时期，胡风将文学视为纯粹宣传工具，作者沦为"概念的留声机"，作品根本不需要作家自身的体验。正是为了反对公式主义，胡风才大力提倡主观战斗精神："要创造出好作品来，那只有通过创作者凭着自己的感情要求（爱憎、好恶等等）对客观人生现象（阶级斗争、生产斗争，各种公私生活中的悲剧、喜剧、哑剧、滑稽剧以至神怪剧等）进行感受、认识、批判、融化、综合等等劳动过程即斗争过程创造出来的。"[39]主观战斗精神显然是"破名"的重要借力和基点（下文中会讨论这个问题）。

在胡风的矛头指向中，主观公式主义与客观主义经常并举，二者如影随形般纠缠在一起，"兴奋地抱着脖子结成'统一战线'"[40]，其实有着共同症结。主观公式主义是"飘浮在没有深入历史内容的自我陶醉的'热情'里面；或者不能透过政治现象去把握历史内容，通过对于历史内容的把握去理解政治现象，只是对于政治现象无力地演绎"；而客观主义所"反映出来的现实（客观），不是没有取得在强大的历史动向里面激动着、呼应着、彼此相通的血缘关系，就是没有达到沉重的历史内容的生动而又坚强的深度"。[41]主观公式主义强调主观上对政治原则的拥护和宣传，客观主义以生活素材来图解政治原则，表面上悖反的两种创作倾向却根源于同一思潮：以对名教（政治原则、思想原则、抽象固定的绝对理念……）的臣服取代作家个人对客观生活的真切认知与独立思考。"由于左翼文学运动的形成本身就是国内阶级斗争的落实在文学领域的产物，历史任务规定了它在发展自身的文学运动时，必须与正在发展着的政治斗争，具体地说就是中国共产党领导的政治斗争取得一致的步调，成为后者在意识形态领域中的响应者和鼓动者。出于实际需要，左联领导人选择了现实主义作为他们的创作指导原则。现实主义要求文学在本质上把握时代发展的总趋向，体现出历史发展的规律，这在实用主义的支配下，'时代本质'、'历史规律'很容易被理解为现成政治斗争本身。"[42] 麇集在"历史发展规律"周围的种种时代"共名"轻易地锲进文学内部，生发出宰制的力量。二十世纪二十年代末"革命文学"论者倡导的"无产阶级精神"，还只是模模糊糊的理论原则，到了左联时期，就自然而然转变为原则、口号、方针、政策，要求文学把种种"名"的符号当作历史发展规律加以歌颂，这样，公式主义与客观主义就披上了现实主义的外衣。抗战爆发后，政治形势对文学的要求更加峻急而直接，抽象的"名"与文学之间的转换也更为随意与泛滥。到了二十世纪四十年代，"创作方法"成了众人攘臂争先加以抢夺的"名"，"在左翼里面，有些胸怀大志的指导家，以为只要把这个'方法'找出来，就可以指导作家写出'政治性强'的伟大作品来，要组成什么文艺阵势就能够组成什么阵势"，"左翼有些指导家们，总是吞吞吐吐地没有勇气明说，但骨子里是想搞出'唯物'的'创作方法'来，好指挥作家以至训练出作家来"。而胡风对此的回答斩钉截铁："我不相信有这种罗列得出来，可以学会也可以教人写出作品（更不论杰作或伟大作品）来的'创作方法'。"名教纷纭聚集的重要原因，或者说人们对名教趋之若鹜的重要原因，即在于以为对"名"的占有就意味着实践过程的全部，这种不作探索、创新而冀望一劳永逸的思维惰性，出于教条主义，所以胡风说："我说的主观公式主义是教条主义，我说的客观主义也是和教条主义相联系的。"[43]

主观公式主义与客观主义共同症结的表现之二是人道主义的匮乏，对作品中人物的忽视，对创作主体的忽视，总而言之是对人的忽视。主观公式主义"只是简单地企图用抽象的民族气节动员人民参与战争，使人民成为战争的工具"；客观主义所反映的"黑暗的或落后的社会现象里面"，"没有潜流着人民的痛烈的追求"，"在英雄的或胜利的故事里面"，"没有贯注着人民的深沉的搏斗"。创作者沦为名教的奴隶和其笔下的人民沦为"工具"，其实来自同一根源，这也是胡风坚持"精神奴役创伤"的出发点："多年以来，知识分子们更大量地向人民转向了，但大都在'优美的'主观憧憬里面去设定人民的面貌以及自己和人民的关系……应深入进去的是平凡的但却深含着各种各样活的内容的具体的人民，甚至就是你身边左右的人民，不能是憧憬里的概念……"[44]这里不仅是对作家的要求，而且是对"和人民结合"以及文艺的"人民性"提出了远较政治家们的宣传鼓动更为艰深的路线和高远的目标：

> "动员民众"的文化、文艺的任务，不能是简单地使人民成为战争的"工具"，而是要"为大众服务"，使人民能够理解自己、社会，以至世界而获得通过战争来解放自己，用自己的力量创造一个"新生的祖国"的觉悟。[45]

《论现实主义的路》从人道主义立场出发，迎头痛击主观公式主义与客观主义。第二部分《环绕着一个理论问题》开篇就抄出"乔木所译所引"《美学》第一卷，照出其如何"无条件地抱住了黑格尔"："作家为一定的对象及其形象所吸引，作家完全沉没到它的对象里边直到他用艺术的形象把它表现出来为止。……作为主观的作家，不过是一个陶铸客观内容的形式或工具而已。假使在一个作家的'创作要求'中，只知道作家的主观是他的主观，而忘记了作家的主观是客观对象所赖以反映及展开其生动活动的器官和工具，那么，这种作家的'创作要求'必然是一种坏的创作要求。"[46]胡风一下子就抓住了乔木用"黑格尔鬼影"所掩护着的工具论内涵，以及其中深藏的对人的主体性的压抑，而这也正是主观公式主义和客观主义的思想根源。胡风针锋相对的回答是："作家是一个'感性的活动'，不能是让客观对象自流式地装进来的'一个工具'，一个'唯物'的死的容器。从前没有过这样的作家，现在也没有，将来也大概不会有的。"[47]这既剥离了主观公式主义与客观主义的现实主义外衣，强调创作主体的"感性"，把握现实的实践过程在创作中的地位；而且严正宣告了，无论什么情形下，无论在何种"名"的召唤下，人（不管是作家还是作家笔下的人物）不能沦为"工具"：

> 主观公式主义者以为他自己是思想（当然是"革命思想""绝对理念"的摩登形态）的工具，所以在作品里面用人物这个工具来说明"思想"；因而，那并不是从客观对象把握出来的真实，只不过是由于他自己那一种"意识的存在"的活动特性，使他的"思想"和他的"人物"实际上反而成了他自己的"工具"的。虚浮的以至虚伪的"思想"，也正是某一"感性

的活动"所要求的东西。客观主义者以为他自己是客观对象的工具，只要"实事求是地去观察它，熟悉它"，不让实事求是后面有什么主观要求在把握（认识反映）过程里面起作用，客观对象就可以原样地装进他自己这个"工具"里面而被反映出来；然而，那并不是什么真的客观对象，只不过是他自己的只能在客观对象的局部性或表面性上面飘浮或向它屈服的"意识的存在"的投影，他的"人物"实际上是被他的"意识的存在"所歪曲所虚伪化了的。[48]

胡风进一步根据恩格斯对黑格尔的否定，推导出完整的人的概念："人不但是客观的'感性的对象'，而且还同时是主观的'感性的活动'"，"只有把握到了作为'感性的活动'的人，才能够理解作为'感性的对象'的人"。[49]这已不仅是文学内部的问题。这一完整的人用自身的精神力量去追求和反抗客观世界，不被名教（即便以"'革命思想''绝对理念'的摩登形态"现身）所压抑，不满足于原始、静止的状态而力求穿透被名教所规划的客体。

主观公式主义与客观主义共同症结的表现之三是，此二者纠结一体，已经内在地组织进名教聚集、膨胀的生产机制之中。"主观公式主义者会点头的，因为，艺术所要反映的是理念，而且现象形态（形象）也是从理念本身发展出来的；这就用不着通过血肉的感性生活去追求历史现实的发展面貌，应该直接从概念出发了。客观主义者也会点头的，因为，作家只须把自己变成一个工具；所谓'为一定的对象及其形象所吸引'，所谓'完全沉浸到客观对象里去'，这对象、形象、或客观对象，原来是那个非人间的'绝对的东西'，艺术家反而应该'彻底抛弃'他自己和发展着的客观对象的特征发生血肉的联系，居然有这种两面都讨好的事情。"[50] 我们在上文已经提到过，主观战斗精神可以成为"破名"的重要借力和基点，作家应该挣脱自我与客观对象之间横亘着的、发出规训力量的、种种形态的名教，"凭着他的战斗要求突进客观对象，和客观对象经过相生相克的搏斗，体验到客观对象的活的本质的内容"。客观主义恰恰回避了主观战斗精神的发扬，"停留在'客观的'态度上去对待现实，不能在创作过程上深入现实对象，进行搏斗"，将历史要求完全委托给自以为获取的"名"（"必然规律"）之后，就宿命地以为实践过程已然终结："心安理得地保持'客观的'态度，把历史要求委托给那个'必然规律'或'人民力量'了。"而胡风严正以告："为了反映人民的负担、觉醒、潜力、愿望、和夺取生路这个火热而丰富的客观的历史内容。依靠什么？依靠体现人民的负担、觉醒、潜力、愿望、和夺取生路这个火热而坚强的思想要求。客观的历史内容只有通过主观的思想要求所执行的相生相克的搏斗过程才能够被反映出来。"[51] 故而可以说，主观公式主义"直接从概念出发"，放任、迎合了名教的产生与泛滥；而客观主义又强行抑制了"破名"力量的成长，戒绝"破名"的"搏斗"过程，由此不难理解胡风所谓"两面都讨好"，其实正是朝向同一方向。

主观公式主义与客观主义彼此纠缠，制造出互为因果的恶性循环。正因为缺乏对生活的体验与感受，所以创作者直接从"名"出发去伪造内容与主题；而这般标语口号作品的泛滥，进一步刺激了名教对生活随意的割裂、编排。"香港批判"向胡风提出了"自我反省"的要求（例如乔木的"觉今是而昨非"），显然胡风不为所动，在那些询唤胡风"转向"的人看来，《论现实主义的路》满纸"态度不端正"，自以为

"一贯正确"。而在胡风而言，为了与主观公式主义和客观主义"这两个毒瘤"斗争，他真是耗尽心力：

> 自从在文艺工作里面讨生活起，就凭着微弱的情素继续搜索了过来，也被它们反咬得伤疤接着伤疤的主观、公式主义和客观主义这两个毒瘤，就时不时跳了出来，张牙舞爪地向我扑击，而且，更糟的是，这一次更看清了这两个毒瘤原来却正是那个穷凶极恶的，有时敷着殖民地的脂粉的封建主义的两个观音面的化身，因而也就发动起来，死力地反扑过去（当然是自己以为如此），加上自己身上的伤疤和曾经看见过的别人身上的伤疤似乎都炸裂了开来，中间有许多次，对着那两股阴气，好像听到了无数读者的呼冤的声音和不加括弧的活的群众及其实际斗争怒目斥责的声音，一种催泪的悲愤的气息逼得我不得不把笔丢开了去，企图镇静一下自己。这倒不是逃避，还是为了那个不得已的态度问题。坦白地说，这一种心情，在我是用了最大限度的力气承担下来的。[52]

上面这段《论现实主义的路·初版附记》中的话，全然是鲁迅式的战斗姿态，确实让人动容：带着"自己身上的伤疤"，为"悲愤的气息"所逼迫，"不得不把笔丢开了去，企图镇静一下自己"……"但他举起了投枪！"

题材决定论

名教制造一种挤压人精神空间和威胁人主体自由的、趋于凝固的思维模式，循此理解，题材决定论与公式主义可谓一丘之貉。

1930年年底苏联"唯物辩证法的创作方法"口号传入中国后，以世界观代替创作方法、以题材决定作品优劣的机械看法一度流行。不管这是不是作家熟悉的生活，也不管在具体的作品中是不是能展示打动人的艺术表现力，而往往以某一题材能否有利于革命形势对作家提出要求。这也就是鲁迅批评的"近于出题目做八股"，他希望"作者可以自由地去写工人、农民、学生、强盗、娼妓、穷人、阔佬，什么材料都可以，写出来都可以成为民族革命战争的大众文学"。[53] 这一时期与鲁迅并肩作战的胡风同样在各个方面揭批题材决定论的危害。1936年在与周扬关于典型问题的争论中，胡风认为典型的形成并不必定需要艺术家有意识地从一个特定社会群里去提取"最性格的共同的特征"，他只要在"某一环境里发现了一个新的性格，受到了感动，于是加以创造的加工，结果也就造成了一个典型的性格"。[54] 这也就是强调了创造典型的性格必须从具体的人出发，而不是屈从于概念（阶级定义、题材等级）的强势召唤。在同一年里他又指出：

> 民族革命战争这个伟大的运动，是和一切生活纠纷关联着的，所以这个主题的视野是无限地广大，它的内容是无限地丰富。当然，最英勇的事实，最新的生活特征，运动发展的最尖端的表现，这些是具有最强的推动生活的力量的，我们特别要求在创作上得到反映，但这只有从通过各种各样的道路的，作家

和生活的接近或结合中去实现，不能机械地定为一切作家的规范，而且，无论写的是什么英勇的故事，但如果没有真实的生活真实的感情和印象，那依然不是我们所要求的最理想的作品。[55]

与"最英勇的事实，最新的生活特征，运动发展的最尖端的表现"相比，胡风更在意的是"作家和生活的接近或结合"以求得"真实的生活真实的感情和印象"。

1942 年在答复友人的信中，胡风谆谆以告："你太相信题材本身了，以为既然题材本身那么好，作者只要尽了叙述（！）的任务就尽够。但你忽略了，题材本身的真实生命不通过诗人的精神化合就无从把撮也无从表现。"正如在反对公式主义时，胡风是用主观战斗精神的阐扬来对种种"绝对的东西"加以"破名"，在反对题材决定论时，胡风仍是以不变应万变："客观事物只有通过主观精神的燃烧才能够使杂质成灰，使精英更亮，而凝成浑然的艺术生命"，"诗的生命还需要从对象（题材）和诗人主观的结合而来的更高的升华"，"理念（对于题材的止于客观分析的认识），如果没有在诗人的精神世界里面发酵，沸腾，那就无论在认识上或表现上都不能够走进艺术的境界的"。[56]胡风的思索深入而持续，终于他在 1948 年提出了著名的"到处有生活论"："哪里有人民，哪里就有历史。哪里有生活，哪里就有斗争，有生活有斗争的地方，就应该也能够有诗。"[57]胡风当然认为作家"应该在受难的人民里面受难，走进历史的深处，应该在前进的人民里面前进，走在历史的前面"（可笑也可悲的是，1953 年初，《文艺报》接连刊载林默涵、何其芳批判胡风的文章，指出"到处有生活论……直截了当地否定了革命作家必须到人们群众中间去，必须参加人民群众的斗争"[58]），但是他并不认为"一定是走在前进的人民中间了以后才有诗"。胡风强调的是现实、社会、历史与人民在各个侧面的相互关联:"历史是统一的,任谁的生活环境都是历史的一面,这一面连着另一面,那就任谁都有可能走进历史的深处。"胡风严厉驳斥的,是那种用来自"彼岸"的强势而空疏的名词概念对"此时此地的生活"发号施令(这已经可以看作名教的独断对文学创作的影响):"斗争总要从此时此地前进。把前进从此时此地割去,遥遥地放在'彼岸',使'彼岸'孤立,回转头来用'彼岸'的名义来抹杀此时此地的生活,污蔑此时此地的斗争,即使不过仅仅是一点点志大心粗,虽然不过仅仅是一点点因大不见小,但客观上一定是对于具体斗争的鄙视和对于历史大潮的玩弄。"这已经不仅仅是题材问题,而是一个沐浴着"五四"精神成长的知识分子,用现实主义的实践原则来贯穿、发扬"五四"以来知识分子的现实战斗精神。

1951 年,诗人牛汉的来信自述("那些花样复杂的、垂死的、虚伪的、市侩的、腐败了的、和真实生活交融在一起不可分的更宽广而真实的生活内容,我没有写,或者说我暂时没有写。……这样,我就只能欢乐地浮雕着一些美丽的花纹,刻得不深,没有把这生活刻透。"[59])赢得胡风强烈的共鸣:"片面"而"虚浮"的"绘图演义"是不是会影响对生活表现的深广?胡风的思考时不时冒犯着"写光明"的意识形态题材规定。次年在纪念果戈理逝世一百周年的文章里,胡风在论述了果戈理"构思的质朴"和描写"几乎无事的悲剧"之后,指出:"人生的大战斗大理想,并不是由于非人间的观念或'德性',而是平凡的血肉生活里面的喜怒哀乐所汇集起来、生长起来、升华起来的。这才产生了'震撼人们的心灵'的生活的诗。"[60]胡风心目中理想的"生活的诗"永远站在"观念""理念"的对立面,在酝酿铺写惊天动地、充溢着浪漫主义革命英雄史诗的氛围中，胡风强调"质朴"和"平凡的血肉生活"，显然预示着这一特立独行的战士终将碰壁。终于他在"三十万言书"中提出了"五把刀子"，其中"两把"都指向题材决定论："只有工农兵的生活才算生活；日常生活不是生活"，"题材有重要与否之分，题材能决定作品的价值"。[61] 而胡风的正面立论是：

> 一个作家，如果是真诚的作家，如果是有党性（这在我们，和"艺术良心"是同义语）的作家，他只能够和他身上能有的基础相应的对象结合，这个结合才是真诚的，对象才能够透过他的智慧他的心，成为种子，被创造成真实的感动人的艺术品。所以，不但题材不能决定作品的艺术价值，而且也绝对不能分配题材给作家去完成"任务"，"搜集题材"也能是一种本末倒置的机械论的提法，那只有引起作家丧失党性的投机心理，害死作家而已。[62]

在胡风看来，首先，不能将裹挟着权威之"名"的题材随意分配给作家；其次，进入具体的创作，题材不能只是"一个名词而已"[63]，而是要通过主观战斗精神的发扬，将它"透过他的智慧他的心"，化合为体内的"种子"，这样才能"创造成真实的感动人的艺术品"。

"破名"的内涵："身外的观念""透进""作家内部"

从这一节开始，我会将反抗现代名教与胡风揭示的主观战斗精神相参证。需要说明的是，这并不是随意的比附，而是从主观战斗精神这一特定角度出发，究明名教批判的内涵、意义与过程。也就是说，通过此具体途径，探析胡风的理论形态与实际斗争为"破名"所提供的资源。

1937年6月，胡风写下《思想活动的民主性问题》，该文针对朱光潜《中国思想的危机》而作。在胡风眼中，当时朱光潜"中间偏右"的身份与言论（"虽然朱先生表面上是向着'左''右'两方的抗议，但实际上他的笔锋是专门向着唯物的阵营的。"），有"歪曲事实替思想统制者洗脱责任"之嫌，所以胡风不得不站出来辩驳。但值得注意的是，朱光潜在文中所谓"思想的危机"——比如"中国人没有'必定是每个人摸索探讨出来的，创造的而不是因袭的'哲学思想"，比如"误认信仰为思想以及误认旁人的意见为自己的思想的恶风气"，比如"青年们'不思想则已，一思想就老是依着那条抵抗力量最小的熟烂的路径前进'"，"让他们的思想器官变成一套极板滞的机械"——并非全然无的放矢，如果滤去其中"向着唯物的阵营"色彩，那么这些"思想危机"也正是胡风一再示警的。一年前胡风在文章里大声疾呼"文艺作品里的思想或意识形态不能够是廉价地随便借来的东西"，这与朱光潜要求思想不能"老是依着那条抵抗力量最小的熟烂的路径前进"其实可以指向同一病症。所以，朱光潜对这一病症的分析，胡风并不反对，他反对的是朱光潜盲视中国的青年其实已在探索一条"接受思想"的"艰难路径"。这条"路径"吸收了朱光潜在诊断危机时开出的建设性"药方"，胡风将它表述为："在自己的生活实践里面发生着燃烧作用，用热情的倾注和意志坚强向实际问题搏战"，"也是在家庭教育、学校教育、以及一切固有的外来的'观念艺术品'里面感到了无法自慰的苦闷，因而'摸索探讨'出来的……"①

　　其实胡风一直在为青年们探索这条"艰难路径"而摇旗呐喊，属望青年们不要"廉价地随便借来""固有的外来"的"名"，而是要在切身的"生活实践里面发生着燃烧作用"；"题材所有的任何内容上的意义，如果没有成为作者本人的主观要求的东西，如果没有经过作者本人的血肉的培养，那就决不能结成艺术创造的果实的。……所谓现实，所谓生活，决不能是止于艺术家身外的东西，只要看到、择出、采来就是，而是非得透进艺术家的内部，被艺术家的精神欲望所肯定、所拥有、所蒸腾、所提升不可的。……使生活现实里面的人生动态走进他自己的感受世界，使生活现实里面的历史真理变成他自己的血肉的要求"⁶⁴。胡风称赞阿·托尔斯泰"深刻地写出了作者自己对于革命的历史内容的突入和怎样摄取到自己的主观精神里面"，这一艺术创造过程"使现实的历史要求侵入作家内部"；⁶⁵与此相类似的是丘东平将"为人民的血肉的要求"体现为"自己身上的不能自已的战斗的要求"；⁶⁶相反某些"论客们""骨子里却只是为了使作家留声机似地做身外的观念的奴才"……②

①　参见胡风《思想活动的民主性问题》，收入《胡风全集》(第 2 卷)，第 482—488 页。朱光潜《中国思想的危机》中的部分内容，据说是对鲁迅的影射，故而在胡风之外，此文也引起巴金、唐弢等人的批驳。相关研究参见［日］尾崎文昭《从一九三七年"反差不多论争"中看沈从文与南北文坛的地位》，靳丛林译，收入刘柏青、张连第、王洪珠编《日本学者中国文学研究译丛》(第一辑)，长春：吉林教育出版社，1986 年 5 月。

②　参见胡风《由现在到将来》，载《胡风全集》(第 3 卷)，第 34 页。还比如："国际革命文艺的经验或方法在今天更能够化成我们自己的血肉"；"政治课题，只要是战争的发展的内容所要求的正确的政治课题，那就当然是能够和作家的战斗的意志相结合的"；"感受、把握活的生活现实，把大众的感情、欲望、思想等化成自己的内的经验"；"要求作家把这理论所表现的内容熔化到自己的实践生活里面，成为自己的东西"。以上分别参见胡风《论民族形式问题》，载《胡风全集》(第 2 卷)，第 774 页；《民族战争与新文艺传统》，载《胡风全集》(第 2 卷)，第 647 页；《论民族形式问题》，载《胡风全集》(第 2 卷)，第 789 页；《关于"主题积极性"及与之相关的诸问题》，载《胡风全集》(第 5 卷)，第 180 页。

上面这些言论其实可以离析出几个关键词："身外""透进""作家内部"。在胡风笔下，名教有种种的形态与表现，可以是权威之"名"的化身（"人民的血肉的要求"，"所谓现实，所谓生活"，"大众的感情、欲望、思想"），可以是权威之"名"对创作的具体要求（"政治课题"，"题材所有内容上的意义"，"国际革命文艺的经验或方法"），也可以是负载着历史理性与社会进步规律的"名"的种种符号（"历史真理"，"革命的历史内容"，"现实的历史要求"），但凡此种种皆有一共性，它们是"身外的观念"。与之相对的，是"身外的观念"在艺术创造过程中要去抵达的合理形态（"自己的东西"，"自己的血肉"，"自己的内在的经验"，"本人的主观要求的东西"，"艺术家内部"，"自己的主观精神里面"，"自己身上的不能自已的战斗的要求"……），它们也有一共性，即"艺术家内部"的血肉存在。所谓"破名"，就是将种种"身外的观念"，"透进艺术家内部"，"侵入作家内部"，"经过作者本人的血肉的培养"，"被艺术家的精神欲望所肯定、所拥有、所蒸腾、所提升"，最终化成"自己的内在的经验"。这是一个在身外、身内之间进行"属己"转化的过程，也是一个将外在的、凝固的真理和律令，变成内在的、融入血肉的、化为无形而又不能自已的存在的过程。

上述这一思维特质与"破名"过程，在其根柢处接通的正是胡风的"主观战斗精神""主客观化合论"及"自我扩张"的理论核心，即"从对于客观对象的感受出发，作家凭着他的战斗要求突进客观对象，和客观对象经过相生相克的搏斗，体验到客观对象的活的本质的内容，这样才能够'把客观对象变成自己的东西'而表现出来"。[67] 强调以主体强盛的战斗热情去肉搏客观世界，这种理论的哲学基础，正能体现出二十世纪人类思维的转折过程中生命哲学的发轫。在现代哲学之前，形而上学作为哲学的代名词，宣称自己是与人类历史共始终的永恒真理、绝对理念，它以至高无上的"理性"的名义自上而下、由外而内对人类的精神世界实行专制。而生命哲学是十九世纪末二十世纪上半期出现的一种具有非理性主义特征的哲学思潮。它把揭示人的生命的性质、意义作为全部哲学研究的出发点，进而推及人的存在及其全部认识和实践，特别是情感、意志、直觉等心理活动，再由人的生命和存在推及人的历史和文化，以及人与社会、自然的关系。换言之，它由对生命的揭示而推及对整个世界的揭示；哲学探索的不再是世界的物质与精神本原，而是内在于并激荡着整个世界的生命与心灵的内在冲动。这种世界范围内兴起的非理性主义思潮也同样进入了中国的"五四"启蒙运动。尽管新文化运动主要是用来自西方十八世纪的启蒙哲学与理性主义作为思想武器，但与此同时，"五四"启蒙者中的佼佼者（如鲁迅）对叔本华、尼采、柏格森以至弗洛伊德的学说都有所会心。反对将世界万物还原为物理特性，而重视能动性与创造性的生命存在，进而关怀主体对这一生命存在的体验、领悟（"掊物质而张灵明"）；突出个人／主体的个别性与不可重复性，进而强调通过个体的具体存在以及最切身的生命体验去升华生命意义，而放弃到抽象的共相与先验的概念原理中去寻找（"任个人而排众数"）——这些思想特征都渗透、丰富了鲁迅的精神世界。"五四"启蒙思想内在的复杂同样存在于胡风的理论中：当他需要在政治立场上表明态度或阐发社会现象时，他毫不犹豫地秉持时代流行的历史理性主义与马克思主义唯物史观；当他研究文艺内部规律时，又往往会接通西方哲学文化思潮的新绪，从而获得崭新的世界意义。

　　这一复杂情形鲜明地体现在胡风对厨川白村的接受中。二十世纪二十年代初，他读到了鲁迅翻译的《苦闷的象征》，并在思想上受到深刻影响：

> 没有精神上的追求（苦闷）就没有创作，这是完全对的。
> 但这个"苦闷"只能是社会学性质的东西，也就是阶级矛盾的
> 社会生活造成的，决不能只是生物学性质的东西。性的苦闷也
> 是创作的动力，但这个性的苦闷也只能是社会学性质的东西，
> 是阶级矛盾的社会生活造成的。各个作家和各个作家笔下的各
> 各种人物都是各具有被自己经历的社会生活所造成的、性质不
> 同、内容不同的存在。创作的内容是根据作家在生活中感受到
> 的客观的东西积累起来，溶化出来的。而创作的动力是这些客
> 观的东西引起的作家的主观要求（苦闷）。这是从客观到主观，
> 从外到内的过程。但具体的创作过程总是从这种主观要求（苦
> 闷）出发，不能自已的，通过发生、综合、溶化、升华的血肉实
> 感而创造出人物形象。这是从内到外的过程。所以，厨川的理
> 论在后一方面是对的，有积极意义的。但在前一方面就完全错
> 了。鲁迅把它译了出来，而且作为大学的教本，就是认为把他的
> 立足点颠倒过来，把它从唯心主义改放在现实主义（唯物主义）
> 的基础之上，就可以克服文艺创作的自然主义的错误和机械论
> 即庸俗社会学的错误，对作家的生活实践和创作实践怎样结合
> 起来这个主要问题取得健康的理解。[68]

胡风站在"现实主义（唯物主义）"的立场上对厨川白村进行了纠偏，

后者所谓"我们在政治生活、劳动生活、社会生活之类里所到底寻不见的生命力的无条件的发现"只有在文艺中"完全存在"（参见鲁迅译《苦闷的象征》），这在胡风看来显然是不彻底的，所以他继续发掘这一"生命力"的社会根源，"这个性的苦闷也只能是社会学性质的东西，是阶级矛盾的社会生活造成的"。但是当胡风进入文艺创作内部，就完全体会到了厨川白村主张中的合理内核与"积极意义"：既然文艺是人类在社会压迫下生命力的一种迸发，那么创作就不能是对某种身外之"名"的"廉价"（这个词在胡风笔下经常出现）的遵循与应和，或者说，任何形态的"名"（"政治需要""历史要求"等）都不是创作过程的真正起点。这就是胡风每每强调的概念不能直接产生文学，客观而外在的概念必须被吸纳到作家体内变成不能自已的"血肉实感"，而"具体的创作过程总是从这种主观要求出发"，否则就会堕入庸俗社会学和机械论。在辩证理解厨川白村理论的开始与末尾，胡风都强调了这一点。①

　　依据厨川白村的启示，胡风批判继承了弗洛伊德精神分析理论，在文艺的动力与属性等问题上都作出了超越流俗的见解。例如："伟大的作品都是为了满足某种欲求而被创造的。失去了欲求，失去了爱，作品就不能够有真的生命。"[69] 1946 年，阿垅因编辑进步刊物《呼吸》被

---

① 也正是在反对马克思主义庸俗化的基础上，有研究者发现了胡风与马尔库塞有"许多暗合的地方"：他们都反对将"每一个个体的主体性，他们自己的意识和无意识都趋向于被消融在阶级意识之中"，都认为"激进变革的需要必须植根于个体的主体性的智力、激情、内驱力和目的之中"，认为"这样的事实"在庸俗唯物主义那里"被极度轻视了"。参见范际燕、钱文亮《胡风文艺思想的哲学基础与思想渊源》，载《胡风论——对胡风的文化与文学阐释》，武汉：湖北人民出版社，1999 年 5 月，第 303 页。本节对胡风与生命哲学渊源关系的介绍，主要借助于上述文章，特此说明并致谢。

所在军事单位发觉而受到暗令通缉，出逃至杭州、南京等地隐居。其间胡风写信给阿垅示以安抚，在劝告他摆脱消沉情绪外，又进一步在写作上给以建议："不要抒发由自己的遭遇所引起的情绪，等它变形成了客观对象的东西以后，再去写它，再去转化成自己的东西，那时候，性质将完全不同了。"[70]这一细节充分显示出胡风在批判继承精神分析理论的基础上对文艺与人生的辩证理解。"不要抒发由自己的遭遇所引起的情绪"，这不仅是遵循鲁迅所谓"感情正烈的时候，不宜做诗"，更是要考察私人情绪中是否有通向广阔社会生活的可能性；其次，具备了这一可能性的客观对象又得引起"作家的主观要求"，实现"从外到内的过程"以"转化成自己的东西"，这才是文学创作。

通过厨川白村、弗洛伊德，胡风吸收了生命哲学的滋养，提出了一系列建基于个体生命意识的文学命题：主观战斗精神、自我扩张、主客观化合、形象思维等。胡风和生命哲学在下面这些关怀上有着强烈共鸣：尊重感性直观，力求在人的认知与对象之间构成一种没有中介的对应关系，强调人的生命本体与对象接触的绝对必要性，在主体与客体对象之间戒绝被任何形态的名教训诫所阻隔，"把自己置身于对象之内"。也正是在这一意义上，胡风对主、客体被名教所污染、侵蚀有着极强的敏感，他呼吁的那些内容可以理解为：不要通过对名教的"廉价"呼应、遵循的方式去面对现实（不做"知识贩卖者"），不要依靠被名教所规训出来的眼光去体察现实，也不要去接纳一个被名教所宰制、改写的现实。

这里还需要提到一个伟大的名字——别林斯基。胡风曾被誉为

"中国的别林斯基"[71]，他也毫不掩饰自己对别氏的热爱①。如果参照《一八四七年俄国文学一瞥》中的文字，我们可以清晰地发现：别林斯基与胡风以身相抗的两种文学顽症，几乎就是一致的。首先，是所谓"纯文学"（胡风给出的对应称呼是"抽骨留皮的文学论"）："纯粹的、与世隔绝的、无条件的，或者如一些哲学家所说，绝对的艺术是任何时候、任何地方都没有的"；"从艺术手里夺走这种为社会利益服务的权利，——这不是把艺术抬高，而是把它贬抑，这样就等于是剥夺它的最生气勃勃的力量的本身，……这种艺术仿佛没有注意到它的四周沸腾的生活，对一切充满生机的、当代的、现实的事物闭起了眼睛"。其次，是所谓"倾向文学"：

---

① 胡风曾假设能提前读到别林斯基，那么"我的评论工作也许不至于那样贫乏"；在他看来，苏联之所以能清算"拉普"，"是依靠了当时发现的马克思和恩格斯论文学的几封信"，同时也是依靠了别林斯基和杜勃罗留波夫的"文学理论传统"。"文革"中别氏位列点名批判的"三个斯基"之首，在拨乱反正之后，胡风说："如果连他都不接受，我们的社会主义现实主义就有流于空头的危险。"参见胡风《略谈我与外国文学》，载《胡风全集》（第7卷），第263、264页。值得一提的是，别林斯基最主要的译介者满涛是胡风友人（1955年被定性为"胡风集团一般分子"）。在胡风给朋友的书信及家书中，胡风对《别林斯基选集》的出版多次表示关注；当收到第2卷，翻阅一遍过后，他给满涛写信："只觉得，那一种拥抱万有而又精细入微的力量，对于我们是太需要了。"参见胡风《致满涛》（1953年2月2日），载《胡风全集》（第9卷），第400页。
　　此外，我总觉得，以赛亚·伯林对别林斯基的一番评骘，几乎可以一字不易地移用给胡风："他对艺术经验本身太敏感、对文学天才迷恋太深、又太诚实，无法为无情而无情。但是，对真理抱持不移不惑的、清教徒式的态度；热爱发掘一切事物里丑恶黑暗、难以启齿的一面，坚持此面，不惜任何代价、不惜牺牲文学或社会中任何优美愉快成分，加以认定。因此，专以挑起某种尖锐的反应为宗旨，过分重视、蓄意选用棱角分明、直率露骨、毫不暧昧的措辞。"为保持这种鲜明而独立的特色，也付出代价："过度发展了他天性里比较粗蛮的一面，时作突兀而不必那么粗糙的判断，对求精求细太欠宽容、对纯粹的美太过疑忌，有时候，更因道德独断失之强横，在艺术与道德上俱成盲目。但是，由于个性极其刚强、语言极其有力、动机极为纯粹而直切，因此，他风格上的粗与拙卒能自成一种修辞立其诚（literary sincerity）的传统。"参见［英］以赛亚·伯林《辉煌十年·别林斯基》，载《俄国思想家》，彭淮栋译，第214页。

现在，许多人都迷恋上所谓"倾向"这个魔法般的词儿；人们以为，一切问题完全取决于它，他们并不理解，在艺术世界里，第一，如果没有才华，任何倾向都是一文钱也不值的，第二，这倾向本身不仅是应当在头脑里存在，而且首先应当在作者的内心里、血液里存在，首先应当是感情、本能，然后才可能是自觉的思想，——对作者来说，这种倾向也应当像艺术本身一样地生发出来。一种思想——不论是读到的或者是听到的，也许还是能正确地理解的，但如果没有经过本人的天性所参透，没有打上您的人格的烙印，它不只是对诗来说，就是对一切文学活动来说都是一笔死的资本。不管你如何来模写自然，不管你如何把现成的思想和用心良好的"倾向"添加到您的模写中去，假如在您的身上并没有诗的才华，——那么您的模写就不会使任何人想起那原型来，于是思想和倾向仍然只是一般的修辞学的论点了。[72]

我们尤其要注意的是别林斯基论述"倾向"的第二点意见，这种"倾向""现成的思想"，即便是"聪明的和心地善良的人"，"怀着高尚的目的""怀着值得赞扬的目的"来加以取用，即便是这些"名"本身是良好的、能正确地理解的，但是只要它们没有打上创作主体"人格的烙印"，在"作者的内心里、血液里"存在，那么这还仅止于"一般的修辞学的论点"，甚至是"一笔死的资本"。别林斯基和胡风在同一个问题上出示着严苛的标准，而这一无法省略、不得轻慢的过程，就是胡风所谓"从客观到主观，从外到内"、化身外之"名"为体内"血肉"的

"破名"过程。

　　接着上面这一严苛的标准再往下说。"创造过程上的创造主体（作家本身）和创造对象（材料）的相生相克的斗争；主体克服（深入、提高）对象，对象也克服（扩大、纠正）主体，这就是现实主义的最基本的精神"。胡风对现实主义文学的论述与众不同之处在于，他不是从社会任务、历史内容、人民要求、时代进步规律等客观存在的"名"的角度，而是从创造主体（作家本身）和创造对象关系的角度进行阐述，也就是"使艺术家深入了对象内部，也使对象侵入了艺术家内部，开始了那个相生相克的现实主义的斗争"[73]。主体必须发扬战斗精神来"克服"对象，即"深入、提高"；而对象也"克服"主体，所谓"扩大、纠正"，这一实现很大程度上也离不开主体的态度。所以最根本的问题在于，主体决不能臣服于身外之"名"，而必得体现出积极主动的姿态。陈思和先生说胡风对现实主义的理论贡献在于："他指出，只有当生活的客观真实经过作者的经验的融化，才能成为是作家用'肉体和心灵把握了的真实'。"[74] 由此胡风廓清了现实主义与伪现实主义的疆界：在后者，提炼出一个"不存在于人的经验世界与感觉世界能够触及的范围之内"的先验之"名"（所谓"时代本质""历史规律"）；而在前者，文学所要追求的"时代本质""历史规律"必须是在真实的生活中被感知，又被打上主体的烙印，唯有从内在于创作者的"经验感受中领悟历史的趋向与人民的愿望"，这才是"现实主义的最基本的精神"。也就是说，胡风是以主体对客观存在的亲证与否来判定现实主义的真伪。

　　当这一尺度建立起来之后，胡风几乎是用它来辨明所有文学命题的合法性。例如"民族形式"问题，胡风并不像其他人那样，认为新文学大众化程度的不足源于"五四"现实主义的发展路向存在偏差，而是将之归因为"我们所把握到的现实主义的方法还没有坚强到把今天这样丰富的现实最大限地最高速地化为自己的血肉"。现实主义的方法诚然是"把握先进的思想的方法",但它必得经过作家自身的验证、认可、化合,"使这方法变成在实际战斗中的作家自己的神经,成为一根导线",如此方可发挥效力,"通过具体的活的形象,大众的表现感情的方式、表现思维的方式、认识生活的方式,即所谓中国作风与中国气派去把握、经验、感觉而且表现民族战争中的社会的斗争内容"。[75]

可惜的是,胡风对"现实主义的最基本的精神"的认定经常遭致误解,尤其在他的论辩对手那里,往往越出文学范畴而同哲学立场混同。现实主义的哲学基础是唯物主义反映论,哲学上的唯心主义和文学上的现实主义势同水火。胡风强调主观战斗精神,强调主观在创作中的作用,被判决为从唯心主义出发夸大主体精神的作用,甚至是抗拒政治对文艺的主宰。

二十世纪八十年代初,胡风友人、1955年被定为"胡风集团骨干分子"的王元化,写了《文学的真实性和倾向性》一文,其中主要的思想资源来自别林斯基。"作家在写作的时候,如果强迫自己去写对他是陌生的、未经消化的、并未扎下根的思想感情,那么,不是煮成一锅夹生饭,就是弄虚作假","没有获得人格印证融为自己血肉的思想是虚假的。游离于艺术形象真实性之外的倾向性,不是脉管中流动的血液可以灌注全身,赋予机体以生命,而是贴上好看商标的赝品,顶多只能起着暂时的蒙混作用"。[76]文章写于1980年10月,其间胡风的回声铿然作响。从二十世纪三十年代胡风对"观念游戏""大而空的'意识形态'"的奋起反抗,到八十年代初王元化在废墟上的重建,当中相隔近半个世纪,历史翻过了沉重一页。

"破名"的意义：精神立场的"合法性"论证

他从来没有打过进化论或阶级论者的大旗，只是把这些智慧吸收到他的神经纤维里面……那些思想运动者只是概念地抓着了一些"思想"，容易记住也容易丢掉，而鲁迅却把思想变成了自己的东西。思想本身的那些概念词句几乎无影无踪，表现出来的是旧势力望风奔溃的他的战斗方法和绝对不被旧势力软化的他的战斗气魄。[77]

要接近鲁迅这一个伟大的存在，从他的作为意识形态的思想内容的一面当然能够取得丰富的财产，但从他的作为思想生命的人生态度的一面更能够汲取无穷的教训。我们现在所探求的是后者，到这里就可以把握到一个中心的特征，那就是，他的内在的战斗要求和外在的战斗任务的完全合一，这可以和天地造化比美的宝贵的精神。这使得他和教条专利者、知识贩卖者、急功好利者、看势立论者一切种种的新旧戏子们的生理构造没有一丝一毫的相同。

……

真正的战斗，不能是和主观要求客观对象离开的"思想"，非得是这两者的结合不可。

……

只有当思想成了自己的生命机能才能算是思想……[78]

胡风理解鲁迅，往往是在整合、发扬他自身所宝爱的理论素养，可是在此誉为"和天地造化比美的宝贵的精神"，却也算罕见。这里似乎有两组概念，"思想"或"作为意识形态的思想内容"，以及"战斗方法"或"作为思想生命的人生态度"。思想的形态（其实也就是"名"的形态）有多种多样的表现，比如"思想本身的那些概念词句"，比如某种集体分享的意识形态；但是在胡风看来，这些都远远比不上"态度"或"战斗方法"来得重要，于是就出现了"智慧""神经纤维"这样的字眼。"智慧"在胡风这里实在是一个很大的概念，它不是指任何思想的概念实体，而是指深植在这一切思想根柢处的一种机能、一种能力。对此，他自己有过解释："不是一种知识性的东西，而是消化成了他自己的血肉内容的一种智慧"[79]，于是"智慧"变成了对思想进行合法性论证的媒介，所有"意识形态的思想内容"和身外的"名"，必须在"智慧"的烛照下"吸收到他的神经纤维里面"，变为"自己的生命机能"，如此"才能算是思想"。反之，没有经过这一论证的思想，则"容易记住也容易丢掉"，于是"教条专利者、知识贩卖者、急功好利者、看势立论者一切种种的新旧戏子们"蜂拥而来……再总结一下，胡风所继承的鲁迅精神生产的非观念性特征在于：和所谓"意识形态的思想内容"相比，更可珍视的是"作为思想生命的人生态度"，这与真诚无伪、血肉淋漓的挣扎体验相联系。在观念形态与"名"的内容层面之上，更重要的是"破名"的态度（对待"名"的态度层面与运思能力）。"这些活人，虽然要被'科学'武装他们的精神，但决不会被'科学'杀死他们的情绪。"[①]

---

① 参见胡风《今天，我们的中心问题是什么？》，载《胡风全集》（第2卷），第616页。邹荻帆在回忆胡风的文章中曾着重引用了这句话。参见邹荻帆《往事琐忆——怀胡风先生》，载晓风主编《我与胡风》（第2版：增补本），第277页。

胡风大量的立论、观察往往以此为出发点。比如本章一开头提到的那篇短文《辩证法与江湖诀》，胡风声明"我现在并不想批评他的理论"，这些理论——"'积极性'啦，'革命的主题'啦，'契机'啦"——本身实在并不为错，但是为什么它们甚嚣尘上，"一天天多起来"却反而日渐丧失战斗性？这才是问题关键。即便是在同一群体内部，胡风也毫不放松。1938年，针对《七月》第八期上刊载的《杨可中》一文，彭柏山提出批评，这一批评甚至已得到作者曹白自己的认可，但是胡风却表示"不能完全同意"："柏山所提出的'作者的人生观是应当健康的'，和劝告曹白多读哲学科学书，我觉得在这里也是把一般原则代替了具体问题的提法。健康的人生观能够使作者有力量更深入真实，这是文艺论上的一般原则，但对于一个作家或一篇作品，尤其一篇作品，并不是笼统地把这抬出来就可以了事的。"[80]胡风在这里还是悬置了"健康的人生观"等"一般原则"，而注重探究创作过程中情感、理解能力、艺术感受力对具体材料和基本形态的"名"的态度。1947年，在《逆流的日子·后记》中，他还不无微讽地说："最可贵的当然是专谈至理，圆滑无际的大块文章，但普通的文字总是对于具体历史情势下面的具体事象的理解或感应。"[81]"至理"是决计不会有错的，但是跟通过"具体历史情势下面的具体事象"所求得的"理解或感应"相比，到底孰轻孰重？说得更清楚的是下面这段文字："我们反对合理概念吗？不是，创作过程可能而且应该受合理概念的领导，限制，但虽然如此，文学却还有它自己的道路，文学的认识作用要求作家的意识在特殊的方法上最高度地进行搏斗。"[82]

　　由上面这些讨论，可以深化对"破名"的认识，所谓"破名"的意义，不是去否定"健康的人生观"这样的"一般原则"，以及"人民的要求""革命的主题"等为一个时代所共享的"至理",而是要求主体通过一条文学自己的道路("对于具体历史情势下面的具体事象的理解或感应")来亲证这些"原则""至理",主体对"名"的认可,非得经此主体内部的砥砺、摩擦("作家的意识在特殊的方法上最高度地进行搏斗")不可,就仿佛一种严格的"合法性"论证过程之后,"合理概念"才具备实践的可能性。准确地说,这个过程论证的不是"名"本身(政治倾向、本质内容、价值判断)的"合法性"(这往往是不言自明的),而是主体在接受这一"名"时在精神立场上的"合法性"。这个过程正如胡风的比喻:"政治是神经系统和神经中枢,但神经系统和神经中枢是活在血肉的躯体里面的。……神经是为了指挥肉体,但它却是被肉体所养活,而且它的指挥只有化成了肉体的动作以后才能够实现的。"[83] 这仍然是一个鲁迅式的命题:"伪士当去,迷信可存。""'伪士'之所以'伪',是其所言正确(且新颖),但其正确性其实依据于多数或外来权威而非依据自己或民族的内心。"鲁迅笔下的"伪士"在胡风文章里也有一对应的称呼——"市侩",即上面引录胡风剥皮剔骨以画其丑态的"新旧戏子们",潮来时攘臂争先应名教而发声,风过后偃旗息鼓甚至另立新帜,"容易记住也容易丢掉"。

下面三个例证是为了说明:一个"合理概念"如何因减省、忽略了上述论证过程而丧失"战斗性"。

"抗战到底"

只捉着一些抽象的热烈的词句和"打倒日本帝国主义"、"抗战到底"……等等不附带实际内容的口号。这和在群众大会上不报告不讲演而只喊口号有什么不同呢？

　　文艺的任务不仅仅要使人知道些什么，得到人生的知识，而更重要的是要使人感受些什么，得到人生的力量，那就更容易明白情绪的必要了。但我所要求的情绪，一定是附着在对象上面的，也就是"和"对象"一同"放射的东西。作者可以哭泣，可以狂叫，可以有任何种类的情绪激动，不但可以，而且还是应该的，但他却不能把他的哭泣他的狂叫照直地吐在纸上，而是要压缩在、凝结在那使他哭泣使他狂叫的对象里面，那使他哭泣使他狂叫的对象的表现里面。[84]

　　"抗战到底"显然是"一个包含着科学的内容和无限力量的口号"；所谓"科学的内容"是指在价值判断上它具有无懈可击的正当性，所谓"无限力量"是指它对民众所具备的巨大的唤醒、动员的功效。这篇文章写于1937年年底，正当战火炽烈之际，无法控制情绪的"狂叫"和"文学上的标语口号主义"笼盖四野，胡风苦心揭破的问题是：一个"科学""力量"兼备的口号，如何避免被主观公式主义所捕获，如何避免沦为"抽象热烈的词句"。如果与鲁迅的话相参照，胡风的用意就更显豁了："好的文艺作品，向来多是不受别人命令，不顾利害，自然而然地从心中流露的东西；如果先挂起一个题目，做起文章来，那又何异于八股，在文学中并无价值，更说不到能否感动人了"[85]；"即使主题不谈革命，而有从革命所发生的新事物藏在里面的意识一贯着者是；否则，即使以革命为主题，也不是革命艺术"[86]。竹内好评价"挂起一个题目，做起文章"："这种场合下的'革命'一语，置换为'爱国'以及其他各种各样的词，都是无所谓的。"[87]要避免

"抗战到底""革命""爱国"这样"各种各样的词"和"题目"任意被"置换"而"无所谓",就必须将创作者自身饱满的情绪压缩、凝结在对象里面,"和对象一同放射",这样才能真正"说服读者,感动读者",这也就是鲁迅所谓"藏在里面的意识一贯着"。

"人民的要求"

> 真实的作家的成长和真实的作品的产生,是由于为人民的血肉的要求,和空洞的概念无缘,和即使看来是为人民的空洞的概念也无缘。这血肉的要求是人民的要求,但却应该是被作家体现在自己身上的不能自已的战斗的要求。[88]

这是一个奇特的现象:胡风和他的批判者,都不无真诚地将自己的理论出发点,理解为是对毛泽东文艺思想的捍卫,并且都以自己为"正解"而指对方为"曲解"。知识分子改造是毛泽东文艺思想的核心命题,对此论辩双方又是取径相悖。胡风所认可的改造的必要性来自"知识分子的游离性,即所谓知识分子的二重人格","这种游离性使得他们的思想立场停留在概念里面或飘浮在现实表面"——这分明就是胡风素来批判的对名教的廉价应和、因循,所以知识分子改造的命题也被他理解为一个"破名求实"的过程,即对"名"的穿透、含纳:"深入实践过程的战斗要求,通过这去和人民的内容深刻地结合,把握它,把它变成自己的东西,同时使思想要求经过人民的内容的考验以后,成为更是人民的也更是自己的东西,使思想要求和人民的内容对立而又统一地形成血肉的'感性的活动'。"[89]作家与人民结合这一重大时代课题在胡风看来，也是在主客体的化合、联结中获得解决，尤其对于作家而言，完全可以通过现实主义创作的实践特性（主体自觉的精神活动）来完成对自我的深化与改造，"人民的要求"这一最初的身外之"名"，"停留在概念里面"的"思想立场"，完全可以通过"破名"的过程，化为知识分子内部"不能自己的战斗的要求"。知识分子的改造既要从人民中吸取经验，又要保持、发展自己，即使是"人民的要求"也终得、非得变成自己"血肉的'感性的活动'"。

中华人民共和国成立前夕，胡风这样起草他的"宣言书"："不是从人民剽窃，而是从人民学习，和人民结合，不是奴颜婢膝地用什么谄媚人民，而是诚心诚意地拿什么给予人民。"[90]在胡风那里，"人民"与"人民的要求"本就不是观念里的偶像，而就是与自己的主观精神血肉相联的实体。对一个无伪的"破名者"而言，起点从来不在"彼岸"，"斗争总要从此时此地前进"。

与此相反的倾向是，将"人民"封闭在名词概念的牢笼中，用观念的合理性解释现实存在的概念化倾向。胡风严厉地斥之为"农民主义""民粹主义的死尸"的复活："如果封建主义没有活在人民身上，那怎样成其为封建主义呢？用快刀切豆腐的办法，以为封建主义和人民是光光净净地各在一边，那决不是咱们这个地球上的事情。"廉价地因循名教的运作，总是出于简单化的思维方式（而往往简单化的思维在战时情形下似乎就天生黏附着暴力机制），无视现实生活千丝万缕的缠绕，所以"只要'优美的'人民而不要带着精神奴役的创伤的人民"，可是"世界上没有只有阳面没有阴面的事物，抛弃了阴面，阳面也一定要成为乌有，即所谓'观念化了的'东西"。[91]可见，"合理概念"如果未经主体精神立场与身内血肉的"合法性"论证，其建设性不但大打折扣，甚至可能走向反动，借竹内好的话说："不仅不会成为解放人的动力，相反只会转化为有利于压制者的手段。"由此来听胡风和阿垅的申言，真是振聋发聩："五四""以意识斗争为先锋的社会斗争，那基本的内容就是使人民的创造历史的解放要求从'自在的'状态进到'自为的'状态，也就是从一层又一层的沉重的精神奴役的创伤下面突围出来，解放出来，挣扎出来，向前发展，变成物质的力量"[92]；"人必须理解自己底'价值'，发生自己底'力量'，从而服从群众底利益，坚定群众的立场"[93]；集体的英雄主义不仅要"尊重着大众底利益，服从着集体底命令"，同时也要"保留了自己底能动作用，和必须掌握着自己底战斗性能"[94]。

"世界观"

中共知识分子一直将抹杀世界观作为胡风的主要甚至首要罪证。1952 年 9 月 6 日起，根据周恩来的指示，中宣部组织召开了四次座谈会，帮助胡风检讨文艺思想。与会者除胡风、路翎外，还有周扬、冯雪峰、丁玲、胡绳、邵荃麟、何其芳、林默涵等。关于座谈会的基本情况，1953 年 2 月 15 日中宣部向周恩来和党中央呈送《关于批判胡风文艺思想经过情况的报告》，其中提到"胡风文艺思想的主要错误"，首要的就是"抹煞世界观和阶级立场的作用，把旧现实主义来代替社会主义现实主义，实际上就是把资产阶级、小资产阶级的文艺来代替无产阶级的文艺"。[95] 1955 年 1 月 21 日，中宣部向党中央报送关于开展批判胡风思想的报告，其中指出胡风关于文艺问题的意见（"三十万言书"）主要错误在于："他在'马克思主义'外衣的掩盖下，借'现实主义'

之名来否定文学的党性原则，抹煞马克思主义世界观对文学创作的作用……"甚至直到 1980 年 9 月，为胡风平反的第一个通知（中共中央发出的 76 号文件《中共中央批转公安部、最高人民检察院、最高人民法院党组〈关于"胡风反革命集团"案件的复查报告〉的通知》）中仍然保留："胡风的文艺思想和主张有许多是错误的，是小资产阶级的个人主义和唯心主义世界观的表现"；在"三十万言书"中，"把党向作家提倡共产主义世界观、提倡到工农兵生活中去、提倡思想改造、提倡民族形式、提倡写革命斗争的重要题材等正确的指导思想，说成是插在作家和读者头上的五把刀子"。[96] 再来看胡风的反应，1950 年他在致满涛的信中提到"世界观"问题，末了说："现在是说不通的，无论说得怎样清楚他们也会有办法歪曲的。"[97] 而针对上面提到的中宣部召开的座谈会，胡风在"三十万言书"中多次表示："最使我奇怪的是，主要发言人好像并没有看过我的文字，只是随便抓一两句来任意解释。"[98] 这些无可奈何的辩解，再联系胡风明明知道这个问题上自己屡受打压却仍然无所避忌地在"三十万言书"中将"作家要从事创作实践，非得首先具有完美无缺的共产主义世界观不可"列为"五把刀子"之首，可以表明：在胡风看来，他的论敌们根本不理解他是在何种意义上谈论世界观，但这偏偏又是一个至关重要的问题。鉴于此，我们不妨首先梳理一下胡风围绕着世界观而作的种种探索。

如果说世界观本身可以是以"名"的某种形态而出现，比如说"合理概念"，那么胡风显然是承认世界观的领导作用的："我们反对合理概念吗？不是，创作过程可能而且应该受合理概念的领导，限制……"[99] 1935 年胡风评价赛珍珠的长篇小说《大地》："作者对于中国农村的生活是很熟悉的，从描写或叙述里看得出来她的感觉的纤细和观察的锐利","作者笔端上凝满着同情地写出了农民的灵魂的几个侧面",但是在题材的处理上"完全让传教士的观点代替了艺术家的对于真实的追索",所以"它在艺术上不应该得到过高的评价"。[100] 显然,对于作家世界观的局限给创作带来的危害,胡风是了然、认可的。

还应该提到的是 1936 年周扬与胡风关于典型问题的论争,虽然世界观并非其中心议题,但这场论争前后对世界观与创作实践的不同表述,已为两种根本歧异的思维方式埋下了伏笔。1932 年 10 月底,苏联开始批判"唯物辩证法的创作方法",并提出"社会主义的现实主义"作为代替;次年 11 月,周扬将这一新的口号第一次介绍到中国。一方面,周扬认识到"艺术家的世界观"是"通过艺术创造过程的复杂性和特殊性而表现出来的","把创作方法的问题直线还原为全部世界观的问题"是"一个决定的错误";但是,"艺术的创造是和作家的世界观不能分开的"。尤其耐人寻味的是,周扬已经提及了恩格斯致哈克奈斯的信,并且引用了吉尔波丁的话——"艺术家有时是违反他的世界观,通过对他的世界观的斗争,达到艺术上的正确而有益的结论的",但他的着眼点对准的是世界观的缺陷,而不是胡风侧重的对世界观缺陷的克服过程,所以周扬认为:"作家的世界观和他的艺术的创造的结果的背驰,如吉尔波丁所指示的一样,对于艺术自身并不是'正'(Plus),而是'负'(Minus),是常常破坏作品的艺术的组织的一个缺点。巴尔扎克之所以不能达到现实之全面的真实的反映,也就是因为他的世界观的局限性和缺陷的缘故。"两年后到了与胡风论争的《现实主义试论》中,更是直接质疑了"现实主义胜利"的意义:"被这种现实主义的'奇迹'所眩惑,我们就很容易忽视世界观在艺术创作上的重要作用,对它给予过低的估价。"[101] 胡风针锋相对的也就是在这个地方，他从来坚信真诚无伪的创作，坚信"真的血写的书"完全可将文学与人生相融："如果一个作家忠实于艺术，呕心镂骨地努力寻求最无伪的、最有生命的、最能够说出他所要把捉的生活内容的表现形式，那么，即使他像志贺似地没有经过大的生活波涛，他的作品也能够达到高度的艺术的真实。因为，作者苦心孤诣地追求着和自己的身心的感应融然无间的表现的时候，同时也就是追求人生。这追求的结果是作者和人生的拥合，同时也就是人生和艺术的拥合了。……真实的现实主义的创作方法，能够补足作家的生活经验上的不足和世界观上的缺陷。"[102]周扬是从鲜明的二元对立的判断入手，越来越对文学的实际创作过程无所留恋，越来越不加审慎而迫不及待地投入（也就是胡风说的"廉价"的接受）到对世界观的应和之中，他不断地挤压文学的空间而要求一种直线的抵达：虽然艺术家的世界观确实具有复杂性和特殊性，但是世界观的缺陷对艺术全面反映现实来说总是负的效果，所以不要被"现实主义的胜利"所诱惑，最好是在创作之前先行去获得能够体现"现实的本质方面"的"一个完整的，各部一致的，没有内在矛盾的世界观"。与周扬对创作实践的保留、犹豫到最终的不信任相比，胡风始终立足于文学，"由于对艺术的忠实，尽可能地从艺术迫近人生"，通过文艺的特殊机能来进行实践，通过实践斗争的胜利（"现实主义的胜利"）来达到马克思主义。他如此醉心于伴随着创作过程的自我的克服与挣扎体验，即"在生活和艺术中间受难（Passion）的精神"。"Passion"这个词有两个基本意义："受难"和"激情"，可以理解为对人生痛烈的追求以及这一追求在作家心中唤起的炽烈的情感，甚至是将被动的"受难"转化为主动地追求发扬这一炽烈的"激情"以熔炼自我，唯其经历"激情"迸发的"受难"过程，则所由淬炼而成的"胜利"才弥足珍贵。也许周扬与胡风都在追求同一个"目标"——"真",但是前者高举的是世界观的"真",所谓"完整的,各部一致的,没有内在矛盾的世界观",新、旧现实主义的区别在于是否获取"现代正确的世界观";而后者追求的是获得世界观过程的"真","真的血写的书"以及这一"受难(Passion)"才成就"真的战士和真的诗人"。

周扬提出"新的现实主义",尽管引据马列主义的文艺经典,但似乎更多是从苏联的政策性文件与结论出发,他缺乏甚而轻视与古今中外文艺实践的具体结合。而胡风恰恰相反,他凭着"实感"接受中外现实主义大师的创作经验,在历次论战中,始终强调"现实主义创作方法的真实的力量"而少谈世界观的决定作用,始终张扬"主观战斗精神"而避免先验的"客观规律",所以胡风在同一阵营内部总显得落落寡合甚至格格不入[①]。

胡风似乎一直在两条战线上同时作战。他从来不否认政治立场对文学的指导作用,这才有他对不要这个基本立场而侈谈"高度的客观态度"的鄙弃;但他又终身厌恶那些举起世界观大旗就以为可以完事,而对艰苦的创作实践示以轻蔑的"航空战士",所以会被后者指为"抹煞世界观"。就如上文提到的,别林斯基与胡风长期在与两种文学顽

---

① 唐弢先生主编的《中国现代文学史》以为:周扬对"社会主义的现实主义"的介绍,是当时"关于世界观和创作方法关系的比较全面的论述","在这以后不久,否定世界观对于创作实践的指导作用的论调竟又在革命文艺界内部公开出现",这显然针对胡风而言,而周扬"给予这种论调以直接的驳斥。否定世界观的重要性,实际上会导致作家忽视建立无产阶级世界观的必要性,使文学离弃无产阶级的党性原则。当这种有害于革命文学发展的论调在革命文艺界开始出现的时候,立刻给予批判,廓清其可能发生的恶劣影响,是很有意义的"。[参见唐弢主编《中国现代文学史》(二),北京:人民文学出版社,1979年11月,第78页]在很长的一段时间内,我们是在这样的视野里视胡风为"革命文艺界内部"的"异类"。

症——"纯文学"与"倾向文学"——相抗衡，胡风总是在夹缝中寻找恰当的空间，这一空间稍往左往右一偏，就会导致"不健康"的文学。围绕着世界观的种种言论，最能见出胡风苦心经营、勉力以求的姿态：既要守护"名"的科学性与合理性，又不廉价地为"名"所役，沦为名教奴隶。

抗战全面爆发前，胡风论及"思想运动里面武断的态度"，以"向作家要求'正确的世界观'"为例[103]，而解决之道就是在创作实践中加以纠正："由于更迫近生活的真实而达到更迫近'健康的人生观'。"[104]中华人民共和国成立前夕，在致朱谷怀的信中，胡风说："我们总是为了大的思想要求的，为了实际的迫切需要的。但对创作者，虽然同样坚持这个思想要求，但创作者总是通过他所写的生活现实，他所血肉地把握到了的生活现实来达到这个思想要求。否则，创作者就只好说谎了。"[105]世界观（"大的思想要求"）与革命形势（"实际的迫切需要"）当然至关重要，但是如果放弃了通过创作以"血肉地把握到了的生活现实"，那么付出的代价竟然是"只好说谎"。1952年4月《文艺报通讯员内部通报》第十五、十六号上开始正式提出对胡风文艺思想的"意见"，同时有关部门也编印了《胡风文艺思想研究资料》。山雨欲来风满楼，这年的5月，正是《在延安文艺座谈会上的讲话》发表十周年之际，在政治经验丰富的彭柏山的提醒下，胡风写了一篇"从未写过的表态文"[106]——《学习，为了实践》，文中很大篇幅是关于世界观与政治立场。"在文艺工作者，首先第一个问题是确定立场的问题。确立以无产阶级的思想为领导的实践的立场，批判并克服资产阶级的思想以及各种非无产阶级的思想，划清界限。……是一个政治态度的决定性的问题，也是一个工作有无意义的决定性的问题。"但是话说到这里胡风还是不满足，就如他惯常质疑的"笼统地把这抬出来就可以了事"，于是接下去写道："确立思想立场，是一个基本问题，但并不是说，这个问题在理论上解决了，一切问题都同时解决了。"再是具体要求："思想立场是给我们一个实践的方向或立足点，是引导我们认识现实，认识生活，认识具体事物，引导我们从实际出发，从生活出发，深入丰富而复杂的现实生活内容，感受并分析那矛盾状态、斗争特征和发展趋向，而不是用理论概念去套现实生活或者代替现实生活。这样才不会落到教条主义或公式主义里去。公式主义的创作不是从现实生活提炼出内容，而是把理论概念代替现实生活，把理论概念'化'成形象；公式主义的批评不是从现实生活出发，不是从现实生活的内容和发展趋向去分析作品的真实性和真实程度，而是用理论概念从外面去套具体作品，向具体作品要求理论概念的图解。"胡风首先强调的是实践，"突破主观概念的束缚"，"从生活出发"；其次倚重主观战斗精神的燃烧（"深入丰富而复杂的现实生活内容，感受并分析那矛盾状态、斗争特征和发展趋向"），避免"思想立场"沦为公式主义，警惕"理论概念"对现实生活与具体创作的宰割、图解，否则，"原来是正确的理论概念本身，也就被变成错误的或虚伪的了"。[107]1954 年 3 月，胡风开始撰写"三十万言书"，每完成一章节都要交给朋友阅读斟酌以修订补充，甚至"就林、何文章的批判重点，多次和朋友们一起进行过模拟式的答辩"。在绿原的追忆中，当时胡风"在客厅里走来走去，滔滔不绝地辩驳着"，而给人"留下深刻的印象"的"几个原则性命题"第一个就是："哪里反对过作家具有先进的世界观呢？是反对向作家先验地要求这种世界观，并以此作为排斥广大作家、实行'拉普'式宗派统治的手段；更是反对把世界观看作固定的意识形态，忽视它在作家的感情基础上与人民群众的喜怒哀乐相通的感性特征。世界观对创作实践发生影响，势必通过这些感性特征，并不意味着将感情置于思想之上，而是说二者始终不可分割地结合在作家的意识结构之中。"[108] 而"对于这一时期'中心作家'的多数人来说，……凭借着'先进的世界观'，作家能够正确地认识、把握客观生活和人的生命过程的'本质'和'规律'，他们所实践的革命和文学，正是体现了并阐释着这一发展规律的"[109]，这种先验的世界观和胡风及其朋友们所认可的化作个人感性机能的世界观，其实有所差别。晚年胡风对两种世界观的认识更为深入："不同的是，我没有提出一个其大无边的世界观，而是提出了'社会立场思想立场'。不同的是，我认为不是有了立场（当然是正确的社会立场思想立场）就够了，而是只能以它为主线，而且还非得从生活实践中到创作实践中进行和自己血肉相连的、活生生的（只有在这种情况下才用得上'活生生的'这个形容词）'形象的思维'不可。"被"形象的思维"所验证的、化作自我感性机能的世界观与"其大无边的世界观"，二者转变为具体与一般的关系："美学上的世界观是社会学上的世界观的一个方面，能够取得社会学上的世界观的引导或照明，它引导文艺创作实践的力量就会更强大，更能取得胜利。但是，美学上的世界观就是还不能得到社会学上的世界观的引导或照明，但只要它能够适应生活中的历史要求，在创作实践中真诚不苟，它不但能够在创作上取得胜利，而且，这个胜利还是能够符合社会学上的世界观的要求的。因为，它是在不脱离感性形象上认识（领悟）自然、社会和人类自身的精神运动发展的观点（世界观）。"[110]

这又回到了我们上文提到的"破名"的意义，胡风从来不抹杀世界观的指导作用，他需要的是"其大无边的世界观"通过坚实的基点，落实到个人身上，化为"美学上的世界观"；或者说，主体通过"创作实践中真诚不苟"，去领悟、体认那个作为一般原则的世界观。"破名"的过程就仿佛是一座桥梁，桥的两端矗立着两种世界观。

综观上面罗列的胡风关于世界观的论述，有值得注意的几个地方。

首先，他极为重视创作活动中的感性活动，这是作家对生活保持鲜活感受的可靠途径，也是抗击廉价遵循名教以及先验论的绝对理念的唯一方法。从感性活动的重要作用出发，胡风提出了"主观战斗精神""自我扩张"等一系列命题，这些命题的基点都是"精神的感受"：

> 批评家，我们所要求的批评家，他的被正确的认识所武装、所培养、所完成的世界感，非得能够理解而且拥抱一代的精神生活的奔流和冲激不可。[111]

> 一个作者，在他自己的精神的感受里面对于题材的搏斗强度是决定他的艺术创造性的强度的。[112]

所谓"艺术创造性的强度"，也就是艺术所能达到的艺术真实性；艺术家获取这一真实性，必得通过主观感受与对象的"拥抱""搏斗"。胡风所说的"真实"，不是指生活真实，而是作家在艺术实践中审美意识与感性机能穿透名教对生活的种种组织与遮蔽，所能达到的对生活潜在内容的把握与感受。

其次，胡风鼓励作家投身于时代的现实斗争：

> 社会科学本身不是艺术。艺术是从生活内容提升出来的，

社会科学的结论或思想只能作为作家对待生活以至把握生活的引线；到走进了创作过程的时候，思想已经成了被作家所把握的生活内容的脉管或神经，它在作家的精神实感上已经失去了作为思想的形态。如果不经过和现实生活相融合这一过程，只是直接地从思想去制造作品，那我们要说，即令他所依据的是正确的思想结论，那作品也是虚伪的东西。为什么？它以为艺术创造上的思想可以随随便便地借得，它使艺术创造和生活斗争分离；而在艺术创造上，抛弃了生活也就等于抛弃了思想本身的。[113]

任何外在于作家的"名"（"社会科学的结论或思想"、世界观等）只有通过实践才能被接受。生活实践与创作实践的意义在于，它们既可以把"名"化合成文学（将思想褪去"作为思想的形态"而转为"被作家所把握的生活内容的脉管或神经"），也可以在这一化合过程中对先前外在于己身的"名"进行修正，从而使主体在实践中达到外在的"名"所无法达到的深度。在胡风看来，林默涵拒绝实践检验而首先要具有的世界观是"来路不明的先验的概念"，"在实践之前一次获得的，因而认识是一次完成的了。这是彻头彻尾的机械论（唯心论）。他取消了作家的世界观只有在实践过程（生活实践和创作实践的统一过程）中获得内容，获得发展或变革的这个唯物论的原则，在文艺上也就是现实主义的原则"。[114]

　　由此不难理解胡风对"现实主义的胜利"的倾心推崇，抛开任何所谓写作的捷径，甚至悬置起"先进的世界观"而拥抱真诚的艺术实践。二十世纪三十年代中期与周扬论争时，他看不惯的就是周扬对"现实主义的胜利"的轻慢之意；十六年后四面楚歌中，针对林默涵"创作方法和世界观是不可能分裂而只能是一元的"的观点仍然毫不妥协。其实早在 1935 年，他借评价法捷耶夫的主人公有"自身的逻辑"一说，就指出："在创作活动的进行中，作家的思想或观念和对象间的化合作用逐渐地完成，或者被对象所加强，或者被修改。"[115] 同年通过对果戈理的理解而高扬"现实主义的艺术精神"："在这里，严肃的现实主义的艺术精神和作家的世界观发生了致命的冲突，忠实于现实生活里的真实呢，还是忠实于没有现实的根据的自己的理想？……这个致命的冲突造成了果戈理的悲剧，一个只有死守住现实主义的创作精神的作家才能够有的悲剧，这个冲突的结果更坚强地证实了现实主义的胜利。"[116] 1937 年在分析志贺直哉对艺术的忠诚时又肯定了这一理论，尤其这段话——"真实的现实主义的创作方法，能够补足作家的生活经验上的不足和世界观上的缺陷"——在日后围剿胡风文艺思想的运动中被无数次摘引，作为胡风反对作家改造世界观的依据。"三十万言书"由此提出"感受世界"对"观念世界"的作用："在巴尔扎克的场合，他的感受世界推翻了他的观念世界，在托尔斯泰的场合，他的感受世界压伏着他的观念世界。"[117] 晚年身历楚囚之苦的胡风依然"观点不变"：马克思从巴尔扎克看到了现实主义的伟大胜利，"我们应该用其大无边的世界观轻视具体的现实主义的实践道路么？"[118] "生活实践和创作实践能够使作者向更正确、更真实地符合生活的辩证发展。是生活的辩证发展，是形象的辩证法，不是抽象的辩证法。只应该强调生活的辩证法（实践）。抽象的辩证法可以引导作家更深入现实，但是，如果作家深入历史现实，没有抽象的辩证法也可以写出杰出的以至伟大的作品。"[119] 凡此种种，莫不见出胡风对现实主义的充分信任、对艺术创作的极端重视。他从来不否认历史运动的本质的真实性，但他把对这一真实性的认识和表现，落实在作家主体实践的基础上。现实主义是文学唯一的标准，也是反对庸俗社会学的武器，正是在这一点上，胡风与卢卡契达到了高度共鸣。1939年，卢卡契出版了《论现实主义的历史》，其中对世界观与创作方法关系的论述，旋即引起苏联文艺界的激烈争论。当时介绍到中国来的关于这场论争的基调已是对卢卡契一派的批判，而胡风却独具慧眼，反其道而行之。1940年12月，胡风在《七月》上刊载出吕荧所译卢卡契长篇文论《叙述与描写》，并且在编后记中誉之为"非常宝贵的文献"："在苏联，现在正爆发了一个文艺论争，论争的主要内容听说是针对着以卢卡契为首的'潮流派'的理论家们抹杀了世界观在创作过程中的主导作用这一理论倾向的。但看看这一篇，与其说是抹杀了世界观在创作过程中的作用，毋宁说是加强地指出了它的作用。问题也许不在于抹杀了世界观的作用，而是在于怎样解释了世界观的作用，或者说，是在于具体地从文艺史上怎样地理解了世界观的作用罢。"[120] 这番议论，既是引介，亦以自况。

胡风对鲁迅也是这样理解的，在他最著名的两份长篇申述中都涉及了鲁迅身上"现实主义的胜利"。"就是还没有接受这个革命思想，在被这个革命思想所引导的斗争发生之前，在某一关联上和人民有着联系的知识分子作家，由于对实际的'观察'，即鲁迅所说的'由于事实的教训'，虽然更为艰难，但依然有可能在相应的程度上进入人民的内容，汲取人民的要求留在自己身里，因而把握到历史现实的真实的本质的。'一部文学史'就提供了丰富的例证，鲁迅就是这样在中国历史上站了出来的。"[121] 胡风认为鲁迅在"五四"时期的创作就已经达到了社会主义现实主义，"第一篇小说《狂人日记》，就开辟了社会主义现实主义的道路"¹²²。这番评价初看实在是石破天惊——以马克思主义世界观为指导的社会主义现实主义要到二十世纪三十年代才确实出现。这也会被人视作对毛泽东意见的简单推论——"毛主席指示，社会主义现实主义是从五四开始的"①，而鲁迅是"五四"新文学运动的主将，则其创作在当时就达到社会主义现实主义的高度似乎也能成立。但是，如果我们将胡风对鲁迅的理解放在他素所关怀的"现实主义的艺术精神"，放在与其他人关于鲁迅"转变论"的比较中，就能看出胡风确有深意存焉。左翼内部关于鲁迅转变的最著名的论断来自瞿秋白："从进化论到阶级论，从绅士阶级的逆子贰臣进到无产阶级和劳动群众的真正的友人，以至于战士"¹²³，而转变时间是在 1927 年左右。此后，中共和左翼主流知识分子，如毛泽东、艾思奇、郭沫若、茅盾、周扬等都发表过相当数量的文章，基本上是继承瞿秋白的论断，这样的"转变论"其实契合的是革命的合法性：他们强调进步势力的杰出代表鲁迅对无产阶级世界观的接受而发生思想"转变"，以此论证无产阶级世界观改造的迫切性和无产阶级革命的优越性。而胡风之所以将鲁迅的转变推至"五四"时期就已完成，是要表明伟大作家凭借对于现实深入而"艰难"的认识过程，同样可以"把握到历史现实的真实的本质"。一方面是要标举正确世界观的重要意义，甚至暗藏这样的潜台词：鲁迅的被吸引已然证明无产阶级世界观不容置疑的科学性，与"前人"的"转变"相比，最佳选择是先验地去获取与"创作方法不可能分裂而只能是一元"的世界观，而文艺只要从这个"一次完成了的、僵化的'世界观'直接产生出来"[124]；而胡风恰恰对准的是这一潜台词中固有的滋生公式化、概念化的危险，所以他更看重现实主义的实践品格；鲁迅是通过自身的实践以倾心接受科学社会主义理论，不是臣服于身外权威之"名"而思想突转。胡风的理解其实正合于鲁迅的自白，后者早说过扬弃进化论并非出于"理论或革命文艺的作品"的"蛊惑"[125]。这其实也是一种"现实主义的胜利"：在巴尔扎克、果戈理那里，是对有缺陷的世界观的突破；在鲁迅这里，是对一定时空限制的突破。这种由主体感性机能所浸染、经一丝不苟的创作实践而推动的突破，甚至比先验的世界观更为可贵。

由以上的梳理再来看胡风与林默涵、何其芳的论战，双方立场的最大差异就是：在前者看来，世界观不必外在于文学，思想改造也没必要脱离文学创作实践。胡风从来反对把任何形态的"名"悬置在创作过程之外，这种"名"先验而又绝缘般地存在，却又对创作与作家发挥巨大的震慑力量。现实主义的实践品格对错误的世界观可以突破、修正，对科学的世界观可以通过主体感受世界的化合而体认、深化，这就是"破名"的意义所在。而前者死死抱住的，"非得'首先要具有工人阶级立场和共产主义世界观'而且是不能有'缺陷'的世界观不可，否则'不可能'走近那个和世界观'不可能分裂而只能是一元的'现实主义创作实践"[126]。

胡风从来没有抹杀过科学世界观，但是对脱离创作过程的先验的世界观向来不满。1945年，在为路翎长篇《财主的儿女们》所作的序中，他将"生活的感受力""燃烧的热情""深邃的思想力量"作为现实主义的前提条件："没有对生活的感受力和热情，现实主义就没有了起点，无从发生，但没有热情和思想力量或思想要求，现实主义也就无从形成，成长，强固。"其中"思想要求"占据重要的引导作用。由于这是胡风针对延安以正确的世界观为领导的创作观而提出的[127]，所以不仅强调上述三者的"凝为一体"，更着重把"思想要求"纳入整个创作过程来考察。这不是以其正确性来指导创作的外在因素，而是创作过程中发生相生相克的搏斗的因素，"这里的思想力量或思想要求的成份，开始是尽着引导的作用，中间是尽着生发、坚持的作用，同时也受着被丰富被纠正的作用，最后就收获了新的思想内容的果实"[128]，"思想要求"不能停留在"名"的状态（逻辑概念的状态）中，而必须在创作过程中被生活实践所纠正、检验。到了"三十万言书"中，他这样阐释双方的分歧：

> 没有"首先具有"他那个没有缺陷的"工人阶级立场和共产主义世界观"就"不可能"从事创作实践，而他那个没有缺陷的"立场"和"世界观"是可以一下子"首先具有"，一次完成的，而我却以为，作家可以而且应该在忠于"事实的教训"的态度下从事创作实践，可以而且应该通过实践过程去逐渐达到或变革世界观的。

林默涵以世界观的优先性作为批判胡风的主要矛头，则胡风必须正面回答"主观精神"与世界观、现实主义与马克思主义的结合问题。"现实主义是唯物主义认识论（也是方法论）在艺术认识（也是艺术方法）上的特殊方式，马克思主义包括了现实主义，通过现实主义就会达到马克思主义的。"在胡风的定义中，现实主义包含了认识、反映历史真实的规律，这是"一个广泛的概念"，也是"体现了最高原则性的概念，它要求通过文艺的特殊机能进行艰苦的实践斗争，通过实践斗争的胜利（现实主义的胜利）来达到马克思主义"。现实主义不必获得外在的世界观，也不能以阶级性来判断现实主义的进步，所以林默涵、何其芳批评胡风看不到旧现实主义与社会主义现实主义、资产阶级现实主义与无产阶级现实主义之间的区别，而对胡风而言，唯一的标准就是现实主义，判断的依据不是何种阶级立场，而是有没有达到现实主义，如林、何所指示的那样——"用改造'好'了的'世界观'，把从'实际斗争''搜集'来的材料写下来"，"甚至把'题材'或'主题'分配给作家，要他凭着'纪律性'去'完成任务'"——这些在胡风眼里根本达不到现实主义的创作要求，也没有通过现实主义的创作过程，所以根本不是现实主义。胡风的重点依然在于主体的艺术实践，这个现实主义的创作过程就仿佛"破名"的过程，以此来纠正、检验先验的世界观，并化合为主体机能。通过现实主义可以达到马克思主义，而不是以先验的马克思主义来获得现实主义。由此出发，现实主义的创作实践已经包含了思想改造的内容，思想改造就内在于创作实践：

> 林默涵、何其芳同志以为思想改造只能在创作过程以外去进行，改造"好"了才可以从事创作，就可以没有"缺陷"地从事创作；如果把创作过程当作一个实践过程，应该进行艰苦的斗争，在这个斗争中间作家的主观世界（思想和感情）才能够真正得到成长或者发生变革。

在林、何眼中，胡风是反对、抵制思想改造的罪魁；而后者以为，前者的方法把"思想改造变成了军事统制的咒语，闷死了实践的途径，堵死了只有通过实践才能够进行的思想上的阶级斗争，抽空了思想改造本身"，所以胡风其实是在更高的标准上坚守思想改造。林、何指导的思想改造得到的只是"不生产的资本"（用别林斯基的说法是"一笔死的资本"），"说是'懂得'，其实并没有'懂得'"，"自以为获得了其实并没有"；而"破名"的意义在于，这个过程是将世界观褪去冰冷的、逻辑概念的外衣，而内化到血肉不能分离的主体机能之中。"如果不通过艺术实践，无论是从学习得来的或者从群众生活和群众斗争中得来的，对于作家来说，都是'不生产的资本'，都不会成为经过血肉的考验以后的、化成了自己的东西的东西。""破名"前后的世界观区别在于："政治概念的表现只是世界观的综合出来的抽象的形态，但那个世界观，却是一个作家的全生命的东西，而且是在实践中鲜血淋漓的东西。"[129] 其间区别，不妨以"水中之盐味"与"眼里之金屑"形容之。钱钟书《谈艺录》赞赏王国维融西学义谛入诗："老辈惟王静安，少作时时流露西学义谛，庶几水中之盐味，而非眼里之金屑。"[130] 那些没有化作自身血肉的概念、标语，如同"金屑"一般纵然闪耀灿烂，但横于眼中终归是扞格不入；当然及不上盐入水中无影无形吸收、消融，合二为一。这又让人想起朱光潜先生用中国古典文论对黑格尔《美学》的一个传神移译：生气灌注。胡风那里的思想改造，已将固化、抽象的"名"，变成血液，通过脉管，输送、灌注到生命躯体的各个部分，如盐入水，恰似《文心雕龙》所谓"外文绮交，内义脉注"，又如荀子所谓"君子之学"，"布乎四体，形乎动静"（《荀子·劝学篇》），不难想见经此"破名"过程的主体在实践过程中"生气灌注"、舒展自如、昂扬奋发的姿态。而相反，没有化作"作家的全生命的东西"的世界观之于个人，正是"眼里之金屑"，终究隔身而僵硬，"义脉不流，则遍枯文体"①。

　　胡风的理论对手们，无论是高举"抗战到底""人民的要求"等口号，还是据守"世界观"先于创作，无不从政治实用主义出发陷入"先验论"的模式。而这正反映了他们缺乏理论联系实际，并通过实践来检验理论的这一马克思主义的科学方法。他们所掌握的"名"（口号、理论、概念等）往往来自苏联或者中共根据实际情况而制定的政策性文件，而拒绝"破名"的过程同时就使之先验化和绝对化。"所谓反映生活本质、表现艺术真实、社会主义精神等等，一旦转化为专制时代的权力话语，都拥有'先验'的权威性，是无法经受实践检验和证明的。"[131]这种现实主义与胡风凭借"实感"对鲁迅等艺术大师实践经验的继承，并在自身主观战斗精神及每一步的文艺斗争中总结、检验而来的血肉搏斗式的理论工作不可同日而语。某种程度上可以说，胡风之所以轻视他的论战者，因为在后者身上他看不到承继自鲁迅的、伴随着"肉体的痛苦"的"挣扎"。"现实主义的创作过程同时也是一个生活的过程，在创作中，我们要与人物一道生活，同时还要发掘出对象历史的东西，并克服我们自己身上不健全的缺点"[132]，现实主义意味着作家以生活为对象展开创作实践，并以此来验证作品的真伪、主体的真伪，以及作品所负载、主体所拥有的"思想要求""世界观"的真伪。在胡风这里，现实主义岂止于一种文学手法，更不是可以被阶级立场随便判别的对象，这是一条以真实为最高准则、唯一准则的生活之路。

　　可是也正因为现代名教往往负载着严正的"科学内容"和"无限

---

① 关于黑格尔《美学》第一卷《美的理念》中"beseelt"一词与"生气灌注"之间的沟通，可参见王元化《读黑格尔》，北京：新星出版社，2006年11月，第51—53页。

力量"，所以挟"名"以令天下者大多来自左翼阵营内部，胡风抵死苦斗的，实则就是这样一批"航空战士"。早先的客观主义与主观公式主义倾向，在革命文学中都有悠久渊源，二者在思想倾向上都带有进步性、积极性，更由于直接反映、作用于当前政治形势（胡风也认可"主观上，这些都是对于政治逆流的反抗"），容易在观念上满足读者，所以往往得到纵容。而胡风明确指出现实主义的危机在于："在所谓政治性这个'左'的伪装下面的反现实主义的内容，用伪装出的'政治'面孔的主观教条主义的气势雄视一切，在思想上让抽象的爱国主义包庇了反抗现实主义的各种文艺现象，在行动上用统一战线的名义压抑了现实主义的斗争要求。"[133] 1949 年后，他更是直言林默涵、何其芳的批评"所代表的理论实质，正是几年以来在文艺实践中起了严重的危害作用的一种力量"[134]。胡风在阵营内部被视为"异端"也就不足为怪了 ①。

刘志荣对胡风旧体诗出色而细致的研究表明：胡风的狱中写作，不仅直接针对宗派势力，而且显示出双方在精神立场上"真"与"伪"深刻的歧异。"这里所说的'真'，既不是指过去的'现实主义'理论所声称的'真实性'，也不是可以当作大棒'横扫千军'的'客观真理'，这里的'真'指的是主体心灵上'真'，……即对于自己所宣称的东西到底是有真正相信，还是追随潮流"；"'怒争真'② 应该不仅是对'真理'的追求，而且也包括对探求'真理'时精神立场上的'真'的

---

① 陈思和先生根据《胡风家书》提供的信息，推测"胡风作为异端的被确认，很可能在抗战初期已经在中共党内有了某种迹象"，参见陈思和《序》，载晓风选编《胡风家书》，序言第 3 页。

② 参见刘志荣《射击与坚守：胡风的狱中写作》，收入《潜在写作：1949—1976》，上海：复旦大学出版社，2007 年 4 月。"怒争真"语出《怀春曲》中《大号音——对口四晨歌》："误会因何起？疑团为啥生？唯人羞拜物，信实怒争真。"刘志荣认为，一部《怀春曲》通篇抒写的就是胡风"求真"的历程，对"意实"与"情真"的歌颂。

追求"。

我们在上文中已经讨论过，作为一种独断的观念甚至"权力"（尤其对"合理概念"而言，在其似乎天生的权力压制下，很多人无暇顾及"破名"的过程），名教往往会把文学与活泼的人生割开（"只是演绎抽象的观念，……不能把握活的人生"），将理论与个人的实践隔绝（没有变成"自己生命机能"的"思想"也能算是"思想"？）。前者的后果是"变成以'文学'为招牌的殡礼店里的纸花纸草，失去生命，没有灵魂"[135]，后者"使作家留声机似地做身外的观念的奴才"。为前者计，必须强调文学的"实感"；为后者计，定得验证理论的"属己"。由此不难彰显胡风文艺思想对于"破名"这一方法论的意义：在一个"合理概念"蜂拥而起，号令天下者比比皆是的时代中，在不违背文艺功用论的前提下[①]，需指明："题材所有内容上的意义"要经过"血肉的培养"，"成为作者本人的主观要求"；"艺术家身外的东西，……非得透进艺术家内部"；"只有当思想成了自己的生命机能才能算是思想"；神经的"指挥只有化成了肉体的动作以后才能够实现"……凡此种种，皆指向一个目标：思想概念与科学结论要经过个人内心的摩擦、体悟以化作不能自已的实践意志；主体的建设必须深植于独立的精神立场与清醒的主体自觉。

---

① 胡风毕生反对艺术至上论、"抽骨留皮的文学论"："文学作品与现实人生的关联尽管曲折，但决不能不产生自现实的人生，而现实的人生却正是政治"，"文学与政治，道路不同但目的确是一个"。［参见胡风《关于抽骨留皮的文学论》《关于鲁迅论高尔基》，分别载《胡风全集》（第3卷），第20—28页，及《胡风全集》（第4卷），第230页］所以上文反复强调：他不是质疑"合理概念"的内容本身，而是在认可它们的价值判断、政治倾向的基础上力求将其效用发挥到最大；他瞄准的是对"名"的接受立场，具体到文学而言，就是政治与文学的联结究竟发生在何处，以何种方式发生，才能求得最充分的艺术表现力。

"破名"的过程：主观战斗精神的发扬

胡风理论的起点与基点

主客观化合论的形成与展开

主客观化合论的雏形在胡风文艺活动的起步期已露端倪。1934 年他翻译了日本《唯物论研究》中的一篇文章《历史上主观条件之意义》："在主观条件是被客观条件所规定这个唯物论的侧面（唯物论的基础）之上，需要加强地提出主观的条件对于客观的前提有能动的功效这个辩证法的侧面"，而客观主义是"不能正确认识反作用者——不理解社会过程上主体的要因的积极性"。[①]"主体"的概念最早出现在胡风这段文字中，主体力量以及主观能动性在面对"客观条件"（对此"客观条件"的顽固偏重将僵化成一种名教）时，已经开始萌动。1935 年在代表作《张天翼论》中，胡风提出作家"和现实生活的肉搏过程"，"用真实的爱憎去看进生活底层"，正是在这一点上张天翼的创

---

① 参见［日］永田广志著《历史上主观条件之意义》，胡风译，原载《时事类编》第三卷第三期，1935 年，译者署名"王明斋"。转引自艾晓明《中国左翼文学思潮探源》，北京：北京大学出版社，2007 年 1 月，第 318 页。这篇译文，《胡风全集》（第 8 卷）译文卷中未收。（此卷说明："本卷为迄今收集到的胡风的全部译著。"）1933 年，胡风经人介绍到中山文化教育馆为《时事类编》翻译文章，"这样，我就当上了中山文化教育馆的日文翻译，给每期《时事类编》译一至二篇文章"［《胡风全集》（第 7 卷），第 301、302 页］；至 1934 年秋离职（见《胡风生平年表》，载《胡风全集》（第 10 卷），第 571 页）。这一时间的记述应该根据的是胡风回忆录，参见《胡风全集》（第 7 卷），第 307 页）。胡风在东京期间曾听过永田广志"关于唯物辩证法的报告"［《胡风全集》（第 7 卷），第 283 页］，《历史上主观条件之意义》发表于 1935 年，从文章内容看显然是胡风关注所在，这可能是他之前翻译的，在离职后发表。

作有所缺陷，他"超然物外"，"感不到痛痒相关"，"不能够向他所要表现的人生作更深的突进"。[136] 同一年，胡风在《为初执笔者的创作谈》中突出了主客观交涉的意义所在："真正的艺术上的认识境界只有认识的主体（作者自己）用整个的精神活动和对象物发生交涉的时候才能够达到"，"客观的东西"要"通过作家的主观而结晶为作品的内容"。[137] 1943 年，主客观化合论获得了"现实主义"的印证，并且作为宝贵资源，汇入了新文艺传统："'为人生'，一方面须得有'为'人生的真诚的心愿，另一方面须得有对于被'为'的人生的深入的认识。所'采'者，所'揭发'者，须得是人生的真实，那'采'者'揭发'者本人就要有痛痒相关地感受得到'病态社会'的'病态'和'不幸的人们'的'不幸'的胸怀。这种主观精神和客观真理的结合或融合，就产生了新文艺的战斗的生命，我们把那叫做现实主义。"[138]

当主客观化合的框架建立起来以后，随即在每一个文学命题中运行，神完气足，并且始终贯彻于胡风的批评活动中①。胡风在强调主客

---

① 在胡风看来，与"革命诗歌里最主要的这两个同源异流的倾向"——"用抽象的词句来表现'热烈'的情绪或'革命'的道理，或者是，没有被作者的血液温暖起来，只是分行分节地用韵语写出'豪壮'的或'悲惨'的故事"——相比，田间的诗歌"和他所要歌唱的对象"完全融合，这是"诗的大路"。路翎的小说作为胡风心中的文学范本，其特质在于"从生活本身的泥海似的广袤和铁蒺藜似的错综里面展示了人生诸相，而且，这广袤和错综还正用着蠢蠢跃跃的力量膨胀"，"随时随地都要向外伸展，向外突破"。在文学创作论方面，胡风宣称："理念，如果没有在诗人的精神世界里面发酵、蒸沸，那就无论在认识上或表现上都不能够走进艺术的境界的"，"客观事物只有通过主观精神的燃烧才能够使杂质成灰，使精英更亮，而凝成浑然的艺术生命"，"作家是一个'感性的活动'，不能是让客观对象自流式地装进来的'一个工具'，一个'唯物'的死的容器"。在文学批评论方面，胡风"所要求的批评家，他的被正确的认识所武装、所培养、所完成的世界感，非得能够理解而且拥抱一代的精神生活的奔流和冲激不可"。以上参见胡风《田间的诗》，载《胡风全集》（第 2 卷），第 444 页；《一个女人和一个世界》，载《胡风全集》（第 3 卷），第 99、100 页；《关于题材，关于"技巧"，关于接受遗产》，载《胡风全集》（第 3 卷），第 79、80 页；《论现实主义的路》，载《胡风全集》（第 3 卷），第 522 页；《人生·文艺·文艺批评》，载《胡风全集》（第 3 卷），第 197 页。

观"融然无间"的"拥合"时，每每提到一个词：实感。紧接着我们又会发现，实感与名教往往是一对相抗衡的因子，此消彼长。"我们不能要求作家创作时都能处在燃烧的感动状态里面，但他的创作过程至少也得是体验（动情）过程。否则，他的人物不但没有实感，活不起来，而且还会徒具一点表面的形象和所谓'意义'，不能获得真实性的艺术力量，即思想力量。"[139] 作品中的人物如果没有通过作家主观精神的化合，以形成"实感"，那就往往欠缺"真实性的艺术力量"与"思想力量"。尤其到了中华人民共和国成立初期，大量公式化的写作"从信念出发"，"从观念看现象，看生活"，高悬"抽象、空洞"的"人民的本质"，而不去"探测到他们内心的存在"，这样的写作"是不会有生活实感"[140] 的。如果作家首先依靠、迁就现成的思想原则和符号，忽略和现实生活的血肉搏斗和情感上的感同身受，就会与实感渐行渐远，与现实主义的"艺术力量""思想力量"渐行渐远。下面这番话，深刻地展现了理论对实感的压迫：

> 由于这种理论的影响和压迫，使他们不敢表现他们的真实感受，但他们又不愿照"理论"去说谎，就不能不发生了反感和怀疑。但时间愈久，这种"理论"的"威信"愈高，他们终于对自己的感受也采取了怀疑的态度，逐渐冷了下来，对现实无动于衷或熟视无睹了。[141]

上文中的"理论"，特指1949年以来由"太平观念"和"革命的乐观主义"所酿制的公式化写作，它放弃了主体与现实之间相生相克的"艰难痛苦"的过程，对现实探入的触角开始松弛，在名教压迫下，逐渐远离实感，"时间愈久"，"这种'理论'的'威信'愈高"，则主观战斗精神愈是疲软、衰竭，"冷了下来，对现实无动于衷或熟视无睹"，甚至一变成为僵化之名教的"支持者或传播者"。

我们还可以总结出实感的几个特征，由此从正面来把握胡风理论中的这一重要基点。首先，主客体"融然无间"的结合，倾向性与真实性、"艺术力量"与"思想力量"的完美统一，必须要求主体对对象以实感为基础。用胡风的话来作精简概括，就是"作家对现实的深知，对于现实生命的深刻的感受"[142]。实感既是突破概念、符号的牢笼后，客观事物被主观精神突入，彼此化合之后，在主体内部形成的感受、认识，也是作家在艺术创造过程中对生活保持血淋淋的心灵感受的可靠途径。实感在此又可以作为指向这一途径、体验过程的动词："作家的思想态度上没有和人民共运命的痛烈的主观精神要求，黑暗就不能够是被痛苦和憎恨所实感到的黑暗，光明就不能够是被血肉的追求所实感到的光明，形象就不能够是被感同身受的爱爱仇仇所体现出来的形象。"[143]

其次，实感具有"置身性"。即保持主体对对象的直接的、与原始状态的接触，感情所内含的艺术力量优先于思想、理论的观念形态与逻辑性。胡风自谓"我总是像蚯蚓一样，脱离不了置身其中的一点泥土"[144]。从实践中获得的科学理论，须臾不得脱离现实斗争。就仿佛神话中的大地之子安泰，只要脚踏实地，浑身就充满源源不断的力量，反之，如果脱离了原本应该置身其中的现实斗争，就会被虚浮的名教所捕获。一旦主观战斗精神松懈，"文化思想向完成的体系发展"[145]，"集中地提高成了原则"，名教的危害就可能产生："被'趾高气扬的作家'拿去性急地应用，反而阻碍了群众的实践的丰富性。"[146]

这是胡风文艺理论无可再退的底线："这里并没有标准太高的问题。唯一需要的是真情实感，对客观事物（以人为主）要有实感，自己主观上发的要是真情。这不是能不能的问题，而是诚不诚的问题。"[147]实感就仿佛是一道挺立在临界点的标准，丧失了实感，就容易倒向名教（迷信"完成的体系"和"一般原则"）的怀抱；争得了实感，就能够在主观精神精气淋漓的运转下，胀破理论在名词概念意义上的固化形态，也就是胡风每常说的："理论已经失去了作为理论的形态，它已经变成了作家的思想要求，思想愿望。"[148]胡风自谓："由于鲁迅的实践（他是凭着创作实际与庸俗社会学对立的），我接受社会主义现实主义的理论是凭着实感的。"[149]而也正是这份实感，接通了鲁迅"思想方法的实践性质"[150]："我的斗争只能基于现实因而针对现实，我相信的原则只能在基于现实，针对现实的实践中引导、发展和前进。"[151]（关于"实感"，本书最后一章会作总结）

"黑格尔鬼影"的抵制与辨正

"黑格尔的鬼影"是指下面几个问题：第一，黑格尔所说的客观对象是被"绝对理念"所"外化"出来的，艺术所要反映的是客观对象里面的绝对的东西，因此艺术家当然只应该是一个"工具"。第二，因为所要的只是绝对的东西，而艺术家是现实的人，当然要求艺术家"把他的主观的个别性及其偶然的特殊性彻底抛弃"。第三，艺术家的创作要求，如果不能从客观现实"净化"出绝对的东西，就是"一种坏的创作要求"。第四，艺术家如果能够彻底抛弃"主观的个别性及其偶然的特殊性"，让"理念从自己本身里面规定它自己的现象形态"，就可以成为"绝对理念"的"自我意识"的"工具",只须直观客观对象,"自我意识"就能够在艺术里面把"理念"发展到"绝对精神",完成黑格尔规定的艺术任务。当主观公式主义与客观主义遭遇黑格尔以后,"鬼影"就产生了:"主观公式主义者会点头的,因为,艺术所要反映的是理念,而且现象形态(形象)也是从理念本身发展出来的,……客观主义者也会点头的,因为,作家只须把自己变成一个工具。"胡风所反对的,正是用"绝对理念"之"名"来排斥个体的感性与主体性,不"通过血肉的感性生活去追求历史现实的发展面貌",而"直接从概念出发","'彻底抛弃'他自己和发展着的客观对象的特征发生血肉的联系"。[152]《论现实主义的路》一开篇,矛头指向的又是那些趾高气扬的"航空战士":"骑在'一般性的原则'上飞着铁蹄,把血肉要求中的'具体历史或现实问题'踢乱,以至踢死。"执"名"在手的左翼理论家们在进入"圆混无际"的理论体系时,对政治正确的"一般性的原则"如同黑格尔对绝对理念、绝对精神的先在性首肯,胡风反对的,正是这样一种"鬼影"。[153]

但是,黑格尔体系博大精深,胡风对黑格尔的态度也并不单一,这二者呈现出复杂的历史关系。某种程度上说,来自香港的批判并非全然无的放矢,不能否定胡风对主客观关系的探讨与黑格尔有若干的共同点。引发颇大争议、在文协第六届年会上宣读的论文《文艺工作的发展及其努力方向》,通篇用主观精神与客观精神这两个概念来结构。所谓主观精神是指:

> 文艺家和这伟大的事件(指抗战——引者注)相碰,他的精神立刻兴奋起来,燃烧起来,感到拥抱了整个时代的沉醉。他

把自己的心情涂遍了外界事物，觉得一切在他的眼前变形，于是狂热地吐出他的感激，他的欢喜，他的希望，好像能够使整个世界随着他的欲求运转。在主观精神的这样的高扬里面，现实生活的具体的内容就不能够走进，甚至连影子都无从找到。

而客观精神是：

> 时代要求一下子把他吞没了进去，使他达到了一种无我状态的安慰，觉得个人的主观精神性格再也没有什么特殊的意义。于是，飞来了种种的政治号召，他立刻被这些号召本身吸住了，觉得每一个号召本身都是抗战内容的全部，变成了它们的直接的传布者……

胡风反对的是这两种精神的片面性，"如果这两种精神不是分离地，而是彼此融合，彼此渗透，一定能够产生真的艺术生命"，而健康的状态就是：

> 使世界变形了的主观精神，渐渐由自我燃烧状态落向客观对象，伸进客观对象，开始要求和客观对象的结合了。原来是无我状态的客观精神，渐渐开始要求主观的认识作用，生活事件更强地更深地现出了在全体联结上的潜在内容，政治号召能够成为认识复杂的现实生活以至历史过去的引线了。这一方面走向主观的分析、综合能力的加强，一方面走向所注视的客观对象的扩大，也就是主观精神和客观精神的彼此融合，彼此渗透

的一个现象。[154]

　　上述材料在行文风格上，与黑格尔营造相生相克此消彼长、在概念内部蕴含变动风暴的辩证法式的论证极为相似。胡风在同一时期写就的《置身在为民主的斗争里面》那段著名的作家自我扩张的话，也神合于黑格尔对精神现象的逻辑认识，即绝对理念在其发展的历史长河中自我拓展、裂变、成就的过程与性质。[155] 在具体论述中，胡风对主观精神与客观精神关系的分析，基本上沿着黑格尔的方向。"主观精神"与"主观战斗精神"这两个词都是第一次出现在《文艺工作的发展及其努力方向》中，其间对"主观战斗精神"强调的是"对于客观现实的把捉力、拥抱力、突击力"，这与要求主观精神"伸进客观对象""和客观对象结合"其实是一个意思（或者可以这样说："主观战斗精神"是达到理想状态的"主观精神"）。但是沿袭之中又有着细微而重要的差异，对于这个问题，已有论者作过精当考辨："黑格尔认为，两者各自独立的自由只是片面自由，合而为一才是真正的自由。而在胡风的理论中，从主客体的关联、结合上来说是相同的；从其关联的态势，即主体追求客体、发掘其精神内核来说，也是相同的；但对主、客体的看法，对追求的实质及其目的的看法，二者又可以说相反。黑格尔的'主观精神'并非真正的主体，它追求客体，是出于'理念'实现其本性的必要。客体对象有时只是形式，是理念实现的工具，又是理念外化的实在形态。所以虽由主体来完成认识，也可以说主体认识了它自己，这认识却并非为了主体。它认识到自己本性的同时，也就是对自我的扬弃。因此主观精神与客观精神结合达到的自由，不过是理念的自由。胡风所说的主观精神是主体的自我张扬，客观精神是指主体沉入现实，而二者的结合主体通过追求现实，体现出人的实践，从而得以完成真正的主体性。"[156] 总结一下，在实现方式上，二者都强调主客体结合、主体追求客体；而在最终目的上，黑格尔复归的是理念的自我实现，但在胡风这里，并不存在独立于主体的精神实体，或者说理念与精神都不能外在于主体，在"主观的分析、综合能力的加强"与"所注视的客观对象的扩大"背后，都是那个实践主体的自我张扬与实现。黑格尔如同一座桥梁，胡风在他的路面与方向（精神与主客体）上走了坚实的一段；在获取黑格尔的助力之后，胡风大踏步奔向了自己的目标。①

---

① 胡风好友王元化先生，在"文革"中曾经记录下研习黑格尔的笔记，到了二十世纪八十年代，在原始笔记的基础上酝酿、整理成一篇篇短文，其间对黑格尔的理解，每每让人耳目一新。比如"知性"（德文是 Verstand）这个概念，王元化将其特点之一简括为"知性坚执着抽象的普遍性，这种普遍性与特殊性坚硬地对立着"。黑格尔在《美学》中说："知性不能掌握美。"原因在于："我们往往以为只要抓住事物的主要矛盾和矛盾的主要方面就抓住了事物的本质。但是，事实上，由此所得到的只是与特殊性坚硬对立的抽象的普遍性，它是以牺牲事物的具体血肉（即多样性的统一）作为代价的。……文艺作品固然要表现生活的本质，但它是通过生活的现象形态去表现生活的本质的。因此，文艺作品不能以去粗取精为借口舍弃生活的现象形态。相反，它必须保持生活现象的一切属性，包括偶然性这一属性在内。甚至像黑格尔这样认为哲学的任务就在于扫除偶然性揭示必然性的理论家也说，偶然性在艺术作品中是必要的。"这里反对以"事物的本质"为"名"舍弃生活的现象形态，与胡风反对的主观公式主义，即用政治原则来图解生活、提炼生活，二者正有可以沟通的地方。黑格尔的客观唯心主义美学体系，主张"在概念与实在的统一里，概念仍是统治的因素"；他的艺术清洗理论强调艺术创作应使"概念完全贯注到符合它的实在里"。但是，"当黑格尔的辩证法使他从思辨结构中摆脱出来，作出了把握事物本身的真实的叙述时，他也背叛了自己的理论原则"。黑格尔说："在艺术和诗里，从'理想'开始总是很靠不住的，因为艺术家创作所依靠的是生活的富裕，而不是抽象的普泛观念的富裕。在艺术里不像在哲学里，创造的材料不是思想，而是现实的外在形象。所以艺术家必须置身于这种材料里，跟它建立亲切的关系……"艺术和诗不能依靠"抽象的普泛观念的富裕"，艺术家必须置身于现实的材料里，"跟它建立亲切的关系"，这同样可以作为胡风理论的滋养，他每常说概念不可以"直接产生文学"，创作者应该"沉入这个泥土上的人民斗争的实际"。通过王元化对黑格尔的疏解，我们确实可以看到其中隐藏的足以作为胡风理论养料的宝贵因素。以上可参见王元化《读黑格尔》，第 27、30、31、34、35 页。

黑格尔"唯心论"如同附骨之蛆纠缠着胡风和他的理论，胡风对以此罗织他的罪名耿耿于怀了大半辈子。在显意识层面上，胡风大力反抗"黑格尔鬼影"，对黑格尔形而上学及其对中国影响的批判，正是胡风的重要贡献；但是在一个兴许并不清晰的意识层面里，胡风将黑格尔哲学转化成了哺育他高扬人的精神力量的理论养料。其实，如果我们不在唯心主义与唯物主义间划定僵硬的界限，不把它们视为意识形态之"名"的象征物，而是作为探索过程中完善认识的方法，那么胡风对黑格尔有意识的批判、抵制与无意识的承继、转化，也可以视为"破名求实"思维方式的灵光闪现。

主观战斗精神的重要意义

讨论主客观化合论与"黑格尔鬼影"，其实都是为了强调主观战斗精神的重要性。上文中我们不断提到，主观战斗精神的衰微会导致名教的产生；即便是对于"合理概念"，也要求一条文学"自己的道路"，即"作家的意识在特殊的方法上最高度地进行搏斗"。所谓"特殊的方法"还是指向主观精神，它突破符号的空壳而抵达对现实生活坚实而真切的爱憎，以及和人民结合的实际热情，并且把对现实的爱憎、热情、要求、认知，统统转化为不能自已的创作追求和实践的坚强意志，转化为感性的艺术生命。从这一意义上来说，主观战斗精神的发扬，就是一个"破名"的过程。

在二十世纪三十年代至四十年代，"左倾"机械论让很多人迷信作家的头脑是反映生活的"镜子"，传达思想的"容器"，或宣传某种观念的"留声机"，对所有这些比喻胡风都是不屑为之的，他所钟爱的是

"熔炉"。这个词第一次出现是在 1935 年的《为初执笔者的创作谈》，他劝告文学青年们"不要看到了一点事情就写，有了一点感想就'写'，应该先把这些放进你的熔炉里面"，胡风的意思是作家应该写自己受了感动的、消化了的东西，只有当认识主体用整个精神活动和对象物发生交涉时，才能达到真正的艺术上的认识境界。[157] "交涉"的过程就像熔炉的熔铸，所有外界"客观的东西""借来的思想"，都要经过选择、渗透的化学过程，胡风还用过"燃烧""沸腾""纠合"等来形容。"一个作家，怀着诚实的心，在现实生活里面有认识，有感受，有搏斗，有希望或追求，那他的精神就会形成一个熔炉，能够把吸进去的东西化成溶液"[158]，从"现实生活里面"来的结论，就仿佛是身外的"固体"，即便是科学的、合理的，但总也显得隔身，这个时候就需要用主观精神来铸造一个熔炉，"把吸进去的东西化成溶液"，灌输到体内各个部分，最终结合为感性机能与实践意志。正是为了强调这个过程中的主观因素（所谓"通过作家的主观而结晶"）参与，所以胡风特别关注想象、直观、感觉等，而很少讲思想、观念的指导作用，思想、观念不应该是身外之"名"，不应该是创作过程中外加的指标。晚年的胡风升华了这一观念："托尔斯泰所说的感情，正是指的表现包括思想在内的作者的主观实际和客观实际的感情。"[159] 这里对应的正是他早年摘译过的托尔斯泰的格言："为了使作品有魅力，不只是一个思想指导作品，那作品的一切还非被一个感情所贯串不可。"[160] 胡风晚年指出：只要"熔炉"中主观战斗精神燃烧到极致，那就不止于思想褪去"名"的形态，而是思想完全融解在感情之中，如盐入于水彼此再难分解。我们在第三章讨论章太炎的语言观时，曾经联系胡风的一封家书，其中无限压缩了"感觉"与"思想"的区隔，其实也是在追求这种文学的理想状态。

政治与文学，倾向性与真实性，世界观与创作方法……这一系列革命文学的基本命题，胡风都是将它们纳入主观精神灌注中的创作过程里来讨论，而它们也都涉及一个"破名"的问题。强烈的主观抒情甚至被牛汉认作"七月派"的共性："诗中应当有希望，有欢乐，有喜悦，也有憎恨、愤怒，但绝没有纯客观的描绘和枯燥的议论。诗不能隐瞒自己，不能排斥诗人对于客观世界的主观抒情。排斥了主观的抒情，也就排斥了诗。"[161] 正是以主观战斗精神为核心，团结在胡风周围的这一作家群体，内部有着紧密的呼应，而对外形成一致的风貌与强大的辐射。

这样一个高扬着主观战斗精神来胀破、穿透、含纳、转化"名"的过程，在胡风那里不仅是艰难痛苦的，而且简直可以说是严苛的，一丝一毫不得退让，比如他甚至反对"形象化"的说法。胡风晚年写《"形象的思维"观点的提出和发展》，首先提到的是 1935 年《为初执笔者的创作谈》，其实在此之前他对"形象化"的说法已经有所不满。在1933 年的一篇文章里，他以为这样的理论和"真的创造过程恰恰成了一个颠倒"："先有某种'理论'或'概念'，作家再去把它'形象化'。"胡风质疑的是，文学的起点到底是从名词概念出发，"直接产生文学"，还是"作家把这理论所表现的内容熔化到自己的实践生活里面，成为自己的东西"。[162] 1935 年，胡风提出了"形象的思索"："感觉的世界才是艺术的目的，'形象的思索'才是艺术家的本领。"[163] 同时他还将"想象直观"的作用与"作家的主观活动"紧紧联系在一起，一下子扣住了艺术主体的思维特征。1940 年在《今天，我们的中心问题是什么？》中，胡风阐述了艺术思维的特殊性与概念的、逻辑思维的辩证关系，在"合理概念"之外，他突出了文学"自己的道路"："文学创造形象，因而作家的认识作用是形象的思维，并不是先有概念再

'化'成形象，而是在可感的形象的状态上去把握人生，把握世界，这就非得在作家的意识上'再三感觉到'不能胜利。"[164]两年后，为了更严格地界定"形象的思维"，胡风还特别将它和当时流行的"形象化"的提法区别开来。尽管二者在字面上失之毫厘，但在理论意涵上却差之千里。前者意味着"在艺术创造过程里面，思想（思维、作家的主观认识）只能是一根引线，始终要附着在生活现实里面，它的被提高只能被统一在血肉的生活现实里面同时进行"；而后者既是廉价地应和、借用身外的概念、符号，即从先验的"一种离开生活形象的思想（即使在科学上是正确的思想）"出发，同时所谓"'化'成'形象'"又"加强了诗人的主观能动精神的衰退"。对于前者，生活和创作统一，思想和艺术统一，这样，"思想才是活的思想而形象才是活的形象"；对于后者，"思想成了不是被现实生活所怀抱的，死的思想"，而形象成了"不是从血肉的现实生活里面诞生的，死的形象"。[165]总之，胡风要求作家必须从直接的体验出发，以生命特有的感性机能形成关于对象的活的感受①，如果相反，欠缺了主观精神的燃烧，欠缺了作家"主观精神活动"

---

① 尽管黑格尔的美学是从理念出发的，但是王元化先生以为，"在我们这里，往往有人把黑格尔的美学当作是从概念到概念的'戏论'，而不能认识到他那通过哲学思考形式表述出来的深刻见解"。在王元化对黑格尔《美学》的疏解、评注中，我们看到很多与胡风文艺理论相契合的论述，比如关于形象思维："不能把构思的方式当作一回事，把表现的方式当作另一回事，认为构思属于理智的功能，而表现则属于感性的功能，艺术家把他在构思中通过理智功能所得到的思想，在创作中再把它们'化'为形象表现出来。这样就把一种和艺术思维相对立的办法引进了艺术的创造过程，从而把艺术创造变成一种最枯燥、最乏味的翻译工作：不断地要把概念化成形象。"又如黑格尔"认为艺术为宗教服务并不是把对象附加到先由思考产生出来的一些抽象格言和定义上去，而是艺术家通过艺术形式把他心里酝酿成熟的东西表达出来"。以上参见王元化《读黑格尔》，第226、265、269页。

二十世纪八十年代初，以王元化为代表的一批学者，将马克思、黑格尔的实践对象化，和中国古典文论结合，对文学创作过程提出了精微的认识。我在上文中已经提到，王元化在新时期语境中对黑格尔美学的一系列疏解，每每与胡风文艺理论有神合之处。

的以身相证，则"破名"的过程无法完成。值得注意的是，"文革"后王元化先生作《文心雕龙讲疏》，内中一段讨论"由个别到一般与由一

这又岂是个别情形？当胡风思想在二十世纪八十年代初走出幽闭时，人们惊讶地发现了一座瑰丽的宝藏，与人们已然厌倦的那些理论不同，胡风当年的许多探讨，竟仿佛有先见之明一般，为人们在废墟上的重建提供了极有针对性、建设性的方案。新时期的"破晓啼声"——《为文艺正名》中义正词严地指出："'文艺是阶级斗争工具说'，要求文艺创作首先从思想政治路线出发，势必导致'主题先行'"，"文艺的生命力在于它服从生活，服从生活的真实"。（参见《为文艺正名——驳"文艺是阶级斗争的工具"说》，《上海文学》1979 年第 6 期，第 4—9 页）这同胡风从二十世纪三十年代开始抗拒从概念直接产生文学的"破名"实践，多有相通。

二十世纪七十年代和八十年代以创作过程为中心的一系列主体性的理论探索，实际上延续着胡风所构筑的理论框架。这一时期文艺理论"拨乱"的对象，如"庸俗社会学""机械反映论"等，正是由三十年代起艺术工具论等续来而来，而这也正是胡风毕生反抗的不良传统。刘再复在长文《论文学的主体性》中说："那种认为作家的世界观可以决定一切的观点，就是作家可以任意干预笔下人物的灵魂和行动的观点，就是不尊重笔下人物，剥夺笔下人物的主体性的观点。"而胡风一直呼吁的就是，不管是作家还是作家笔下的人物，都不能沦为"工具"，"不要把作家看成留声机，只要套上一张做好了的片子（抽象的概念），就可以背书似地歌唱；作家也不能把他的人物当作留声机，可以任意地叫他替自己说话"。刘再复借用皮亚杰的认识发生论探讨"批评家的心理组织过程"："一方面批评家主体同化了客体（作品），作品被自己的审美眼光所穿透，即被自己的审美理想所溶解。……如果作品的刺激异常强大，以至强大到必须涨破原来的审美意识图式才能适应作品的客观现象，批评家内心的图式就不得不改变。这实际上是主体在与对象的接触中，又被对象所影响，所感动，此时，主体的部分本质会被客体所占有，所改造……"（参见刘再复《论文学的主体性》，《文学评论》1985 年第 6 期，第 19、20 页；《文学评论》1986年第 1 期，第 14 页）这里何尝没有胡风相生相克的主客观化合论的影子呢？诚如刘再复在回忆中所言："我个人在 1980 年代与周扬关系较为密切，与胡风则毫无瓜葛，但私下倒是认真阅读《胡风文学评论集》等书，非常钦佩胡风的文学见识……我的'主体论'强调作家的'超越'，胡风的'主观论'则强调'拥抱'，其实，殊途同归……"（参见刘再复《"三剑客"的通信》，《上海文学》2017 年第 3 期，第 104—105 页）。

二十世纪八十年代涌现的很多新思潮、新话题，如果联系到胡风文艺理论，似乎都可以找到深刻的历史共鸣。1987 年探讨"向内转"，童庆炳撰文指出："生活不会自动地进入文学，生活必须经过作家心灵的过滤、发现和创造才能进入文学。"（参见童庆炳《文学的"向内转"与艺术创作规律》，《文艺报》1987 年 7 月 4 日）新时期高扬"主体性"，对创作过程中作家主观作用的突出，让人不禁感慨历史的诡谲，绕了这么大一个圈子，费尽波折，最后似乎还是回到了长期被视为"异端"的胡风。"这一阶段实践论与价值论对创作过程、创作规律的探讨和认识，是胡风的开创之功。"（参见［韩］鲁贞银《胡风文学思想及理论研究》，博士学位论文，复旦大学中国语言文学系，2000 年，第 124 页）

般到个别这一认识规律体现在艺术思维中的特殊形态"时，呼应了胡风对"形象化"与"形象的思维"的辨证："作家的认识活动只能从作为个别感性事物的形象出发。在全部创作过程中，并不存在一个游离于形象之外从概念出发进行构思的阶段。……在艺术创作过程中，存在着一个摈弃形象的抽象思维阶段，而艺术创造就在于把经过抽象思维所获得的概念化为形象。这可以说是一种'形象图解论'，它是反对形象思维的。"[166]

与反抗"形象化"相类似的一个例子是，胡风将自我扩张与自我斗争作为"艺术创造的源泉"，这显然与"生活是艺术的唯一源泉"的经典定义在表述上有差异。胡风后来的解释是："我用过'自我扩张'这个说法，含意指的是，作家写的人物都得通过自己的感情去体验，人物的感情都要化成作家自己的感情，这才能写出人物的真实来。"[167]略去此处自我辩解的意味，其实我们可以发现，胡风显出"异端"的源泉论，正是强调主观战斗精神的显现。他的逻辑是：文艺创造"从对于血肉的现实人生的搏斗开始"，正是为了"在最真实的意义上执行""思想斗争"的要求，因为对于作家而言，思想立场"非得化为实践的生活意志"不可。[168]准此，不是外界客观的现实，而是对于这一现实的搏斗，才是文学的真正起点。

正是因为对主观精神的强调，胡风长期被批判者指为唯心主义者，他的理论被打上小资产阶级文艺思想的烙印。这里混淆了两种情况：首先，在哲学立场上是承认物质第一性还是承认意识第一性；其次，在文艺思想上，如何认识主观的地位与作用。就前者而言，胡风从来没有含糊过。他在早年的文章中就将"把文学和客观的社会真实绝缘"的论调批为"拾取了唯心论的唾余"[169]，主观精神的重要前提就是对现实人生的承认："创作虽然是作家的精神燃烧过程，但总有它的社会根源，总是在某一方式上对于现实人生的反映。"[170] 也就是说，主观战斗精神也许脱不了黑格尔的渊源，但胡风早已为它夯实了唯物论与社会根源的基础。就后者而言，我们在上文中已经多次探讨，胡风将主观精神发扬到极致，就是为了在最高、最真实的意义上成就现实主义。而他的批判者们显然不理解胡风在何种意义上、为了什么而提倡主观精神，换言之，他们不明白"破名"的意义所在。早在1935年，胡风就在文章中表明："由这样的'主观'把握到的'客观'，当然有推动生活的伟力，那不是客观主义的'客观'所能够想象的。"[171] 联系胡风后半辈子的炼狱之苦，此话正是一语成谶。

主观战斗精神始终以一个主客体互动的框架为不言而喻的前提，这很类似于中国古典文论中的"境界说"。"所谓'境界'，乃指人的精神生活所能达到的界域而言"，"精神生活所能达到的界域，有各种不同的方面，并且在各种不同的方面中，有各种高低不同的层次，有各种大小不同的范围"，"对同样的客观自然的认取，常随认取者的精神所达到的境界为转移"，这正如上文提到的，"破名"所要求具备的、胡风所谓"对于客观现实的把捉力、拥抱力、突击力"，[172] 往往联系着深植在一切"思想"的根柢处的一种感性机能、一种精神能力，此其一。其二，"精神的层次，影响对事物、自然所能把握到的层次。由此而表现为文学艺术时，即成为文学艺术的境界。所以文学艺术中的境界，乃主客合一的产物"①，而胡风早年正是在与"境界"一语的会通中，展开

---

① 此处关于"境界说"的探讨，参见徐复观《中国文学精神》，上海：上海书店出版社，2004年6月，第50、53页。

了主客观化合论："真正的艺术上的认识境界只有认识的主体（作者自己）用整个的精神活动和对象物发生交涉的时候才能够达到。"

从鲁迅到胡风："主见""心"与"力"

作家的精神态度在鲁迅的文学与思想中是一个关键问题。早年在《文化偏至论》中鲁迅就对西方十九世纪末勃兴的崇尚"主观意力"的哲学流派予以褒奖，且为华夏子民大声疾呼"主观内面之精神"。《摩罗诗力说》从作家对现实人生的根本态度入手，系统比较中西方文学传统，张扬"争天抗俗"的"摩罗诗人"，而无情抨击以老庄哲学为精神支柱的"不撄人心"的文学传统。而他对新文学作者提出的要求则是：抛弃"瞒和骗"，"真诚地、深入地、大胆地看取人生并且写出他的血和肉来"。"总之，突出主体的战斗意志和高扬的精神状态，要求作家抱着内心深处的一种意欲的冲动投入现实生活，进而克服'自欺欺人'的虚伪，批判黑暗，改造社会，这在鲁迅看来，是一个作家能否写出人生的'血和肉'的关键所在，也是所谓写出人生的血与肉来的全部内含。"[173] 胡风正是从这个地方出发来理解、承继和发扬鲁迅的传统：

> 所谓"主见"，所谓"为人生"，所谓"要改良这人生"，不就是说明了作者的主观欲求，主观的理想么？然而，他所说的"主见"，并不是从现实生活的外部凭空拿来的，这只要读一读他的作品就可以明白。例如，他描写了农民，农民的痛苦，悲哀，被压迫被蹂躏的生活，从这描写里面透出了作家的态度：他的同情，他的悲愤，他的对于这种黑暗现实的反抗。没有这样的

主观的条件，他就不能够写出已经写出了的那样的作品来。[174]

　　胡风在把握鲁迅的"主见"时，不是"从现实生活的外部"有着本质性内容规定的说教出发，而是从主体与现实的映射关系出发。他没有停留在一般所谓"启蒙思想"的概念层面，而是选取作家在穿透、包容名词概念之后对现实人生的主动态度。这样的写作可以突破公式化，将人物从符号的牢笼中解放出来，依靠主观精神深入人的灵魂，使作家与人物体验、撞击，从而达到高度交融。

　　鲁迅坚信"非有天马行空似的大精神即无大艺术的产生"[175]，他将"大精神"作为创作中主客观的联结点，在胡风那里则化成"心"与"力"的结合。"当作家的创作的心不能在生活现实里面深入客观对象的时候，那他的声音，即使是发自衷心的爱憎，也很难带给读者以人民性的活的生命。"[176]"心"基于主体与对象之间的感性认同，作家对现实的赤裸裸的感受，比思想观念更能引起读者共鸣，获取"人民性的活的生命"。"诗的表现能力必然地是人生的战斗能力（思想力、感觉力、追求力……）的一个表现，只有首先成了人生的战斗能力的东西才能够被提升为诗的表现能力而取得艺术生命。"[177]胡风强调作家的世界观、立场等不能停止在作为思想概念的"名"的形态上，所以他喜欢在表达"思想""观念"的词后面加上"力""态度""要求"之类的修辞，来突出"名"的主观化与属己化的过程，以及在这一过程中化为"力"的主观因素。思想、观念应该作为主观欲求（"人生的战斗能力"）而存在，即由身外之"名"变作体内的实践意志，由此才能发挥实践力量。胡风的友人王戎这样理解"思想力"："所谓思想力，包含有科学的观念（辩证法）和正确的立场（人民大众的立场）……以及社会学的，历史学的科学和正确的结论，但是，更重要的是作家必须根据这些，在实际生活中进行搏斗和冲激，使这些概念的合理的理论和自身的生命结合为一，使思想融解在自己生命的机能里，使这种思想变化为一种力量，使这种力量变成作家献身的行动。在实际生活中这样向作家要求，在创作实际中也同样向作家这样要求。"当政治倾向与科学概念都已被思想力所含化、把握，"那么有什么必要在作家所表现的作品里另外再要求抽象的概念的政治名词呢？"[178] 所谓"心"与"力"的结合，就是能使"思想本身的那些概念词句"消失得"几乎无影无踪"的"破名"的精神能力。

"破名者"的姿态："第一义诗人"

力拒名教的现代品格

上文中已经多次提到，胡风是在"人"的基础上构造他全部的文艺理论。他曾经对陈家康《唯物论与唯"唯物的思想"论》一文推崇备至，认为陈用"唯'唯物的思想'论"来形容教条主义的实质、成因是"一个天才的提法"[179]。让胡风如此会心的，正是陈家康文中对"把人当思想"，而忽视思想主体的实际存在的抵制。胡风对于立"名"为教、唯"名"是举，仅仅把人当作抽象推理的概念和工具的做法有着本能的恐惧与警觉，并且化作清醒的自觉，付出毕生的抵抗。由此来理解，就能发现：人与名教的战斗、生命主体与现代名教的抗衡，正是胡风文艺理论内部最核心、最紧张的图景之一。

胡风反对主观公式主义、客观主义等形形色色的"工具论"，正是因为敏感于其中内在包含的对人的主体的克制与压抑，故而针锋相对地赋予了主观战斗精神以崭新的人本主义色彩，且处处以此鉴别真、伪现实主义："既然了解人、创造人对于文艺作家是'第一位的工作'，既然人的内容是历史的所产，那么，这个问题就成了主观公式主义、客观主义和现实主义的基本的分歧点。"[180]

胡风对"感性的活动"、主观力量的辩护，是为了反对身外世界中运行的各种名教对人的机械割裂，在最完整的意义上维护人的统一。

胡风对主体性的张扬，是为了召唤每一生命担负自己的精神力量去追求或反抗客观世界，而不是与客体隔离，更不是被法则、物质世界所压抑而溃散了精神力量，或满足于一个被名教所遮蔽的客观现实而陷入静止状态。

胡风突出了作家通过个人的创造性劳动来获得历史本质的一致性，用个人"艰难痛苦"而又无法省略的"破名"实践来亲证"名"的科学性与合理性。在"名"往往沦为专制的权力话语的符号的时代，在时代"共名"如同"城头变换大王旗"的时代，胡风顽强为个体实践争得宝贵空间。

胡风将中国革命理解为"争取被承认为各有个性的生命的斗争"[181]，显然他深刻地关怀着人的意识的现代化。胡风的斗争，针对一切压抑人的机制，尤其指向对人精神与思维活动的制约力量，而呼唤独立的思考与自觉的精神立场。这也正是胡风理论的生命力之源。它来自"五四"新文学思潮的灌溉，又与中国现代知识分子强烈的自我意识、使命感与战斗精神血脉相连，代表了积极的、反思的、批判的、开放的现代品格。

忠诚无伪的"第一义诗人"

对自我挣扎过程的忠诚

胡风反对"形象化",因为这只是"作家根据抽象概念的需要(他认为的需要)去择取外界的形象来表演他的抽象概念"[182];他也鄙弃林默涵、何其芳高悬着先验的世界观,把"搜集"来的材料写下来,或者把"题材""主题"分配给作家以"完成任务"。在胡风看来,这些举措实在是"最省事"的把戏,廉价地应和名教,只是贪图便宜的概念游戏。而他们省略的过程,胡风以为恰恰必不可少,并且这个过程"艰难困苦"。比如:"以为概念可以直接产生文学……这样一来,作家的精神活动就用不着什么准备,实际的创作过程就成了不带艰苦性质的东西了"[183];创作与生活是合一的,"在现实主义者,创作过程是一个生活过程,而且是把他从实际生活得来的(即从观察它和熟悉它得来的)东西经过最后的血肉考验的、最紧张的生活过程"[184];"主题积极性"只有"通过艰难的艺术制造的完成才能够达到"[185];思想改造并不仅仅是对时代课题的感应,"同时也是他们内部的,伴着肉体的痛楚的精神扩展的过程"[186]……上面这些过程并不完全属于一个范畴,但在最根本的意义上有着同一指向:将"身外的观念""透进""作家内部"去的"破名"的过程。现代以来,许多知识分子都希望找到一条终南捷径取代血淋淋的自我搏斗,在所谓"终极真理"面前安于做一个廉价的贩运者。而胡风恰恰相反,他不但一针见血地戳破上述"最省事"的迷梦,苦口婆心地劝说众人忠实于这一搏斗过程,还清醒地要求大家正视这一过程的"艰苦""紧张""痛楚"与"血肉考验"。即便是面对"科学内容"与"无限力量"兼具的"合理概念",这个过程也无法省略,必得以自身的搏斗来亲证"名"的天经地义。"这一步不是随随便便地可以达到,但却非得争取达到不可的。"[187]

在每一个文学命题与时代共名的背后,胡风都要求考量个体在接受过程中自我搏斗的在场。比如下面这段话:

> 和现实搏斗的现实主义的作家和在实际斗争里面的新的作家们,正在倾注着真实的爱憎,通过"蠢动的生活形象"努力地表现出现实的历史动向,广大人民的负担、潜力、觉醒和愿望,使我们看到了正在发动的受着长久压抑的民族的伟大的潜力,正在觉醒的带着历史创伤的人民的蓬勃的青春。[188]

这番话常常被视作异端邪说,因为"现实的历史动向"与"蠢动的生活形象","觉醒的"人民与"历史创伤"在很多人那里显然是对立的,为了表现前一方面,必须压抑、清除后一方面。可在胡风看来,恰恰是后者成全了前者,因为这里面饱含着作家在深入现实、展示现实过程中"自我搏斗的伟大经验"[189],而不是对时代课题的空洞图解。胡风说"自我搏斗的伟大的经验"是由鲁迅开示的,或者我们可以借用竹内好的理解——"挣扎"。对于这一挣扎的过程与意义,很多人是忽视、轻慢、隔膜的,比如乔木的指责:"不是一切自我斗争的苦痛都是伟大的,都是值得向读者宣扬的。……我们绝不应该鼓励作家去机械地模仿他的自我斗争的全部过程,好象每一个人不做一次约翰·克利斯朵夫式的追求就不可能达到罗曼罗兰的终点似的。"[190]这段话四平八稳,其中的嘲笑口吻只能显出乔木与胡风在对待"挣扎"时截然不同的态度。

再举一例。1944 年 5 月至 6 月间，何其芳和刘白羽从延安到重庆，向国统区的作家传达延安整风精神和《讲话》的主要内容。胡风以文协研究部的名义，召开欢迎会，请何、刘作报告。何其芳讲到知识分子如何改造小资产阶级思想，以自己为例，现身说法，让人感觉到他已经脱胎换骨。这在会后引起很多大后方作家的反感，有人就说："好快，他已经改造好了，就跑来改造我们！"[191] 1938 年，何其芳在"走了一条太长、太寂寞的道路"之后最终在延安找到了归宿，就像是"突然回到了久别的家中一样"，"象一个小齿轮在一个巨大的机械里和其它无数的齿轮一样快活地规律地旋转着，旋转着。我已经消失在它们里面"[192]。他将精神皈依之地象征化、神圣化，同时也将心灵简单化了（就如胡风对何其芳的评价——"太单纯了"）：终于找到了终极真理，知识分子的荒原跋涉终于到了尽头，而精神磨难与自我挣扎至此也变得毫无意义。所以，一旦当他获得了毛泽东理论的宣传权与解释权，也就等于获得了文艺界的话语权。从政治原则出发的左翼批评家只是把文艺批评当作实用的、功利的政治工作，他们可能并不关注自己的"本根"，更不会去考虑经受那个挣扎的过程以及指向自身精神立场的考验。执"名"在手，号令天下，在将裹挟着话语权力的"名"先验化与绝对化的同时，那个"破名"的挣扎过程以及知识分子的独立自省、批判能力当然被无限期地悬置了。在胡风看来，何其芳的态度"反而把思想改造庸俗化了"[193]。

总之，胡风从来不逃避知识分子精神上的受难过程，其中主观与客观现实的挣扎、搏斗、化合，主体对身外之"名"的砥砺、含茹、转化等等"非得争取达到不可"。就如胡风在给路翎的信中经常表露的"精神上的痛苦有时是命该如此"，即便失败，那也像蒋纯祖式的"终于倒下"，在精神价值上有不可磨灭的辉光。反之，省略、轻慢了这一挣扎的过程，则"心夺于人"，沦为填充名教的容器，胡风对这类人的称谓是"失心政治家""无灵魂的文字工匠"。[194]

对通过挣扎过程而获得的理论的忠诚

在经过挣扎的"破名"过程之后，将理论化为自身的血肉存在，则不会轻易随人俯仰作墙头草。胡风对文字也提出了这样的要求："文字能对感情负责，自己的行为能对文字负责。否则，宁可掷笔不写。"第三章述及胡风家书时已经讨论过这个问题。在此，我还想对胡风的文字风貌、行文风格作简单勾勒。

首先，借路翎的话来说，胡风是用"有'血肉'感觉的""充满实感"[195]的语言方式来表达他的见解。他的文字，最直接的是其持续紧张的内心图景的外化，这是他文字风貌的内在成因[①]。罗洛曾记有如下一则回忆：有一次胡风请吃橘子，"他拿起一只橘子，剥了皮但没有吃，突然对我说：'自然界真是奇妙，你看这橘子，外皮是粗粗拉拉的，说不定还有细菌，但它的内心却是这样干净，这样纯洁，没有杂质，没有污浊，你可以毫无顾虑地吃下去。'"。[196]胡风文字的内外情形恰如这只橘子，"外皮是粗粗拉拉的"，不但论敌们谴责他行文"晦涩"，即便是

---

① 胡风自述其行文"曲曲折折地绕弯子"的外在成因是为了抵御、对付国民党的审查制度。参见胡风《回忆录》，载《胡风全集》（第 7 卷），第 310、311 页；《〈民族战争与文艺性格〉重排后记》，载《胡风全集》（第 2 卷），第 701、702 页；《〈文艺笔谈〉第三次排字后记》，载《胡风全集》（第 2 卷），第 275 页。

中立派的知识分子也讥诮其"纠缠"①。但是内里却"这样干净，这样纯洁，没有杂质，没有污浊"，完全忠实于主体内部的"自我斗争"，真正实现了"言为心声"。恰如以赛亚·伯林对别林斯基文风的评骘："他手之所画，即他口之所言，用的是漫无句型、过于冗长、朴拙无饰、急促、纠结的句子——因为他别无更好的表达手段，因为那就是合乎他天性的感觉与思考媒介。"197 我们还可以联想到日本中国文学研究权威吉川幸次郎对李商隐诗的赞美："想要表现的内容与用以表现的措辞间，毫无阻隔，总有着一种就像丰满的果实表皮那样的充实的美。这种表现力，是强有力的精神的产物。"198 这也是一个借助果实、果皮表达的精妙比喻，与上述胡风的自况合观，如有神契：表皮尽管"粗粗拉拉"却"丰满"，因为有"纯洁"的"内里"支撑；就好像主体借助"强有力的精神"燃烧，总能透过充满实感的措辞来抓住"想要表现的内容"。我们在第三章中曾论及胡风"极老实、极诚恳"的语言在心、言、物之间往复沟通，正是吉川先生所谓"毫无阻隔"——这是一种"充实的措辞"、惊人的"表现力"。

其次，胡风的理论是自己头脑"一寸一寸地思考"得来的，他从来不作蹈空之论，从来不极目远眺未来的黄金世界而轻易放过当下的

---

① 参见叶圣陶日记（1948年10月19日）："此君（指胡风——作者注）自名不凡，否定一切，人家之论皆不足齿数，而以冗长纠缠之文文其浅陋。余于文艺理论向不措意，唯此君之行文，实有损于青年之文心。"见叶圣陶《叶圣陶集》（第21卷），南京：江苏教育出版社，2004年11月，第325页。又：王实味也曾批评过胡风的语言"疙疙瘩瘩"，见王实味《文艺民族形式问题上的旧错误与新偏向》，载上海文艺出版社编《中国新文学大系（1937—1949）》（第二集：文学理论卷二），上海：上海文艺出版社，1990年12月，第292页。据说丁玲曾在延安和周恩来提及"胡风的文章怎么那么别扭"。见李向东、王增如《丁玲传》，北京：中国大百科全书出版社，2015年5月，第489页。可见，晦涩、缠夹几乎成为各派知识分子对胡风行文风格的共识。

理论破绽（可以想一想"精神奴役创伤"的命题）。而一旦将所要表达的理论化作自身血肉，则在表达过程中充满自信、激情洋溢。这是一种"属己"的文字，有这么多只属于他的"个人词汇"：燃烧、主观战斗精神、思想力、拥抱力、突击力、把捉力……胡风的很多句子都如燃烧一般，毋宁说，他自己就烧在他的文字里面，透显出"真的悲痛，真的追求，真的反抗"[199]。在文字观上，他对人对己都作如是要求。在给妻子的信中说："你知道，我是没有真情就写不出一行字来的。"又教诲年幼的女儿："你应该学会写出自己的感情。"[200] 对于那些从他的批评中"抽出一些理论似的端绪来加以讨论"的举措，胡风往往不以为然；但是有普通读者从中读出了"我的'愿望'和我的'愤怒'"，胡风却"深为感动"。[201] 胡风对文字的要求如此一丝不苟，简直达到了"以心见心""以心传心""以心契心"。具备"破名"思维特质的人，往往就能越过表述的本体，而洞察本体背后以及表述过程中的精神、心性，"能够从诗本身（仅仅是诗本身！）直接读出作者本人的心，感应那血脉涌动的源头和流向"[202]。

通过文字再回到理论。胡风晚年曾多次表示"观念不变"，甚至固执坚定更胜往昔。[203] 有位研究者曾敏锐地指出：胡风案发生的重要原因在于，当对手们早已"脱胎换骨"时，胡风却一再延宕、拒绝了意识形态的"询唤"[204]。换言之，胡风为什么拒绝对既定的、一统的意识形态表示臣服？探讨这一问题的复杂原因，可能万语千言也难穷尽，但是也可以斩钉截铁地归结到一个最基本的陈述上：因为胡风有他无法移易的根柢所在，这是他以身相抗、抵死苦斗的基点；胡风所秉持的理论，是他经过多么创痛酷烈的挣扎过程，以及狂风巨浪般的人生淬炼而获得的，当它一经化合为体内的血肉存在，则再也不是任何外力所能轻易动摇的了。

早在东京留学时期，胡风就自省因个性不合群而"当然的结果是一个普遍地被排斥"[205]。二十世纪三十年代末，在一次与吴奚如的争吵中，胡风凛然说道："我等待将来革命成功后受镇压！"[①] 香港批判之后，他在信中对好友吐露苦衷："我，一直只是一个'同路人'。"[206] 及至案发前夕对路翎含泪坦陈："我和你路翎，和阿垅、绿原、牛汉、徐放、谢韬、严望、冀汸、芦甸等结伴而行，我们也有不小心也有莽撞。我现在感慨，像做最后地奋斗似的。但结果驳回来，说你反党，如何呢？我们走到困难的境地了，终于不能顾忌什么了。为了文艺事业的今天和明天，我们的冲击会有所牺牲。……我要奋斗，和我多年的愿望一起，冲出去，哪怕前面是监牢。"[207] 我认为，尽管胡风一直毫不怀疑党中央基本上是信任他的，[208] 胡风悲剧的成因不乏他个人对形势的错误估计；但是，胡风对自己渐趋黑洞甚至可能被吞没的命运并非没有丝毫预见。然而，这一预见并没有促使他掉头转向、明哲保身。结合上述表白，再联系后来的实际情形，可以证明，胡风是以一种什么样的代价在捍卫自己的信仰，甚至预见到粉身碎骨也在所不辞。而以此反过来推究，我们也不难明白，这位"九死未悔"的理想主义战士，为了树立、获得这一信仰所身受的过程和境遇，是如何极端艰难而又至为宝贵。有学者指出胡风的思维方式与他的论敌不乏相似之处，有人甚至认为不过是"五十步笑百步"。但我以为即便就是这"五十步"的距离，也值得我们珍惜（这当然不是否认胡风作为理论家有明显缺陷），借用上文

---

① 参见吴奚如《我所认识的胡风》，载晓风主编《我与胡风》（第 2 版：增补本），第 28 页。胡风是在以书信与吴奚如交相指责时如是说，具体时间不可考，从上下文推断，应在三十年代末至四十年代初之间。

的比喻，应该剥开桔子粗粗拉拉的外皮而珍爱其内心的"干净""纯洁"。"所处的境遇也许相似，但人与人之间确有不同。我们也不应该将这种高下的差异轻易抹平。"① 在胡风周围，从俗浮沉、与时俯仰者不乏其人；在现代中国的名教时代，抢夺"思想锦标"却"中无所主"甚至行私利己的"伪士"比比皆是；即使在今天，"改变思想就像更换内衣一样随便"²⁰⁹ 的文人就真已绝迹？而像胡风这般为捍卫自己的理论而"舍身求法"、九死不悔的人实在太少。这就是我们争这"五十步"的意义所在。

胡风向来推崇"第一义的诗人"："有志于做诗人者须得同时有志于做一个真正的人。无愧于是一个人的人，才有可能在人字上面加上'诗'这一个形容性的字……艺术第一呢，人生第一呢？这应该是早已不成问题了的问题，只有人生至上主义者才能够成为艺术至上主义者……"²¹⁰ 对于第一义的诗人而言，他的确信、信仰完全闪现在他的诗中，而他的理论、主张也就是他的气血、生命。这几者之间再不为任何僵化、虚悬的名教所间隔。很少有人像胡风这样执迷不悟而充满自信，虽九死而无悔不移初衷。"我的理论是我多年积累的，一寸一寸地思考的。我要动摇，除非一寸一寸地碟。"²¹¹ 这个积累、思考、挣扎"破名"，最终转化为血肉的过程，在阿垅的诗中化作了纤夫拉纤：

<hr>

① 参见洪子诚《"当代"批评家的道德问题》，载《材料与注释》，北京：北京大学出版社，2016 年 9 月，第 230 页。洪子诚先生说得很辩证："虽说不应将'道德'问题与社会环境剥离，但也不应将一切推到外部环境，认为个人无需担责。也不必做什么忏悔吧，至少是有那么一点不安和愧疚，哪怕是沉默静思也好。一个浅显的道理是，所处的境遇也许相似，但人与人之间确有不同。我们也不应该将这种高下的差异轻易抹平。"

用了

那最大的力和那最后的力

动也不动——几个纤夫徒然振奋地大张着两臂（象斜插在地上的十字架了）

他们决不绝望而用背退着向前硬走，

而风又是这样逆向的

而江水又是这样逆向的啊！

而纤夫们，他们自己

骨头到处格格发响象会片片迸碎的他们自己

⋯⋯

这前进的路

同志们！

并不是一里一里的

也不是一步一步的

而只是——一寸一寸那么的，

一寸一寸的一百里

一寸一寸的一千里啊！

⋯⋯

而且一寸有一寸的障碍的

或者一块以不成形状为形状的岩石

或者一块小讽刺一样的自己已经破碎的石子

或者一枚从三百年的古墓中偶然给兔子掘出的锈烂钉子，⋯⋯

但是一寸的强进终于是一寸的前进啊

一寸的前进是一寸的胜利啊，

……[212]

经此"一寸一寸"的前进，理论才化作了生存的基础，甚至生存的目的。这也是胡风及其文艺思想任凭多年的"妖魔化"侵蚀却始终熠熠生辉的根源所在。

结语

我在遥想胡风的人与文时，眼前经常会浮现那尊巨大的拉奥孔雕像。这位古代先知，为了警告特洛伊人不要接受希腊人留下的木马，触怒了神明，以致痛苦挣扎在海蛇的绞缠之下[213]……真诚无伪的"破名者"胡风，一次次对那些沦陷在名词概念的空洞世界中而丧失精神能力的人出声示警，最终同样触怒了"神"。"我虽不配称为猛兽，但却宛如被锁在栏中，即偶有喊声，看客们也觉得与己无关，哀哉！而另一些人们，却觉得这喊声也可厌可恶，还想镶上不通风的铁板。"[214]他总是被误解、攻击、孤独与悲凉纠缠着，常常发出"末路"之慨，以至在《论现实主义的路》的扉页上题写但丁的诗句："我跑到一个沼泽里面，芦苇和污泥绊住我，我跌倒了，我看见我的血在地上流成了一个湖。"

但恰恰是在血污中抵死苦斗的姿态，通体散发着庄严。我写这一章的最初缘起，其实就是感动、震撼于胡风的这段话：

我的理论是我多年积累的，一寸一寸地思考的。我要动摇，
除非一寸一寸地磔。

这是他在血污中屡仆屡起的自信之源、力量之源。他的理论与他的身体、生命、生存如此亲密无间、合而为一，即便利刃相磔，如剥鱼鳞般片片脱离，那也定然"一寸一寸"地渗出血来。其师鲁迅就分明说过："被刀刮过了的鱼鳞，有些还留在身体上，有些是掉在水里了，将水一搅，有几片还会翻腾，闪烁，然而中间混着血丝……"[215]

　　我要问的是，茫茫世界，理论家前后辈出各领风骚，理论话语纷繁更迭让人目不暇接，但是凭心而言，其中有多少担得起这一个"磔"字？

注释

1　胡风:《辩证法与江湖诀》,载《胡风全集》(第 4 卷),第 19 页。

2　胡风:《棘源草·解题》,载《胡风全集》(第 4 卷),第 8 页。

3　胡风:《五四时代的一面影》,载《胡风全集》(第 2 卷),第 129、130 页。

4　胡风:《M.高尔基断片》,载《胡风全集》(第 2 卷),第 356 页。

5　胡风:《关于创作发展的二三感想》《民族战争与我们》《论战争期的一个战斗的文艺形式》,分别载《胡风全集》(第 3 卷),第 7 页,及《胡风全集》(第 2 卷),第 627、515 页。

6　胡风:《民族战争与我们》,载《胡风全集》(第 2 卷),第 630 页。

7　胡风:《论战争期的一个战斗的文艺形式》,载《胡风全集》(第 2 卷),第 511、512 页。

8　胡风:《现实主义在今天》,载《胡风全集》(第 3 卷),第 40、41 页。

9　胡风:《论现实主义的路》,载《胡风全集》(第 3 卷),第 523 页。

10　胡风:《今天,我们的中心问题是什么?》,载《胡风全集》(第 2 卷),第 614 页。

11　胡风:《一个要点备忘录》,载《胡风全集》(第 2 卷),第 634 页。

12　胡风:《如果现在他还活着》,载《胡风全集》(第 2 卷),第 669 页。

13　胡风:《人道主义和现实主义的道路》,载《胡风全集》(第 3 卷),第 236 页。

14　胡风:《以〈狂人日记〉为起点》,载《胡风全集》(第 3 卷),第 424 页。

15　各见绿原《胡风和我》、鲁煤《"求诗辨假真"——我和胡风:恩怨实录(第一卷)》、顾征南《我所认识的胡风先生》,均载晓风主编《我与胡风》(第 2 版:增补本),银川:宁夏人民出版社,2003 年 12 月,第 560、768、769、924 页。

16　胡风:《回忆录·在武汉》,载《胡风全集》(第 7 卷),第 386、387 页。

17　胡风:《一个女人和一个世界——序〈饥饿的郭素娥〉》,载《胡风全集》(第 3 卷),第 99 页。

18　胡风:《简述收获》,载《胡风全集》(第 6 卷),第 624 页。

19　胡风:《文艺工作的发展及其努力方向》,载《胡风全集》(第 3 卷),第 182 页。

20　绿原:《胡风和我》,载晓风主编《我与胡风》(第 2 版:增补本),第 616 页。

21　胡风:《致陈陇》(1949 年 3 月 7 日),载《胡风全集》(第 9 卷),第 63 页。

22　胡风:《创作上的三个现象和一个问题》,载《胡风全集》(第 6 卷),第 16 页。

23　胡风:《路翎著〈平原〉后记》,载《胡风全集》(第 6 卷),第 35 页。

24　胡风:《关于解放以来的文艺实践情况的报告》,载《胡风全集》(第6卷),第362页。

25　胡风:《简述收获》,载《胡风全集》(第6卷),第606页。

26　胡风:《从实际出发》,载《胡风全集》(第6卷),第714页。

27　胡风:《回忆录·东京时期》,载《胡风全集》(第7卷),第276页;《简述收获》,载《胡风全集》(第6卷),第606、626、627页。

28　胡风:《一个要点备忘录》,载《胡风全集》(第2卷),第634页。

29　胡风:《论民族形式问题》,载《胡风全集》(第2卷),第786、787页。

30　胡风:《逆流的日子·后记》,载《胡风全集》(第3卷),第301页。

31　胡风:《论现实主义的路》,载《胡风全集》(第3卷),第525页。

32　同上,第558、559页。

33　同上,第566页。

34　胡风:《文艺站在比生活更高的地方》,载《胡风全集》(第2卷),第323页。

35　胡风:《民族革命战争与文艺》,载《胡风全集》(第2卷),第575页。

36　胡风:《张天翼论》,载《胡风全集》(第2卷),第39、40页。

37　胡风:《关于解放以来的文艺实践情况的报告》,载《胡风全集》(第6卷),第376、377页。

38　胡风:《论现实主义的路》,载《胡风全集》(第3卷),第561页。

39　胡风:《关于乔冠华(乔木)》,载《胡风全集》(第6卷),第511页。

40　胡风:《论现实主义的路》,载《胡风全集》(第3卷),第551页。

41　同上,第500、501页。

42　陈思和:《胡风对现实主义理论建设的贡献》,载《笔走龙蛇》,济南:山东友谊出版社,1997年5月,第25、26页。

43　胡风:《关于乔冠华(乔木)》,载《胡风全集》(第6卷),第509—512页。

44　胡风:《论现实主义的路》,载《胡风全集》(第3卷),第557页。

45　同上,第478、479页。

46　同上,第513页。

47　同上,第522页。

48　同上,第523页。

49　同上,第521页。

50　同上,第518页。

51 同上，第 523、505、502、504 页。

52 胡风：《论现实主义的路·初版附记》，载《胡风全集》（第 3 卷），第 576 页。

53 鲁迅：《论现在我们的文学运动》，载《鲁迅全集》（第 6 卷），第 613 页。

54 胡风：《现实主义的一"修正"》，载《胡风全集》（第 2 卷），第 373 页。

55 胡风：《民族革命战争与文艺》，载《胡风全集》（第 2 卷），第 341 页。

56 胡风：《关于题材，关于"技巧"，关于接受遗产》，载《胡风全集》（第 3 卷），第 79、80 页。

57 胡风：《给为人民而歌的歌手们》，载《胡风全集》（第 3 卷），第 438、439 页。

58 何其芳：《现实主义的路，还是反现实主义的路》，《文艺报》1953 年第 3 期。

59 胡风：《祝福祖国，祝福人民！》，载《胡风全集》（第 4 卷），第 211 页。

60 胡风：《果戈理与我们》，载《胡风全集》（第 4 卷），第 240 页。胡风文中的这番意思，让人想起鲁迅的《"这也是生活"……》［收入《鲁迅全集》（第六卷）］。

61 胡风：《关于解放以来的文艺实践情况的报告》，载《胡风全集》（第 6 卷），第 303 页。

62 同上，第 281 页。

63 同上，第 275 页。

64 胡风：《为了电影艺术的再前进》，载《胡风全集》（第 3 卷），第 399—400 页。

65 胡风：《人道主义与现实主义的道路》，载《胡风全集》（第 3 卷），第 236、237 页。

66 胡风：《写于不安的城》，载《胡风全集》（第 3 卷），第 280 页。

67 胡风：《论现实主义的路》，载《胡风全集》（第 3 卷），第 523 页。

68 胡风：《略谈我与外国文学》，载《胡风全集》（第 7 卷），第 259、260 页。

69 胡风：《为初执笔者的创作谈》，载《胡风全集》（第 2 卷），第 240 页。

70 胡风：《致阿垅》（1947 年 5 月 8 日、7 月 7 日），载《胡风全集》（第 9 卷），第 2、6 页。

71 吴奚如：《我所认识的胡风》，载晓风主编《我与胡风》（第 2 版：增补本），第 24 页；晓风：《我的父亲胡风》，武汉：湖北人民出版社，2007 年 2 月，第 2 页。

72 ［俄］别林斯基：《一八四七年俄国文学一瞥》，载《别林斯基文学论文选》，满涛、辛未艾译，上海：上海译文出版社，2000 年 7 月，第 699，703，704、705 页。

73 胡风：《人道主义和现实主义的道路》，载《胡风全集》（第 3 卷），第 237、238 页。

74 陈思和：《中国新文学发展中的现实主义》，载《中国新文学整体观》，上海：上海文艺出版社，2001 年 1 月，第 261 页。

75　胡风：《论民族形式问题》，载《胡风全集》（第2卷），第726、769页。

76　王元化：《文学的真实性和倾向性》，《上海文学》1980年第12期，第30—37页。

77　胡风：《关于鲁迅精神的二三基点》，载《胡风全集》（第2卷），第501页。

78　胡风：《从"有一分热，发一分光"生长起来的》，分别载《胡风全集》（第2卷），第53，56，57页。

79　胡风：《关于陈辛人》，载《胡风全集》（第6卷），第493页。

80　胡风：《关于创作的二三理解》，载《胡风全集》（第2卷），第521页。

81　胡风：《逆流的日子·后记》，载《胡风全集》（第3卷），第301页。

82　胡风：《今天，我们的中心问题是什么？》，载《胡风全集》（第2卷），第613页。

83　胡风：《祝福祖国，祝福人民！》，载《胡风全集》（第4卷），第213页。

84　胡风：《论战争期的一个战斗的文艺形式》，载《胡风全集》（第2卷），第511、512页。

85　鲁迅：《革命时代的文学》，载《鲁迅全集》（第三卷），第437页。

86　鲁迅：《中山先生逝世后一周年》，载《鲁迅全集》（第七卷），第306页。

87　［日］竹内好：《鲁迅》，载《近代的超克》，李冬木、赵京华、孙歌译，第132页。

88　胡风：《写于不安的城》，载《胡风全集》（第3卷），第280页。

89　胡风：《论现实主义的路》，载《胡风全集》（第3卷），第527、528页。

90　胡风：《给为人民而歌的歌手们》，载《胡风全集》（第3卷），第439页。

91　胡风：《论现实主义的路》，载《胡风全集》（第3卷），第554、558页。

92　同上，第554页。

93　怀潮（阿垅）：《论艺术与政治》，《蚂蚁小集》（第四期），1948年11月。

94　阿垅：《〈预言〉片论》，载《人·诗·现实》，北京：生活·读书·新知三联书店，1986年7月，第277页。

95　林默涵述、黄华英整理：《胡风事件的前前后后》，《新文学史料》1989年第3期，第14—15页。

96　晓风：《九死未悔——胡风传》，台北：台湾业强出版社，1996年4月，第261页。

97　胡风：《致满涛》（1950年4月1日），载《胡风全集》（第9卷），第400页。

98　胡风：《关于解放以来的文艺实践情况的报告》，载《胡风全集》（第6卷），第127、131页。

99　胡风：《今天，我们的中心问题是什么？》，载《胡风全集》（第2卷），第613页。

100　胡风：《〈大地〉里的中国》，载《胡风全集》（第2卷），第199、200、208页。

101 周扬:《关于"社会主义的现实主义与革命的浪漫主义"》,《现代》第四卷第一期,1933 年 11 月;《现实主义试论》,《文学》第六卷第一号,1936 年 1 月。可参见《周扬文集》(第一卷),北京:人民文学出版社,1984 年 12 月。

102 胡风:《略论文学无门》,载《胡风全集》(第 2 卷),第 427 页。

103 胡风:《关于两种论调》,载《胡风全集》(第 2 卷),第 489 页。

104 胡风:《关于创作的二三理解》,载《胡风全集》(第 2 卷),第 521 页。

105 胡风:《致朱谷怀》(1948 年 3 月 31 日),载《胡风全集》(第 9 卷),第 681 页。

106 晓风:《九死未悔——胡风传》,第 190、191 页

107 胡风:《学习,为了实践》,载《胡风全集》(第 6 卷),第 42—45 页。

108 绿原:《胡风和我》,载晓风主编《我与胡风》(第 2 版:增补本),第 587、588 页。

109 洪子诚:《中国当代文学史》,北京:北京大学出版社,1999 年 8 月,第 31 页。

110 胡风:《"形象的思维"观点的提出和发展》,载《胡风全集》(第 7 卷),第 237、238 页。

111 胡风:《人生·文艺·文艺批评》,载《胡风全集》(第 3 卷),第 197 页。

112 胡风:《为了电影艺术的再前进》,载《胡风全集》(第 3 卷),第 402 页。

113 胡风:《关于创作发展的二三感想》,载《胡风全集》(第 3 卷),第 13—14 页。

114 胡风:《关于解放以来的文艺实践情况的报告》,载《胡风全集》(第 6 卷),第 174 页。

115 胡风:《为初执笔者的创作谈》,载《胡风全集》(第 2 卷),第 242 页。

116 胡风:《〈死魂灵〉与果戈理》,载《胡风全集》(第 2 卷),第 471 页。

117 胡风:《关于解放以来的文艺实践情况的报告》,载《胡风全集》(第 6 卷),第 184 页。

118 胡风:《略谈我与外国文学》,载《胡风全集》(第 7 卷),第 255 页。

119 胡风:《致王福湘》(1980 年 8 月 11 日),载《胡风全集》(第 9 卷),第 558 页。

120 胡风:《〈七月〉编校后记》,载《胡风全集》(第 2 卷),第 696 页。

121 胡风:《论现实主义的路》,载《胡风全集》(第 3 卷),第 527 页。

122 胡风:《关于解放以来的文艺实践情况的报告》,载《胡风全集》(第 6 卷),第 172 页。

123 瞿秋白:《鲁迅杂感选集序言》,载北京大学等主编《文学运动史料选》(第二册),第 281 页。

124 胡风:《关于解放以来的文艺实践情况的报告》,载《胡风全集》(第 6 卷),第

187 页。

125　鲁迅:《〈三闲集〉序言》,载《鲁迅全集》(第四卷),第 5 页。

126　本节和以下一节对胡风言论的引录,除注明外,均参见胡风《关于解放以来的文艺实践情况的报告》,载《胡风全集》(第 6 卷),第 190、213—214、164、171、168、217—218、214、220、197、193 页。

127　[韩]鲁贞银:《胡风文学思想及理论研究》,博士学位论文,复旦大学中国语言文学系,2000 年,第 104 页。

128　胡风:《青春的诗》,载《胡风全集》(第 3 卷),第 266 页。

129　胡风:《致满涛》(1953 年 2 月 2 日),载《胡风全集》(第 9 卷),第 399 页。

130　钱钟书:《谈艺录》(补订本),第 24 页。

131　陈思和:《胡风对现实主义理论建设的贡献》,载《笔走龙蛇》,第 37 页。

132　胡风:《创作上的三个现象和一个问题》,载《胡风全集》(第 6 卷),第 28 页。

133　胡风:《论现实主义的路》,载《胡风全集》(第 3 卷),第 500、490 页。

134　转引自王丽丽《在文艺与意识形态之间:胡风研究》,北京:中国人民大学出版社,2003 年 11 月,第 239 页。

135　胡风:《文学与生活》,载《胡风全集》(第 2 卷),第 324 页。

136　胡风:《张天翼论》,载《胡风全集》(第 2 卷),第 39、47、56 页。

137　胡风:《为初执笔者的创作谈》,载《胡风全集》(第 2 卷),第 239、240 页。

138　胡风:《现实主义在今天》,载《胡风全集》(第 3 卷),第 38 页。

139　胡风:《从实际出发》,载《胡风全集》(第 6 卷),第 732 页。

140　胡风:《创作上的三个现象和一个问题》,载《胡风全集》(第 6 卷),第 16、17 页。

141　胡风:《关于解放以来的文艺实践情况的报告》,载《胡风全集》(第 6 卷),第 272 页。

142　胡风:《一个要点备忘录》,载《胡风全集》(第 2 卷),第 634、635 页。

143　胡风:《论现实主义的路》,载《胡风全集》(第 3 卷),第 497 页。

144　胡风:《从实际出发》,载《胡风全集》(第 6 卷),第 743、744 页。

145　胡风:《对陶行知二三理解》,载《胡风全集》(第 3 卷),第 371 页。

146　胡风:《以〈狂人日记〉为起点》,载《胡风全集》(第 3 卷),第 425 页。

147　胡风:《简述收获》,载《胡风全集》(第 6 卷),第 650 页。

148　胡风:《答文艺问题上的若干质疑》,载《胡风全集》(第 3 卷),第 207 页。

149　胡风:《〈胡风评论集〉后记》,载《胡风全集》(第 3 卷),第 586、587 页。

150 胡风：《以〈狂人日记〉为起点》，载《胡风全集》（第3卷），第424页。

151 胡风：《〈胡风评论集〉后记》，载《胡风全集》（第3卷），第615页。

152 胡风：《论现实主义的路》，载《胡风全集》（第3卷），第516—518页。

153 同上，第474页。

154 胡风：《文艺工作的发展及其努力方向》，载《胡风全集》（第3卷），第175—184页。

155 具体论述可参见刘宏伟《胡风文艺理论的黑格尔因素》，收入张业松主编《待读惊天动地诗：复旦师生论七月派作家》，合肥：安徽教育出版社，2008年7月。

156 〔韩〕鲁贞银：《创作论》，收入《胡风文学思想及理论研究》，博士学位论文，复旦大学中国语言文学系，2000年。

157 胡风：《为初执笔者的创作谈》，载《胡风全集》（第2卷），第239、247页。

158 胡风：《关于创作发展的二三感想》，载《胡风全集》（第3卷），第15页。

159 胡风：《简述收获》，载《胡风全集》（第6卷），第609页。

160 〔俄〕列夫·托尔斯泰：《关于文学与艺术（摘录）》，胡风译，载《胡风全集》（第8卷），第658页。

161 牛汉：《并没有凋谢——简介二十人诗集〈白色花〉》，载《学诗手记》，北京：生活·读书·新知三联书店，1986年12月，第33页。

162 胡风：《关于"主题积极性"及与之相关的诸问题》，载《胡风全集》（第5卷），第180页。

163 胡风：《为初执笔者的创作谈》，载《胡风全集》（第2卷），第243页。

164 胡风：《今天，我们的中心问题是什么？》，载《胡风全集》（第2卷），第613页。

165 胡风：《关于"诗的形象化"》，载《胡风全集》（第3卷），第90页。

166 王元化：《刘勰的譬喻说与歌德的意蕴说》，载《文心雕龙讲疏》，上海：上海古籍出版社，1992年8月，第156页。

167 胡风：《〈胡风评论集〉后记》，载《胡风全集》（第3卷），第629页。

168 胡风：《置身在为民主的斗争里面》，载《胡风全集》（第3卷），第186—190页。

169 胡风：《为初执笔者的创作谈》，载《胡风全集》（第2卷），第238、239页。

170 胡风：《人生·文艺·文艺批评》，载《胡风全集》（第3卷），第199页。

171 胡风：《为初执笔者的创作谈》，载《胡风全集》（第2卷），第240页。

172 胡风：《文艺工作的发展及其努力方向》，载《胡风全集》（第3卷），第178页。

173 〔韩〕鲁贞银：《胡风文学思想及理论研究》，博士学位论文，复旦大学中国语言文学系，2000 年，第 72 页。

174　胡风：《文学与生活》，载《胡风全集》（第 2 卷），第 319 页。

175　鲁迅：《〈苦闷的象征〉引言》，载《鲁迅全集》（第十卷），第 257 页。

176　胡风：《民族战争与新文艺传统》，载《胡风全集》（第 2 卷），第 643 页。

177　胡风：《关于题材，关于"技巧"，关于接受遗产》，载《胡风全集》（第 3 卷），第 82 页。

178　王戎：《"主观精神"与"政治倾向"》，《新华日报》1946 年 1 月 9 日。王戎的文章受到何其芳《关于现实主义》的批评，后作为附录收入《何其芳选集》。此处引文见何其芳编《何其芳选集》（第二卷），成都：四川人民出版社，1979 年 11 月，第 30、31 页。

179　胡风：《关于乔冠华（乔木）》，载《胡风全集》（第 6 卷），第 503 页。

180　胡风：《论现实主义的路》，载《胡风全集》（第 3 卷），第 512 页。

181　胡风：《半仑村断想》，载《胡风全集》（第 3 卷），第 138 页。

182　胡风：《"形象的思维"观点的提出和发展》，载《胡风全集》（第 7 卷），第 236 页。

183　胡风：《今天，我们的中心问题是什么？》，载《胡风全集》（第 2 卷），第 613 页。

184　胡风：《论现实主义的路》，载《胡风全集》（第 3 卷），第 523 页。

185　胡风：《关于"主题积极性"及与之相关的诸问题》，载《胡风全集》（第 5 卷），第 179 页。

186　胡风：《置身在为民主的斗争里面》，载《胡风全集》（第 3 卷），第 190 页。

187　胡风：《论现实主义的路》，载《胡风全集》（第 3 卷），第 523 页。

188　同上，第 480 页。

189　胡风：《A. S. 普式庚与中国》，载《胡风全集》（第 3 卷），第 397 页。

190　乔木：《文艺创作与主观》，载邵荃麟、冯乃超编《大众文艺丛刊》第二辑，生活书店，1948 年 5 月。

191　胡风：《关于解放以来的文艺实践情况的报告》，载《胡风全集》（第 6 卷），第 312 页；晓风：《我的父亲胡风》，第 16 页；王培元：《冯雪峰、韦君宜在朝内 166 号》，《文汇读书周报》2007 年 1 月 26 日。

192　何其芳：《一个平常的故事》，载《何其芳文集》（第二卷），北京：人民文学出版社，1982 年 10 月。

193　胡风：《关于解放以来的文艺实践情况的报告》，载《胡风全集》（第 6 卷），第

312 页。

194 胡风：《致梅志》（1952 年 10 月 25 日），载晓风选编《胡风家书》，第 331 页；及胡风：《关于解放以来的文艺实践情况的报告》，载《胡风全集》（第 6 卷），第 220 页。

195 路翎：《一起共患难的友人和导师：我与胡风》，载晓风主编《我与胡风》（第 2版：增补本），第 727 页。

196 罗洛：《琐事杂忆：我所认识的胡风》，载晓风主编《我与胡风》（第 2 版：增补本），第 966 页。

197 ［英］以赛亚·伯林：《辉煌十年·别林斯基》，载《俄国思想家》，彭淮栋译，第215 页。

198 ［日］吉川幸次郎：《李商隐》，载《中国诗史》，章培恒、邵毅平、骆玉明等译，上海：复旦大学出版社，2001 年 12 月。

199 胡风：《密云期风习小纪·序》，载《胡风全集》（第 2 卷），第 349 页。

200 胡风：《致梅志》（1952 年 10 月 24 日）、《致晓风》（1952 年 12 月 12 日），分别载晓风选编《胡风家书》，第 329、460 页。

201 胡风：《在混乱里面·序》，载《胡风全集》（第 3 卷），第 4 页。

202 朱健：《胡风这个名字……》，载晓风主编《我与胡风》（第 2 版：增补本），第746 页。

203 胡风：《致王福湘》（1970 年 10 月 25 日），载《胡风全集》（第 9 卷），第 556页；李辉：《胡风集团冤案始末》，北京：人民日报出版社，1989 年 2 月，第 403 页。

204 王丽丽：《在文艺与意识形态之间：胡风研究》第二章第五节。

205 胡风：《致朱企霞》（1931 年 5 月 16 日），载《胡风全集》（第 9 卷），第 686 页。

206 同上，第 696 页。

207 路翎：《一起共患难的友人和导师：我与胡风》，载晓风主编《我与胡风》（第 2版：增补本），第 734 页。

208 胡风：《关于解放以来的文艺实践情况的报告》，载《胡风全集》（第 6 卷），第96、381 页。

209 葛兰西语，转自索飒、［德］海因兹·迪特里齐《知识分子危机与批判精神的复苏 2》，《读书》2002 年第 6 期，第 73 页。

210 胡风：《关于人与诗，关于第二义的诗人》，载《胡风全集》（第 3 卷），第 75、

76 页。

211　路翎:《一起共患难的友人和导师:我与胡风》,载晓风主编《我与胡风》(第2版:增补本),第736页。

212　阿垅:《纤夫》,载绿原、牛汉编《白色花》,北京:人民文学出版社,1981年8月,第15、16—17页。

213　绿原先生也曾有此记述,参见绿原《胡风和我》,载晓风主编《我与胡风》(第2版:增补本),第605页。

214　胡风:《致舒芜》(1944年1月4日),载《胡风全集》(第9卷),第475页。

215　鲁迅:《忆韦素园君》,载《鲁迅全集》(第六卷),第65页。

第六章

"破名者"的特征与文学提供的可能性

"破名者"的特征

在最后一章中，我们首先要总结"破名者"的特征，即章太炎、鲁迅与胡风三人在现代名教批判的实践中表现出的某些共性。需要说明的是，这里并不准备作面面俱到的总结，有些特征在之前几章中已经重点展开，此处从略；这里择其大要，尤其是对构成某种前后呼应的脉络性质的特征，加以提炼、整理。

"以己为终极"、以"自心"应世

根据前面几章的讨论，鲁迅"伪士当去"的命题，与胡风多次申述的"化成自己的血肉"，分别从正、反两方面注意到了"名"与个人存在之间的疏离、脱节。这其实是现代以来科学知识霸权确立过程的反映，亦即以知识、概念等面目出现的"名"的形态被狭隘化、强制化的表现。具体说来，科学知识是"名"的各种形态中最具代表性甚至权威性的元素，我们在第二章中就是通过科学知识世界观的确立来探究"名"的产生（拉丁文中"知识"与"科学"二者在词源上同根）。随着科学知识在"名"的构成形态中日益占据重要位置，人类活动的广阔领域或者被理解为科学知识的殖民地，一切思维活动被科学化，或者其他思维被视作"非科学的"或"前科学的"。"名"被狭隘化、强制化的意思是，它越来越变成一种戒绝主体参与，以强化其科学性与客观性的知识。

但这样的理解未能正视人存在的丰富意义。广义的知识概念是与动词"知"相应的人的存在形态、状态，"即指人这个特定的存在者在与世界交互作用过程中对世界及自身存在的领悟与了解。主体对存在的领会总是表现为主体对相关存在的认可、肯定"[1]。也就是说，任何形态的"名"都无法拒绝主体与"名"之间的认可、信赖。第二章中曾借助克尔凯郭尔的思想，区分客观的、非个人的知识、真理（概念和概念化的知识以及逻辑推演等）与主观真理（哲学的真理），后者需要"个人的存在渗透进去"。但如果我们从存在论的角度广义地理解知识，则上述区分意义并不大，也就是说，在事实性的知识状态中必然伴随着知识者个人存在的特征，即便是最纯粹的科学知识与事实性的真值认定也并不就与知识者不相关。马克斯·舍勒对"爱"与"认识"的相

关研究 ①，迈克尔·波兰尼对科学活动中"个人参与"、科学信念中"寄托"的讨论 ②，哈贝马斯对科学与"兴趣"的分析 ③，都从不同角度佐证了事实性知识中个人存在的参与。卡尔·曼海姆的知识社会学认为："从思维现象学的观点来看，没有必要把知识看成似乎是从实际事件领域侵入到'真理本身'的思想。这样的解释充其量也不过是对例如二乘二等于四这样的思维方式有启发价值。相反，我们的反思旨在说明，如果我们严格坚持由我们在这个世界上所进行的真正的实际思索（这是我们所知道的唯一一种思索，它独立于这种理想领域）所提出的资料，如果我们承认认识现象是有生命的生物的活动，那么，认识问题就变得更容易理解了。换言之，知识社会学把认识活动同它在其存在的及富有含义的性质中所渴求的模式联系起来看待，不把它看作对'永恒'

---

① 在《爱与认识》一文中，舍勒不满于如下一种观念（"流行的以及在我看来极其现代的市民观点"）："只有尽可能克制情感冲动，同时排除对象的价值差异，才能获得对世界的真正认识。"通过对奥古斯丁的解释，舍勒指出："'对某物'感兴趣和'对某某'的爱才是为一切其他行动奠基的最基本、最为首要的行动"，认识的过程仿佛是"'爱'的一种'询问'，世界则以此'回答'询问：世界'吐露'自己"，"不仅对世界内涵（它们以感觉、想象、回忆和概念的形式被认识）的一切主观的把握和选择奠基于爱和意趣的方向，而且被认识的事物在自己的自我敞开中才达到自己完满的存在和价值"。参见［德］舍勒《爱与认识》，林克译，刘小枫校对，载刘小枫选编《舍勒选集》，上海：上海三联书店，1999年1月，第776—802页。

② 波兰尼指出：科学研究是人的创造性活动，反对把科学认知视为人之外的"客观规律的精确观照"，如果排除科学活动中的"个人参与"，排除科学中人的价值、评价性认知和寄托等的可能性，则会造成事实与价值、知识与人的真正存在的分裂。参见［英］迈克尔·波兰尼《个人知识——迈向后批判哲学》，徐泽民译，贵阳：贵州人民出版社，2000年11月。

③ 哈贝马斯批判了以孔德和马赫为代表的实证主义，这种观点试图用现代科学的事实代替认识论，用唯科学论的知识学代替认识评判的反思。哈贝马斯把科学看作是一种建立在人的"兴趣"基础上的知识总和。他强调包括兴趣在内的人的主体性在人的认识过程中的作用，反对人们"把兴趣和爱好视为主观因素，排斥在认识范围之外"。参见［德］哈贝马斯《认识与兴趣》，郭官义、李黎译，上海：学林出版社，1999年1月。

真理的洞见（它产生于对纯理论的、冥想的迫切要求），或者看作对这些真理的某种参与，而是看作一种论述在某种生活条件下由某些有生命的生物支配生活环境的工具。所有以下三个因素：对生活环境进行论述的过程的性质和结构，主体本身的组成（在它的生物学以及历史－社会方面的），以及生活状况的独特性，尤其是思维者的地位和观点，所有这一切都影响思想的结果……"[2]

　　承认广义知识的合法性并不意味着消解狭义的知识（即科学知识）的特性。科学知识的特性就在于它自觉悬置主观存在，尽量采用形式化工具（数学化是其典型）以确保知识的确定性与普遍性。增加存在论角度对知识的理解只是为了摆脱对知识的狭隘化处理，针对性也在于科学知识日益膨胀的霸权。而且本书主要涉及的"名"并非是"二乘二等于四"之类的知识操作，而大抵是需要"全部生命力、丰富性、具体性、原生性"投入的，力求"和我们的生命本身合为一体"的学说、主张、思想。此外，现代名教有两种具体表现：一种是"名"脱离了实际，甚或扭曲、侵吞了实际，蜕变为一个空幻的符号世界；另一种是有着充分合理性的概念、主张，如果在个体身上欠缺坚实的生发基础或接受立场，同样容易助长名教。上述二者似乎有着某种不对等：第一种界定成立的前提是承认存在一个客观的世界，"名"的有效性在于它符合这一客观世界的实际；第二种界定则立基于存在论角度，希望由个人存在（包括个人主观的情感、意志等）所渗透的"破名"过程来抵御名教产生。但其实二者可以统一到立"名"为教的维度上沟通，所谓立"名"为教，就是人完全被"名"所主宰，而不顾及"名"可能对世界的实际、具体的遮蔽与割裂，也不顾及虚悬在个人存在之外的"名"（当然，这样的"名"并不是指"二乘二等于四"之类"一旦我知道，就知道了，不需要继续努力"的"名"，而是在知道之后，必须"继续努力，把它变成我自己的""名"，它包含个人承诺，关乎生命实践，力求在日常生活中加以深化、持存。这也是"破名"的前提与意义所在），这"名"往往是"一笔死的资本"，"不生产的资本"。蒙田给过如下一番提醒："我们承传了他人的看法与学问，仅此而已。必须把这些看法与学问化为自己的。……肚子里塞满了肉而不把它消化，不转化为自身的养料，不健壮体格，这对我们有什么用呢？"[3]"破名"的旨求正在于"转化为自身的养料"。总之，身陷名词、概念的空言与独断所构筑的名教世界，往往会造成对人自由、丰富的精神世界的压制、侵蚀。

中国传统哲学中"知"的范畴与西方近现代以来的科学知识概念的意涵并不等同。根据贡华南先生的研究[4]，在中国古典传统中，"知"往往意味着其与人的具体存在展开过程的一致。《诗·芃兰》首章有"能不我知"句，此处的"知"是指一种正当的交往态度与交往方式。以交接、交往来训"知"，在先秦典籍中相当普遍：《庄子·庚桑楚》说"知者，接也"；《墨辩·经上》有"知，接也"之说；而《吕氏春秋》则有《知接》篇。对于"知接"的解释，近现代特别自胡适以来，一直将其训解为"感觉"或"感性认识"，这恐怕仍然是以西方认识论中的感性认识来比附"知接"活动，而不是对"知接"过程真正体贴的理解。"知接"是人存在的展开过程，即与物交互作用（"以知过物"）的过程，它所获得的并不仅仅是对象的外在特征。王夫之有一段话论述与物交接的过程，至为精彩："与万物交，而尽兴以立人道之常。色、声、味授我也以道，吾之受之也以性。吾授色、声、味也以性，色、声、味之受我也各以其道。"[5]与物交接的过程是"性"与"道"相互交融、作用的过程，由此可以掌握物之运动变化及生灭状况，其所揭示的并非偶然性特征。诚然，人的各种感官参与了与物交接的过程，但不能因此就说感官之所得即为感觉或感性认识，就是比"本质"低一级别的"现象"。事实上，本质（思维、理性）与现象（感官、感觉、感性认识）的划分是西方近现代以来的一个历史的划分。我们在第三章中曾经通过对胡风一封家书的释读，来揭示他的一个意味深长的想法：无限压缩"感觉"与"思想"的区隔，"感觉和思想分为二事的说法，只有在极限定的意义上才可以用"，"二者为一物的两面"。这其实就承袭自中国传统思想，感官首先具有生存论的意义，在认识过程中并非居于次级，而且，感官最大限度地关联着具体事物、日常生活和生活世界，也就是说，主体直接置身于存在，而不是被关于存在的种种整合、编排淹没。这里面就可以导出反抗名教的因子。与此相关联的一个问题是，"常识"在思想史以及普通人的意识中往往与人的感性存在相联系，因而被视为低价值的知识，肤浅、不确切、无条理。但常识的根据扎根于日常生活世界，常识与日常实在、具体事物等结合在一起，紧密关联着不同于梦幻世界与符号世界的基本人情物理。这里同样潜含着反抗现代名教的因子。所以在"豪语"的遮天蔽日中，鲁迅每每主张宣传"常识"：与其陷落于身外的"豪语"，不如固守基本常识与个人诚实的感觉。而周作人也有感慨："读书人捧牢书本，只知道说那一套正宗的空话，对于眼前的人情物理全不了解，误了多少大事……"[6]此外，根据上述对知接过程的考察，"知"并不仅是主体的意识状态或意识内容，它根本上是人与物的交接关系、交接活动，甚至达到难分彼此的交融，而这就是人生命本身的展开。由此我们也想到胡风的"主客体化合论"，强调主客体"融然无间"的"拥合"，指出要达到"真正的艺术上的认识境界"，是只有当认识主体"用整个的精神活动和对象物发生交涉"之时。而胡风在《置身在为民主的斗争里面》那段著名的"自我扩张""自我斗争"的论断，几乎就是在艺术论范畴内对上引王夫之关于与物交接过程描述的现代再写，其中的理路高度神合。

我们知道，语言符号是人类文化最主要的标志与教化的目标，所以卡西尔将人定义为"符号的动物"[7]。语言符号通过对"知"的过程、状态的模仿而使人类的认识活动固定化、形式化，并因此获得自身发展的独立性、自主性。语言符号贯穿人类认识活动的始终，并充当工具。然而，语言符号的形式性与独立性也造成了另一种可能，即与上述知接活动的疏远、分离，比如我们今天所说的"学习"（甚至教育、文化等概念），往往就只是指通过语言符号的习得而掌握知接的成果（由"名"所负载），个体无需介入与万物交接的活动。这自然带来了便利，但同时潜藏着危险。用海德格尔的话说，就是"知识"对"知"的替代，在发展中遗忘了源头，遗忘了对本真存在的把握："所谓知就是：能立于真理中，真理是在者的坦露。因此，知就是能立于在者的坦露中，坚持在者的坦露。单纯有知识，即使这种知识很广博，也不是知。"[8]我们在第四章中讨论的"耳学""眼学"之辨，即为语言符号双重性的裂隙显现之一。过度迷信符号世界而忽视切身体验，趋于极端，就容易陷落到名教之中，而同时名教又特别容易剥夺人的切身经验，将之从生活世界中抽离出来。所以，鲁迅自陈他的杂文不过就是"说说较为切己的私事"。

以上这番概述是要见出：以知识为典型形态的"名"不能与人的存在分离。本书讨论的"破名者"，都顺延这一方向思考而大力张扬"主观"与"内面"；"破名"过程绝非冰冷的、"客观"的操作，相反需要投入强烈的情感与意志。

我们在第二章中曾以叔本华、克尔凯郭尔、尼采等人的思想来讨论反抗名教的切实针对性，这批现代哲学先驱的共同点在于，把个人面临复杂世界时的感情、情绪、体验置于思维的出发点和中心，试图从主观方面找到人类创造性活动和真正存在的基础，并由此寻觅环绕自身的世界和意义。而鲁迅对上述哲学家的接受，恰恰以十九世纪末二十世纪初欧洲思想由"外"向"内"的转换为背景，敏锐地抓住这一转换（前文述及，二十世纪初，鲁迅正是在"主观真理"的向度上把握了克尔凯郭尔哲学的精义），以为"思潮为之更张，骛外者渐转而趣内"。他这样介绍"主观主义"的兴起：

> 递夫十九世纪后叶，而其弊果益昭，诸凡事物，无不质化，灵明日以亏蚀，旨趣流于平庸，人惟客观之物质世界是趋，而主观之内面精神，乃舍置不之一省。重其外，放其内，取其质，遗其神，林林众生，物欲来蔽，社会憔悴，进步以停，于是一切诈伪罪恶，蔑弗乘之而萌，使性灵之光，愈益就于黯淡：十九世纪文明一面之通弊，盖如此矣。时乃有新神思宗徒出，或崇奉主观，或张皇意力，……主观主义者，其趣凡二：一谓惟以主观为准则，用律诸物；一谓视主观之心灵界，当较客观之物质界为尤尊。……以是之故，则思虑动作，咸离外物，独往来于自心之天地，确信在是，满足亦在是，谓之渐自省具内曜之成果可也。[12]

根据鲁迅的理解，"主观主义"有两层含义：第一，在主体与客体的关系中，以主体的"意力"（情感和意志因素）作为准则，从而把个人的主观世界作为面对现实世界及现存秩序时的至高标准，即"思虑动作，咸离外物，独往来于自心之天地，确信在是，满足亦在是"；第二，在精神与物质的关系中，以精神作为本体，作为人真正的自由本性与"人类生活之极颠"。相反，物质文明无法成为人类生活的终极，因为"客观之物质世界"是人类创造力的产物，而创造力的根源则是"主观之内面精神"。很明显，这里的关键词是个人和个人的主观性。他的很多言论立基于此。"有时也想：报复，谁来裁判，怎能公平呢？便又立刻自答：自己裁判，自己执行；既没有上帝来主持，人便不妨以目偿头，也不妨以头偿目。"[10] 抉择生命价值的权利完全交托在自我主体手中，在无所凭依（"既没有上帝来主持"）中，人完全可以，也只能以自己为凭依去创造生命的意义。

值得深思的是，这里将最终的决断权、裁判权从一切人言鼎沸中收归自我，是否助养着抵制名教的质素。上引《文化偏至论》中的那句"思虑动作，咸离外物，独往来于自心之天地，确信在是，满足亦在是"，写于1907年（前一年章太炎发表《建立宗教论》，其中说："凡取一事一物，而断其合法与否，此亦惟在自心，非外界所能证也。……与其归敬于外界，不若归敬于自心。"[11]鲁迅致思与此一致），正是鲁迅对形形色色的"伪士"所发之滔天"恶声"的应对。在1919年、1926年，鲁迅又再次重申了同样的态度："凡有所说所写，只是就平日见闻的事理里面，取了一点心以为然的道理；至于终极究竟的事，却不能知。""我早有点知道：我是大概以自己为主的。所谈的道理是'我以为'的道理，所记的情状是我所见的情状。"[12] 我们在第一章中介绍过，荀子将"缘天官"作为制定"名"的基础、依据，最早将人对"名"的理解、应对、处置与个体的直观、感觉联系在一起。鲁迅的"心以为然"不妨视作上述思想的接续。在一个秩序轰塌的年代，本来可以依恃的标准分崩离析，各种各样的"名号"、说教漫天飞扬，这个时候，我们是不是可以回到感官的感觉与内心的知觉。而在一个大一统时代，权力意志往往将"名"与权力所指定的"实在"强行胶合，而这一"实在"与我们亲眼所见、亲身所历的"实在"可能会发生抵触。这样的遭遇我们并不陌生，这个时候，是保留独立思考与质疑，还是信从权力意志出于"正名"需要的种种自我辩护（比如，也许你看到、听到、摸到了一些现象，但它们是偶然、个别、"一个指头"，而认识应该依据本质、必然、整体、"九个指头"……）？

身当一个名教笼罩的时代而以"自心"应世，秉持虚灵流动而非僵化定型的"心里的尺"来应对、验证身外的律令与规范，对于这样一种姿态的意义，郜元宝先生评论道："现代中国是一个'扰攘之世'，……在向外寻找新秩序的时候，个人内心的是非好恶往往被看得很轻，而绝对真理、历史必然性之类外在的标准则被看得很重；人们并且进一步用后者来规范前者，要求前者，解释前者，直至取消前者。……文学家鲁迅正是在这种情势下螳臂当车，'争天抗俗'，用'心'取代'理'，用'心以为然'的标准抗衡'真理'或'终极究竟的事'。在他看来，越是'扰攘之世'就越应当尊重个人内心的声音，评判问题的标准只能从个人内心寻求，并不存在和个人'心以为然'的标准漠不相干的'真理'或'终极究竟的事'。……他的'心以为然'的心好像一种过滤器，一切都必须通过这个过滤器的检验，才能证明它们的合法性。"[13] 相反，倘若总是被一种外在于个体生命的言论、主张、思潮（"名"）所占据、拘囿、规范，我们在第四章中曾论及，这种"心夺于人，信不繇己"最易促成"伪士"与名教。与其在名教风行中实际上却人人无所信甚或"借名""盗名"以行私利己，还不如让每一个个体都高扬独立抉择的高贵头颅，担负起为自我生命创造生存依据的庄严使命，庶几才能有希望抑制名教与"伪士"对他人的欺骗与奴役。

以鲁迅"以己为终极"，"自心"应世为中枢的这条线索，上承太炎，下启胡风。章太炎的学术精义与革命方略，无不落实在"依自不依他"的"自心""自性"上，显然这直接给予了鲁迅深刻的启发。胡风用"心"与"力"的结合来承继鲁迅的"主见""大精神"，倡扬高昂的主观战斗精神。这样一条线索，给予了现代名教最持续的抵抗。①

在本节最后还要交待一个问题：上面整理的这条张扬个人与"主

---

① 这样一条"以己为终极"、以"自心"应世的线索，在中国传统思想脉络中有着伏笔。先秦思想中的"道"，与西方的逻各斯迥异，它并非远离现世现象的"另一个世界"，并非二分意义上的本质、本体。尤其在道家思想中，"道"不受制于它物的驱动，而是"道法自然"，"可传而不可受，可得而不可见；自本自根"（《庄子·大宗师》），"独与天地精神往来"（《庄子·天下》）。进而，在道与人之间并无不可逾越的鸿沟，王乾坤先生总结道，老子没有离开人而把道终极实体化、它物化："故道大，天大，地大，王亦大。域中有四大，而人居其一焉。人法地，地法天，天法道，道法自然。"（《老子》第二十五章）他也没有离开实践而论道，也不认可有一个独立的道的本体。（参见王乾坤《鲁迅的生命哲学》，第 62 页）也就是说，道不是远离人的形上实体，"道不远人"。接下来我们看到心学，"盖天地万物与人原是一体"［王阳明：《传习录》（下）］，青年鲁迅就是在传统心学的语境中翻译、接受西方"神思新宗"。到了近代，"心""心力""自心"更是成为流行颇广的概念，其中龚自珍有力倡之功，他往往强调"心力"的意志力量、驱动力，同天命相对，世界的最终动力是意志，"虽天地之久定位，亦心审而后许其然。苟心察而弗许，我安能颔彼久定之云"（龚自珍：《定庵八篇·文体篇》）。"心审而后许其然"的表述，与鲁迅"心以为然"之说几乎没有区别。

　　中国文化中的"道法自然"意谓道的自足性，它无需外部的原因和根据，自足之道与人是合一的。西方的形而上学在存在和存在者之间划了一条二元鸿沟，人的一切实践与努力在于追求身外永恒不变的实在，逻各斯与人之间存在着紧张的对立。西方思想史上，海德格尔比较早注意到真理的展开与作为具体个人的展开的一致性。"此在由展开状态加以规定，从而，此在本质上是在真理中。展开状态是此在的一种本质的存在方式。唯当此在存在，才'有'真理。"〔参见［德］海德格尔《存在与时间》（修订译本），陈嘉映、王庆节译，第 260 页〕这样一种真理观，与传统的真理符合论有重要区别。符合论预设了主客体分离的状态，即一个客观的现实状态和一个主观的思想或判断的分立，真理意味着一个人类主体来判断一个客体的正确陈述。但海德格尔否弃了这种预设，他要强调的是真理的观之内面精神"的思想脉络，似乎和我们通常意义上的生命哲学、唯意志论思潮有着莫大关联。其实也不足怪，鲁迅揭举的"张皇意力"的"新神思宗"，本就是指唯意志论。与严复对进化论的理解不同，鲁迅拒绝被动顺应环境，而是从近乎宿命论的桎梏中释放出能动、主体的人，由这样的人去搏击"自然的必然"，这才是进化的道路。章太炎批判"以论理代实在"，反抗的就是将规律性、必然性及逻辑公式的作用绝对化而泥足于命定论中。他还指出："凡取一事一物，而断其合法与否，此亦惟在自心，非外界所能证也。……合法者，对不合法而言耳。有生之物，以有自由，而举止率多逾法；彼无生者，既无自由，则不得不由他物相牵而动。万物相支，互为推荡之，合法亦奚足羡？……云何合法？心之合法。与其归敬于外界，不若归敬于自心。"此处对"自心"的标举、对"举止率多逾法"的辩护，全然是为了反抗僵化的目的论、命定论对人自由的扼杀。胡风在文论中也每每责难用观念的合理性来

存在只有当此在在世存在的基础上才有可能，而人和思想从根子上与世界不可分："世界不是数得清或数不清的、熟悉或不熟悉的现成事物的单纯聚集。但世界也不是一个仅只想象出来加到万物总和上的观念框架。世界成其世界，它比我们自以为十分亲近的那些可把捉可感知的东西存在得更加真切。世界从不是立在我们面前供我们直观的对象。"〔参见［德］海德格尔《艺术作品的本源》，转引自陈嘉映《海德格尔哲学概论》，北京：生活·读书·新知三联书店，2005年1月，第61页〕总之，这里没有传统的符合论，人从来没有脱离过世界。"唯当此在存在，才'有'真理"也并非唯我论，因为此在本身与世界相互构成，人与世界在根本上有着一种先于任何实证的牵挂与关联。这也并非意味着真理是"主观的"，"任主体之意的"，揭示活动是"把揭示着的此在带到存在者本身前面来"。海德格尔接下去说："'真理的普遍有效性'也仅仅植根于此在能够揭示和开放自在的存在者。……从存在者层次上来说，真理只可能在'主体'中，并随着'主体'的存在一道浮沉。"〔参见［德］海德格尔《存在与时间》（修订译本），陈嘉映、王庆节合译，第261页〕在海德格尔看来，真理的展开，尤其是作为具体的个人的展开，也许比真理的定性更为重要。这与鲁迅当秩序重建的年代，以"心以为然"的"确信"来估量"终极究竟的事"，大概也有着某种会通吧。

解释现实存在的概念化倾向（第五章中已对胡风与生命哲学的渊源关系略作探究）。至于他对主体性的张扬，更是为了警醒世人不要被法则、物质世界所压抑而溃散了精神力量，满足于一个被名教所垄断的客观现实而陷入静止状态。"破名者"高扬唯意志论的针对性在于，第一，这里的唯意志论有着鲜明的中国色彩，"破名者"往往并不如尼采那样，将意志视为不能遏止而又必须否定、放弃的使世界归于"虚无"的盲目力量，相反，主观意志是使生命创进不已和民族自强不息的动力。第二，反抗僵化的目的论，并非是说人类应当不要目的，关键在于反对用外在的目的或必然性去取消人的自由（第二章中就是以"新神思宗"诸位代表人物来讨论名教的危害性与"破名"的切实针对性，也就是说，防止概念、知识等的"逾度""偏趋"，而从外部、从高处对人进行占有，甚至将人虏为奴隶）。这样的自由如果被剥夺，人就会安于外在目的与必然性所构造的终极状态中，用胡风的话说，这个时候最容易发生对名教的"廉价"因循，而"伴着肉体的痛楚的精神扩展的过程"与搏斗过程却完全被忽略、抛却了。第三，"破名者"并非放弃历史必然性，而是反对抽象地图解历史必然性。这在胡风那里体现得最明显，用他的话说，即"客观的必然"须经由"人的努力"来实现："人的力量是历史发展的一要素，客观的必然是通过人的努力而实现的。现实包含着客观的必然，对于这必然有了正确的把握，对于未来就能有正确的透视。这种透视是建立在'现实'基础上的'可能'，把这'可能性'转变为'现实'，就依靠人的努力。……只看到所谓客观的必然，轻视或忽视人的努力这一重要的要素，那还是机械的看法，不能正确地把握到活生生的有血有肉的'现实'的。"[14]因为社会历史必然性应该体现于人们的主动的社会活动中，是人以社会历史的主体身份在实践中获得认识，而不是满足于"最省事"的把戏、贪图便宜的概念游戏。因此必须高扬主观战斗精神，在与客观世界的矛盾关系中冲撞、奋斗与求索，这一过程也必然映照出"破名者"挣扎的身影①。

---

① 此处似乎还有一个问题："依自不依他"的思想、态度不免有"唯心"之嫌，而破名求实建基于无征不信的"唯物"精神，如何理解上述二者在"破名者"身上的并置？我想，贴标签式的讨论方法早被证明是不科学的，同时也没有必要在思想资源之间划定僵硬的界限，所以不妨将其视作探索过程中完善认识的方法。前文已述，"依自不依他"和"无征不信，综核名实"都为抵抗现代名教提供了可贵滋养。因为这一问题在章太炎身上表现得最为突出，此处就以其为例略作解说。首先，必须承认对象本身思想背景的博杂：以"自心"作为"破名"的资源，缘由已如上文所述，大抵来讲，与其裹足于"伪士"们用种种流行意识形态所炮制的迷梦，不如相信个人鲜活、切身的经验是穿透名教对生活世界组织、编排的有力武器，这本是依借唯物的途径，太炎批判"四惑"而主"期验"，复以"亲证"破"空言"，都可在这一理路中得到显明；但是，太炎自谓"自贵其心"来自王学"心外无物"与佛理"万法唯识"的汇合（《答铁铮》），这一背景又有着鲜明的唯心色彩。诚如第三章所言，章太炎的认识论本就取径繁复。其次，我们必须探究思想者立论的背景与针对性，不妨以，应该在现实、历史的缠绕中解读思想的呼应与歧异。章太炎对心学多有借鉴（"自尊无畏"，"知行合一"，"敢直其身，敢行其意"），但从《訄书》到《检论》，又对王阳明一再予以批评，据朱维铮先生考证，这批评的动因，其实是含沙射影与康、梁驳战。比如，"王阳明不满于朱熹的烦琐哲学，企图把全部哲学所研究的对象，包罗在一两道极简单的命题之内。这也正是康有为哲学思想的一大特点。……章太炎认为，讲陆王心学的人，还把事情弄得更糟，他们守定一个归宿，随心所欲地把复杂的观念割裂、砍削和并省，结果简化没有实现，反而使得先入之见到处泛滥"，章太炎"指出陆王心学不顾客观存在的思想多样化局面，他反对将唯我论的某个公式强加给精神世界"。（参见朱维铮《章太炎与王阳明》，载《求索真文明——晚清学术史论》，上海：上海古籍出版社，1996 年12 月，第 311 页）章太炎这里的否定对象，那种"守定一个归宿"而解决所有问题的"思维经济原则"，正暗合于本书多有揭示的名教运作机制中"特殊形态的逻辑"（"信仰名的万能"、"符咒"气味）。章太炎思想的演变、间有裂隙，历史学家多有疏证（参见朱维铮《章太炎与王阳明》和孙万国《也谈章太炎与王阳明》），本书用力所在，是探究思想（即便是在看似对立的思想资源之间）与践行同现代名教的关联。由上可知，在章太炎对阳明心学的依违中，皆可导出抵拒名教的思想资源。这是应该细加辨析而非简单"贴标签"了事的。

"立意在反抗"

"破名者"，"以己为终极"，以"自心"应世，往往意味着对外界权威与秩序的反抗。也就是说，这里存在着一种强烈的否定性。日本学者河田悌一称章太炎为"否定的思想家"[15]，萧公权在章氏歧异丛出的思想图景中寻绎"其一贯之旨"，最后归结为"抗议"[16]二字。鲁迅青年时期即心仪"立意在反抗"的"摩罗诗人"，一生行事，往往在盛行中庸的氛围中坚持"异己"意识与"偏要"①的选择。胡风每每给人生性好斗的面目，在一些根本问题上坚持己见、九死不悔，甚至被革命文艺运动中的主流派诋为"反革命"。在反抗名教的论域之内，我们可以把否定性理解为：对"廉价的信仰"的拒绝，对未经挣扎而接受理论原则、思想观念的质疑。这里更为深刻的是，"破名者"似乎都不满足于某种形而上的终极。章太炎揭穿过"终局目的，必达于尽美醇善之区"[17]的进化骗局，鲁迅自觉疏离"普遍、永久、完全"的种种幻梦，胡风严厉驳斥用来自"彼岸"的"客观的必然"来对"此时此地的生活"发号施令。以下以鲁迅为例，对这一否定性思维略加解说。

第一章述及现代名教的危害在于，对抽象名词的迷信中往往潜藏着祈求一次性解决具体问题的心理机制，一挂招牌就算成功，由此演变为对于"绝对真理"与终极教条的迷信，同时拒绝艰苦卓绝的继续奋斗，拒绝向实践开放，最终变作封闭的信仰体系。身陷这一迷信中的个

---

① 鲁迅一再声称："还有一种小缘故，先前也曾屡次声明，就是偏要使所谓正人君子也者之流多不舒服几天，……"［参见鲁迅《写在〈坟〉后面》，载《鲁迅全集》（第一卷），第300页］"你要那样，我偏要这样是有的；偏不遵命，偏不磕头是有的；偏要在庄严高尚的假面上拨它一拨也是有的，此外却毫无什么大举。"［参见鲁迅《〈华盖集续编〉小引》，载《鲁迅全集》（第三卷），第195页］

人存在，往往容易被从其置身的世界中，从与他周遭事物的交互关系中抽离出来，个人的日常感觉，尤其是对世界的复杂认识钝化。所以，现代名教所产生的这种类似神学般的信仰——对抽象的符号与理论原则的信仰，以及试图用这一符号和原则来整体性地、一次性地涵盖和解决问题的信仰——往往同"止于至善"、安于"普遍、永久、完全"的幻梦紧密相联。

鲁迅可以说是竭力粉碎着人们头脑中一切有关凝固、"止于至善"的主观幻想："人生，宇宙的最后究竟怎样呢，现在还没有人能够答复"[18]，"凡论文艺，虚悬了一个'极境'，是要陷入'绝境'的"[19]，"所谓'革命成功'，是指暂时的事而言；其实是'革命尚未成功'的。革命无止境，倘使世上真有什么'止于至善'，这人间世便同时变了凝固的东西了"[20]。在鲁迅笔下，"普遍、永久、完全"的形上终极被表述为："好梦""成仙""天国""正信""允执厥中""止于至善""心造的幻影""理想家的黄金世界"，以及"毫无流弊"的"公平，正当，稳健，圆满，平和"等。相应的，消解形上终极的"中间物"被表述为："有限""缺陷""偏至""环子""桥梁中的一木一石"，以及"进化的长索子上的一个环"等。

鲁迅这一否定性工作的意义在于：首先，反对以不偏不倚的"圆满""永久"之道来规范活生生的人，让人无所动弹，要求把人的独立性解放出来。其次，反对形上终极的权威框范生生不息的现实世界。再次，在鲁迅的批判工作中，为一般人所企求的终极答案总是无限地延宕而力倡"永远革命"，此即"中间物"的意识，"'中间物'在阶段性寻求中固然会不断得出与具体事务相关的确定性结论，一旦超出具体阶段，就必须重新进入不断延宕终极结论的寻求"，"从具体的生活问题出发的思想，要不断回到无边无际的生活本身"。[21] 反对任何一次性的解决方案而如同"过客"一般执着于行走，"生命的路"就是"从没路的地方践踏出来的，从只有荆棘的地方开辟出来的"[22]，由此来对抗凝固僵化、因循保守的怠懒性格与一劳永逸、"止于至善"的浅薄空想。不难发现，这里否定性思维的根柢，与"破名"的旨求之一其实是一致的——反对名教依托"神力"而生的宰割力量，无论是对实在世界、"活的现在"，还是人的精神自由与社会实践。

与"立意在反抗"的"否定性"相关，"破名者"身上又似乎天然具有某种悖论性，这一点已为众多识者所揭橥。章太炎在高唱民主、进化的时代中赞同立宪，揭露"进化之恶"（参见《四惑论》）。鲁迅是"五四"时代的"启蒙之父"，但同时对启蒙抱有最深刻的怀疑。对于胡风而言，一方面，左翼文化运动功利的文学观影响着他，迫在眉睫的民族解放战争又为文学规定了具体目标，胡风完全理解现实斗争的需要，自觉要求文学的触角"伸进人类解放的真理的中心"[23]；另一方面，胡风凭着诗人敏锐的艺术直觉和献身艺术的忠诚，探究到创作的独特规律，尤其对创作主体与艺术本体的关联有着精微的理解；这样，他肯定文学同政治的联系又断然拒绝文学为政治的奴役，自觉追随历史前进的潮流又一再反对向作家要求"先验的世界观"。

但是，"破名者"在"疑"的背后有着真正的"信"，在左冲右突的身姿中饱含深沉的苦心与坚守。掩盖"破名者"的否定性与悖论性，显然无法触及他们的复杂与深刻；但"破名者"与排击、亵渎一切价值的"做戏的虚无党"又判若云泥。下面对"破名者"与虚无主义的疏解，会更清楚地让我们理解这一点。

穿越虚无

价值论意义上的"虚无"是指人的生活没有了真实的价值、意义依托。这样一种真空状态容易导致消极的虚无主义者，就是鲁迅所贬斥的"做戏的虚无党"：

> 中国人先前听到俄国的"虚无党"三个字，便吓得屁滚尿流，不下于现在之所谓"赤化"。其实是何尝有这么一个"党"；只是"虚无主义者"或"虚无思想者"却是有的，是都介涅夫（I. Turgeniev）给创立出来的名目，指不信神，不信宗教，否定一切传统和权威，要复归那出于自由意志的生活的人物而言。但是，这样的人物，从中国人看来也就已经可恶了。然而看看中国的一些人，至少是上等人，他们的对于神，宗教，传统的权威，是"信"和"从"呢，还是"怕"和"利用"？只要看他们的善于变化，毫无特操，是什么也不信从的，但总要摆出和内心两样的架子来。要寻虚无党，在中国实在很不少；和俄国的不同的处所，只在他们这么想，便这么说，这么做，我们的却虽然这么想，却是那么说，在后台这么做，到前台又那么做……。将这种特别人物，另称为"做戏的虚无党"或"体面的虚无党"以示区别罢，虽然这个形容词和下面的名词万万联不起来。[24]

鲁迅说"虚无主义者"是屠格涅夫"创立出来的名目"（并因此成为俄国以及世界现代思想史上的专有名词），即指《父与子》中的巴札罗夫，这是"一个不服从任何权威的人，他不跟着旁人信仰任何原则，不管这个原则是怎样认为神圣不可侵犯的"[25]。俄国的"虚无主义者"，"不跟着旁人信仰任何原则"，而中国"做戏的虚无党"，"善于变化，毫无特操"；俄国的"虚无主义者"通过"否定"来"复归那出于自由意志的生活"，导出真正精神性的生命价值坚守与意义创造，"他们这么想，便这么说，这么做"，而"做戏的虚无党"，"虽然这么想，却是那么说，在后台这么做，到前台又那么做"，是"利用""名"来谋取私利。可见，消极的虚无主义者与"做戏的虚无党"、伪士差不多就是同一种人，他们根本不会在意"名"的真实与否或"名"所负载的价值意义的有无，名教卫道士往往是根子上虚无的"伪道士"——或"心夺于人"而随波逐流，或唯利是图而不讲任何原则，或任性而为没有丝毫信守，或自以为看破了"名"的相对性转而堕入及时行乐的醉生梦死之中。名教风行实际上助长了对待"名"的虚无主义态度，在以名掩实、"借名"、"盗名"等游戏中，人们"什么也不信从"，只是"怕"和"利用"，一切"名"都变成相对的，似乎都是偏见，"上帝死了"，任何"名"都是允许的。

但"破名者"恰挺立在此种风潮的反面。章太炎的学说中有浓重的虚无主义色彩，但诚如萧公权所谓，"五无之论"背后深藏"一片冰心"，这是思想者在介入时代时的挣扎身姿，这里有着他素所执着的关怀。鲁迅往往在杂文中"反对一种虚无主义的一般倾向"[26]，警觉否定一切而再无坚守的"虚无哲学家"[27]，至于竖起大旗而实则"什么也不信从"的"做戏的虚无党"则更让他切齿痛恨。胡风终身与"航空战士"们苦斗，但与其说他要拆解、反对后者所标举的那些往往是合理而科学的概念（很多人，尤其是胡风的理论对手们大多是这样认为的），毋宁说胡风是在一个更严苛的标准上接受、认同它们。

鲁迅所谓"复归那出于自由意志的生活的人物",即接下来要探讨的积极意义上的虚无主义者,我们最终会发现,他们与"破名者"有很大程度上的共性。"破名者"与积极意义上的虚无境遇之间的关系,可以通过两个维度来把握:

第一,否定价值假象而重建生命意义。"虚无"在积极意义上,可以指向一种正面质疑、主动否定现有环境秩序及其价值信条的状态,不愿置身于自己所不愿停留的"天堂"与"黄金世界"中,而宁求虚无,以便实施自我生命的自由创造。海德格尔指出尼采的强力意志是"求虚无"的意志[28],尼采自陈积极的虚无主义是"精神权力提高的象征"[29]。"'上帝死去'之后,人反而获得了拯救'上帝'意义的真正自由;只有在人重生的那一刻,上帝才同时拥有了复活的可能性。"[30]用鲁迅的话讲,"无破坏即无新建设"[31],也就是说,人经由虚无化而带来的自由境遇,正是人走向真正生命意义自由创造之途的必备前提。这一意义上的虚无化在"破名者"那里都有体现,最显在的,章太炎、鲁迅都不曾轻易坠入当时甚嚣尘上甚至裹胁着几乎不容辩驳的权威的流行意识形态的罗网,与"四惑"战,与"恶声"战,但正如先前几章所分析的,这绝不是简单的推翻、踏倒。当一切外在于自我的"名"及其价值原则都被否定后,主体只有依靠强旺的生命自由意志(这一自由意志也是章、鲁、胡三人都具备的显著特征)来对抗虚无,创造意义,当然这必须付出巨大甚至艰险的精神代价承担。但这又是超越虚无之境的"真的人"必经的历程:通过与僵死名教的抗战,把人从虚伪、腐朽的价值体系中解放出来,由此才能自由自觉地创造真正的意义与价值。

"无物之阵"集中呈现了现代名教与虚无世界的粘连以及"破名

者"穿越虚无的搏击之途：

> 他走进无物之阵，所遇见的都对他一式点头。他知道这点头就是敌人的武器，是杀人不见血的武器，许多战士都在此灭亡，正如炮弹一般，使猛士无所用其力。
>
> 那些头上有各种旗帜，绣出各样好名称：慈善家，学者，文士，长者，青年，雅人，君子……。头下有各样外套，绣出各式好花样：学问，道德，国粹，民意，逻辑，公义，东方文明……。
>
> 但他举起了投枪。[32]

到了二十世纪四十年代，"无物之阵"被胡风表述为"叫不出名目的墙"：

> 如果前面是河，我可以泅过去，如果前面是荆棘，我可以带血地踩过去，但却好像都不是，而是高不可越的一圈石墙——不，是似气体又似固体，似一无所有又似花纹繁复的一圈叫不出名目的墙。而且最使我痛苦的是，好像我一向就是被圈在这里，无论是坦途或小径，我就根本没有举起过我的步子，而这样一想，又糟了，觉得我的一点力气完完全全地脱腔逃掉了！
>
> ……近几天我又略略感到了平静。只要不是回到类似麻木的状态里面，只要不是由于自己欺骗自己的某种"乐观"心境……
>
> ……我知道，时间在生命的呼吸里面前进……[33]

现代名教编造出一派"花纹繁复"的美丽景象,"头上有各种旗帜,绣出各样好名称","头下有各样外套,绣出各式好花样"。但"名"的膨胀、过剩,实则导致了"名"的耗尽、异化,名教把原先的"实名""真名"蛀成了"空名""假名",本质上呈现为一种只有美丽名号而无实际意义的境况,"只有一件外套,其中无物",看似"花纹繁复"其实"一无所有"。

这是一种宁愿在虚假的价值表象与虚假的意义圆满中逃避真正价值诉求与意义创造的状态,无所谓"好名称""好花样"背后的虚无、空洞,更不会努力去达成"名"的落实与价值、意义的实现。在由"各种旗帜,各样好名称"布下的"无物之阵"中,"好故事"的沉迷者们陷落在现代名教编织的美丽谎言、"麻木"或"自己欺骗自己的某种'乐观'心境"中,而真正的战士"举起了投枪","时间在生命的呼吸里面前进"……

不满足于美丽谎言的欺骗而要求"睁了眼前",对自我的真实境遇以及生存世界的真相有所自觉而不自欺;同时,又区别于打倒一切而无所信从的"虚无哲学家"与"奴才式的破坏",而力图照出内心"理想的光",进行"革新的破坏"。也就是说,在否定的基础上重建——正是这一点构成了积极的虚无主义者与"破名者"的共性。在前者,反复质疑"华屋""天堂""黄金世界"等圆满却空洞的价值假象,对虚无境遇有所自觉后,勇敢担当起对这一世界的责任;在后者,否定"好名称""好花样""鲜明好看的旗子"所虚造的冠冕堂皇的秩序与信条,将合理而科学的概念、思想等收归个人,秉持着真诚的心志与坚韧的心力,去创造并坚守真正的生命意义与价值。总之,这就是鲁迅在《故乡》的末了所指明的方向:在废墟一般的"没有路"中开拓出自己的

"路"来，通往一个独立生命的理想。

第二，守护"我的现在"而让历史与未来"在此"生成。如上文所言，鲁迅（尤其是他的"中间物"意识）消解了终极实在，但并不意味着同许多虚无主义者（或某些自命时髦的解构主义者）那样，将无限终极判定为一个个无意义的空洞。鲁迅重视古人"迷信"中所内含的"向上之需要"的超越精神即为一例。毕竟，"'无限'、'永恒'的精神理念是人在努力升华自身或回归自我过程中积累起来的精神财富。没有这个向度则没有人，则没有这种能区别于动物的灵长"[34]。以鲁迅为代表的"破名者"反对的是二元对立式的"超脱"方式，把形上与形下分开，把至高理想与此岸实践分开。"我看一切理想家，不是怀念'过去'，就是希望'将来'，面对于'现在'这一个题目，都缴了白卷，因为谁也开不出药方。"[35]前文中多次述及，现代名教的危险之一在于炮制虚无飘渺的"理想"，将人从具体的生存环境中抽离出去，而"破名者"则重视当下在场的真实意义与价值，不相信独立于此岸之外的、独立于现世时间场地之外的"普遍、永久、完全"：章太炎特别注重历史演化的"一贯"原则，驳斥流于不切实际的空想方案；鲁迅不但批判"对于'现在'这一个题目，都缴了白卷"的"理想家"，而且其本身实践，就如同"过客"一般担负着不断生成、行动的职责；胡风严厉质疑用来自"彼岸"的强势而空疏的"名"去对"此时此地的生活"发号施令。总之，对一个无伪的"破名者"而言，起点从来不在"彼岸"，"斗争总要从此时此地前进"。

由于过去和未来的不在场，容易被方便地用作怯弱者的精神逃路，"缴了白卷"的同时也"卸除存在之责"[36]，这与现代名教暗藏的"符咒"气味——深信"几个名词"如同"神力"一般的发扬就可以一劳永逸地解决问题——一脉相承。无论是形而上的本质观还是现代名教所虚构的终极，都是不可靠的，只有立足大地而反抗绝望，"惟有意力轶众，所当希求，能于情意一端，处现实之世，而有勇猛奋斗之才，虽屡踬屡僵，终得现其理想：其为人格，如是焉耳"[37]。更进一步，人只有"反求诸身"，将其拉回当下之"行"（如"过客"），才能使过去和未来收入当下以生成化、生命化；相反，逃避现在的生命是无根的，那才是庸俗、消极的虚无主义。鲁迅竭力戳穿"怀念过去"与"希望将来"的迷梦，不容"侮辱我的现在"，胡风用"此时此地"艰苦的工作来担负超验的期待，所以他们在"绝望"后又说"绝望之为虚妄，正与希望相同"，这才与流俗的虚无主义拉开距离。"破名者"既非割舍过去，更非不要未来，守护现在就是为了让历史与未来在此生成。

通过以上两方面的梳理，让"破名者"与庸俗的虚无主义相区别，用对虚无境遇的积极理解来对"破名者"加以印证，我们可以触摸到"破名者"穿越虚无之行的姿态与意义：所谓"于一切眼中看见无所有，于无所希望中得救"，他们都凭借穿透凡庸的眼光体察到了真实世界，即以"无所有"而将"有"消解——否定"好名称""好花样""鲜明好看的旗子"所虚造的冠冕堂皇的秩序与信条，否定形而上的本质观或是现代名教所虚构的、独立于此岸之外的"普遍、永久、完全"；但同时，这又不是让"空空如也"来勾销"有"，而是将生命的意义从美梦谎言中拉回，回到现实世界，回到自己真实的存在。

对这种"反求诸身"与"拉回"的功夫，竹内好有着周彻的理解，他这样评价鲁迅："事实上，也正有批评家专在他身上挑出'虚无'来。

当把思想从人那里抽离出来，在静止体中看待时，情形便会如此。但人是不会居住在'思想'的贝壳里的。鲁迅不在绝望之中。他背弃了绝望。""不靠天不靠地，不以任何东西来支撑自己，因此也就不得不把一切归于自己一身。于是，文学者鲁迅在现时性的意义上诞生了。"[38] 现在我们发现，所谓"拉回""归于自己一身"，以及上文讨论的积极意义上的虚无者与"破名者"的共性，正可以同"破名"的意义交相沟通：他们要"破"的、要瓦解的，是外在于人生命的"名"与价值依据，但这并不意味着"名"与价值依据的沦丧，恰相反，这是将二者落实到生命本身，在充分享有自由、自觉的同时也担负更大的责任。这确实类似于克尔凯郭尔所谓"宗教的真理"："那是必须把我的个人存在渗透进去的一种真理，否则，就是虚无。"[39] 也就是说，"破名者"可以抵御消极意义上的虚无主义的产生，抵御"伪士"与"做戏的虚无党"的欺骗、逃避与放纵。

在此，请允许我宕开一笔，将目光投向现实。在二十世纪九十年代初的"人文精神"讨论中，有识之士探究自二十世纪初以来为何"虚无主义情绪在中国屡屡发作，不断蔓延"，于是有这样一番感慨："你在一连串事件的摇撼下清醒过来，发现自己原来被一种无知的信仰引入了歧途，于是跳起来，奔向另外一些与之相反的信仰。可很快你就发觉，这新的信仰仍然无用，你还是连连失败，找不到出路。在这种时候，你的头一个本能反应，大概就是干脆放弃信仰，放弃寻找出路的企图吧？你甚至会反过来嘲笑这种企图，借以摆脱先前那沉重的失败感。"①这番感慨概括了中国现代知识分子的尴尬与困境，其中还扭结着虚无主义的悖论：每一个命题在逻辑与历史的起点上，都充满了纯粹、高尚的理想主义，但是，其逻辑的展开与历史的实现结果，却显现出了歧路，甚至背道而驰。以上那番浸透着"沉重的失败感"的"虚无主义情绪"，要探讨它的来由、形态与克服，自然是无比复杂的，但粗略说来，现代名教的膨胀是引发虚无主义的成因之一，而"破名"也是抵抗虚无主义的有效途径，即每一个命题、主义与理想，都应该力图是自发的，出于我们内在生命独立自主的选择，要求"个人的存在渗透进去"②。在此，

---

① 参见王晓明、张宏、徐麟、张柠、崔宜明著《旷野上的废墟——文学和人文精神的危机》，《上海文学》1993 年第 6 期，第 63—71 页。这一段话摘自王晓明先生的发言。庸俗虚无主义对中国当代文化与文学的腐蚀是一个大问题，在 2008 年几位批评家关于文学的对谈中，仍然在揭批"虚无主义和犬儒主义流行等时代精神气候对作家的限制"。从二十世纪九十年代初到今天，差不多十五年过去了，这依然是使我们焦虑、忧心忡忡却又悬而难解的症结所在："因为受过信仰的蒙蔽而怪罪于信仰本身，进而以'不信'为宗旨，这导致了虚无主义的泛滥。从'五七'一代、知青作家群、先锋作家群、新写实作家群到所谓的'新生代'，他们在叙事和修辞风格上越来越喜欢反讽，喜欢戏仿，喜欢拼贴，喜欢玩大杂烩，喜欢故弄玄虚地装深沉，喜欢两眼空洞地喊无辜，喜欢高举'后现代'的旗帜标榜自己的'虚无'。尤其值得警惕的是，随处可见的都是一边骂娘一边吃肉的'虚无'景观。'虚无'成了一些人既攫取种种权力又推卸种种责任的借口，表面是阴阳怪气的冷嘲，背后是'犹抱琵琶半遮面'的共谋。……当不信成为一种思维定势时，这种惰性逐渐地蚕食了'信仰'的能力，既然无法相信一切，他们也就无法相信自己，自私与自恋也往往是对自己不自信的外在表现形式。"（参见黄发有、何言宏、邵燕君《没有大师的时代——对近三十年的中国文学的一种反思》，《上海文学》2008 年第 1 期，第 81—89 页。上述这段话摘自黄发有先生的发言）这里所揭示的虚无主义与"伪士"的"共谋"，触目惊心。

② 黄发有先生也有类似的看法，他通过具体文学作品的解读而总结道："刘心武、张洁、王蒙等作家对于曾经苦苦守望的理想的自我颠覆，根源于这种理想主义是对现成的精神资源的被动接受，缺乏自觉的个人选择和自主意识。……当自我的个性被理性主义的社会原则所禁锢，使之成为非理性的无意识，那么，当这种个性一旦摆脱理性的束缚，非理性的情感就容易表现为一种逆反的偏执。只有出于自由意志的自由选择，人们才可能对自己负责，通过自我约束来确保选择的专一，才可能持之以恒，坚守一种自律的忠诚。"参见黄发有《重建理想主义的尊严——对近三十年中国文学的一种反思与展望》，《南方文坛》2008 年第 6 期，第 18 页。

我们不妨重温车尔尼雪夫斯基的劝告："一个人可以使自己的生活同他的信念取得统一。"[40]

总之，"破名者"对虚无境遇有着自觉与积极的体认，但同时对于虚无进行持续的反击与超越，也就是把超越虚无的精神之思与有效介入现实的生存实践相结合。但消极的虚无主义者跌入价值的空洞而无所信从、裹足不前，"做戏的虚无党"则更为恶劣，他们或者身陷美丽的谎言中而不自知，甚至参与到这一谎言的编织、播散中，同现代名教结成一体。所谓穿越虚无的"破名者"，首先，这个生命自觉地在思想层面勘破现代名教的诱惑与危机，真正地将"名"收归于个人；其次，这个生命在日常生活中持存，用实际行动去践履"破名"后的命题、主义、思想、价值等，在复杂的现实境遇中创造出生命真正的意义。

"指归在动作"

王统照 1923 年创作的小说《技艺》中，叙写一个浪漫、慵懒的青年，因偶然机缘看到民间艺人晨起刻苦练艺的场景，思路一转，对先前"照例研究"哲学名著《人生之意义与其价值》"起了疑念"："他向来不知由人生中得来的意义与价值，是个什么本体？有什么作用与效果？不过他因为要研究现代哲学家的学说，不能不看过罢了。他这时更觉得那些精神生活，及灵肉调和的抽象的名词，总不过只是抽象的名词罢了。"思想的转向并不意味着封存"人生之意义"本身，而是从围绕着"抽象的名词"打转的哲学冥想中挣脱出来，下降到坚硬的现实路面与脚踏实地的实践中。小说尽管粗糙，却凭借文学的敏感机能侦察到了名教暗影及其突破的意义。

如果我们考察"理论"与"知识"这两种"名"的重要形态在古希腊与古代中国的意涵，会发现："名"与个人实践有着原初的统一性。

理论（Theory）一词在古希腊文中的原始意思是作为团体的一员参与祭祀神明的庆祝活动——"理论一词的最初意义是真正地参与一个事件，真正地出席现场"[41]——它与存在物的距离是指那种带有切近性和亲缘性的距离，根本没有理论与实践孰先孰后的问题。柏拉图在《政治篇》中将实践范畴与理论范畴加以区别，分指人的行为与思想、知识，但他并未将二者的内涵对立起来，而是希望互补、互渗，最终达到统一，正如海尔木特·库恩所说："建立理论与实践的对立统一，并肯定这种统一是柏拉图思想的本质特征。"[42] 在亚里士多德那里，理论与实践不仅没有对立，反而理论是实践的一部分，是一种最高层次的实践。古希腊人所理解的理论与实践在哲学家个人身上是统一的，哲学就是哲学家的生存实践。理论与实践的分离是近代思想的产物，近代科学将理论捆绑在技术的转轮上，技术成为衡量理论的价值尺度，这才产生理论应用于实践、理论与实践相对立的一类问题。

在中国，根据上文"'以己为终极'、以'自心'应世"一节里对中国传统哲学中"知"的梳理可知，它本意就是交接，与人的实践活动相关联，不仅是记诵符号、理解逻辑关系等，而且指能付诸行动。"知"的内容是对存在者及其存在关系的"知"，而人的存在就展开于与世界、他人的交往之中，所以，"知"随着人存在的展开而展开、呈现，这是自然而然的，不待求而然。当把"知"封闭在主体内在的意识状态中时，它潜在的前提是主体去追求，这个时候，"知"已经与实践分离了，这个分离是历史的分离。我们在上文曾讨论过符号系统的双重性，符号系统的发展显然促成了知与行的分离。

随着理性的无节制膨胀，危害产生了："是知识和真理的东西与人生无关；与人生有关的东西不是知识和真理"；揭示的"规律越一般，离人生命实践的要求也就越远"。[43]这就是前文述及的，"名"趋于极端，导致名教产生，其危害之一正在于"概念的普遍性和僵硬的规定性"侵蚀了生命的具体与鲜活。然而我们在"破名者"身上看到了相悖反的取向：他们的生命途程往往呈现出言行一致、身心不二的特质，直至在最严格意义上的以生命行动去践履自己的思想。从宽泛的意义上而言，以上"以己为终极""指归在动作"这两大特征的结合，也可看作"破名者"在面对现代中国泛滥而无所依归的新知爆炸局面之时，复活了中国古典学术中"尊德性""心性之学"的面向，追求学术境界与生命境界的合致，坚持道德实践的儒者承当[①]。沿着这一路向，我们可以总结"破名者"及其知识生产的两大特征：

特征之一："破名"后的主张、学说、主义、思想等，是与主体自身血肉合一的。这本就是"破名"的旨归。借王元化先生的话说，种种主张、学说、主义、思想"必须使之融为自己的血肉"，这样"它们就会像子宫里的胎儿、种子中的植物一样，以一种必然获得实现的可能性

---

① 不妨参证明清之际"海内三大儒"之一李颙的论述："知者无不知也，当务之为急。尧舜之知而不遍物，急先务也。若舍却自己身心切务不先求知，而惟致察于名物训诂之末，岂所谓急先务乎？假令考尽古今名物，辨尽古今疑误，究于自己身心有何干涉？诚欲'日知'，须日知乎内外本末之分，先内而后外，由本以及末，则得矣。"见〔清〕李颙《四书反身录·论语下》，收入《二曲集》（卷四十），转引自赵园《制度·言论·心态：明清之际士大夫研究续编》，北京：北京大学出版社，2006年11月，第354页。

呈现"①于实践中，由此才能提供胀破名教的"可能性"。

章太炎经由"亲证"所获取的学问，褪去了纯粹的观念形式，在生命内部如血液般流贯成为主体的一种机能。至于鲁迅，我们在第四章中已经讨论过他独特的知识生产方式，归结到一点，在他身上，知识生产（本质上就是文学）与个人生命处于互渗流转的交融状态：他的文学与思想，通过浑然的存在体验表达个人对现实社会和宇宙全体的直面与担当；由于主体的介入，由于主体不断通过获取知识来建构自身和反省自身，知识也才得以通过不断变化而获得存在的意义与可能。胡风是艺术与人生、人格融淬为一体的"第一义的诗人"②，在其文论中，每每强调"身外的观念"与"身外的观念"在艺术创造过程中要去抵达的合理形态之间有着质的区别，后者被表述为"自己的东西""自己的血肉""自己的内在的经验"……在胡风那里，"破名"就是发扬主观战斗精神，将种种"身外的观念"，"透进艺术家内部"，"侵入作家内部"，并"经过作者本人的血肉的培养"，"被艺术家的精神欲望所肯定、所拥有、所蒸腾、所提升"，最终化成作者本人的内在的经验。这既

---

① 参见王元化《1987年在瑞典斯德哥尔摩大学的演讲》，载《文心雕龙讲疏》，第283页。到了二十一世纪，贺照田先生曾著文总结"制约和损害""中国学术思想界和民族的现在和未来"等几个问题，其中最后一个是："当今中国大多数知识分子对自己倡导的观点、价值过分缺少身体力行的诚意，偶然发心，意志力亦不足，更谈不上对它们有反身而诚的乐趣。"（参见贺照田《制约中国大陆学术思想界的几个问题》，载《当代中国的知识感觉与观念感觉》，桂林：广西师范大学出版社，2006年2月，第17页）由此更反证出"破名者"的可贵。

② 胡风对于艺术与人生所持的整体观，可以视为七月派作家共同的信仰。比如，阿垅说："人，生活，诗，风格，是一元的。"（参见阿垅《风格片论》，载《人·诗·现实》，第144页）牛汉这样概括七月派的创作共性："他们特别反对那种双重性格，作者的主观世界与诗的境界不沾边，甚至相违悖的虚伪的作风。"（参见牛汉《并没有凋谢——简介二十人诗集〈白色花〉》，载《学诗手记》，第33页）

是在身外、身内之间进行"属己"转化的过程，又是将外在的、凝固的真理和律令，变成内在的、融入血肉化为无形而又不能自己的存在的过程。

与此特征相关的是，一方面，"破名者"将秉持的"名""布乎四体，形乎动静"，在表达自己的主张、思想的过程中充满自信，激情洋溢，在实践过程中则昂扬奋发。未经"破名"的个体，在现实中往往遭遇困境，很快疲惫、颓废，退下阵来，就像第四章中讨论过的涓生、子君。"破名者"当然也会受挫，但总是高扬起现实战斗精神而不屈不挠地进击。另一方面，在经过"破名"过程之后，将理论化为自身的血肉存在，而不是"把思想当作身外猎获物"，则无论如何风起云涌，都不会轻易随人俯仰作墙头草。主体与语言、学说、思想之间高度认可，彼此"负责"，也就是说，主体对他所主张的一切"名"有着严格、自觉的担当与责任，由此，它们才不是身外可以相机而变的"空言""空名"。同时，"破名"的过程伴随着创痛酷烈的"挣扎"（这是"破名者"与"伪士"的不同，后者根本无意去身受这一"挣扎"）。我们在第三章曾讨论过，章太炎选择法相唯识宗，不仅是一个逻辑学、认识论上的问题，而是在一个最最"艰难困苦的时候"恰给予了他将自心与学问相融淬的生命亲证的机遇。在太炎那里，知识、学术、思想就不是书斋中的闭门造车，而真正粘连着思想者的血肉与心灵压力，浸透着他的痛苦与生命质感。在鲁迅那里，"破名"的起点，是"外力"相抗的"声发自心"，"破名"的过程又伴随着"选择出自己"的"挣扎"（只有让"名"进入主体以选择、熔铸、再造、扬弃，只有"当这一对立对于我来说成为肉体的痛苦的时候，它才是真实的"）。在胡风那里，他所张主的理论，是经过狂风巨浪般的人生淬炼而获得的，当它一经化合为体内的血肉存在，则再也不是任何外力所能轻易动摇的了。综上，所谓

"破名者"，是从创痛酷烈的挣扎过程中再度升起创造的意志，它必然伴随着生命重生与信仰大觉的意味，从主体心境来说，其所信所执恰可赋予生命以意义支撑，其力度、韧性将不会再因为生存苦难与世界晦暗而无所取径，也不会被现代名教所颠倒迷乱，这一次"破名者"的挺立、出场，才得以在风沙扑面、虎狼成群的现实中稳定地持续到生命的最后。恰如鲁迅追记太炎的"终不屈挠"："以大勋章作扇坠，临总统府之门，大诟袁世凯的包藏祸心者，并世无第二人；七被追捕，三入牢狱，而革命之志，终不屈挠者，并世亦无第二人：这才是先哲的精神，后生的楷范。"[44]总之，在"破名者"身上，我们往往能看到这样的风采："自贵其心"而富有战斗的激情，同时沉稳、坚忍不拔，一如鲁迅笔下的大禹、黑衣人。他们以百折不回的心力持存自己的主张、思想，虽举世俗论器器集矢而主见如故，虽千山万壑一时崩坼而不改其容。

特征之二："破名"后的主张、学说、主义、思想等，具备介入现实与历史的能力，"破名者"拥有以自己的生存行动践履其精神思想的气质。

现代名教内藏的"符咒"气味总是会组织出一套套关于终极性的说法——所有的"名"只要封存在这些看似"天经地义"的"说法"中就完事了，就可以一劳永逸地解决所有问题。鲁迅每每讽刺"抓到一面旗帜，就自以为出人头地"，在他看来这远远不够，"破名者"重视的是学说、主义、思想在现实与历史中的实际展开，他始终贯彻早年论文中"指归在动作"的呼告。而胡风强调"客观的必然"必须由"人的努力"来实现。他们的行迹似乎都应证了马克思的著名论断："人的思维是否具有真理性，这并不是一个理论的问题，而是一个实践的问题。人应该在实践中证明自己思维的真理性，即自己思维的现实性和力量，亦即自己思维的此岸性。""哲学家只是用不同的方式解释世界，而问题在于改变世界。"[45]"破名"是为了避免主张、主义、思想等沦为"一笔死的资本"，"不生产的资本"，而要求它们褪去"纸上的学说"与纯粹名词形态，转而具备介入现实、与历史沟通的能力。在一个启蒙时代，知识分子往往会成为屠格涅夫笔下罗亭式的人物，他们诚然将科学理性的精神带给沉睡中的民众，但是在小说结尾，罗亭痛苦地追问："为什么我的才能总是不能开花结实？"根源在于：罗亭总是成为"舌头"与名词符号的"仆人"，"雄辩的语言就完全转化为一种纯粹精神的空谈，不打算，也没有能力转变为物质的行动"[46]。而"破名者"的思想学术形态与知识生产形态，往往是与众不同的，它们褪去了纯粹的观念形式，在生命内部如血液般流贯成为主体的一种机能，往外则更具备"进入历史"的实践能力。"破名者"将"破名"后的学说、主张、主义、思想等，自觉自为地融入到实际生活中，开拓出把精神之思与有效作用于现实的生存实践（包括话语实践与行动实践）相结合的生命境界。太炎"七被追捕，三入牢狱"，学术思想与生命行迹交相辉映；鲁迅在风沙扑面与虎狼相搏的现实中把握住了一个个让文学与思想进入历史的瞬间；胡风的理论得力于实践的助养，经由每一步文艺斗争的总结、检验而来，复又要求高扬主观战斗精神，让理论重返现实，参与血肉搏斗，参与"人对于自然、社会的努力"[47]。

以上从四个方面总结"破名者"的特征，最后必须说明的是：此四者交相呼应、融浃一体，浑然化为"破名者"立身处世时"感应的神经"与"攻守的手足"。"自贵其心"者"张皇意力"，不为名教组织出来的终极状态而迷惑、裹足不前，坚持用"人的努力"来实现"客观的必然"，这就是要求思想具备实践的品格，在现实与历史中实际地展开，而不僵化成"空言"或"不生产的资本"。穿越虚无使得"立意在反抗"的意味更为显豁：这并非让"空空如也"来勾销"有"，或轻率地踏倒一切、亵渎庄严，而是将生命的意义从名教编造的美梦谎言中拉回，回到现实世界，回到自己真实的存在。在无所依凭中，人完全可以躲开现代名教的喧嚣"恶声"而以"自心"应世，由此才能为真正的意义再造与价值坚守夯实基础。此时的再造与坚守，意味着将外在于人生命的"名"与价值依据落实到生命本身，这与由"自贵其心"所驱动的"反求诸身"的过程是一致的，经此，将学说、主张、思想等收归于个人，恰是抵制庸俗虚无主义的路径之一。穿越虚无后的"破名者""使自己的生活同他的信念取得统一"，因而在卷入布满污泥秽血的现实中"死缠乱打"时才能坚忍不拔，不畏惧，不消沉。有的人将名教膨胀而导致的"名"的虚无化作偃旗息鼓、自我放纵的借口，有的人身陷无物之阵而张皇无措、进退失据；这个时候，"破名者"在自己内心"理想的光"的照耀下，勇毅沉稳、跋涉前行……

文学提供的反抗现代名教的可能性：实感

正如前文所述，现代名教内含于一个由世界图像化与知识体系世界观所昭示、引导的世界，它的膨胀与现代性、现代社会的形成有着深刻关联，在这样一个社会中，"命定地要分裂为两个部分：一方面是文明社会中主体的'感性的、个体的和直接性的存在'；另一方面是国家政治方面'抽象的、非自由的人和寓言化、伦理化的人'"[48]。现代性的历史趋势无疑是使前者屈从于后者，即理性的、抽象的存在侵入感性的、直接性的存在。在这一过程中，现代名教发生出巨大的规训力量。章太炎在《四惑论》中讨论"进化教"，发现这是将对物性的强制规定驯化为"天性"："本与人性相戾，而强为训令以笼愚者曰：'尔之天性然。'若是而主持强权者，亦可为训令以笼人曰：'服从强权者，尔之天性然。'此与神教之说，相去几何？"《四惑论》中所谓"惑"，既指现代中国人思想世界中被名教抹杀了编派的痕迹而以为是不言而喻的"理念偶像"，又被太炎用来形容深受"震荡"者面对"谲觚之语"时的心灵状态，这里没有独立思考与判断，只是为"惑"所诱导。胡适在《名教》一文中举出的将"一腔义愤""发泄在墙头的标语上面"的少年，其"信仰名的万能"的思维逻辑已完全在行动中"自然"地表现出来。

以上两例证明：所谓立"名"为教，往往是抹擦掉立"名"过程中的造作、构制，而化为自然、"天性"。也就是说，名教压抑性的生成，往往是启动一种内在化的机制，将对名教的臣服锲入人的感性世界，在生存活动中"习惯成自然"般地显现。这样的支配、"治理"方式比之于传统压迫，更为隐蔽而不易为人所察觉。那么是不是束手无策了？福柯将"反抗"描述为："通过繁复、并置、解脱来发展行动、思想和欲望，而不是借助不断划分和金字塔式的等级制，摆脱和各种旧的否定性范畴之间的联系。……更注意肯定的、多样的，差异的而非统一的，流动的而非一体性的，灵活安排而非系统的。相信游牧而非定居才是具有生产性的。"[49] 在此，灵动变易的文学似乎更具备反抗的可能性。这里让人联想到的是马尔库塞的"新感性"，在其语境中，"新感性"指向人们通过在艺术形式上异于传统的艺术行为和审美活动，逐步改变自身已有的感知模式之后所形成的新的感性经验结构。[50] 如果感性世界会被现代名教编制的僵硬话语所填塞，如果感知模式会被现代名教生成的"特殊形态的逻辑"所侵蚀，那么"新感性"基于人的感性本能的合理释放，可以使上述二者得到更新。正因为审美作用于人的感性经验，所以审美活动可以通过对感性经验的更新来推动社会变革。可与此相参证的是苏珊·桑塔格提出的"新感受力"，她发现"现代生活的所有状况"，"钝化了我们的感觉功能"，"毒害我们的感受力"，"我们感性体验中的那种敏锐感正在逐步丧失"。所以，"现在重要的是恢复我们的感觉。我们必须学会去更多地看，更多地听，更多地感觉"，把感性从僵死的程式与教条中解放出来，成长为一种"新感受力"。就像"哪里有压迫哪里就有反抗"，"危险在此解救亦在此"一样，桑塔格在感性领域觉察到了败坏之象，同时也从这里起步寻求希望，而艺术的特征正在于"更新和培养感受力和意识"，"改变滋养一切特定的思想和情感的那种腐殖质"。[①] 其实，自浪漫派和席勒开始，就不断有思想家试图通过审美在感性世界中进行"去蔽"一般的更新来实现人的解放，恢复与生命直接接通的感性的优先地位。更简单一点说，既然压迫已经深入到了感性的、无意识的和想象的领域，那么"文学"原就是针对这个领域，甚至可以说开创了这个领域，自然应该在这个领域中发挥作用。[51] 这样，文学就重新具备了生产性和反抗的可能。二十世纪初，鲁迅正是通过主观内面世界的考察而发现了"伪士"，针锋相对，他借力

---

① 参见［美］苏珊·桑塔格《反对阐释》《一种文化与新感受力》，载《反对阐释》，程巍译，第 9、16、17、348、349 页。还可参照布鲁克斯与沃伦所说的诗的"新鲜感和实在感"："品尝、触摸，真切地感受世界的景象、声音、气味，是诗的基础。可以说，诗让我们又触及到事物的新颖之处；对现代都市人来说，诗是他们恢复原初、无成见感觉生活的路途。"参见［美］克林斯·布鲁克斯、［美］罗伯特·潘·沃伦著《恢复无成见感觉生活的路途——诗歌中的描写》，郭君臣译，《上海文化》2010 年第 3 期，第 76—95 页。

而展开反抗的基点，正是"心声""内曜"，而能对"心声""内曜"施以正本清源作用的，舍文学其谁？还必须说明的是，在这最后一章中讨论文学，不仅是因为我的专业，也是面对现代名教这一困扰中国现代思想文化发展的顽症，恰恰是文学提供了反抗的可能。

诚如前文所述，在一个"以论理代实在"为主导趋势的现代世界中，合法性依据确立在知识的秩序而非存在的秩序上。简而言之，不是世界，而是对世界的观看，不是存在，而是存在的符号化，成为人生在世的总体性依据。按照胡塞尔的看法，欧洲文明是一个哲学的文明，自从哲学在希腊诞生以来，欧洲人就生活在科学文化中，这个文化传统使得西方人以为可以在自由、理性等理论活动与概念框架内最终理解自我和人在宇宙中的位置。但恰恰是科学使得我们疏离了生活世界和我们自己的生命。哲学家没有负起沟通科学和生命的责任。这个时候，米兰·昆德拉说，哲学家把表述人对世界的具体感受的任务让给了诗人和小说家。[52] 文学源于具体的生存领会，源于灵动活泼的"心"。鲁迅挣脱种种"恶声"之后而益信"心声"之可贵，竭力为文学争取必要的空间，理由之一正在于，"诗人和小说家"可以从名教世界中拯救出我们对世界的"具体感受"。现代名教的膨胀与理性引导的世界秩序及知识体系世界观的确立交相纠缠，而文学与此有殊途之处，个中差别有前贤作过总结："哲学解释自然，乃从自然之全体观察，复努力以求解释之。科学实验自然，乃为自然之部分的观察，以求实验而证明之。文学描写自然，科学家实验自然之时，必离我于自然，即以我为实验者之谓也；文学家描写自然之时，必融我入自然，即我与自然为一之谓也。"[53] 显然，这里的意思并不在于文学对抗哲学、科学，套用海德格尔的说法，文学提供了一种理解此在与存在之关系的可能性，文学与哲学、科学这三者对自然世界的不同理解方式对人类而言都是必要、重要的，我们只是警惕其中一者的逾度而变成独霸一切、压抑他者的权威，"盖使举世惟知识之崇，人生必大归于枯寂，如是既久，则美上之感情漓，明敏之思想失，所谓科学，亦同趣于无有矣"。王元化先生说："倘使一旦偏离了作为感性形态的具体现象去侈谈本质，不管在什么动听的名义下，都会造成一种抽象思维的专横统治。"[54]文学与"作为感性形态的具体现象"有着天然的亲密性，重视文学，就是为了提供一种警惕、反抗现代名教"专横统治"的可能性。

诚如上文所述，现代名教压抑机制的形成，往往锲入人的感性世界，将造作变成自然而然，所以针锋相对，"脱观念世界之执持"离不开与感性机能、个人感觉紧密相联的文学，尤其是文学的"实感"，这是"破名"重要的资源。所谓"破名"的能力，很大程度上就是争取、获得、葆有"实感"的能力，它是通过章太炎、鲁迅、胡风三人反抗现代名教的实践而融淬出来的精义所在，尤其在后二者那里得到了最充分的展现，这也是本书反复述及的一个关键词。

实感的内涵

第四章曾引述瞿秋白对中国现代"文人"特征的概括："对于宇宙间的一切现象，都不会有亲切的了解，往往会把自己变成一大堆抽象名词的化身。一切都有一个'名词'，但是没有实感。……对于实际生活，总像雾里看花似的，隔着一层膜。"实感与"抽象名词"的分立，可溯源至《庄子·逍遥游》："名者，实之宾也。"这里的"实"意味着实际内容。借用第三章中对胡风一封家书的相关解读，所谓"实感"，首先是指主体对"具体事物和运动"的直接的、实在的"经验"与"感觉"（而非"雾里看花似的，隔着一层膜"），并且在文字中呈现这一"经验"与"感觉"。按照胡风的推论，"语言是极老实、极诚恳的东西"，它亲密地附着于"被客观事物所引起的感觉"，而如果"原来就没有实际事物和运动的感觉"或者在"使用中失去了具体事物和运动的感觉"，那么根本就没必要去放言高论这种没有实感的"陈词滥调"。实感在此相当于鲁迅珍视的所谓"实地经验"①。同时我们也可以看出，对于脱离实际的、空洞的名教世界的积聚、膨胀，实感能够起到抑制的作用。

霍布斯曾这样定义"感觉"："'感觉'是一种影像，由感觉器官向外的反应及努力所造成。"[55] 不妨以此为参考来定义实感：要力图呈现出对于"实际生活"中"具体事物和运动"的真实、实在的"影像"，必须通过感觉器官的"反应及努力"。也就是说，实感指向的是主体的一种能力，恰如桑塔格所说的"透明"："透明是指体验事物自身的那种明晰，或体验事物之本来面目的那种明晰"，这是"艺术——也是批评——中最高、最具解放性的价值"。[56] 用胡风的话说，即"感应力的新鲜"。

按照上述定义，实感力图呈现出具体事物和生活世界的原貌，昭示一种"回到事物本身"的力量；但它又并非是简单地如"白板"一般无损耗地还原客观原貌（事实上这也没办法做到）。实感无法戒绝主体的介入，它本就是一个同主客体"融然无间"的化合过程紧密结合的概念。胡风早就启示我们在这样一个复杂而精微的张力形态中把握实感：

---

① 鲁迅曾打过比方来形容"实地经验"的可贵："更好的是观察者，他用自己的眼睛去读世间这一部活书。这是的确的，实地经验总比看，听，空想确凿。我先前吃过干荔支，罐头荔支，陈年荔支，并且由这些推想过新鲜的好荔支。这回吃过了，和我所猜想的不同，非到广东来吃就永不会知道。"参见鲁迅《读书杂谈》，载《鲁迅全集》（第三卷），第462页。

主观公式主义者以为他自己是思想（当然是"革命思想"，"绝对理念"的摩登形态）的工具，所以在作品里面用人物这个工具来说明"思想"；因而，那并不是从客观对象把握出来的真实，只不过是由于他自己那一种"意识的存在"的活动特性，使他的"思想"和他的"人物"实际上反而成了他自己的"工具"的。……客观主义者以为他自己是客观对象的工具，只要"实事求是地去观察它，熟悉它"，不让实事求是后面有什么主观要求在把握（认识反映）过程里面起作用，客观对象就可以原样地装进他自己这个"工具"里面而被反映出来；然而，那并不是什么真的客观对象，只不过是他自己的只能在客观对象的局部性或表面性上面飘浮或向它屈服的"意识的存在"的投影，他的"人物"实际上是被他的"意识的存在"所歪曲所虚伪化了的。……现实主义者……从对于客观对象的感受出发，作家得凭着他的战斗要求突进客观对象，和客观对象经过相生相克的搏斗，体验到客观对象的活的本质的内容，这样才能够"把客观对象变成自己的东西"而表现出来。在现实主义者，创作过程是一个生活过程，而且是把他从实际生活得来的（即从观察它和熟悉它得来的）东西经过最后的血肉考验的、最紧张的生活过程。

　　首先，文学必须是从"客观对象""实际生活"出发，而不是从任何"'革命思想'，'绝对理念'的摩登形态"出发，这个起点必须是未经现代名教分割、图解的现实。黑格尔的美学服务于他的"绝对理念"，但他对艺术创作的独特性有着深刻认识，他将"明确掌握现实世界中现实形象的资禀和兴趣"作为"创造活动的首要条件"："在艺术和诗里，从'理想'开始总是很靠不住的，因为艺术家创作所依靠的是生活的富裕，而不是抽象的普泛观念的富裕。在艺术里不像在哲学里，创造的材料不是思想而是现实的外在形象。所以艺术家必须置身于这种材料里，跟它建立亲切的关系；他应该看得多、听得多，而且记得多。"[57]文学艺术的起点是"生活的富裕，而不是抽象的普泛观念的富裕"，所谓"生活的富裕"，就是指通过置身生活世界，跟它建立亲切的关系，而获得"明确掌握现实世界中现实形象的资禀和兴趣"。而这与实感是相沟通的，"实"在汉语中本就有充实、富裕之意。

其次，保持主体对对象的直接的、与原始状态的接触（即"置身"，下文中会总结实感的这一特征），这是无比重要、必要的，但是只到此为止是不够的，或者以为"不让实事求是后面有什么主观要求在把握（认识反映）过程里面起作用"则更属浅见。实感本就指"作家对现实的深知，对于现实生命的深刻的感受"，它离不开作家积极主动的姿态与感应力对现实的突击，但之所以强调"感应力的新鲜"，是指这种感应力的发源并不是被现代名教所钝化的主观世界（要警惕精神空间被"伪士"由外而内、自上而下所灌输、抛售的"理念偶像"所充斥。正如王元化先生所说，"作家的认识活动只能从作为个别感性事物的形象出发"，"并不存在一个游离于形象之外从概念出发进行构思的阶段"。）实感既是突破概念、符号的牢笼，客观事物被主观精神突入，彼此化合——主体发扬战斗精神来"克服"对象，即"深入、提高"；而对象也"克服"主体，即"扩大、纠正"——之后，在主体内部形成的感受、认识，也是作家在艺术创造过程中对生活保持血淋淋的心灵感受的可靠途径，实感在此又可以实体化为指向这一途径、达成这一体验过程的力量。

我们曾论及胡风的意见，主观公式主义者与客观主义者其实一体两面，都是名教的奴隶，而实感正是在对上述二者的抵拒中彰显出其内涵。这样一番对创作过程的体认，在我国古典文论中实有深厚传统。《文心雕龙·物色篇》有这样的话："写气图貌，既随物以宛转；属采附声，亦与心而徘徊。""随物宛转""与心徘徊"向为历代论者所重（纪昀评此八字："极尽流连之趣"[58]），而王元化先生的注疏尤为周彻妥帖："'随物宛转'是以物为主，以心服从于物。换言之，亦即以作为客体的自然对象为主，而以作为主体的作家思想活动服从于客体。相反的，'与心徘徊'却是以心为主，用心去驾驭物。换言之，亦即以作为主体的作家思想活动为主，而用主体去锻炼、去改造，去征服作为客体的自然对象。……在创作实践过程中，作家不是消极地、被动地屈服于自然，他根据艺术构思的要求去改造自然，从而在自然上印下自己独有的风格特征。同时，自然对于作家来说是具有独立性的，它以自己的发展规律去约束作家的主观随意性，要求作家的想象活动服从于客观真实，从而使作家的艺术创造遵循现实逻辑轨道而展开。"这里的"服从""约束""遵循""锻炼""改造""征服"，就可以视作指向胡风主客观化合论中"克服""化合"的过程。更重要的是，上述物我之间的对立、交融，"始终贯串在作家的创作活动里面，它们齐驱争锋，同时发挥各自的作用，倘使一方完全压倒另一方，或者一方完全屈服于另一方，那么作家的创作活动也就不复存在了"。具体而言，"仅仅以心为主，用心去驾驭物，就会流于妄诞，违反真实"，如同主观公式主义；

"仅仅以物为主，以心屈服于物，就会陷入奴从、抄袭现象"，恰似客观主义。[59] 以上这番沟通，完全可以启发我们在一个心物交融、主客化合的张力结构中淬炼文学实感。

文学创作与知识生产在实感的支撑下，要实现的是这样一个过程：从对于"活的人生真实"的真切把握出发，通过"相生相克的搏斗"，"'把客观对象变成自己的东西'而表现出来"，即"用自己的肉体和心灵把握到了的真实"。[60] 显然实感与"破名"是可以沟通的，它们都是深植在人类认识活动、创造活动根柢处的一种能力。实感甚至是一道挺立在临界点的标准：丧失了实感，就容易倒向名教的怀抱；争得了实感，就能够胀破僵化的名词符号，也就是胡风每常说的，理论已经失去其形态，变成作家的"思想要求"和"思想愿望"。我们借助胡风的主客观化合论来描述实感，尽管他的论述不可避免地留有特殊时代中本质论的痕迹，但即便是沿用本质论，现代名教炮制的本质与实感烛照下的本质还是天差地别。在前者，生活本质似乎并不存在于客观真实中，也不存在于人的感觉世界所能触及的范围内，而完全封闭于人们在现实生活中无法感知和经验的空洞世界中，这样的本质显然可以由"伪士"来任意更换、决定。而后者追求的"时代本质""历史规律"必须是在真实的生活中被感知，时代与历史包含了人民的生活与实践，以及从生活与实践中产生的理想、规律，而彻底的现实主义者不脱离人民，置身在"活的人生真实"与实践中，那么他必然能够从切身的经验感受中领悟，"用自己的肉体和心灵"来把握时代的理想与历史的趋向。

实感的特征与意义

实感的"置身性"

"置身"在胡风的文论中是一个关键词，如研究者所言，在鲁迅那里大致相当于"直面"[61]。诚如上文所述，所谓"实感"，首先就是"置身"生活世界，"跟它建立亲切的关系"，从而获得"明确掌握现实世界中现实形象的资禀和兴趣"。"置身性"，简言之，就是不脱离具体的生活世界，这里生活世界的组成包括具体事物、日常生活等。我们先由葆有实感的文学说起。

文学"应该把握那些最基本的东西"，"能在文学史上留下来的作品，它们所描述的大多是生活中基本的事物，日常的、具体的"，[62]文学的精神从来不是凌空蹈虚的，而必须扎根于此，实在地从具体事物的细节中生长出来。《论语·阳货》篇有一段："子曰：'小子何莫学夫诗？诗，可以兴，可以观，可以群，可以怨。迩之事父，远之事君。多识于鸟兽草木之名。'"诗尚比兴，多取眼前事物，比类而相通，感发而兴起。所以林林总总的鸟兽草木，凡俗人世的闾巷琐细，莫不寄寓着高尚情志。钱穆先生对这段话的评述是："俯仰之间，万物一体，鸢飞鱼跃，道无不在"，就是从鸟兽草木出发，可以"广大其心，导达其仁"。[63]文学在具体事物的细微呈现中开掘出通往精神价值的通道。①

---

① 当然，文学与日常生活经验的关系是复杂、辩证的。文学"只能在物象和日常经验的层面上展开叙事和抒情，也就是说，文学语言和日常生活用语使用的是同一个材料。可一旦进入'文学'的结构，这些普通的物象和经验就会发生奇妙的变化"。参详格非《经验与想象》，收入《文学的邀约》，北京：清华大学出版社，2010 年 4 月。

《红楼梦》启示我们日常生活之于文学叙事的巨大意义，人心的体悟就是建基在"家庭闺阁中一饮一食"间。李长之分析《红楼梦》："在材料的采取上，……并不在你如何选择那奇异的，或者太理想化的资料，却在你如何把平常的实生活的活泼经验拿住。"李长之先生于1933年写长文《〈红楼梦〉批判》，开篇之际有段感慨，辞意俱佳，美不胜收，正合于《红楼梦》的文学精神："我这执笔之际，正对着清早的西山，那见了今人有欣然之感的轻快的初出的日光，把青翠的山色罩上淡红却又依然苍色的罗幕，鸟声和工人的丁丁声，在暖和光明的大地里互为唱和，偶然远远地送来村间的鸡鸣，这马上又提醒人世界是这样闲静，宇宙却那样悠久。伟大的天才呀，他的精神，应该在这里弥漫，浮动。"[64]曹雪芹构造的让全世界省悟、感动的精神空间，就在现世"闲静"和宇宙"悠久"之间"弥漫，浮动"，它的起点就是"平常的实生活的活泼经验"，而不待去那些"奇异的，或者太理想化"的境遇中探求。日常生活也许平淡无奇，但这就更需要作家潜心的艺术经营，别林斯基甚至以此为"试金石"："内容越是平淡无奇，就越显出作者才能过人。当庸才着手描写强烈的热情、深刻的性格的时候，他可以奋然跃起，紧张起来，念出响亮的独白，侈谈美丽的事物，用辉煌的装饰、华美的形式、内容本身、圆熟的叙述、绚烂的词藻（这些都是博学、智慧、教养和生活经验的结果）来欺骗读者。可是，他如果描写日常的生活场面，平凡的、散文的生活场面，——请相信我呵，这对于他将成为一块真正的绊脚石，他那萎靡而冷淡的无精打采的作品会叫你不断地打呵欠。"[65]里尔克对日常生活的谦卑与珍爱给予我们无尽的启示："归依于你你自己日常生活呈现给你的事物；你描写你的悲哀与愿望，流逝的思想与对于某一种美的信念——用深幽、寂静、谦虚的真诚描写这一切，……如果你觉得你的日常生活很贫乏，你不要抱怨它；还是怨你自己吧，怨你还不够作一个诗人来呼唤生活的宝藏；因为对于创造者没有贫乏，也没有贫瘠不关痛痒的地方。"[66] 鲁迅的文章中大量渗透着日常生活的体悟，陈述"较为切己的私事"的杂文自不待言，摄入水乡光影声色点点滴滴的《社戏》《女吊》也不必说，即便是制式谨严的《破恶声论》（尤其批判"破迷信"一节）亦是同然。这也不仅是说鲁迅注重文学对日常生活的呈现，更意味着他透彻理解日常生活的意义。垂危之际写下的《"这也是生活"……》中，他分明抗议道："然而人们以为这些平凡的都是生活的渣滓，一看也不看。……删夷枝叶的人，决定得不到花果。……其实，战士的日常生活，是并不全部可歌可泣的，然而又无不和可歌可泣之部相关联，这才是实际上的战士。"[67] 这可以沟通我们在第四章中讨论的鲁迅的战斗方式：从"独异者"的骄傲与优越感中脱离出来，回到日常生活，在这个世界的内部开始"实际"的斗争。我们不妨将目光再回溯至二十世纪四十年代末的胡风。他在文章中大声疾呼："哪里有人民，哪里就有历史。哪里有生活，哪里就有斗争，有生活有斗争的地方，就应该也能够有诗。"这番话后来被提炼为"到处有生活论"，被林默涵、何其芳批判指出此论直截了当地否定革命作家必须到人民群众中去，参加群众的斗争。一年后，胡风在《关于解放以来的文艺实践情况的报告》中，以"关于生活或生活实践"为题为自己的观点辩护。他先后引录列宁（"共产主义真可说是从社会生活的一切方面'生长起来'，它的幼芽真是无处不有……"）、毛泽东（"文艺就是把这种日常的现象集中起来，把其中的矛盾和斗争典型化……"）的经典论述，展开自己的论点："不理解日常生活就一定没有可能真正理解以日常生活为土壤的斗争生活，不理解普通人就一定没有可能真正理解从普通人锻炼出来的英雄人。"林默涵与何其芳的批判，被胡风斥为放在"读者和作家头上"的"五把'理论刀子'"之一："只有工农兵的生活才算生活；日常生活不是生活。"[68]对日常生活的维护，在历经牢狱之灾的晚年胡风那里，仍然"观点不变"，写于1984年的《略谈我与外国文学》，引出契诃夫"借力打力"："他是能够在凡俗的生活里面和'小事件'里面看出诗来、看出伟大的光明远景来的诗人，但那些认为只有自己才掌握着伟大而正确的世界观的批评家却斥责他是凡俗主义的宣传者、小事件的迷恋者。"[69]可以说，具体而日常的元素构筑起一部作品的丰富世界。

"置身"意味着"身"的"到场"，"置身""总是召唤着一种境域，召唤着一种'生活场'，因为它后面的结构常常是：在……里，于……中，那么，'置身于……'，'置身在……'就意味着'身'置于被召唤的境域中，这就是'身'的'到场'"[70]。这里内含的前提还在于，"到场"之"身"必须是不被抽空的。一位批评家这样描述："在这样一个身体被专政的时代里，作家们都只好争着做没有身体的人，他们不敢用自己的眼睛看，不敢用自己的耳朵听，不敢用自己的大脑思考，不敢用自己跳动的心脏说话，他们主动地将自己的身体和身体所感知到的细节藏匿起来。写作成了'传声筒'、'留声机'，没有了自我，没有了真实的身体细节，一切都以图解政治教条或者统治者意志为使命。"[71]当身体被交付之后，人就很容易成为名教的俘虏。在这个意义上，"伪士"可以理解为交付身体、不以身体作担当的言说者。但"破名者"恰与此相反，比如鲁迅，我们在上文论及其"反求诸身"的意义，强调必须在切身的体验中理解虚悬的道理，由此将身外的"名"与价值依据落实到生命本身，甚至挺身而出，置身其中，"连自己也烧在这里面"，由此得到的认识、发出的主张，才较为切实可靠。显然，优秀的文学往往有着灵敏的身体感知与饱满的身体细节，鲁迅说："文学家便是用自己的皮肉在挨打的啦！"这并不是玩笑话，"以前的文艺，如隔岸观火，没有什么切身关系；现在的文艺，连自己也烧在这里面，自己一定深深感觉到……"[72] "自己也烧在这里面"的文学，指向的就是以身试法、一身担当的"挣扎"，而"挣扎"之于"破名"的关系，前文已述，此处不再重复。

接下来的问题是："置身性"和文学、抵抗名教到底何关？一位学者曾这样反省："陷溺在符号的八卦阵中，其实已让我们产生了双重的断裂。"他"发觉自己生活在符号中后付出了无可挽回的代价"，那就是他已经失去的"对于生活的真切与实在的感受"。"陷溺在符号的八卦阵中"使人"失却了对于生活的真切与实在的感受"，这也就是我们反复议及的名教的危害：将个人的存在从其置身的世界中，从其与周遭事物的交互关系中抽离出来；那么反过来，如果我们葆有实感，则能够有力地抵拒名教膨胀，而葆有实感的关键显然在于置身生活世界而不脱离，否则"对于生活的真切与实在的感受"就是空谈。而文学恰恰为此提供了助力，饱含着实感的文字、文学，来自与具体事物最直接的接触，"我与自然为一"，将"具体事物和运动""直笼其辞句中"，认可这样一种文学，就最大限度地关联着生活世界，也就是说，主体直接置身于存在，而不是被关于存在的种种整合、编排所淹没。鲁迅发现"伪士""精神窒塞"，"躯壳虽存，灵觉且失"，其征象表现为"昧人生有趣神閟之事，天物罗列，不关其心"，鲁迅由此启发世人：与"百昌""万物"保持生动、息息相关的呼应，用文学的"顾瞻百昌，审谛万物"来涵养"灵觉"，这是抵拒"伪士"与"名教"的一种力量。我们在第五章中已经探讨过胡风对"置身性"的珍视，他的一系列命题，主观战斗精神、自我扩张、主客观化合、形象思维等，可以理解为用文学原理来沟通一种知识生产方式：尊重感性直观，强调人的生命本体与对象接触的绝对必要性，力求在人的认知与对象之间构成一种没有中介的对应关系，在主体与客体对象之间戒绝被任何形态的名教训诫所阻隔，"把自己置身于对象之内"。

再往深处说，"把自己置身于对象之内"与第二章讨论的把世界把握为图像是两种对立的思维方式。在后者，人成为主体的同时世界被把握为图像，人的僭越表面上使得人高大、自由，实际上却使其沦落为用于规划、建造的原料。现代名教"挟大势以发声"（《破恶声论》），根本上就是"挟大势"的强力迫使"名"的种种符号承载现代意识形态，这些形形色色的现代意识形态必然施行主体化的人对于图像化的世界的宰制，而这同时就是不关涉人心的规划思维——还是借鲁迅的话说，"不关其心"，遂使"人丧其我"。"把自己置身于对象之内"恰与此相反，世界不是被规划、宰割的图像，而自有其活泼流转的生命，人是主体，世界也是主体，对晤交流，会契于心，恰如李白的五绝："众鸟高飞尽，孤云独去闲。相看两不厌，只有敬亭山。"[①]这就是一种文学的态度，文学艺术处理的是实存、丰富，戒绝简单庸俗的思维与规划造作的工程，文学依凭着实感来亲证自然与生命，在二者间建立生动、回环的联系，由此生发，亦受其涵养……所以海德格尔要在"世界黑暗的贫困

---

① 李白的这首五绝，在鸟飞云去的天地环抱中，创造出"传'独坐'之神"的境界（参见沈德潜《唐诗别裁》），那人与自然相对而视的含情脉脉，是真正的千古风流。

时代"中追索诗人的意义："作为终有一死者，诗人庄严地吟唱着酒神，追踪着远逝的诸神的踪迹，盘桓在诸神的踪迹那里，从而为其终有一死的同类追寻那通达转向的道路。……在贫困的时代里作为诗人意味着：吟唱着去摸索远逝诸神之踪迹，因此诗人能在世界黑夜的时代里道说神圣。……我们其他人必须学会倾听这些诗人的道说，假使我们并不想仅仅出于存在者，通过分割存在者来计算时代，从而在这个时代里蒙混过关的话……"[73]

实感指向"作为态度的文学"

鲁迅素来不以严格的概念、范畴和逻辑推理作为表达手段，而是依据人鲜活的实感与生存体验来形成一种切身的、不脱离感性经验的判断。从根本上说，鲁迅把握世界的方式是一种文学的方式，具体到他的思想形态与知识生产方式，更是与文学具有同一性。鲁迅之所以能够避免众多同代人因理念操作的失度而身陷名教世界的命运，根本上源于文学的成全。鲁迅知识生产的两个特质——与生活的呼应，与主体存在的互动——根本上与文学接通，而且是一种身经"破名"的文学：文学这一"终极的场所"使得思想消逝于其间复又诞生于其间；在现代中国，思想与价值必须褪去抽象甚至僵固的"名"的形态，转而肉身化，被个体的血肉挣扎所检验，被生命气息所浸润。也就是说，有效的知识生产必须渗透着实感，具备文学的形态，这成为一种根本性的态度与无可退让的底线。

章太炎与鲁迅对文学的看法自有殊途[①]，但倘若不是在狭隘的意义上来理解，而以"作为态度的文学"为标竿来衡量，则师徒二人并无二致。太炎之学力求以"亲证"破"空言"，突出知识、思想、学说的动态获取过程同个人经验、生命实感二者之间的互渗、砥砺。大体而言，太炎是学问家，鲁迅是文学家，但前者治学具备文学的形态，而后者是以文学的态度来导源知识生产，内中自有若合符节之处。1918 年，周作人在译作《贞操论》（日本学者与谢野晶子原著）的介绍中说："大约人的觉醒，总须从心里自己发生。倘若本身并无痛切的实感，便也没有什么话可说。"[74]周作人在启蒙时代中讨论"人的觉醒"，问题的关键一是"须从心里自己发生"，再者要有"痛切的实感"，这与鲁迅的意见如出一辙，倘说章太炎沾溉二周大概也不为过。

　　胡风受到鲁迅启发，在一个充斥、膨胀着形形色色的"合理概念"的时代中，他勉力为文学"自己的道路"辩护。按照鲁迅、胡风的思路，要揭破"伪士"，须得将"合理概念"化为自身的血肉，这样一个"破名"的过程，不是去否定诸如"健康的人生观"的"一般原则"，以及"人民的要求""革命的主题"等为一个时代所共享的"至理"，而是要求主体通过"对于具体历史情势下面的具体事象的理解或感应"来承接这些"原则""至理"，收归个人，含纳于心。胡风以为，这是一条"文学的路"，一条文学"自己的道路"。[75]显然，这条路接通的是鲁迅"作为态度的文学"。鲁迅曾将"符咒气味"作为名教的一种典型形

---

① 鲁迅留日期间受业于太炎："鲁迅听讲，极少发言，只有一次，因为章先生问及文学的定义如何，鲁迅答道：'文学和学说不同，学说所以启人思，文学所以增人感。'先生听了说：这样分法虽较胜于前人，然仍有不当。郭璞的《江赋》，木华的《海赋》，何尝能动人哀乐呢。鲁迅默然不服，退而和我说：先生诠释文学，范围过于宽泛，把有句读的和无句读的悉数归入文学。"参见许寿裳《亡友鲁迅印象记》，载鲁迅博物馆等选编《鲁迅回忆录》（专著，上册），第 231 页。

态着力揭批，竹内好对"符咒"也有独特认识。他认为，不从"自己日常生活要求"和自我内心意愿中自发产生的，就是"符咒"，相反，那种"有血有肉的强有力的话语，不是被外面强制下来的话语"，则是"文学性的话语"。[76]

收归个人、含纳于心，首先指向的是一种立身处世之"本"：从实感经验出发对生命本源的体会、了悟，由此来沟通、体贴生活与世界。第四章曾述及在鲁迅那里，启蒙必须确立在诚实的生命源头上。鲁迅曾感叹中国，"正一扰攘世哉"。"伪士"当道，名教遂风靡天下。但是他"未绝大冀于方来，则思聆知者之心声而相观其内曜。内曜者，破黮暗者也；心声者，离伪诈者也"。"内曜""心声"，都不是靠着外来自上而下的声音，而是人发自内心的真的声音，这才是启蒙。西文中Enlightenment一词的原义是"照亮内心"，同样指向人内心的自觉，即康德意义上"运用你自己的理智"。鲁迅褒扬"白心"，珍视其中与生命本源相接通的自由畅达的创造力，从这一意义上说，启蒙与"内曜""心声""白心"本无扞格，原为同一。自严复以来的启蒙思潮中，因民智未开而希望通过自上而下的"教育"将主义、知识体系与道德等赋予落后的民众是言论的主流，但鲁迅的启蒙不求诸身外的权威而试图在自我内面寻求契机。进而，"伪士"与"破名者"揭示的是两种截然不同的对待现实的方式：前者以现代名教组织出来的种种口号、标语来宰割现实；后者依借实感，从生命最深切处摸索现实，求得"对于具体历史情势下面的具体事象的理解或感应"。前者"急于坐着概念的飞机去抢夺思想锦标的头奖"，攘臂争先自命新潮、先进，甚或"腾空俯视"，以为"把思想概念当作一面大旗，插在头上就可以吓软读者的膝盖"，但实则为名教"大势"所挟持而"灭裂个性""人丧其我"。后者从切己处出发，没有"腾空俯视"的姿态，却是对己对人对世界的负责，胡风所谓"极老实、极诚恳"。但也正因为他不为名教所惑而从生命经验最深切处出发，则其追索方式必与流俗判然有别，唯"声发自心"故"自别异"，这一精神上的探索者往往遭遇心灵内部的巨震，章、鲁、胡三人莫不如此，这就是"挣扎"——"破名者"忠诚于实感，也忠诚于痛楚的自我挣扎过程而从不幻想终南捷径。其中意义前文多有讨论，此处不再赘言。

其次，我们知道，实感的发挥、运转指向这样一个过程：从对于客观事实的真切把握出发，通过"相生相克的搏斗"，"'把客观对象变成自己的东西'而表现出来"。这与"作为态度的文学"旨归是一致的。其实本书再三述及的"破名"也正是这个意思，它们都要求文学创作（或知识生产）的机能化①，即将文学（或知识、思想）化成与作家血肉

---

① 郜元宝先生曾比较道："现代作家（'五四'至 1949 年）与当代作家（尤其是二十世纪七十年代末登上文坛的）相比，显著差别在于前者多写自己与时代的变故、征途与庶务，不啻'自为年谱'，而书中其人宛在，宛然有一个鲁迅、一个周作人、一个胡适之、一个陈独秀、一个郁达夫、一个徐志摩、一个朱自清——活在无数读者心中。当代作家则反是，'自为年谱'的很少，读其书想见其为人，也颇不容易。他们的作品或许各具风格，所塑造的人物，所描写的世界，或许多有可观，然而由于种种难以备述的缘故，鲜能直写自己的全人，鲜能将清楚的精神印记留在作品中。他们仿佛脱离了作品，只为家属留下版权。……当代作家在某些方面或者赶上乃至超越了现代作家，但他们已越来越丧失着真实的自我写入作品的能力。"（参见郜元宝《一个偏见》，《文汇读书周报》2008 年 5 月 2 日）诚哉斯言，上述"显著差别"道出了很多研究者与普通读者的阅读感受，"直写自己的全人"，"书中其人宛在"确乎是一种"能力"，一种将文学机能化的能力。化作生命机能的文学，力求文学与生命的紧密贴合，文学与自我的彼此印证。这里的"贴合""印证"当然不是反对小说的虚构本质，也不是要求创作一律变成"自叙传"，而是希望文学见证个人在岁月流转中的生命履历。以我们讨论过的《狂人日记》《伤逝》为例，它们的优异并不在于可供人作索隐来理解，而是这样的小说"将清楚的精神印记留在作品中"，凸现了主体位置降落到现实境遇中，投入现实世界并担负起自由责任的自觉。

胡风力倡的"第一义诗人"，以及本书多有议及的文学与作家血肉融合为一的状态，在中国传统文论中有深厚资源。远的不说，即以龚自珍为例，他提出"完"这一人与诗和谐统一的美学原则，所谓"诗与人为一，人外无诗，诗外无人"（《书汤海秋诗集后》）。要达到"完"的境界，须彻底呈现作家真情实感，"心迹尽在是"，同时要追寻个性化的语言与表现形式，不"捃撦他人之言"。这又与第三章讨论过的胡风"极老实、极诚恳"、充溢着"实感"的语言相贯通。

不可分离的存在，"布乎四体，形乎动静"，"对于有害的事物，立刻给以反响或抗争，是感应的神经，是攻守的手足"。由此，将文学这样一个通常被理解为实体性领域的精神样式开放为一种不断流动、通过与现实的呼应而实现自我更新的空间，这里的"自我"，与生命的具体性紧密关联（参见第四章的相关论述），不是一个形而上的抽象个人，而是一个生气淋漓有着生存欲望，无法将其从所置身的周围事物的复杂关系中抽离出来，因而才试图通过文学活动反过来为自我的生存寻找可能性的现实个体。这就如尼采说思想者并不是"纯粹的求知者"，而必须"切身地对待他的问题，在其中看到他的命运、他的需要以及他的最高幸福"。[77] 同样，正因为文学从来就置身在一个广袤无边的现实世界中，所以这一现实世界，反过来通过文学，提供主体反省自身和实现自身的力量，通过不断更新与丰富而获得存在的意义与可能。

结语

当现代名教编织的种种"公理"神话孕育、萌发并渐次膨胀时，章太炎以特立独行的"破名者"姿态应世，驳"四惑"以揭起对当时种种流行意识形态的批判；用主体自由的人的活动来肉搏命定论；他的学术形态与人生践行启示着主义、思想等如何与生命实感交相砥砺，褪去僵硬而不及身的形态，如何最终在深切的生命经验背景上证验、展开、落实……这些无不汇入了以"亲证"破"空言"的经验中，并在鲁迅、胡风那里得到发扬。

鲁迅在"恶声"嚣攘中警戒世人避免沦为"伪士"，深刻之处在于他是在后发国家具体的现代化困境中来揭示"伪士"的危害。鲁迅作为"破名者"的形象在今天具有显明的意义，在当下的社会与文化建设中，比如说面对"向西方学习"这样自近代以来持续而重要的课题时，那种立"名"为教、唯"名"是举的思维定势与运作并未绝迹，甚至依然大行其道（将西方各种主义、思潮膜拜为普遍、终极的真理，或者走马灯似的轮换符号，等等）。而鲁迅启示我们：应该把西方对问题的思考放到他们总结自己历史经验的脉络中去理解，即第三章中反复议及的从根柢处学习，这样把握住的整体的、能动的"精神"，才能够真正参与到我们在具体、活生生的现实中处理、重建自身的"名"与"实"等关系的经验中去。实际上，人类也正是在"名"和它所反映的对象间的具体的、历史的统一过程中，才能认识和改造世界。

九死不悔的"第一义诗人"胡风，用他点点滴滴的实际斗争与惊涛骇浪的生命轨迹昭示："破名"不仅是一种思想方式和精神能力，同时更是在这种方式、能力指导与运用下的实践活动。在胡风主客观化合论的图示中，创作主体与客观对象之间并不存在当时的风气中习见的、反映与被反映的简单关系。创作的精神主体需要对客观对象不断渗透以获得与后者融然无间的拥合（作家的自我扩张），而这一过程必然伴随着主客体之间紧张甚至痛苦的"搏斗"，使得作家的主体性在客观对象面前修正，甚或背叛自己原先的精神内容（作家的自我斗争），这才体现了真正的现实主义。这又岂止关乎文学创作，它同时指向一种从每一步的实践中汲取经验，通过实践检验理论、完善自我的工作方式，这一方式充满着"肉体的痛苦"，与插起"思想概念"的大旗就以为获得了"先验"权威性的作风大相径庭。这就是马克思强调的："人应该在实践中证明自己思维的真理性，即自己思维的现实性和力量，亦即自己思维的此岸性。"思维的"真理性"与"此岸性"意味着，概念、理论、原理等"名"的形态"决不是以这个或那个世界改革家所发明或发现的思想、原则为根据"[78]，而必须依据"此时此地"实践生活的不断展开而修正、更新。这里就能区分出名教奴仆与"破名者"的差异：前者将自己占有的一些"名"，视作"具有至上意义和无条件真理权的思维成果"[79]，这些"最终的、绝对的、神圣的东西"[80] 在历史与社会的行进中拒绝向实践开放；而"破名者"则在实践中汲取经验、检验自我，这显然符合唯物辩证法精神。"认识就其本性而言，……甚至永远是有缺陷的、不完善的，而谁要以真正的、不变的、最后的、终极的真理的标准来衡量它，那末，他只是证明他自己的无知和荒谬。"[81] 反过来这就彰显了前文多次议及鲁迅、胡风所承受的"挣扎"、执着而无止境的战斗的意义所在。如果以史为鉴，胡风的"破名"实践更显示出深刻的启示意义。胡风摆脱"来路不明的先验的概念"，转而注重"此时此地"的实际工作（在这一脉络中我们还可看到：章太炎从《荀子·不苟》"天地始者，今日是也"中导出"当下即是"的精髓[82]，倡导直面当下的问题状况，因势利导，开出转机；鲁迅拒绝"未来的黄金世界"而珍重"活的现在"的态度），及其出发点："我的斗争只能基于现实因而针对现实，我相信的原则只能在基于现实、针对现实的实践中引导、发展和前进。"与我们熟知的"摸着石头过河"正有相通之处：在变革时代，到底是在"最终的、绝对的、神圣的东西"面前固步自封，迷信这些"绝对真理"对具体问题一劳永逸的解决，还是不拘囿于马克思主义"本本"的"纯洁性"与教条化的社会主义之"名"，转而从中国实际出发，在具体实践中寻找实事求是的路线，通过"大胆地试、大胆地闯"[83]来检验结论，来"研究新情况，解决新问题"[84]——到底何者于社会有功、对人民有利，历史早已清晰昭示。

注释

1　贡华南：《知识与存在：对中国近现代知识论的存在论考察》，上海：学林出版社，2004年10月，导论第3页。本节中，从存在论角度对知识的考察，参考了贡华南先生此书中的相关论述，特此说明并致谢。

2　〔德〕卡尔·曼海姆：《意识形态与乌托邦》，黎鸣、李书崇译，周纪荣、周琪校，北京：商务印书馆，2009年7月，第303、304页。

3　〔法〕蒙田：《论学究式教育》，载《蒙田随笔集》，马振骋译，上海：上海译文出版社，2014年3月，第34页。

4　贡华南：《知识与存在：对中国近现代知识论的存在论考察》，第5—8页。

5　〔清〕王夫之：《尚书引义》，北京：中华书局，1976年5月，第173页。

6　周作人：《关于测字》，载周作人著、止庵校订《立春以前》，第18页。

7　〔德〕恩斯特·卡西尔：《人论》，甘阳译，上海：上海译文出版社，1985年12月，第34页。

8　〔德〕海德格尔：《形而上学导论》，熊伟、王庆节译，北京：商务印书馆，1996年6月，第22页。

9　鲁迅：《文化偏至论》，载《鲁迅全集》（第一卷），第54、55页。

10　鲁迅：《杂忆》，载《鲁迅全集》（第一卷），第236页。

11　章太炎：《建立宗教论》，载上海人民出版社编《章太炎全集》（四），第412页。

12　鲁迅：《新的蔷薇》，载《鲁迅全集》（第三卷），第308页。

13　郜元宝：《"为天地立心"》，载《鲁迅六讲》，第34页。

14　胡风：《粉饰，歪曲，铁一般的事实》，载《胡风全集》（第5卷），第128页。

15　〔日〕河田悌一：《否定的思想家——章炳麟》，收入章念驰编《章太炎生平与学术》。

16　萧公权：《中国政治思想史》（三），第819页。

17　章太炎：《俱分进化论》，载姜玢编选《革故鼎新的哲理——章太炎文选》，第150页。

18　鲁迅：《致唐英伟》（1935年6月29日），载《鲁迅全集》（第十三卷），第494页。

19　鲁迅：《"题未定"草（七）》，载《鲁迅全集》（第六卷），第442页。

20　鲁迅：《黄花节的杂感》，载《鲁迅全集》（第三卷），第428页。

21　郜元宝：《"言立而文明"》，载《鲁迅六讲》，第162页。

22　鲁迅：《随感录六十六·生命的路》，载《鲁迅全集》（第一卷），第 386 页。

23　胡风：《A. P. 契诃夫断片》，《胡风全集》（第 3 卷），第 229 页。

24　鲁迅：《马上支日记》，载《鲁迅全集》（第三卷），第 346 页。

25　［俄］屠格涅夫：《前夜　父与子》，丽尼、巴金译，北京：人民文学出版社，1979 年 10 月，第 288 页。

26　鲁迅：《透底》，载《鲁迅全集》（第五卷），第 112 页。

27　鲁迅：《智识即罪恶》，载《鲁迅全集》（第一卷），第 389 页。

28　［德］海德格尔：《尼采》，孙周兴译，北京：商务印书馆，2002 年 1 月，第 899 页。

29　［德］尼采：《权力意志——重估一切价值的尝试》，张念东、凌素心译，北京：商务印书馆，1991 年 5 月，第 280 页。

30　彭小燕：《存在主义视野下的鲁迅》，北京：北京大学出版社，2007 年 11 月，第 30 页。

31　鲁迅：《再论雷峰塔的倒掉》，载《鲁迅全集》（第一卷），第 202 页。

32　鲁迅：《这样的战士》，载《鲁迅全集》（第二卷），第 219 页。

33　胡风：《死人复活的时候》，载《胡风全集》（第 3 卷），第 128 页。

34　王乾坤：《鲁迅的生命哲学》，第 37 页。

35　鲁迅：《致许广平》（1925 年 3 月 18 日），载《鲁迅全集》（第十一卷），第 20 页。

36　参见王乾坤《鲁迅的生命哲学》第一章的相关论述。

37　鲁迅：《文化偏至论》，载《鲁迅全集》（第一卷），第 56 页。

38　［日］竹内好：《鲁迅》，载《近代的超克》，李冬木、赵京华、孙歌译，第 107 页。

39　［美］威廉·巴雷特：《非理性的人》，杨照明、艾平译，第 170 页。

40　［俄］车尔尼雪夫斯基：《H. 奥格辽夫诗集》，载《车尔尼雪夫斯基论文学》（下卷第一册），辛未艾译，上海：上海译文出版社，1982 年 10 月，第 407 页。

41　［德］伽达默尔：《科学时代的理性》，薛华译，北京：国际文化出版公司，1988 年 12 月，第 15 页。

42　转引自张汝伦《历史与实践》，上海：上海人民出版社，1995 年 11 月，第 236 页。

43　张汝伦：《哲学的生命》，《读书》1996 年第 1 期，第 56—60 页。

44　鲁迅：《关于太炎先生二三事》，载《鲁迅全集》（第六卷），第 567 页。

45　［德］马克思：《关于费尔巴哈的提纲》，载中共中央马克思恩格斯列宁斯大林著作编译局编《马克思恩格斯选集》（第一卷　上），第 16、19 页。

46　钱理群：《丰富的痛苦："唐吉诃德"与"哈姆雷特"的东移》，长春：时代文艺出版社，1993 年 5 月，第 127 页。

47　胡风：《关于现实与现象的问题及其他》，载《胡风全集》（第 5 卷），第 159 页。

48　〔英〕伊格尔顿：《审美意识形态》（第 2 版），王杰、傅德根、麦永雄译，桂林：广西师范大学出版社，2001 年 7 月，第 205 页。

49　〔法〕米歇尔·福柯：《反法西斯主义的生活艺术》，李猛译，《天涯》2000 年第 1 期，第 153—155 页。

50　〔美〕赫伯特·马尔库塞：《审美之维》，李小兵译，桂林：广西师范大学出版社，2001 年 10 月。

51　相关论述可参见罗岗《"生命权力"、"文学反抗"与文学的"先锋性"》，《中华读书报》2006 年 5 月 31 日。

52　转引自张汝伦《现代西方哲学十五讲》，第 270 页。

53　钱基博：《现代中国文学史》，上海：上海书店出版社，2004 年 8 月，第 3 页。

54　王元化：《文学的真实性和倾向性》，《上海文学》1980 年 12 期，第 30—37 页。

55　霍布斯：《论物体》，载北京大学哲学系编译《西方古典哲学原著选辑　十六—十八世纪西欧各国哲学》，北京：商务印书馆，1975 年 7 月，第 91 页。

56　〔美〕苏珊·桑塔格：《反对阐释》，载《反对阐释》，程巍译，第 16 页。

57　〔德〕黑格尔：《美学》（第一卷），朱光潜译，北京：商务印书馆，1996 年 6 月，第 357、358 页。

58　〔南北朝〕刘勰著、周振甫注：《文心雕龙注释》，北京：人民文学出版社，1981 年 11 月，第 494 页。

59　王元化：《释〈物色篇〉心物交融说——关于创作活动中的主客关系》，载《文心雕龙讲疏》，第 91、92 页。

60　胡风：《七年忌》，载《胡风全集》（第 2 卷），第 176 页。

61　文贵良：《话语与生存：解读战争年代文学（1937—1948）》，上海：上海书店出版社，2007 年 12 月，第 257 页。

62　于坚、谢有顺：《于坚谢有顺对话录》，苏州：苏州大学出版社，2003 年 12 月，第 16、18 页。

63　钱穆：《论语新解》，北京：生活·读书·新知三联书店，2002 年 9 月，第 451、452 页。

64　李长之：《〈红楼梦〉批判》，载伍杰、王鸿雁编《李长之书评》（第四卷），石家庄：河北教育出版社，2006 年 9 月，第 13、14、41 页。

65　［俄］别林斯基：《论俄国中篇小说和果戈理君的中篇小说》，载《别林斯基文学论文选》，满涛、辛未艾译，第 151、153 页。

66　［奥］里尔克：《给一个青年诗人的十封信》，冯至译，北京：生活·读书·新知三联书店，1994 年 3 月，第 3、4 页。

67　鲁迅：《"这也是生活"……》，载《鲁迅全集》（第六卷），第 624—626 页。

68　胡风：《关于解放以来的文艺实践情况的报告》，载《胡风全集》（第 6 卷），第 204、205、302、303 页。

69　胡风：《略谈我与外国文学》，载《胡风全集》（第 7 卷），第 246 页。

70　文贵良：《话语与生存：解读战争年代文学（1937—1948）》，第 256 页。

71　谢有顺：《文学身体学》，载《先锋就是自由》，济南：山东文艺出版社，2004 年 5 月，第 33 页。

72　鲁迅：《文艺与政治的歧途》，载《鲁迅全集》（第七卷），第 122、120 页。

73　［德］马丁·海德格尔：《诗人何为》，载《林中路》，孙周兴译，上海：上海译文出版社，1997 年 12 月，第 276 页。

74　周作人：《〈贞操论〉译记》，《新青年》第四卷第五号，1918 年 5 月 15 日。《贞操论》译文亦收入《周作人文类编》，可参见钟叔河编《周作人文类编》（5），长沙：湖南文艺出版社，1998 年 9 月，第 422 页。

75　胡风：《论战争期的一个战斗的文艺形式》《今天，我们的中心问题是什么？》，分别载《胡风全集》（第 2 卷），第 510—511、613—614 页。

76　［日］竹内好：《中国文学的政治性》，尹凤先译，载薛毅、孙晓忠编《鲁迅与竹内好》，上海：上海书店出版社，2008 年 10 月，第 431 页。

77　［德］尼采：《快乐的知识》，转引自周国平《尼采：在世纪的转折点上》，第 46、47 页。

78　［德］马克思、恩格斯：《共产党宣言》，载中共中央马克思恩格斯列宁斯大林著作编译局编《马克思恩格斯选集》（第一卷　上），第 264 页。

79　［德］恩格斯：《反杜林论》，载中共中央马克思恩格斯列宁斯大林著作编译局编《马克思恩格斯选集》（第三卷　上），第 126 页。

80　［德］恩格斯：《路德维希·费尔巴哈和德国古典哲学的终结》，载中共中央马克思恩格斯列宁斯大林著作编译局编《马克思恩格斯选集》（第四卷），第 213 页。

81　［德］恩格斯：《反杜林论》，载中共中央马克思恩格斯列宁斯大林著作编译局编《马克思恩格斯选集》（第三卷　上），第 130 页。

82 章太炎著、虞云国标点整理:《菿汉三言》,沈阳:辽宁教育出版社,2000 年 1 月,第 68 页。

83 邓小平:《在武昌、深圳、珠海、上海等地的谈话要点》,载中共中央文献编辑委员会编《邓小平文选》(第三卷),北京:人民出版社,1993 年 10 月,第 374 页。

84 邓小平:《解放思想,实事求是,团结一致向前看》,载中共中央文献编辑委员会编《邓小平文选(1975—1982 年)》,北京:人民出版社,1983 年 7 月,第 139 页。

胡适

《名教》一文的材源、题旨与现实背景

《名教》篇首开宗明义地解释道："'名教'便是崇拜写的文字的宗教；便是信仰写的字有神力，有魔力的宗教。"[1]然后提及两位对名教问题已有所分析的现代学者。一位是冯友兰，1926年12月，冯在《名教之分析》中指出："在实践方面，概念在中国，却甚有势力。名教、名分，在中国有势力。名所指的就是概念。"他进而将守节、殉夫这种中国历史上"不合理的事情"，归咎于"她是屈服于名、概念"。[2]另一位是江绍原，在其所从事"古代名礼的研究"中，从学理上系统而客观地讨论先民是如何命名、如何以名护己和以名伤人的诸问题。[3]胡适文中引述中国民间崇奉名教的例子，大多来自江绍原的搜集、介绍。可以说，冯、江二位的论述，是胡适揭起名教批判的、直接的思想材源。然而，胡适绝非接过话头"往下说"，他将标语口号视作名教的"祖传法宝"和显要形态。早在1919年10月，胡适陪同杜威赴山西演讲，途中

但见街边路灯柱上贴满"黑地白字的格言",已大为不安:"人人嘴上能说许多好听的抽象名词"是"道德教育的一大障碍",且在致高一涵、张慰慈的信中明确表示"这个意思,我将来当作文详细说明"。[4]此文当指《名教》。不妨说,《名教》一文是胡适夙年忧心与关注的赋形。

所以尽管江绍原"细大不捐,雅俗无别"地搜集名教的材料,但基本不出民俗学、人类学的学术研究范畴;但是胡适却笔锋一转,立即注目起当下现实中"名教的信徒"的种种言行。作为纲常制度的名教,可以随着封建社会的解体而消失,但崇名、拜名的心理和思想形式,却会延续下来,表现出超越社会制度的特点。这是胡适赋予"名教"新内涵的深刻之处,其实也见出其所注目更在现实。

从泛滥的口号标语入手,胡适剖析名教产生的缘由,他举了一个极有针对性的例子:

> 少年人抱着一腔热沸的血,无处发泄,只好在墙上大书"打倒卖国贼",或"打倒日本帝国主义"。写完之后,那二尺见方的大字,那颜鲁公的书法,个个挺出来,好生威武,他自己看着,血也不沸了,气也稍稍平了,心里觉得舒服的多,可以坦然回去休息了。于是他的一腔义愤,不曾收敛回去,在他的行为上与人格上发生有益的影响,却轻轻地发泄在墙头的标语上面了。

在这个例子里,少年人所秉持的、由口号标语所负载的"名"——"打倒卖国贼"等——的具体意涵,具有无可辩驳的时代合理性,但错在"心理上的过瘾"与"无意义的盲从"。作为"一种宣传的方法,政治的武器",标语口号的效用胡适未必不知,但在实际情形中却流于阿

Q 精神胜利法式的自慰与泄愤，正如胡适在"问题与主义"之争中揭示过的，为"抽象名词"所迷惑、俘虏，往往源自"畏难求易，只是懒"。标语口号原是出于动员、鼓舞之用，现在非但无法落到实处，反而成为懒人停止思想与实践的幌子，这就是名教危害所在。所以篇末胡适要针锋相对举出"力行"。而每当国难临头标语口号满天飞舞之时，胡适总不忘提醒世人名教误国，不如多干实事。比如 1933 年 3 月日军侵占热河，胡适写下沉痛的《全国震惊以后》，将"口号标语"和"精神文明，宝华山念经，金刚时轮法会"等列入"一家眷属"的"宝贝"；[5] 华北事件应"使我们更明白救国不是轻易的事"，"口号标语全无用处"；[6] 他尤其注意规劝热血青年："基本责任到底还在平时努力发展自己的知识与能力……只有拼命培养个人的知识与能力是报国的真正准备工夫"，"一切耸听的口号标语固然都是空虚无补"[7]。

清末民初关于新名词迎拒的论争中，有识之士早就提醒，"新法新政在乎吾人之身体力行，见诸措施，征诸事业"，然而以新名词为"口头禅""一纸空言"，则"为当世攻击新学者授以口实"，给维新事业增加阻碍。[8] 停留在名教形态中而不涉实际、不进入实践过程的主张，胡适称呼为"纸上的学说"①。他在其哲学史中将墨子学说和实用主义哲学相综合，说道："墨子说单知道几个好听的名词，或几句虚空的界说，算不得真'知识'。真'知识'在于能把这些观念来应用。……须是到了实际上应用的时候，才知道口头的界说是没有用的。"[9] 名教批判旨在褪去"名"的"虚空"的符号形态，在实践中检验、修正，"把所知

---

① 这个提法可能来自陆游的诗句："纸上得来终觉浅，绝知此事要躬行。"胡适反感"纸上的学说"，还出于其史学研究旨趣。与傅斯年、顾颉刚等学者一样，胡适主张拓宽历史资料的范围，反对将书面文字材料视作历史研究唯一重要的资源。

的能否实行，来定所知的真假，把所知的能否应用，来定所知的价值"。胡适还曾批评有些"我们国内的少年，见了麦子说是韭菜，却要高谈'改良农村''提高农民生活'，真是痴人说梦！"这些少年的主张就禁闭在"纸上"而无从到实际生活中发生效用，所以胡适建议："少谈主义，多研究一点有用的科学。带了科学知识作工具，然后回到田间去，睁开眼睛看看民众的真痛苦、真问题。然后放出你的本事来，帮他们解除痛苦，解决问题。"[10] 此外，对"纸上的学说"的批判还意味着，移植任何学说、理论，都必须一方面探悉该学说、理论发生作用时特定的语境和问题史脉络，否则，就是胡适讥刺的"口口声声自命的什么主义的信徒，而不知道这个什么主义的历史与意义"[11]；另一方面必须考察所引介的学说、理论与我们自身现实与问题情境间的关系——这是胡适经常举证的比方，一个医生"必须实地诊察病人的实在病情，他的学理只能帮助他懂得某种现状是某种病症，某种病症该用某种治疗法"[12]，不考察实情而幻想依靠着几句"汤头歌诀"包医百病，那是愚蠢的。胡适对"纸上的学说"的批判，其关心在于："五四"是西潮蜂拥而入的时代，但何以大多数理论的引进，不仅没有帮助国人洞察那些深具现实迫切性的问题，反而在很大程度上参与固化了"不合现代需要"的、"传统的思想方法和习惯"[13]，流于名教"空泛的口头禅"。

胡适根据郑玄"古曰名，今曰字"的说法，将名教解释为对文字的崇拜，而文字是思想的形式，所以反对名教就是反对思想停滞、将思想定为一尊，"从根本上来说，杜绝语言上的笼统、含混、抽象，就是杜绝思想上的懒惰、盲从与浅薄"[14]。在胡适看来，"迷信抽象名词"，即"把主义用作蒙蔽聪明停止思想的绝对真理"；"思想切不可变成宗教。变成了宗教，就不会虚而能受了，就不思想了。我宁可保持我无力的思想，决不肯换取任何有力而不思想的宗教"[15]。名教岂不正是一种"有力而不思想的宗教"？而当"成见"变成"固定的'主义'"或"时髦的党纲信条"，"懒惰的人总想用现成的，整套的主义来应付当前的问题，总想拿事实来傅会主义"，这就是立"名"为教之后放弃了思想与"独立的精神"。[16]

此外，《先秦名学史》将《易经》中的象、卦这类象征符号都纳入"名"的范畴来讨论，从此意义上说，反对符号拜物教对人类的异己统治，也是名教批判的内容之一。胡适在白话文运动中反对文言、反对"套语"，正是反对固定化的符号表达对人思想的束缚。这也可理解为胡适给予现代社会的启示：没有符号标志，人与人之间无法交往、通讯，但同时也要警惕人的符号化、警惕人对外在力量（包括"名"）的迷信。

综上，胡适的名教批判，在思想精神领域反对迷信抽象名词和尚文轻质的形式主义，主张理论向现实开放；在社会实践领域反对教条化而重实际、力行；在人格修养方面则反对盲目轻信而强调人格独立。

胡适将《名教》收于《文存》三集，在自序中交代："我在近年做过几篇讨论政治的文章，因为已收在《人权论集》里单行了，故此集里只收了《名教》一篇。"[17]言下之意，《名教》同样是在"讨论政治"。文中多处表明是对"国民政府""治国者"发言，所举事例也每每针对当时国民党的举动：南京一大学为改校名，闹了多次风潮（恰好一个月前胡适在南京参加大学院委员会会议，会上就有人提议北京大学改名为中华大学，遭到胡适反对）；北京打下后改作"北平"以去掉"京"的政治含义；有人提议改南京为"中京"以凸显"中央"之意；还有人郑重建议改"故宫博物院"为"废宫博物院"。百废待兴之际原该力行实事，现在却忙于种种皮相的名教游戏。南京国民政府在其开头的"黄金十年"曾被视作前所未有的现代政府，"但也应当看到，它所具有的现代成分只是轻轻覆盖在古老文明表面的一层虚饰，仅有的一些现代事物是相当肤浅的"[18]。"名教的信徒"们的种种言行，正是"现代成分虚饰"下的"故鬼重来"，适足见出国民党政治操作层面浅薄的文化心理。

胡适对 1927 年的清党实有反感，内心虽然失望，表面仍与南京政府周旋，尤其体现在对新政权试图推行"党化教育"的抗争。当年 10 月，大学院院长蔡元培请胡适出任大学委员会委员之职，胡适写信推辞，说明彼此意趣相左，无法追随。[19] 因蔡元培再次敦请，胡适就职，并于次年 5、6 月间两赴南京参加全国教育会议、大学院委员会会议。会上闹出很多不快，吴稚晖甚至当面指斥胡为"反革命"[20]，会后胡适致信蔡元培，坚决辞去委员之职。一个月后胡适即写出《名教》，文中一段讽喻——"故'忠实同志'、'总理信徒'的名，要引起'拥护'的分。'反动分子'的名，要引起'打倒'的分。"——或正出于南京会场上所见，有感而发①。

1928 年 8 月，在蒋介石主持下，国民党召开二届五中全会，议决实施"训政"。10 月 3 日，国民党中常会通过《训政纲领》，宣布训政期间，由国民党全国代表大会及中央执行委员会代表国民大会领导国民，行使政权，由国民党训练国民逐渐推行"选举、罢免、创制、复

---

① 从南京回到上海，胡适遇到王伯秋，说起过去也曾反对"党化教育"的陶知行（行知）现在"早已迎头赶上去了"，胡适以为，"这句话说着无数熟人，使我生不少感慨。有许多人确是'迎头赶上去'，难免招人轻视"。而陶知行"似乎也感觉得一点"，所以在会上并不张扬；有的人则不但"迎头赶上去"，"还要在额角上大登广告，故更为人轻视"。见胡适日记（1928 年 6 月 15 日），载曹伯言整理《胡适日记全编》（5），第 157 页。

决四种政权"。同时，蒋介石被授予军、政大权。1929 年 3 月，国民党"三大"决议以"总理主要遗教"为"训政时期中华民国最高之根本法案"。这些举措出台，无一不假借"训政"之名而行独裁之实，对于一直盼望着在中国建立英美式民主政治的胡适来说，不啻严重一击。尤其是国民党上海市代表陈德征提出一项严厉处置反革命分子议案，要求"凡经省党部及特别市党部书面证明为反革命分子者，法院或其他法定之受理机关应以反革命罪处分之"。胡适阅后，"实在忍不住"，当即致书司法院院长王宠惠，挖苦"中国国民党有这样党员，创此新制，大足夸耀全世界"[21]，并将此信交国闻通信社转送各报发表。结果信稿被检查者扣去，未能登出，而陈德征倒在《民国日报》上针对胡适发表了评论《胡说》："在以中国国民党治中国的今日，⋯⋯违反总理遗教，便是违反法律，便要处以国法。这是一定的道理，不容胡说博士来胡说的。"[22]胡适忍无可忍，结合 4 月 20 日国民政府所下保障人权的命令，于 5 月 6 日草成《人权与约法》一文，送交《新月》第二卷第二期发表，打响人权论战的第一枪。

　　5 月 11 日，胡适改定《知难，行亦不易——孙中山先生的"行易知难说"述评》，与此期间《名教》《新文化运动与国民党》等文互为张本，对"上帝可以否认，而孙中山不许批评。礼拜可以不做，而总理遗嘱不可不读，纪念周不可不做"[23]表示不满。孙中山将多年革命的经验教训总结为一种"必要的心理建设"，其中心思想即"行易知难"："一面要人知道'行易'，可以鼓舞人勇往进取。一面更要人知道'知难'，可以提倡多数人对于先知先觉者的信仰与服从。"[24]胡适承认这是"很有力的革命哲学"，但只是"一时救弊之计"，不应忽视"这个学说本身的一些错误"。首先，"行易知难"说的"根本错误"在于把

"'知''行'分做两件事，分作两种人做的两类的事"，"只是要我们知道行是人人能做的，而知却是极少数先知先觉者的责任。大多数的人应该崇拜知识学问，服从领袖，奉行计划"。换言之，"知"已经被"极少数"人所垄断，"大多数"人只消"服从""奉行"，这就取消了多数人自由思想的权利。"统一的思想只是思想的僵化，不是谋思想的变化。用一个人的言论思想来统一思想，只可以供给一些不思想的人的党义考试夹带品，只可以供给一些党八股的教材，决不能变化思想，决不能靠此'收革命之成功'。"[25] 显然，"用一个人的言论思想来统一思想"正是观念拜物教的显影——把"观念变成了一种思想体系，对这种体系要求教条式的忠诚，而不容忍任何异议"[26]。而真正的"知"应该"从实际经验（行）上得来；知一点，行一点；行一点，更知一点，——越行越知，越知越行"；并且向实践开放，"根据实际的利弊，随时修正改革"。其次，别有用心者会利用"多数人对于先知先觉者的信仰与服从"而谋取私利，此时，"'行易'之说可以作一班不学无术的军人政客的护身符"。因此，胡适此文就不仅仅是针对孙文学说的哲学批判，而是"借力打力"，将矛头指向把"总理遗教"张大为名教护符的"军人政客"。罗志田先生已发现："《知难，行亦不易》就是在旧稿的基础上改写的，从胡适日记中可看到一些关于孙中山'知难行易'的读书笔记，从稿纸和所用的笔看，大概是在美国介绍孙氏学说所写，那时并无批判的意思，则对孙的批评部分很可能是 1929 年后加的。"[27] 而季羡林先生则说得更为显豁："胡适敢于对国民党的'国父'的重要学说提出异议，是需要一点勇气的。蒋介石从来也没有听过'国父'的话，他打出孙中山先生的牌子，其目的只在于欺骗群众。但是，有谁胆敢碰这块牌子，那是断断不能容许的。于是，文章一出，国民党蒋介石的御用党棍一下子炸开了锅，认为胡适简直是大不敬……"[28] "拉大旗作虎皮"本就是名教信徒们的典型伎俩。

国民党的文化专制连同复活孔孟之道措施一起出笼[①]，让胡适洞悉到新政权对"五四"新文化运动的敌意。其实胡适在 1928 年 5 月 4 日光华大学的演讲中，曾特意将国民党与"五四"作了一番联系：国民党在"五四"后创办《星期评论》《建设》杂志，"影响于青年学生界"；1924 年改组之际"吸收少年分子，参加工作"；尤其孙中山能体会"思想革命"的重要意义。[29] 这基本出于好意，但一味往好的方面说去，也可能已是恶兆初现后胡适有意的规劝和预警，未曾想国民党很快"大失人心"："从新文化运动的立场看来，国民党是反动的"，"一半固然是因为政治上的设施不能满足人民的期望。一半却是因为思想的僵化不能吸引前进的思想界的同情"。[30]

胡适在 1932 年总结曾获得多数人心拥戴的国民党之所以"渐渐失去做社会重心的资格"，原因之一是"能唱高调而不能做实事"[31]，这开始失去资格的日子，大约在 1928 年至 1929 年之间。在蒋介石对孙中山遗教的歪曲、利用之下，三民主义已成了"一个缺乏基本内涵，在政策上显现上有较大随意性的一些口号的堆积"[32]。此期间胡适与国民党的几番龃龉[33]，正是《名教》一文的现实背景，也必须通过这一系列时论的互文语境来体会《名教》的主旨。值得注意的是，1928 年 6 月，负责国民党宣传工作的胡汉民致信胡适："还是治标之标，快要到治标之本了，却离治本两字相差尚远……一个人太忙，就变了只有临时的冲

---

① 国民党元老戴季陶在《孙文主义之哲学的基础》（《民国日报·觉悟》1925 年 7 月 27 日至 8 月 3 日）中将三民主义孔学化，试图从传统思想中寻找支持中央集权的政治学说。正是依据戴的阐述，国民党政权日益转向保守的文化和意识形态。

动。比方当着整万人的演说场，除却不断不续的喊出许多口号之外，想讲几句有条理较为子（原文如此——引者注）细的话，恐怕也没有人要听罢？"[34] 胡汉民可能是实话实说，但胡适显然不满意。一个月后写《名教》一文抨击"中国已成了口号标语的世界"，正是失望于"能唱高调而不能做实事"。1919 年 6 月胡适曾撰文欢迎《星期评论》，在这篇见证胡适与国民党人最初友谊的文章中，特为指出："现在的舆论界的大危险"是"偏向纸上的学说"，"因为二千三四百年前的柏拉图和阿里士多德，和我们时代不同、事势不同、历史地理不同，他们的话是针对他们的时势说的，未必能应用于我们中国今日的时势"，可见"一切学理、一切 Isms，都只是这种考察的工具"，所以"舆论家的第一天职"应是"细心考察社会的实在情形"。《星期评论》避免了"空泛的口头禅"而"脚踏实地"，有"具体的态度"。[35] 这是胡适对新生政治力量的期望，但未曾想，不到十年，当初寄予希望的"我们的兄弟"已然沦为"口号堆积"、名教泛滥的渊薮。胡适此时批判之厉[①]，可能正出于失望之深。

名教批判的脉络与点滴

由上所述，1928 年胡适写《名教》一文前后期间，不满国民党政权的一系列"训政"举措，双方时有摩擦，其笔锋所向皆有现实针对。

[①] 胡适此期间的作为，当然不能为南京政府所容忍，国民党几乎到了要"法办"胡适的地步；而好友高梦旦、张元济都曾致信胡适劝其出言谨慎、明哲保身，可见彼时胡适对国民党的批评必不惜力。参见高梦旦《高梦旦致胡适》（1927 年），载中国社会科学院近代史研究所中华民国史组编《胡适来往书信选》（上），第 451 页；胡适日记（1929 年 6 月 2 日），载曹伯言整理《胡适日记全编》（5），第 425 页。

但同时,《名教》也是胡适思想发展过程中顺理成章的产物,前有伏笔,后有呼应。

1915年5月8日,胡适在日记中写道:自达尔文学说"东来,乃风靡吾国","'天择''竞存'诸名词乃成口头禅语",而胡的朋友韦莲司女士则直言:"此亦未必为中国士大夫之长处。西方人士不肯人云亦云,而必经几许试验证据辩难,而后成为定论。东方人士习于崇奉宗匠之言,苟其动听,便成圭臬。西方之不轻受新思想也,未必是其短处;东方之轻受之也,未必是其长处也。"³⁶ 胡适听闻,大为叹服,言下之意即轻受新思想未必是真正接受新思想,反倒可能将新思想敷衍成几句"口头禅语"就了事。十四年后,胡适在一篇文章中旧事重提(可见印象之深),进而借当年"一位美国朋友"的口吻补充道:"不抵抗也许是看不到思想的重要,也许是不曾了解新思想的涵义。抵抗之烈也许是顽固,也许是不轻易相信,须心服了然后相信。"³⁷

1918年3月,胡适在文章中指责"如今的人,往往拿西洋的学说,来做自己的议论的护身符",其实不同时代的西哲"各有他们不同的境遇时代。因为他们所处的时势、境遇、社会各不相同,所以他们怀抱的救世方法便也各不相同";各人的"学说,都由个人的时势不同,才性不同,所受的教育又不同;所以他们的学说都有个性的区别,都有个性的限制;并不能施诸四海而皆准,也不能推诸万世而不悖"。"不去研究中国今日的现状应该用什么救济方法,却去引那些西洋学者的陈言来辩护自己的偏见",这是"大错";"不管这些哲人和那些哲人是否可以相提并论,是否于中国今日的问题有可以引证的理由"而盲目引证,便是"奴性的逻辑"。胡适甚至察觉到了那些"不察中国今日之情形"的主义、学说产生的根源之一,在于人思维的怠懒与盲从(所谓"奴性的逻辑")。[38]

1919 年 3 月 22 日，胡适在少年中国学会筹备会上的讲演中，提醒听众注意"一种平常人不很注意的怪状"——"目的热"，其表现为："迷信一些空虚的大话……许多空虚的名词；意义不曾确定，也都有许多人随声附和，认为天经地义……""目的热"与"方法盲"勾连在一起，所以胡适提倡注重"事实""假设""证实"的科学方法与实验态度。[39]这与他稍后标举"问题"而避谈"主义"的态度桴鼓相应。此处还须注意：根据前文对现代名教的界定，客观上因内涵、外延模糊而难以确定某一名词的意义是一回事，主观上"不求甚解，不加深思，只会拾人牙慧，随声附和"是另一回事，后者即胡适反对的"镜子式的思想"，他追究的根本在于思维的"方法"。

1920 年 9 月在北大开学演讲《提高与普及》中，胡适再次提醒众人新文化运动已经变成"新名词运动"。陈独秀在年底著文《提高与普及》，似乎有意与胡适关于北大学生应侧重提高的建议商榷，但在对学生水平的判断上，二者观点一致："没有基础学又不能读西文书，仍旧拿中国旧哲学旧文学中昏乱的思想，来高谈哲学文学。"[40]用"旧思想"谈"新学问"，岂不正是"新名词运动"的诱因？

1922 年，胡适抱怨道："新文化，学生运动，安那其，社会主义，共产主义，……无一不可作猪仔之敲门砖！今天谈安那其，明天不妨捧小政客；今天谈共产主义，明天又不妨作教育次长！"[41]这段话自有现实所指，但在民国时期，这种所谓"吃教"，已成为知识分子持续的、普遍的忧虑，比如鲁迅说的，按需要自行取用孔丘墨翟、老聃、关龙逢、少正卯、达尔文赫胥黎、克鲁巴金。名教嚣攘中，很少宗奉、信仰，只有"吃教"，即把各种名号、主义当作"敲门砖"以谋私利。

1928 年 7 月，《新月》第一卷第五号上刊出《名教》，这是胡适名教批判的集大成之作。他从口号标语的泛滥入手，剖析名教产生的缘由（"心理上的过瘾"与"无意义的盲从"）与危害等。同年 9 月，胡适重申"向来反对'名教'，因为我深信'名'是最可以给人们用作欺骗的工具的"[42]。这一年中国公学的同事创办《吴淞月刊》，胡适在发刊词中劝诫"不可学今日最时髦的抽象名词战争"[43]。

1929 年，平社成员拟从各方面讨论"中国问题"，分给胡适的题目是《从思想上看中国问题》。在应邀而作的文章中，胡适不忘揭批"口头禅""标语""用一个抽象名词来抹杀一切复杂的情形"的危害："一些范围广漠的名词，所包含的意义有地域上的不同，有历史上的不同。然而这些名词一到了我们的手里和嘴里，一个个都成了法宝。你要诅咒谁，只消口中念念有词，唱一声'资本主义'，画一道符，写上'封建势力'，那人就打倒了，那制度也就永永被诅咒了！"[44]这正是一年前揭露的"信仰写的字有神力，有魔力的宗教"。

1930 年，胡适抨击名教危害甚烈："只看见无数抽象名词在纸上炫人眼睛，迷人心智，而事实上却仍旧是一事无成，一事不办。"[45]

1932 年写作《四十自述》时，胡适回忆自己十七岁时发表在《竞业旬报》上的文章，不无自得之意，"比起现在一班在几个抽象名词里翻筋斗的少年人们，我还不感觉惭愧"[46]。

1933 年，他在回复一位在北大学教育的学生的信中，告诫"喜欢用许多不曾分析过的抽象名词"是"时代病"，"我不希望北大的同学也走上这条死路"[47]。

对名教的关注甚至影响到胡适的文学观，他将少年人写不出好文章来的原因归纳为"不肯写眼前的生活，偏要搬弄口头的名词来变戏法"[48]。他对所编《独立评论》的赞誉也是"不肯滥用一个名词","不会搬弄意义模糊的抽象名词"。[49]

1935年胡适与陶希圣在《独立评论》上展开关于"名词障"的笔战，此一事件背景是当年一月，十教授发表《中国本位的文化建设宣言》，由此引发中国本位和全盘西化论战。在陶希圣看来，所谓本位文化，就是"反抗外来侵略的民族独立自由的争斗的文化"[50]，谁要反对本位文化，就要承担为资本主义辩护的责任。胡适没有作出正面回应，他轻易就把论题扭向了"滥用名词""文字障""名词障""用一个抽象名词来替代许多具体的历史事实"等问题，并且在文末给出多条劝诫："切不可乱用一个意义不曾分析清楚的抽象名词"，"与其用抽象名词，宁可多列举具体的事实"，"名词连串的排列，不能替代推理"，"凡用一个意义有广狭的名词，不可随时变换它的涵义"。[51]胡适对陶的几次答复，初看实在让人吃惊，他似乎根本没有切中陶希圣的核心议题。其实早在1931年，陶在致胡的信中就讨论过"自责主义"和"反帝国主义的意识"，从信中文字来看，双方对此问题早有辩驳[52]。要说胡适不了解陶希圣的关切在于民族自救和反抗帝国主义，大概站不住脚。胡适日记中曾保留"名词障"笔战中致陶希圣信，一方面是打招呼[①]，一方面是表示：此次"责备贤者"完全是出于自身名教批判——戒绝"用名词变戏法"以促使国人思想的表达趋于"明白清楚"，"我们承两千年的笼统思想习惯之后，若想思想革新，也必须从这条路入手"——的持续关怀，"此意我怀抱已久，七年前写《名教》一文，即拟继续鼓吹此

---

① 胡适写道："此次借用尊文作例子，实无丝毫恶意，至多只有《春秋》'责备贤者'之微意，因馀人实不足引证也。"见胡适日记（1935年6月10日），载曹伯言整理《胡适日记全编》（6），第491页。

意"。胡适心知双方分歧所在，但仍将批评落脚在"滥用名词"上，或如有研究者所以为的转移焦点①，但对名教批判的持续关怀未必不是原因之一。胡适经常将一些出于具体语境的论争"别有用心"地最终归结到名教批判上去（比如就在同一年有人说"个人主义的人生观是资本主义社会的人生观"，胡适以为"这是滥用名词的大笑话"[53]）。一个人持续地在一处聚焦点上发力，甚至不惜"乾坤大挪移"，可见关注重心所在。在他心目中，"滥用名词""懒惰笼统"的危害对于民族建设来说实在不是小问题，可能与西化、本位的寻路一样重要。

胡适自陈"向来反对'名教'"，旁观者也有此观感。比如1932年，时为中学教员的罗尔纲致信胡适，称自己"虽然没有什么成绩，但本着吾师的思想态度去指导他们，也曾改正了不少的颓废了的学风"，其中主要一例即"教他们明白中国人所信仰的'名教'观念的无意识"[54]，可见在亲近的门生眼中，"反对'名教'"正是胡适代表性的思想态度。由上文列举可知，这一思想态度在胡适一生的不同时期，多有闪现（1928年之后，将相关发言归于"名教"题下自是顺理成章，而此前的意见多有围绕这一议题而作文章，《名教》一文的发表可视作将这些意见充分"显题化"），这些声音自有其现实针对，有具体的触发契机与不同的诉求对象，但其中是否存在贯穿始终、可以独立出来、具有普遍性的思想资源，可供今人启发？胡适编《文存》三集时，将收在《人权论集》里的几篇议政文章略去，其实如上文所述，《名教》也有"讨论政治"的用意且同样已被收入《人权论集》单行，但胡适仍予

---

① 王中江先生认为："胡对陶所作的最后答复又一次表明，他还是没能切中陶的问题。"参见王中江《全盘西化与本位文化论战》，载许纪霖编《二十世纪中国思想史论》（上卷），第359页。

保留，可见在其心中，该篇自有超越一时政治范围的思想价值，显示出其对"重要问题的态度"[55]。总之，名教批判既在胡适思想脉络中持续演进，也是把握其"思想内在整体性的一条重要线索"。他以"名学"作为学术生涯的起始，选择语言作为新文化运动的切入点，在方法论上求实、重行，故名教批判也是其"文明批判"的重要主题[56]。

名教批判与实用主义哲学

实用主义哲学的策源地和活动中心一直在美国，以皮尔士为先导，经过詹姆士改造，到杜威而集大成。它以特有的方式批判、继承、融淬欧洲大陆哲学，既保留传统哲学追根究底的特性，提倡严肃不苟的科学态度，又拒斥形而上学的纯思辨，是一种鲜明的"调和的哲学"，"它调和了怀特海、柏格森与克罗齐的奔放的、思辨的、横扫一切的手法，同摩尔与维特根斯坦的精密的、点画家式的哲理思考态度；它调和了有时代意识的形而上学家的追逐精神，同逻辑学家的宁静而确切的语词"[57]。实用主义被认为是美利坚民族精神和生活方式的理论象征，有人径直称其为美国的"国家哲学"。

实用主义追求超越传统的形而上学的思维方式，实用主义哲学家大都反对将心物、主客、本体与现象等二元对立作为哲学的出发点，拒绝对关于世界的基础、本质等传统哲学的基本问题作出回答，要求抛弃各种声称具有普遍和绝对意义的哲学体系。这在创立者皮尔士那里已显端倪："本体论形而上学的命题，如果不是无意义的废话——一个词定义其他词，这个词又被另一些词定义，却始终不能达到真实的概念——就是完全荒唐的东西……"[58]杜威同样对先验的或超验的知识表达不满，由于相信万物皆非固定、静止，他把希腊哲学的自然主义倾向与科学的实验方法结合起来，发展出一种新的经验主义，反对人们遨游于脱离现实的、抽象的、彼岸的世界，要求回到自身所生活、经验的现实世界中来。诚如胡适的总结："真正的哲学必须抛弃从前种种玩意儿的'哲学家的问题'，必须变成解决'人的问题'的方法。"[59]

实用主义摆脱形而上学的立场，转而追求成为一种方法论。詹姆士的概括是："实用主义的方法，不是什么特别的结果，只不过是一种确定方向的态度。这个态度不是去看最先的事物、原则、'范畴'和假定是必需的东西；而是去看最后的事物、收获、效果和事实。"[60]杜威则将其描述为"工具主义"的"经验的方法"，他认为任何思想、概念都既不可能是独立存在的精神实在，也不可能是对于客观实在的摹写，只能看作是应用的假设，而假设是人们按照自己的意愿提出的。因此，思想、概念、理论等不过是人们为了达到某种预期的目的而设计的工具。如果对达到人们预期的目标有用，能使人们获得成功便是真理，否则即是谬误。任何理性观念的被接受必须经由实验检测，而后返回日常生活获得其运用。为了澄清詹姆士的表述——真理产生的效用表现在其能使人的需要得到满足——中若干混淆不清之处，杜威进一步修正道："当真理被看作一种满足时，常被误会为只是情绪的满足，私人的安适，纯个人需要的供应。但这里所谓满足却是观念和行动的目的和方法所由产生的问题的要求和条件的满足。这个满足包含公众的和客观的条件。它不为乍起的念头或个人的嗜好所左右。"①

正因为把获得效果当作最高目的，实用主义与其他西方哲学流派相比，更强调立足现实生活的实践和行动。实用主义的英文原名为Pragmatism，源出希腊文pragma，本意就是行为、行动。所谓生活、行动、实践，在杜威看来都是人作为生物有机体适应环境的行为，人不应在环境面前无能为力，而应凭借"创造的智慧"主动使环境适应自己的需要。因为强调有机体和环境之间的相互作用，实用主义把认识论、真理观与"人本主义"统一起来，认为真理是相对于人的变化着的经验而存在，按照人自己的需要而创造出来的，"我们的名词和形容词，都是人化了的遗产。在我们把它们系统化起来而构成的各种理论里，一切内部秩序和排列，全都受人的考虑……的支配。……虽说有一个可感觉的实在之流存在，而它的真，从头到尾，主要是我们自己创造的东西"61。皮尔士的"可误论"认为，用科学方法所得出的任何结论、信念都可能发生错误而被推翻，因而都处于不断修正的过程中，任何一种可以称为真理的假设都需要改进。由此，实用主义强调动态变化的过程，反对保守和停滞，尤其反对把真理抽象、僵化和绝对化。62 经过实用主义的改造，认识论跨入了实践哲学的范围，认知不是传统符合论所认为的观念与事实相符合，也不是杜威批判的"旁观者的知识论"所

---

① 参见［美］杜威《哲学的改造》，许崇清译，北京：商务印书馆，1958年5月，第85页。杜威接着指出："当真理被解作效用的时候，它常被认为对于纯个人的目的的一种效用，或特殊的个人所着意的一种利益。把真理当作满足私人野心和权势的工具的概念非常可厌……其实，所谓真理即效用，就是把思想或学说认为可行的拿来贡献于经验改造的那种效用。道路的用处不以便利于山贼劫掠的程度来测定。它的用处决定于它是否实际尽了道路的功能，是否做了公众运输和交通的便利而有效的手段。观念或假设的效用所以成为那观念或假设所含真理的尺度也是如此。"

说的认知者不介入认知对象的客观观察，认知成为人类生存实践的一部分。

与简述实用主义哲学的大意相比较，或许更重要的问题应该是：胡适在其自身的视野中如何接受实用主义和杜威哲学？如前文所述，实用主义与经世致用观念支配下的中国哲学实不乏相近之处，故而对于一个浸淫中国传统思想与学术的人来说，实用主义可能天生具有一种亲密性。"在美国作学生的时候，胡适满怀热情欣然接受的，是那些他的早期教育已为他奠定下根柢的思想，而且，他只是吸收了与他到美国之前虽未坚定于心，却也显露端倪的观点最为合拍的那些当代西方思想。"[63] 所谓"早期教育""奠定下"的"根柢"——比如中国思想中经世致用的传统，比如胡适自称受范缜和司马光影响而显示的俗世化、非偶像精神的倾向——正是他归宗实用主义的"媒介"。

在1914年1月25日的留学日记里，胡适写道："今日吾国之急需，不在新奇之学说，高深之哲理，而在所以求学论事观物经国之术。以吾所见言之，有三术焉，皆起死之神丹也：一曰归纳的理论，二曰历史的眼光，三曰进化的观念。"而且自省"近来读书多所涉猎而不专精，泛滥无方而无所专注，所得皆皮毛也，可以入世而不足以用世"，进而将"关心之问题"规约为三项："泰西之考据学，致用哲学，天赋人权说之沿革"。[64] 不慕任何"新奇之学说"和"高深之哲理"，却专注于"术""用世"和"致用哲学"，这已清楚显示在救世之心和中西语境汇通中胡适和实用主义基本精神的亲近，"露出了接近杜威一派的明显倾向"。"他此后一生的学术和思想的方向在此已明确地表露了出来……这便是他后来反对谈抽象的'主义'而专讲求'方法'的先声'。"[65] 1915年5月9日，胡适在日记中首次表明了对实用主义的态度，那是某小城青年会邀请他讲演"中日之交涉"，胡适认为"以当此危急之秋，此邦之士欲闻中日交涉之真相，余义不容辞也"。日记写道："此事可证今世'实效主义'（Pragmatism）之持论未尝无可取者，其言曰：'天下无有通常之真理，但有特别之真理耳。凡思想无他，皆所以解决某某问题而已。人行遇溪水则思堆石作梁，横木作桥；遇火则思出险之法；失道则思问道：思想之道，不外于此。思想所以处境，随境地而易，不能预悬一通常泛论，而求在在适用也。"[66] 按照胡适 1936 年的回忆：其在"1915 年的暑假中，发愤尽读杜威先生的著作，做有详细的英文提要，都不曾收在札记里。从此以后，实验主义成了我的生活和思想的一个响导，成了我自己的哲学基础"[67]。

胡适一辈子自称实用主义哲学信徒，但也不断有研究者批评其曲解实用主义哲学，了解肤浅，未能掌握杜威思想精义。弱水三千，只取一瓢，胡适接受杜威哲学的中心兴趣可以理解为，以方法论为中心，以"历史的方法"和"实验的方法"为两大基本支柱：

　　杜威先生不曾给我们一些关于特别问题的特别主张，——如共产主义、无政府主义、自由恋爱之类，——他只给了我们一个哲学方法，使我们用这个方法去解决我们自己的特别问题。他的哲学方法总名叫做"实验主义"；分开来可作两步说：

　　（1）历史的方法——"祖孙的方法"　他从来不把一个制度或学说看作一个孤立的东西，总把他看作一个中段：一头是他所以发生的原因，一头是他自己发生的效果。上头有他的祖父，下面有他的子孙。捉住了这两头，他再也逃不出去了！这个方法的应用，一方面是很忠厚宽恕的，因为他处处指出一个制度或学说所以发生的原因，指出他的历史的背景，故能了解他在历史上占的地位与价值，故不致有过分的苛责。一方面，这个方法又是最严厉的，最带有革命性质的，因为他处处拿一个学说或制度所发生的结果来评判他本身的价值，故最公平，又最厉害。这种方法是一切带有评判（Critical）精神的运动的一个重要武器。

（2）实验的方法　实验的方法至少注重三件事：（一）从具体的事实与境地下手；（二）一切学说理想，一切知识，都只是待征的假设，并非天经地久；（三）一切学说与理想都须用实行来试验过；实验是真理的唯一试金石。……①

诚如余英时先生所说的，胡适思想中有一种非常明显的化约论倾向，他以化约论的态度去接受包括杜威哲学在内的西方学术和思想，同时也把"一切学术思想以至整个文化都化约为方法"，"他所重视的永远是一家或一派学术、思想背后的方法、态度和精神，而不是其实际内容"。68 晚年胡适在口述自传中对治学家法也作如此总结："我治中国思想与中国历史的各种著作，都是围绕着'方法'这一观念打转的。'方法'实

① 参见胡适《杜威先生与中国》，载《胡适文存》（一），第 277、278 页。对于胡适以"历史的方法"和"实验的方法"去把握杜威哲学精义，章清先生有过如下批评："即使他所推崇的'哲学方法'也没有用'历史的方法'来分析——因为他对杜威哲学本身没有追源溯始的兴趣，更无须说实用主义哲学的学术渊源和社会背景；而所谓'实验的方法'同样经不起进一步推敲，因为方法论不可避免地要涉及价值取向，将'实验的方法'扩大应用于解决一切具体的社会问题更是涉及价值判断，但象他这样不曾区分中西不同的社会文化背景即把此种方法作为最新最完善的'科学方法'，本身即是对'实验精神'的违背。不过，这也使我们能够清楚地认识到，胡适主要地是通过他在考据学方面的训练去接近和阐释杜威的思想的。"参见章清《胡适评传》，第 64 页。

在主宰了我四十多年来所有的著述。从基本上说，我这一点实在得益于杜威的影响。"[69]

既然胡适的言论文字，皆是"实验主义的态度在各方面的应用"[70]，更有"我是个实验主义者，向来反对'名教'"的现身说法，故而接下来需要辨析的是，胡适所接受的实用主义如何支持名教批判，实验主义如何反对名教，也就顺理成章地可以从实用主义哲学中导出名教批判的若干方法。

第一，在胡适看来，真理是待验的假设，并非一成不变、供人膜拜的理念偶像。按照上引胡适"历史的方法"的"两头说"，一方面，任何学说、主义都与其所发生的具体时空相关联；另一方面，"知识思想是人生应付环境的工具"（胡适以为这是杜威哲学的"基本观念"），所以评判的标准是其发生的效果，"从前这种观念曾经发生功效，故从前的人叫他做'真理'；因为他的用处至今还在，所以我们还叫他做'真理'。万一明天发生他种事实，从前的观念不适用了，他就不是'真理'了，我们就该去找别的真理来代他了"。[71]真理并不封存在"任何观念中绝对固有的价值"里，应该伴随人类的经验而"保持新鲜"，"不断完善"。[72]胡适此种态度也是对中国传统中尚虚求名一面的否定。

第二，正因为"实验主义绝不承认我们所谓'真理'就是永永不变的天理"，所以人们必须养成独立思想而不盲从的"科学方法"，借杜威的说法，胡适将其解释为"智能的个性"（Intellectual Individuality），即"独立思想，独立观察，独立判断的能力"，"使少年人能自己用他的思想力，把经验得来的意思和观念一个个的实地证验，对于一切制度习俗都能存一个疑问的态度，不要把耳朵当眼睛，不要把人家的思想糊里糊涂认作自己的思想"。[73]胡适每常为"少年人"现身说法："我的思想受两个人的影响最大：一个是赫胥黎，一个是杜威先生。赫胥黎教我怎样怀疑，教我不信任一切没有充分证据的东西。杜威先生教我怎样思想，教我处处顾到当前的问题，教我把一切学说理想都看作待证的假设，教我处处顾到思想的结果。这两个人使我明了科学方法的性质与功用……从前禅宗和尚曾说，'菩提达摩东来，只要寻一个不受人惑的人'。我这里千言万语，也只是要教人一个不受人惑的方法。被孔丘、朱熹牵着鼻子走，固然不算高明；被马克思、列宁、斯大林牵着鼻子走，也算不得好汉。我自己决不想牵着谁的鼻子走。我只希望尽我的微薄的能力，教我的少年朋友们学一点防身的本领，努力做一个不受人惑的人。"[74] 对胡适的这些说法人们容或有歧义，但其语重心长和针对现实的苦心是值得细心体会的，他希望医治国人的"目的热"和"方法盲"，反对"把主义用作蒙蔽聪明停止思想的绝对真理"，由此解放"对于抽象名词的迷信"。这些都是支持名教批判的"科学方法"。

第三，"活动的能力"与"实行的精神"。在实用主义看来，知（思维）作为形成认识对象的前提，与主体的实践活动应相融合。"知（knowing）就其本义而言也就是做（doing）。"实用主义之所以反对传统哲学，正因为形而上学的思辨仅停留于对实在的抽象描述与解释，这与主体介入现实、变革环境的活动始终彼此悬隔。[75] 按照《关于费尔巴哈的提纲》中的著名说法——"哲学家只是用不同的方式解释世界，而问题在于改变世界"——来界分，实用主义显然属于"行动哲学"。杜威1919年来华讲学，离华前夕在北京五个团体举行的公饯会上发表两年来的观感，特别指出中国知识阶层应该具备"活动的能力"与"实行的精神"。因为理想方面常常有不能解决的问题，例如有好政府然后有好教育，有好教育然后有好政府，我们是先造好政治再让他发现好教育呢，还是先造好教育再让他产生好政治呢？这是循环的问题，正如先有鸡还是先有蛋的问题一样，永远解决不了。要想解决，只有下手去实行。胡适对此深以为然，在日记中写道："杜威先生注意实行的精神，这是他的临别赠言，我们应该纪念。我从前解惠施'连环可解也'一句，曾引齐君王后用槌打碎玉连环的故事，来说这种永永无法解决的问题只有一个实际的解决法，即是这个道理。"[76]"解连环"的故事胡适确实经常提到，甚至写到《后努力歌》中。这里一以贯之的提倡，与胡适在名教批判中强调从"纸上的学说"中走出来而力行、实干的精神桴鼓相应。

第四，"实验主义注重在具体的事实与问题，故不承认根本的解决。他只承认那一点一滴做到的进步，——步步有智慧的指导，步步有自动的实验，——才是真进化。"[77]此项容后详论。

最后，不妨注意到这样一个问题：第二章曾引据的名教批判的西方哲学资源，比如生命哲学、存在主义等，基本上是胡适所陌生或不以为意的，也就是说，反名教思想有十分明显的自然主义、存在主义倾向，但中国现代思想史上明确揭起名教批判的学者胡适，又确乎被人目为典型的理性主义者、"唯科学主义者"，这实在耐人寻味。其实，尽管胡适对非理性主义、存在主义这一脉并无周到的把握（不过他所推崇的易卜生式的个人主义受德国浪漫主义影响，有非理性因素存在），但他所倚借的实用主义，本就与非理性主义思潮有密切联系（二者都强调经验的融贯性和连续性，否认通过理性思维所建立的概念、范畴具有反映事物实在和本质的意义，实用主义的一些代表也公开表示对非理性主义哲学家的崇敬，如詹姆士对柏格森[78]）。名教批判不妨取径多源，在科学主义、实用主义这一路上，汲取了重实际、实践的素质；在生命哲学、存在主义这一路上则继承了对概念、知识等"逾度""偏趋"而侵占人自由的警惕。这是一个值得深思的课题，不仅反映出胡适思想的复杂[①]，也彰显了现代人类文化内在的丰富和生机。

在名教批判的脉络中重识"问题与主义"之争

自二十世纪五十年代以来很长一段时期内，"问题与主义"之争在研究著述及近现代史教科书中，往往被描绘为"马克思主义和反马克思主义的第一次论战"[79]。二十世纪五十年代胡适遭受中共全面批判，心绪不宁，当时口述自传中留下所谓"我和马克思主义者冲突的第一回合"[80]云云，不免"重写历史"，无意中倒配合了他的批判者。有论者认为，"问题"与"主义"的对峙，不仅凸显了新文化运动潜在的"价值重建"的文化主题和其为"社会改造"寻求意识形态支援的政治宗旨的紧张，而且也体现了在改造社会问题上自由主义和马克思主义的分歧。而李、胡二人的异见，还象征着新文化内部由北大教授所组成的知识精英集团的分裂[81]，或被视为"争夺新文化的领导权的斗争"[82]。还有的从思想流派的角度出发，将这场论争看作"辩证法与实用主义的斗争"[83]、英美经验主义与马克思唯物主义之争[84]、自由主义与民族主义的分歧[85]。

---

① 尹权宇指出："科学主义与人本主义是现代文化发展中相互冲突的两大潮流。任何一种文化的现代化，都面临着对这两种冲突解决方式的选择。胡适对'科学'不遗余力的提倡，实际上就是对这种选择的一种回答。然而，胡适反'名教'表明，他的思想实际上又带有十分明显的自然主义和人本主义倾向。这个现象是值得玩味的，也是值得深思的。"参见尹权宇《反"名教"与胡适思想》，载耿云志、闻黎明编《现代学术史上的胡适》，第174页。

从二十世纪八十年代开始，淡化胡适与马克思主义者之间对立的修正看法出现。"通过论战，双方都进一步阐明了自己的观点，使改造社会中的两种不同主张，旗帜更加鲜明，并都扩大了自己的影响。但从当时的情况来看，实验主义和改良主义的影响，明显地胜过马克思主义的社会革命论。"[86] 当时参与、响应论战的人尽管思想信仰上各有不同，但"主要还是从学理和方法角度认识'问题与主义'的关系"[87]，究其实质是思想学术的研究和探讨，是"正常的学术之争"，并非政治分歧。论争实际上是"西化派"内部关于如何解决中国社会各种问题的方法、途径问题的争论。他们在鼓吹"主义"、输入学理、研究问题这类根本问题上，各自的主张、见解并无根本分歧[88]。"这场为时短暂的'问题与主义'之争，是民主阵线内部发生的一场争论。争论的方式是商讨式的，直率而温和，并没有剑拔弩张。争论之时，胡适与李大钊之间，友谊依旧。争论过后的相当长的时间里，陈独秀、李大钊与胡适，也并没有因为对马克思主义的态度迥异而反目为仇。"[89]

罗志田先生指出，"对胡适个人而言，'问题与主义'之争应置于他在新文化运动后期开始'谈政治'的一系列有关政治的言论和行动中去考察"[90]，此诚知人之论。我认为，除此之外，"问题与主义"之争也应纳入胡适名教批判的脉络中去理解。从时间上看，揭起名教批判为后出，但在我看来，1928 年的《名教》一文是胡适素来关怀内容的"显题化"，相关问题一直是其讨论重心，为论述方便，不妨用名教批判来表述胡适这一持续的思想脉络。"问题与主义"之争既是先发之伏笔，也是这一脉络的重要组成。我们检寻胡适先前的若干言论，即可发现，重问题而轻主义的措意，其来有自。

1918 年 3 月，胡适写了《旅京杂记》，文章中指责"如今的人，往往拿西洋的学说，来做自己的议论的护身符。例如你引霍布士来驳我，我便引卢骚来驳你；甲引哈蒲浩来辩护自由主义，乙便引海智尔来辩护君主政体，丙又引柏拉图来辩护贤人政治"，其实不同时代的西哲"各有他们不同的境遇时代"。胡适撰写此文之时，中国的马克思主义者还未出现（李大钊《法俄革命之比较观》《庶民的胜利》《Bolshevism 的胜利》写于 1918 年 7 月 11、12 日），他对空谈主义的批判（这正是《多研究些问题，少谈些"主义"！》的主旨），针对的是一般舆论界与知识界存在的普遍现象，也包括提倡新思潮的启蒙者。

1919 年 3 月 22 日，胡适在少年中国学会筹备会上提醒听众注意不要"迷信一些空虚的大话"和"空虚的名词"。6 月，胡适撰文指出"现在的舆论界的大危险"是"偏向纸上的学说"：因为忽略了柏拉图和亚里士多德与我们所处的时代、事势、历史地理不同，而盲目将他们的话应用于"中国今日的时势"，并指出"舆论家的第一天职"应是"细心考察社会的实在情形"。

胡适事后对撰写《多研究些问题，少谈些"主义"！》的措意多有解释。比如在 1930 年回忆道："五四"之后，"国内正倾向于谈主义。我预料到这个趋势的危险，故发表'多研究些问题，少谈些主义'的警告"。时隔十几年，"这些话字字句句都还可以应用到今日思想界的现状。十几年前我所预料的种种危险——'目的热'而'方法盲'，迷信抽象名词，把主义用作蒙蔽聪明停止思想的绝对真理——一一都显现在眼前了"[91]；"我在十年前，便提出'多研究问题，少谈主义'的意见，希望引起一班爱谈大道理的人的觉悟。十年以来，谈主义的更多了，而具体的问题仍旧没有人过问。只看见无数抽象名词在纸上炫人眼睛，迷人心智，而事实上却仍旧是一事无成，一事不办"[92]。胡适在二十世纪五十年代的口述自传中进而说道：在1919年，"我已经觉察到"输入学理"已有走向教条主义的危险"，《多研究些问题，少谈些"主义"！》的意思是"想针对那种有被盲目接受危险的教条主义"。[93]这些回忆中的"预料""觉察"等词可能有后见之明的味道，但证之以上文列举的材料，可知胡适反对空谈主义，在"五四"前已有先声；后来因一篇文章而揭起"问题与主义"之争，在其自身的思想脉络中确有铺垫；"问题与主义"之争关注的是"抽象""虚空"的名词对人的思想方法的侵蚀（"炫人眼睛，迷人心智"），这正是名教批判的题中之义；而高谈主义荒疏具体问题的歪风愈演愈烈，故而多年后以《名教》一文再次抨击，实为顺理成章的延续。

而杜威实用主义哲学也为胡适的问题与主义之辨提供了"系统的武装"[94]。争论中胡适主要的思想资源与方法论，皆取径于实用主义，即便开示的解决之道，还是来自实用主义经典的"三步"法：寻求病因，提出种种解决方法，推想、验证，最终择定主张。诚如胡适所言，因为是"实验主义的信徒"，所以"看不过"高谈主义；《多研究些问题，少谈些"主义"！》的主张，正为"实验主义的处理"[95]。我们在上文已讨论过实用主义哲学对名教批判的支持，此处不赘。

在《多研究些问题，少谈些"主义"！》中，胡适以"救时的具体主张"来理解主义的性质与原起，"凡'主义'都是应时势而起的。某种社会，到了某时代，受了某种的影响，呈现某种不满意的现状。于是有一些有心人，观察这种现象，想出某种救济的法子"，"后来这种主张传播出去，传播的人要图简便，使用一两个字来代表这种具体的主张，所以叫他做'某某主义'。主张成了主义，便由具体的计划，变成一个抽象的名词"，这就是主义的弱点和危险，"因为世间没有一个抽象名词能把某人某派的具体主张都包括在里面"，难免发生混充牌号的可能。研究问题是极困难的事，"费工夫，挖心血，收集材料，征求意见，考察情形，还要冒险吃苦，方才可以得一种解决的意见。又没有成例可援"；相反，高谈主义不研究问题的人则"畏难求易，只是懒"。[96]这正是胡适从"思想方法和习惯"的角度剖解名教成因时一再提到的"奴性的逻辑"。再比如"镜子式的思想"："不求甚解，不加深思，只会拾人牙慧，随声附和"。还有，忽略"范围广漠的名词，所包含的意义有地域上的不同，有历史上的不同"，而用这几个"抽象名词来概括许多性质不同、历史不同的事实"，这是"思想笼统的危险"。[97]胡适还说："现今有许多人所以不能独立，只是因为不能用思考和事实去打破他们的成见；又有一种人所以不能独立，只是因为他们不能抵御时髦的引诱。'成见'在今日所以难打破，是因为有一些成见早已变成很固定的'主义'了。懒惰的人总想用现成的，整套的主义来应付当前的问题，总想拿事实来傅会主义。"[98]成见变成固定的"主义"而封锁了其向现实开放的可能，正是立"名"为教。值得注意的是，在胡适留下的最后一篇日记中，他褒扬《民主潮》上一篇署名"韵笙"的文章《论思想或观念的僵窒和简化》，推之为"一篇很用功思想，很用气力造句作文，全文无一句草率句子的好文字"，胡适在日记中特将此文剪报全文粘附，并多处加以圈点，比如以下几段：

尤其是现代极权主义思想或观念体系所共有的一种倾向，一种把自己的思想或观念体系看作是真理化身的倾向。这种体系的信仰者们，有意地把自己的一种特定的思想或观念，简化为一个具体而无所不包的学说，和把这种学说简化为一、两个单纯的公式，然后自己就躲在这种公式的架构里面，来创造他们自己所想象着的世界。

宇宙间诸多事素之根本性之探求，很少是容易的；"放之四海而皆准"的真理，也很少是简单的。然而前述方式的思想者，却提出了这些东西，而这些东西又是人们感情上所乐于接受的。于是它们就给人们表达了这样的一个获得真理的简单公式，而事实上这类公式大多是真假参半的。这种公式夹杂着未经检查过的标语和口号，似郎中药丸易于入口一样地流入到人们的耳朵之中。

期待一个固定的教条，一个不变的思想或观念体系能够永远的有效，是不合理的；同时也是不可能的。[99]

之所以给予此文如此高的赞誉，因其皆为胡适毕生心之所系。这些文字，与我们从"思想方法和习惯"上去考察名教的生成、运作机制及危害，大有可沟通互参之处。

正因为在"思想方法和习惯"中深植了不健康的、"奴性的逻辑"，易被名教趁虚而入，所以针锋相对地，胡适的度人金针是号召人们用独立的思想力量和不断的实践来指导自己的工作，这样才能不做任何"主义"的奴隶，不被标语口号牵着鼻子走，"方才可以渐渐解放人类对于抽象名词的迷信"，此即《介绍我自己的思想》一文教给"少年朋友们"的"一点防身的本领"。对独立的思想方法的重视可以追溯到胡适早年，在小说《真如岛》中，他借笔下人物口吻叹道："只可怜我们中国人总不肯想，只晓得随波逐流，随声附和。国民愚到这步田地，照我的眼光看来，这都是不肯思想之故。"[100] 1929年，在一篇《从思想上看中国问题》的文章中，胡适尤为提出思想接受过程中"抵抗"的可贵："不抵抗也许是看不到思想的重要，也许是不曾了解新思想的涵义。抵抗之烈也许是顽固，也许是不轻易相信，须心服了然后相信。"根据胡适的论述，我们可以这样来理解：抵抗是一个动态、主动的思想接受过程，是将名词置回实际状况中，用"调查试验来证实或否证"，由此淬炼出"心服了然后相信"的思想，方可告别口头禅式的名教。而未经抵抗就轻易相信，则是"下意识地接受了但是却很欠智慧的行为"。[101]胡适的弟子罗家伦也曾在"知识的责任"的主题下，批评中国知识分子"缺少思想的训练"，"容易接受思想"："正确的思想是不容易获得的；必得经过长期的痛苦，严格的训练，然后才能为我所有"，"试看西洋科学与宗教战争史中，为这学说奋斗不懈，牺牲生命的人，曾有多少。这才是对真理应有的态度"，而国人"容易接受思想"实则是太轻易接受思想，"只足以表示我们的不认真，不考虑，那里是我们的美德？容易得，也就容易失；容易接受思想，也就容易把他丢掉。这正是中国知识界最显著的病态"。[102]回到胡适，上述"镜子式"的接受，很容易为名教俘获。我们在鲁迅一章中曾讨论过抵抗的意义，尤耐人寻味的是，胡适与鲁迅这两位立场迥异的知识分子，如此神合般地珍爱抵抗，因为正是这样一种素质，可以在问题出现的源头上遏制名教泛滥。

《多研究些问题，少谈些"主义"！》文末，胡适提请"读者不要误会我的意思"，"并不是劝人不研究一切学说和一切'主义'。学理是我们研究问题的一种工具。……种种学说和主义，我们都应该研究。有了许多学理做材料，见了具体的问题，方才能寻出一个解决的方法"。胡适忧心和反对的，是"舆论家"把一切"主义""挂在嘴上做招牌"，"一知半解的人拾了这些半生不熟的主义，去做口头禅"。这一危险的情形，胡适后来用"名教"来概括。

除自身思想渊源之外，胡适揭起"问题与主义"之争时还关涉时风与"近因"。

民初无疑是一"主义"风行的时代。"自从'主义'两字来到中国以后，中国人无日不在'主义'中颠倒。开口是'主义'，闭口是'主义'，甚至于吃饭睡觉都离不掉'主义'！眼前的中国，是充满'主义'的中国；眼前的中国民，是迷信'主义'的中国民。……就今日中国的信'主义'与用'主义'者，至少有十分之九是非真实的：有的为权，有的为利，有的为名，有的为吃饭为穿衣。"[103] 正是在这样的风气中，胡适写《旅京杂记》，指责"如今的人，往往拿西洋的学说，来做自己的议论的护身符"，"不去研究中国今日的现状应该用什么救济方法，却去引那些西洋学者的陈言来辩护自己的偏见"，这是"大错"。对此，李大钊很快有所反应，他在一篇文章中差不多把胡适上述说法全文引出，并进而引申说："彼西洋学者，因其所处之时势、境遇、社会各不相同，则其著书立说，以为救济矫正之者，亦不能不从之而异。吾辈立言，不察中国今日之情形，不审西洋哲人之时境，甲引丙以驳乙，乙又引丁以驳甲，盲人瞎马，梦中说梦，殊虑犯胡适之先生所谓'奴性逻辑'之嫌，此为今日立言之大忌。"[104] 差不多就在"问题与主义"之争时，李大钊写了短文《新鲜名词》："近来出了许多新鲜名词。例如日本的'帝国社会主义'，'皇室中心社会主义'，中国某君的'军国民教育社会主义'，德国新组织的'共和帝国'都是。"[105] 这么多相差万里的"新鲜名词"共享着同一名号，势不免出现"混充牌号"的现象："世间有一种人物、主义，或是货品流行，就有混充他的牌号的，纷纷四起。……'社会主义'流行，就有'皇室中心的社会主义'、'基督教的社会主义'出现"，实则"都是'混充牌号'"；[106]"我们谈主义罢，王揖唐也来谈主义；我们非主义罢，阎锡山又来非主义。究竟如何是好呢？"[107]这也是胡适忧心所在，他在《多研究些问题，少谈些"主义"！》中感慨道："马克思的社会主义，和王揖唐的社会主义不同；你的社会主义，和我的社会主义不同"，"同用一个名词，中间也许隔开七八个世纪，也许隔开两三万里路。"

主义风行天下正是胡适揭起"问题与主义"之争的时代背景。既然主义之类的抽象名词已然成为人人皆可装点门面的招牌，那么不妨从研究具体问题入手。当时安福部主导北京政局，1919 年 6 月，该系报纸《公言报》发表社论，提出以实行"社会主义"来抵御马克思派"共产主义"的主张。不久，王揖唐在安福俱乐部全体议员会上高谈"民生主义"。马克思主义和无政府主义在安福系眼中都是"危险思潮"，"值得注意的是，安福系既不赞成以严刑峻法条文之吓唬来解决'危险思潮'，也不主张采取'畏之恶之'而'益疏远'的鸵鸟取向，他们自身要开展对社会主义的'研究'，并建议'为政者与将帅宜究心社会主义'。这样一种主动'介入'的愿望，似乎体现出'政统'意欲进入原来更多被'民间'占据的言说世界，以相近的议题来争夺对'道统'的掌控。或许就是这一点使'道统'方面警醒，并采取相应的防卫行动"[108]。在同一名号下聚合的思想观念与政治派别实则"中间也许隔开七八个世纪"，在这种情况下，避谈主义倒能提供一条区分不同营垒的阵线。所以胡适《多研究些问题，少谈些"主义"！》一上来就说："安福部也来高谈民生主义了，这不是给我们这班新舆论家作教训的吗？"正有划清界限之意。而胡适与安福系又颇有宿怨。之前林纾写小说《荆生》诋毁胡适等人，欲借助安福系的武人徐树铮铲除新派，当时风传胡适、陈独秀被北大驱除，甚至有被捕的谣言，足见胡适与安福系关系紧张。

胡适对名教的危害素有警惕，口述自传回忆在1919年觉察到新思潮"已有走向教条主义的危险"，亦非事后夸大贴金之词。只是在不同时期会有不同占据权势者立"名"为教，操名之柄而愚人，《多研究些问题，少谈些"主义"！》言及"空谈好听的'主义'，是极容易的事，是阿猫阿狗都能做的事"，"这种口头禅很容易被无耻政客利用来做种种害人的事"。此处所谓"阿猫阿狗""无耻政客"，可理解为实指北洋政府安福部的政客。

与安福系别异之后，胡适以"我们这班新舆论家""新舆论界的同志"来表达清晰的群体意识。

李大钊认为，胡适所说"主义的危险，只怕不是主义的本身带来的，是空谈他的人给的"，这就纠正了胡适话头中可能予人只责怪"主义"一面的偏向。李大钊对主义作了分析：王麻子的刀剪，得了群众的赞许，就有旺麻子等来混它的招牌；王正大的茶叶得了群众的照顾，就有汪正大等来混它的招牌——李大钊由此联想到，今日社会主义的名号在社会上很流行，就有安福派的社会主义。但是，正"因为有假冒牌号的人，我们越发应该一面宣传我们的正义，一面就种种问题，研究实用的方法，好去本着主义作实际的运动，免得阿猫、阿狗、鹦鹉、留声机来混我们，骗大家"。李大钊对"问题与主义"的关系有了进一步解说："一个社会问题的解决，必须靠着社会上多数人共同的运动"，而宣传理想的主义，使社会上多数人"先有一个共同趋向的理想主义，作他们实验自己生活上满意不满意的尺度"，才可能形成社会上多数人共同的问题。因此，"我们惟有一面认定我们的主义，用他作材料、作工具，以为实际的运动；一面宣传我们的主义，使社会上多数人都能用他作材料、作工具，以解决具体的社会问题"。[109] 可见，李大钊与胡适的观点并非全然对峙，相反，李对胡的旨意很有会心，表述得更为辩证、完善，且每抒己见都注意以胡适习用的词汇相呼应，呈现出同一阵营的认同感。

胡适显然也听取了李大钊的意见，在后续文章中对自己的意见表达得更为清晰，把"多研究些问题，少谈些主义"修改为"多研究些具体的问题，少谈些抽象的主义"，并明言"一切主义，一切学理，都该研究"。"我虽不赞成现在的人空谈抽象的主义，但是我对于输入学说和思潮的事业，是极赞成的。"不久，胡适又在《新思潮的意义》中将"研究问题"和"输入学理"并列为"新思潮的手段"；特别把《新青年》的"易卜生号"和"马克思号"都作为输入学理方面的代表。尽管胡适认为"这两三年来新思潮运动的最大成绩差不多全是研究问题的结果"，但他也认识到主义、学理的意义，并且尽量在问题与主义的互补、关联中总结新思潮的经验："研究问题的人，势不能专就问题本身讨论，不能不从那问题的意义上着想；但是问题引申到意义上去，便不能不靠许多学理做参考比较的材料；故学理的输入往往可以帮助问题的研究"；"能把一切学理不看作天经地义，但看作研究问题的参考材料；能把一切学理应用到我们自己的种种切要问题上去；能在研究问题上面做输入学理的工夫"。[110]

主要来说，在以下几点上，胡适与李大钊是有共识的：

反对空谈主义。或如迈斯纳所言，在"纯理论的讨论是无效"的这一点上，李大钊和胡适趋于一致。[111] 李大钊承认"我们最近发表的言论，偏于纸上空谈的多，涉及实际问题的少，以后誓向实际的方面去作"。陈独秀在 1920 年也呼应胡适说："我们中国人不注重实质上实际的运动，专喜欢在名词上打笔墨官司……道理真实的名词，固然可以做群众运动底公同指针；但若是离开实际运动，口头上的名词无论说得如何好听，如何彻底，试问有什么用处？"他号召大家"努力在实际的解放运动上做工夫，不要多在名词上说空话"。[112]《主义与努力》一文中强调"主义制度好比行船底方向"，但也申明"空谈主义不去努力实行的人"，犹如"船夫只定方向不努力"。[113]

研究具体问题。李大钊《再论问题与主义》表示"问题"与"主义"可以"交相为用""并行不悖"，"我们惟有一面认定我们的主义，用他作材料，作工具，以为实际的运动；一面宣传我们的主义，使社会上多数人都能用他作材料，作工具，以解决具体的社会问题"，正可视为对胡适主张的推进。不久，李大钊就发表《北京市民应该要求的新生活》，提出二十项需要研究和改良的社会问题，涉及税收监督、公共教育、贫民救助、妓女改造、道路交通、公共卫生等方面。[114]《由经济上解释中国近代思想变动的原因》一文列举"家庭问题中的亲子关系问题、短丧问题，社会问题中的私生子问题、儿童公育问题，妇女问题中的贞操问题、节烈问题、女子教育问题、女子职业问题、女子参政问题，法律上男女权利平等问题（如承继遗产权利问题等）、婚姻问题——自由结婚、离婚、再嫁、一夫一妻制，乃至自由恋爱婚姻废止"等作为打破大家族制度的运动理应关注的重心，[115]并写出《被裁的兵士》《归国的工人》《废娼问题》《青年厌世自杀问题》《社会问题与政治》等文章，讨论不同社群所面临的具体社会问题。离开具体问题，马克思主义要跟中国实际相结合是难以想象的。

胡适在《四论问题与主义》中要求注意学说发生时的"时势情

形"，"论主的生平事实和他所受的学术影响"及"已经发生的效果"，以"历史的态度"来研究、输入外来的"主义"和"学理"，这是胡适再三致意的主张，与历史唯物主义不乏相通之处。论争期间或稍后，李大钊曾经这样说："一个学说的成立，与其时代环境，有莫大的关系。……我们现在固然不可拿这一个时代一种环境造成的学说，去解释一切历史，或者就那样整个拿来，应用于我们生存的社会，……我们批评或采用一个人的学说，不要忘了他的时代环境和我们的时代环境"[116]；"某一国家某一时代的哲学，恒与其国家其时代的社会情状一般人文的形态有密切的关系"[117]。

胡适口中"我们这班新舆论家""新舆论界的同志"，以及李大钊所谓"我们谈主义""我们非主义"，均可印证双方有异见但不乏共识，更未分裂。1922年，他们还联合其他人，共同发表政治宣言《我们的政治主张》，宣言由胡适起草，"半夜脱稿时，打电话与守常商议，定明日在蔡先生家会议"[118]，可见二人关系亲近。当时的马克思主义者也主张团结、联合胡适。在"问题与主义"之争的同一年，李大钊致信胡适："你与《新青年》有不可分的关系，以后我们就决心把《新青年》《新潮》和《每周评论》的人结合起来，为文学革新的奋斗。在这团体中，固然也有许多主张不尽相同，可是要再想找一个团结象这样颜色相同的，恐怕不大容易了。"[119] 1923年，陈独秀主张"适之所信的实验主义和我们所信的唯物史观"在"扫荡封建宗法思想的革命战线上，实有联合之必要"。[120] 邓中夏也有呼应，认为马克思唯物史观和实验主义具备"约略相同的几点：根本观念——是唯物的，机械的；方法——是物观的，实验的；态度——是进取的，革命的；效用——是工具的，社会的"，所以两派应该"结成联合战线，向反动的思想势力分头迎击，一致进攻"，[121] 此与胡适区分"我们""你们"的初衷正相吻合。此外，胡适的"多研究些问题，少谈些主义"的主张，还得到了青年毛泽东的响应，并对毛泽东早年的革命活动产生了直接或间接的影响。1919 年9 月，毛泽东发起成立"问题研究会"，在起草的章程中，毛泽东提出的首批进行研究的 71 项、140 余个问题，即为胡适所说的那些"问题"，可谓切实贯彻了胡适主张。

前文已述，"问题与主义"之争中，论争双方在反对空言等议题上均有共识，而这些共识，确实在若干方面切中名教风行的弊端。"五四"是大规模输入"主义"的时代，胡适何尝能免俗，甚至他就是引入西方思想模式解决中国社会问题的最突出者。但胡适对新思潮的反省是切中时弊的：他并不是在笼统的意义上反对一切学说、主义，他反对的是迷信"空空荡荡、没有具体的内容"的名词，质疑以这样的空洞符号来装点门面，以及潜藏其中的思维方法上的致命缺陷。这些"预警"，"毕竟有先见之明"[122]。

胡适在《多研究些问题，少谈些"主义"！》文末提请"读者不要误会我的意思"，"并不是劝人不研究一切学说和一切'主义'"；蓝公武和李大钊为纠正胡适行文予人因噎废食之病，都补充道："主义的自身并没有什么危险。所谓危险，都在那贯彻主义的实行方法"[123]，"主义的危险，只怕不是主义的本身带来的，是空谈他的人给他的"。胡适在后文中也认可了这些补充，将表述修订为"多研究些具体的问题，少谈些抽象的主义"。这些意见都可与名教批判相沟通，名教问题的发生，并不在于主义、学说本身，而是"名"和"主体"之间一种不健康的关联。在《三论问题与主义》中，胡适将自己在这场争论中的旨意总结为"解放人类对于抽象名词的迷信"。"抽象名词的迷信"表现为：

将"空空荡荡，没有具体的内容"的"抽象名词"奉为"金科玉律的宗教"，"用作蒙蔽聪明，停止思想的绝对真理"——由此可理解上文所谓"名"和"主体"之间一种不健康的关联，这也正是对名教所指与特征的概括。胡适还说："因为愚昧不明，故容易被人用几个抽象名词骗去赴汤蹈火，牵去为牛为马，为鱼为肉。"1908年，章太炎在《排满平议》中揭示过"殉名"的危害，"殉名"可以理解为以身殉名教。我们还不妨参考以赛亚·伯林的意见："太多人渴求文字魔力"，"将人类牺牲于文字"，于是，"社会真实单元所在的个人经常被作为牺牲而献祭于某个概括观念、某个集合名词、某块旗帜"。将胡适的思路与上述意见相参照，可以丰富我们对名教危害的认识。因为名教的泛滥，人类社会与历史上发生过不少"献祭"、"殉名"、为名教所吞噬的悲剧。

从胡适自身来说，"问题与主义"之争中的思路得以延续，成为其名教批判中的重要资源。相隔未久的《新思潮的意义》本就可视为"问题与主义"之争的后续文章，其中胡适特意将"研究问题"列为首项。"新思潮并不是几种生吞活剥的主义"[124]，这是胡适经常重申的态度。1922年，胡适回顾"自从袁世凯以来，政府专用金钱来收买政客"，这十年来，"新文化，学生运动，安那其，社会主义，共产主义，……无一不可作猪仔之敲门砖！"而《多研究些问题，少谈些"主义"！》中早就对"中国的政客"利用"挂在嘴上"的"招牌"来欺人、谋利表示愤慨。1932年，胡适将"高谈主义而不研究"和"镜子式的思想"作为"不合现代需要"的"思想方法和习惯"，后者流弊是"奴性逻辑"："不求甚解，不加深思，只会拾人牙慧，随声附和"。1933年，提及"我们这几十年的革新工作"都"犯了一个大毛病，就是太偏重主义，……迷信主义的人往往只记得主义而忘了问题"。[125] 以上观点自然各有具体的发言语境，但无不延续着"问题与主义"之争中的主旨与思路，他对肤浅比附主义，"提出几个标语口号，便胡行妄为起来"的反对，正可视作名教批判的组成部分。

"根本解决"之辩证

纵观胡适对"问题"与"主义"的议论，其核心意见是两条：第一，拒绝空谈主义；第二，主张一点一滴的社会改良，世上没有包医百病的灵丹妙药，也不存在一蹴而就的"根本解决"。后者更具本质意义，是前者的逻辑延伸。"'主义'的大危险，就是能使人心满意足，自以为寻着包医百病的'根本解决'，从此用不着费心力去研究这个那个具体问题的解决法了。"《新思潮的意义》中又声言："文明不是笼统造成的，是一点一滴的造成的。进化不是一晚上笼统进化的，是一点一滴的进化的。"[126] 胡适后来在很有总结与示范意味的《介绍我自己的思想》一文中写道：实验主义"只能承认一点一滴的不断的改进是真实可靠的进化"，新文化运动再造文明的途径"全靠研究一个个具体的问题"，这是"根本观念"。[127]

胡适在 1922 年的《我的歧路》中回忆：陈独秀被捕后，"我接办《每周评论》，方才有不能不谈政治的感觉。那时正当安福部极盛的时代，上海的分赃和会还不曾散伙。然而国内的'新'分子闭口不谈具体的政治问题，却高谈什么无政府主义与马克思主义。我看不过了，忍不住了，——因为我是一个实验主义的信徒，——于是发愤要想谈政治。我在《每周评论》第三十一号里提出我的政论的导言，叫做'多研究些问题，少谈些主义！'……我等候了两年零八个月，中国的舆论界仍然使我大失望。一班'新'分子天天高谈基尔特社会主义与马克思社会主义……"[128] 时隔三年的事后回忆，胡适追溯论战的几个对手，不独马克思主义，包括黄凌霜的无政府主义①与倾向基尔特社会主义受罗素影响的研究系（如梁启超、张君劢、张东荪、蓝公武），都主张"根本解决"。在"五四"前后几年间舆论界、知识界的"新分子"中，"根本解决""根本改造"是流行口号。[129] 胡适似乎有独抒异见欲挽时风的味道。这一另辟蹊径的形象在周策纵先生的记录中也可得到印证："史华滋教授尝对我说，他觉得五四时代中国知识分子不脱中国传统中'全体主义'（Totalism）思想习惯的影响，总想全盘处理，全盘解决问题。他所说的也许可适用到许多人；不过我提醒他，也有许多人不完全如此，尤其是胡适，他就有意识地认为，中国问题不可能找到一个简单的万灵丹来'全盘解决'。"[130] 以胡适为代表的自由主义知识分子，大致可纳入周策纵先生所谓"也有许多人"的范围中去。

　　然而复杂的是，在现代中国持续动荡的时局中，由"根本解决"而一举实现稳定和富强，对大多数国人来说都是梦想，胡适并不除外。以思想文化为中心的新文化运动因同人开始谈政治而分裂为缓进和急进两派，前者主张继续从思想文化教育入手从长计议，后者则认为政治运动和非政治运动应双管齐下。北伐期间，胡适就曾放弃不谈政治的诺言而主动呼应国民革命，正因为彼时他认为国民革命可能给中国带来一个"根本解决"[131]。不过，一个一度心存"根本解决"梦想的知识分

---

① 这在《多研究些问题，少谈些"主义"！》中有迹可循："研究问题是极困难的事，高谈主义是极容易的事。……高谈'无政府主义'便不同了。买一两本实社《自由录》，看一两本西文无政府主义的小册子，再翻一翻《大英百科全书》，便可以高谈无忌了；这岂不是极容易的事吗？"这里的"事迹"皆指向北大外文系学生黄凌霜。

子，又每每反躬自省、警告他人："在这个烦闷的政局之下因忍耐不住而想求一条'收效极为迅速'的捷径，这种心理虽学者也不能免，这是我们很感觉惋惜的。"[132] 胡适未尝能免俗，但从总体上而言又否定"根本解决"的态度，提醒我们不妨悉心探究，"根本解决"中暗藏了何种破坏性因素，让胡适放心不下。

就本书论题而言，"根本解决"的幻想与名教的心理动因暗合，二者皆隐藏着一种祈求，祈求对具体问题"创世记式"的解决，"对于抽象名词的迷信"往往演为对于"绝对真理"——这一"真理"允诺整体性地、一次性地涵盖、解决任何问题——的迷信，而拒绝在历史与社会的行进中向实践开放。这种以立"名"为教的迷信、"招牌一挂就算成功"的态度，来取代对具体问题负责任的研究和以开放的心灵来寻求解决问题的努力，正是胡适所谓"奴性的逻辑"。也许正因为当时"根本解决"的风气太盛，流于空谈，又暗藏名教危险，且容易圈定某种主义定为一尊（胡适对此是有所警惕的："单有一致的团体主张，未必就是好的。安福俱乐部何尝没有一贯的团体主张呢？所以我们所希望的团体主张必须是仔细研究的结果。"[133]），胡适才觉得有必要"反戈一击"。

胡适在对"根本解决"的质疑与不满中实有洞见，但后来日渐被特定的政治力量与舆论导向引至仅以马克思主义为对立面，尤其在二十世纪五十年代清算胡适思想流毒的运动中，"实行一点一滴的改良，反对社会主义革命"成为批判焦点[134]。而胡适也认为实验主义和辩证法的唯物史观这"近代两个最重要的思想方法"有重要区别，"辩证法出于海格尔的哲学，是生物进化论成立以前的玄学方法。实验主义是生物进化论出世以后的科学方法。这两种方法所以根本不相容，只是因为中间隔了一层达尔文主义"，达尔文的生物演化学说"教我们明了生物进化，无论是自然的演变，或是人为的选择，都由于一点一滴的变异，所以是一种很复杂的现象，决没有一个简单的目的地可以一步跳到，更不会有一步跳到之后可以一成不变"。[135]

这是一个值得辩证的问题。

首先，在当时的共产党人（至少已开始接受马克思主义的群体）中，对于空谈主义、迷信"根本解决"而不去努力实行，是有着反对声音的。陈独秀认为，"改造社会"应该"在改革制度上努力"，但也要知道，"无论在何种制度之下，人类底幸福，社会底文明，都是一点一滴地努力创造出来的"，那些"彻底""完全""根本改造"等想法，都是"懒惰的心理底表现"。[136]"我们改造社会，是要在实际上把他的弊病一点一滴、一桩一件、一层一层渐渐的消灭去，不是用一个根本改造底方法，能够叫他立时消灭的。"[137]这些话，还在《主义与努力》等文章中一再申明。此外，如上文所述，毛泽东早年也曾受胡适实验主义熏陶，他在《湘江评论》的《创刊宣言》中把实用主义哲学当作思想领域内的指导学说，对《多研究些问题，少谈些"主义"！》也有呼应。青年毛泽东决定不赴法勤工俭学而安于"在国内研究各种学问的纲要"，据说也是受到胡适影响。[138]1942年毛泽东在《整顿党的作风》中说："直到现在，还有不少的人，把马克思列宁主义书本上的某些个别字句看作现成的灵丹圣药，似乎只要得了它，就可以不费气力地包医百病。"[139]这里的行文用语都很像胡适，可以佐证罗志田先生的观点："把'研究问题不空谈主义'和'反对高调主张，提倡研究中国实际情形'结合起来讨论，就更能看出中共主张与胡适观念的直接关联。"[140]当然，从总体倾向而言，毛泽东是主张采用苏俄式激烈方法来整体解决中国问题的，但这中间隐伏着一个问题：是注重主义与中国革命实践相结合，还是将它们看作"现成的灵丹圣药"，"只要得了它"，就幻想从根本上解决了任何疑难杂症？以某种名号、主义作为根本解决的途径而掩饰其间的空谈与懒惰，正是立"名"为教的显现，而懒惰的心理正是名教生成的心理机制，胡适一直以为这是"国中最大的病根"[141]。但这又与危机深重的时代中的人们对整体性解决方案的热烈渴求一体两面。李大钊在"问题与主义"之争中的发言恰体现了此种思路：中国的严峻现实需要根本解决，马列主义提供了根本解决的途径，而其高度的理想主义与乌托邦色彩恰能把大多数人动员、组织起来[①]。其实马克思主义也并不迷信一蹴而就。恩格斯所说的，德国的许多青年作家把"唯物主义的"标签贴到各种事物上后便认为问题已经解决，正是讽刺以"根本解决"为幌子而掩饰空谈与怠懒。在这种情况下，"唯物主义的"对于那些"青年作家"而言，就是一种名教。在名教批判的范畴内可以把上述问题表述为：我们是不是可以制定一套穷尽一切的、目的论式的说教？我们是不是可以获得脱离现实过程本身的终极规范？在卡尔·曼海姆看来，"马克思跨出的最重要的一步"正是"抨击社会主义中的乌托邦因素"：

---

① 王汎森先生这样描述阅读《独秀文存》时得到的"一种印象"："先前许多困难的问题或两端的意见，后来都逐渐找到一个会通解决的办法，那便是用社会主义来重新考量那个问题；原先是泥中斗兽，此时都有另进一境豁然开朗的感觉，而《独秀文存》竟像是一部《天路历程》般。""目迷五色的各种'主义'在中国竞逐，再理想、再荒谬的'主义'都有人提出过，而且带有异常浓厚的实验色彩"，而最后马克思主义脱颖而出，此与它能提供"一个会通解决的办法"有很大联系。参见王汎森《思潮与社会条件》，载《中国近代思想与学术的系谱》，第259、260页。

如果我们今天问一个受过列宁主义训练的共产主义者，未来的社会实际上会是什么样的，他会回答说这个问题是违反辩证法的，因为未来本身也将在它形成的实际辩证过程中被决定。但这种实际辩证过程是什么呢？

它表明，我们不能事先计算一个事物应当是什么样或将是什么样的。我们只能影响形成过程的总趋势。我们始终面临的具体问题只能是下一步。政治思想的任务不是去设立应当是什么这样的绝对论题。理论，甚至包括共产主义理论，只是形成过程的一个功能。理论与实践之间的辩证关系就在于这一事实：首先，产生于明确属于社会的冲动的那种理论，能澄清局势。在澄清过程中现实经历着变化。我们由此进入新的局势，从中又产生出新的理论。[142]

对于"问题与主义"之争而言，即便我们把胡适视作马克思主义的对立方，那么借助上引曼海姆的这段话，我们不也可以触摸到胡适所提供的辩难的意义吗？这甚至是对马克思主义者的一种及时提醒。

这还提示我们第二个问题，"根本解决"和主义崇拜密不可分。在"问题与主义"之争中，"李大钊对其抱持'主义'的说明，预示着激进的中国共产运动所将采取的意识形态的方向与内容"[143]，但同时，中国共产党人对"主义"的复杂性也有所认识，将某种主义——尤其是自外输入而不与中国实际相结合的虚悬的主义——视作"包医百病"的"灵丹圣药"，这就形同名教信徒迷信抽象名词的万能，将主义当作宗教。一方面，主义崇拜在变革时代中提供了强大的组织、动员功效；另一方面，"'主义'变得愈理想化、愈激进，便愈能成为革命政治的工具，也愈能动员群众，革命领导人便也愈有声望与权力。革命领导人愈有声望与权力，便愈自我膨胀、自以为是，也愈可以对自己的政治行为不负政治责任"[144]。也就是说，主义崇拜有工具效用，但其内附的名教危险又容易造成政治活动的空洞化，甚至与先前的理想目标相异化。此外，"根本解决"的危险还在于试图圈定某种主义定为一尊的倾向。国民党和中共都根据单一的主义信仰建立起组织和行动模式，从革命实践来说无疑有成功之处，但也容易产生问题，所以共产党人多次以纠正教条主义为题开展整风运动。

从现实来看，围绕着主义所作的种种宣传、组织、驱遣与动员，可谓登峰造极；但是，中共高层内部，也一直有警惕"主义"万能、避开"主义"纠缠而力行实践的清醒力量。以致唐德刚先生在二十世纪九十年代初感慨道："至若'多谈问题，少谈主义'之实验主义的抽象学理，岂非'黑猫白猫'哉？微黑猫白猫，焉有今日一千四百万之个体户？……黑猫白猫所宗，实胡学之正宗也。……儒法既是一家，国共又何分轩轾。"[145]语出幽默，却不乏识见。

尽管面对"根本解决"，胡适的意见和马克思主义被视作"不相容"，但是，在注重实践、不迷信一蹴而就、反对教条主义等诸多方面，双方其实共享着同样的经验。以上复杂的情形提示我们，还必须从学理的层面加以探究。对"根本解决"的否定，其哲学根源出于实用主义真理观的工具论倾向。实用主义真理观首先与"人本主义"相统一，认为真理是相对于人、相对于人变化着的经验而存在的，以满足人的需要的程度为尺度。其次，实用主义真理观根源于进化论而同绝对理性主义的传统哲学拉开距离。传统哲学试图一劳永逸地发现永恒不变的真理，比如"第一因""绝对本质""最高的善""终极目的"等。正如詹姆士所说:"理智主义者的伟大假设是:'真理'的意义主要是一个惰性的静止的关系。当你得到了任何事物的真观念,事情就算结束了。"[146]进化论标志着一个根本的转折:从全部本质转向具体变化,从根本上一次性地规定事物的智慧转向具体地规定现实事物的智慧。杜威把进化论的解释称为"发生学和实验的逻辑",即关于具体事件的发生和发展的逻辑,哲学只有放弃对绝对起源和绝对终极性的研究,才能对产生出它们的具体价值和具体条件进行探讨。[147]将这一达尔文主义的进化论移用于解释社会,就产生了"第三者的哲学"立场:在杜威看来,社会不是固定存在,而是处于不断朝向未来的过程中的变化与进步;但是,社会的变化与进步只能一点一滴地进行,注重当下特殊的、具体的社会问题的解决,排斥根本性的革命和改造。杜威在来华演讲中提到社会哲学和政治哲学"不外急进和保守两派",然而,"人类的生活,不是完全推翻可以解决的,也不是完全保守可以解决的。人类的责任,是在某种时间、某种环境,去寻出某种解决方法来,就是随时随地去找出具体的方法来应付具体的问题。这便是第三者的哲学"。[148]在选择演讲题目时,胡适特意要杜威讲讲"实验主义的政治哲学",他对此自是拳拳服膺。在《我们走哪条路?》中,胡适认为"根本态度和方法","不是懒惰的自然演进,也不是盲目的暴力革命,也不是盲目的口号标语式的革命,只是用自觉的努力作不断的改革",这是艰难而迂缓的方法,但舍此之外,再"不承认别有"快捷、简单容易或根本解决的方法。[149]胡适继承自杜威的思想来路,由此清晰可见。

一切观念、理论都需要进一步加以探索、检验、修正,而非一成不变,这对揭露传统形而上学关于永恒不变的真理观的缺陷实有助益。当然,实用主义真理观与马克思主义还是有区别的。实用主义在揭批传统哲学抽象、僵化的理性主义的同时，也走向否定真理的相对稳定性、一般性，仅视真理为效用，是观念在实践活动中产生的令人满意的结果。而一般来说，马克思主义承认客观真理的存在，认为真理是人们对于客观事物的本质及其规律的正确反映。此外，实用主义强调观察效果而忽视理论在一定条件下具有超前性、开拓性等，这反映在"问题与主义"之争中，就是李大钊强调"一个共同趋向的理想主义"对社会运动所产生的先导作用，而胡适基本避谈。

从学理层面上分析，实用主义与马克思主义自然存在分歧，但同时也不乏相似、一致之处。比如在反对心物二元、把科学主义与人本主义相结合，尤其是理论和实践的关系方面，均不乏彼此沟通的思想观点。

对于"根本解决"的驳难中，可能还内含着马克思主义理论固有的决定论与能动论的纠缠，这自是一个由来已久的大问题，此处无法展开，仅点到为止。"马克思主义是决定论和能动论的特殊混合物，因为二者都是社会历史发展一般规律的学说，也是革命实践的哲学。在马克思主义世界观中，人既是历史的主体又是它的客体；人既是自己过去历史的产物，又是自己未来的创造者。"[150] 能动论与决定论的纠缠，内附着阶级斗争理论、政治与经济的关系、马克思主义关于人的意识和能动性对历史的作用等复杂问题。李大钊在《再论问题与主义》末尾一节专门谈"根本解决"，他以俄国革命为例提出："经济问题的解决，是根本解决。经济问题一旦解决，什么政治问题，法律问题，家族制度问题，女子解放问题，工人解放问题，都可以解决。"显然，李大钊对于"根本解决"的认同，建基于历史唯物论和马克思主义决定论原理。而胡适所揭示的"根本解决"中暗藏的"奴性的逻辑"，李大钊是完全领会的：""根本解决'这个话，很容易使人闲却了现在，不去努力，这实在是一个危险。"这正是对胡适的呼应。其实，能动论在李大钊早年的世界观中占主导地位。他在1916年指出："青年之自觉，一在冲决过去历史之网罗，破坏陈腐学说之囹圄，勿令僵尸枯骨，束缚现在活泼泼地之我……"[151] 这是对青年们起而行的热烈呼吁，表明其对于人类在变革世界过程中巨大的精神力量和能动性的深信不疑。当李大钊接受马克思唯物主义历史观的普遍原理时，并没有放弃对有意识的、有主动性的人们根据自己意愿改造社会的信心（《我的马克思主义观》一文中对有些"历史的唯物论者"所持有的决定论和宿命论提出了坦率的批评[152]）。"在'问题与主义'的争论之后，当他开始形成比较坚定的政治信念时，特别是1920年中国第一个共产主义小组成立以后，他完全不可能再忽视与其能动性的冲动相对立的马克思主义决定论原理"[153]，李大钊尝试在马克思主义思想体系的范围内协调二者的关系。《再论问题与主义》中说："可是专取这唯物史观（又称历史的唯物主义）的第一说，只信这经济的变动，是必然的，是不能免的；而于他的第二说，——就是阶级竞争说，——了不注意，丝毫不去用这个学理作工具，为工人联合的实际运动，那经济的革命，恐怕永远不能实现；就能实现，也不知迟了多少时期。"这里所谓"第一说"与"第二说"，正是决定论与能动论的纠缠。李大钊已然注意到"根本解决"中所暗含的名教阴影（"招牌一挂，就算成功"），以及荒疏主观能动性与个人持久实践的危险（"闲却了现在，不去努力"），所以最后来了一个折中："遇着时机，遇着情形，或须取一个根本解决的方法；而在根本解决以前，还须有相当的准备活动才是。"虽然马克思的著作中对经济决定论的论述非常充分，但他也反复强调是人创造了历史，社会改造不是通过抽象的设想，而是通过人的自觉活动来实现的。从这一意义上来说，胡适在"问题与主义"之争中的意见，关注人在怎样的前提条件下如何实现理想，以及避免空谈而通过实践来发挥人在社会中的能动作用，这些对于中国的马克思主义者们而言，未必不是有益的警醒。

由上文所述，因为反对"根本解决"，所以胡适不主张采取激进的革命。1916年1月留学期间，他就表示："吾并非指责革命，因为，吾相信，这也是人类进化之一必经阶段。可是，吾不赞成早熟之革命，因为，它通常是徒劳的，因而是一事无成的。……吾对当前正在进行的中国之革命，不抱太多的希望。诚然，吾对这些革命者则深表同情。作为个人来说，吾倒宁愿从基础建设起。吾一贯相信，通向开明而有效之政治，无捷径可走。持君主论者并不期望开明而有效之政治。革命论者倒是非常渴望，但是，他们却想走捷径——即通过革命。"[154] 胡适同情革命，但潜意识中对破坏秩序的恐惧，又使其几乎不加分析地拒绝革命，倾心于维持现状等于无限推迟了在特殊时代中的"行动"，这适足反映了胡适的两难处境。《我们走哪条路？》以"怎样解决中国问题"为议题，开篇提出了三种说法：国民党国民革命的目的在于"求中国之自由平等"，中国青年党的国家主义运动"就是要国家能够独立，人民能够自由，而在国际上能够站得住"，中国共产党则要求"巩固苏联无产阶级专政，拥护中国无产阶级革命"。但是胡适截住话头，以为"这种讨论徒然引起无益的意气"，而"我们深信自觉的探路总胜于闭了眼睛让人牵着鼻子走"。接下来他提出自己的方案：消极的目标是打倒"五鬼"——贫穷、疾病、愚昧、贪污、扰乱；积极的目标是建立一个治安的、普遍繁荣的、文明的、现代的统一国家。其中每一项都包括具体的衡量指标，比如，"治安"包括良好的法律政治，长期的和平，最低限度的卫生行政。"普遍繁荣"包括安定的生活，发达的工商业，便利安全的交通，公道的经济制度，公共的救济事业……这显然是一个从政治到社会、经济、文化等各方面的系统而艰巨的综合工程，非一次暴力革命所能解决而出之以解决具体问题的思路。所以胡适声称："我们都是不满意于现状的人，我们都反对那懒惰的'听其自然'的心理。然而我们仔细观察中国的实际需要和中国在世界的地位，我们也不能不反对现在所谓'革命'的方法。我们很诚恳地宣言：中国今日需要的，不是那用暴力专制而制造革命的革命，也不是那用暴力推翻暴力的革命，也不是那悬空捏造革命对象因而用来鼓吹革命的革命。在这一点上，我们宁可不避'反革命'之名，而不能主张这种种革命。因为这种种革命都只能浪费精力，煽动盲动残忍的劣根性，扰乱社会国家的安宁，种下相残害相屠杀的根苗……"[155]然而问题在于，"自由主义渐进改革的途径预设着最低限度的社会、政治、与文化秩序的存在；在这样的秩序之内以渐进和平的方式进行逐项改革才有其可能。但中国当时的政治、社会、与文化秩序均已解体，它是处于深沉的政治、社会、与文化三重危机之中。在这样整体性危机之中的人们，渴望着整体性的解决。自由主义式渐进解决问题的方式，并不能适合当时许多人急迫的心态，也提不出立即达成整体性解决的办法"[156]。胡适担心的是任何所谓"根本解决"的方案都会导向武断和僵化，在"根本解决"的鼓吹中实不乏名教的空幻梦想和奴性逻辑；但是小心翼翼的"评判的态度"，无法在变革时代中提供有效的行动纲领和"一种充分的方向意识"，以满足人们对于改变世界的渴求——"而这毕竟是随着形势恶化到彻底的混乱与绝望的程度，为中国人所愈益关心的东西"。[157]据此可见，胡适围绕着"根本解决"所出示的洞见与不见。

注释

1 胡适：《名教》，原载《新月》第一卷第五号，1928 年 7 月 10 日；后收入《胡适文存》(三)，本章引用此文依据《胡适文存》，以下不再注出。

2 冯友兰：《名教之分析》，原载《现代评论》第二周年纪念增刊，1927 年 1 月；引自冯友兰《三松堂全集》(第 11 卷第 2 版)，郑州：河南人民出版社，2000 年 12 月。

3 江绍原的这一系列研究可参见《名礼》，《语丝》第九十九期，1926 年 10 月 2 日；《"呼名落马"》，《语丝》第一〇二期，1926 年 10 月 23 日；《"寄名"》《"借名"》《"偷名"》《"撞名"》，《语丝》第一〇五期，1926 年 10 月 30 日；《无题》，《语丝》第一一〇期，1926 年 12 月 18 日；《人物鬼神的名·"家父家母"乎？"杨坚夫妻"乎？》，《贡献》第八期，1928 年 2 月 15 日；《人物鬼神的名·呼山水诸精之名》，《贡献》第八期，1928 年 2 月 15 日，等。

4 胡适：《胡适致高一涵、张慰慈等》(1919 年 10 月 8 日，稿)，载中国社会科学院近代史研究所中华民国史组编《胡适来往书信选》(上)，第 73 页。

5 胡适：《全国震惊以后》，载季羡林主编《胡适全集》(第 21 卷)，合肥：安徽教育出版社，2003 年 9 月，第 582、583 页。

6 胡适：《沉默的忍受》《自责知耻才能有救——在归绥的演讲》，载季羡林主编《胡适全集》(第 22 卷)，316、320 页。

7 胡适：《为学生运动进一言》，载季羡林主编《胡适全集》(第 22 卷)，第 414 页。

8 《论近日学者喜用新名词之谬》，《申报》1903 年 9 月 9 日。

9 胡适：《中国哲学史大纲》(卷上)，载姜义华主编《胡适学术文集·中国哲学史》(上册)，第 110、111 页。

10 胡适：《汤尔和译〈到田间去〉的序》，载耿云志主编《胡适遗稿及秘藏书信》(第一册)，合肥：黄山书社，1994 年 12 月，第 231、236 页。

11 胡适：《刘熙关于〈爱国运动与求学〉的来信附言》，载季羡林主编《胡适全集》(第 21 卷)，第 350 页。

12 胡适：《欢迎我们的兄弟——〈星期评论〉》，载季羡林主编《胡适全集》(第 21 卷)，第 180、181 页。

13 胡适：《思想革命与思想自由》，载季羡林主编《胡适全集》(第 21 卷)，第 455 页。

14 胡明：《胡适"名教"批判》，载《胡适思想与中国文化》，第 94 页。

15 胡适：《胡适致陈之藩》（1948 年 3 月 3 日，稿），载中国社会科学院近代史研究所中华民国史组编《胡适来往书信选》（下），第 351 页。

16 胡适：《〈独立评论〉的一周年》，载季羡林主编《胡适全集》（第 21 卷），第 638 页。

17 胡适：《〈胡适文存三集〉自序》，载《胡适文存》（三），序言第 2 页。

18 章清：《胡适评传》，南昌：百花洲文艺出版社，1992 年 8 月，第 231 页。

19 胡适：《胡适致蔡元培》（1927 年 10 月 24 日），载中国社会科学院近代史研究所中华民国史组编《胡适来往书信选》（上），第 447 页。

20 胡适日记（1928 年 6 月 15 日），载曹伯言整理《胡适日记全编》（5），合肥：安徽教育出版社，2001 年 10 月，第 157 页。

21 胡适日记（1928 年 5 月 22 日），载曹伯言整理《胡适日记全编》（5），第 123 页。

22 胡适日记（1929 年 4 月 1 日）及所附剪报，载曹伯言整理《胡适日记全编》（5），第 378—379 页。

23 胡适：《新文化运动与国民党》，载胡适等著《人权论集》，上海：新月书店，1930 年 2 月。现已收入季羡林主编《胡适全集》（第 21 卷）。

24 胡适：《知难，行亦不易——孙中山先生的"行易知难说"述评》，载季羡林主编《胡适全集》（第 21 卷），第 403 页，本节中引录此文不再一一注出。

25 胡适：《新文化运动与国民党》，载季羡林主编《胡适全集》（第 21 卷），第 449 页。

26 ［美］格里德：《胡适与中国的文艺复兴》，鲁奇译，南京：江苏人民出版社，1993 年 7 月，第 186 页。

27 罗志田：《再造文明的尝试：胡适传（1891—1929）》，北京：中华书局，2006 年 6 月，第 301 页。

28 季羡林：《为胡适说几句话》，《群言》1988 年第 3 期，第 35 页。

29 胡适：《五四运动纪念》，载季羡林主编《胡适全集》（第 21 卷），第 369—371 页。

30 胡适：《新文化运动与国民党》，载季羡林主编《胡适全集》（第 21 卷），第 449、450 页。

31 胡适：《惨痛的回忆与反省》，载《胡适文存》（四），第 332 页。

32 高华：《南京国民政府权威的建立与困境》，载《革命年代》，广州：广东人民出版社，2010 年 1 月，第 28—33 页。

33 相关研究可参见杨天石《胡适和国民党的一段纠纷》，收入《寻求历史的谜底——近代中国的政治与人物》，北京：首都师范大学出版社，1993 年 7 月；罗志田《个人与国家：北伐前后胡适政治态度之转变》，收入《乱世潜流：民族主义与民国政治》，上海：上海古籍出版社，2001年10月。

34　胡汉民：《胡汉民致胡适》（1928年6月29日），载中国社会科学院近代史研究所中华民国史组编《胡适来往书信选》（上），第437—438页。

35　胡适：《欢迎我们的兄弟——〈星期评论〉》，载季羡林主编《胡适全集》（第21卷），第180、181页。

36　胡适日记（1915年5月8日），载曹伯言整理《胡适日记全编》（2），第128页。

37　胡适：《从思想上看中国问题》，载季羡林主编《胡适全集》（第21卷），第416、417页。

38　胡适：《旅京杂记》，《新青年》第四卷第三号，1918年3月15日。

39　胡适：《少年中国之精神》，载季羡林主编《胡适全集》（第21卷），第166、167页。

40　陈独秀：《提高与普及》，《新青年》第八卷第四号，1920年12月1日。

41　胡适：《这一周》，《胡适文存》（二），第421页。

42　胡适：《跋〈白屋文话〉》，载《胡适文存》（三），第524页。

43　胡适：《〈吴淞月刊〉发刊词》，载《胡适文存》（三），第486页。

44　胡适：《从思想上看中国问题》，载季羡林主编《胡适全集》（第21卷），第418、422页。

45　胡适：《汤尔和译〈到田间去〉的序》，载耿云志主编《胡适遗稿及秘藏书信》（第十二册），第235页。

46　胡适：《四十自述》，载《胡适文集》（2），第427页。

47　胡适：《胡适致孙长元》（1933年12月13日，稿），载中国社会科学院近代史研究所中华民国史组编《胡适来往书信选》（中），第224页。

48　胡适：《独立评论·一一八号编辑后记》，载季羡林主编《胡适全集》（第22卷），第153页。

49　胡适日记（1935年1月2日），载曹伯言整理《胡适日记全编》（6），第430页；胡适：《〈独立评论〉的四周年》，载季羡林主编《胡适全集》（第22卷），第485页。

50　陶希圣：《思想界的一个大弱点》，《独立评论》第一五四号，1935年6月9日。围绕"名词障"的笔战文章，除所引外，还包括：陶希圣《为什么否认现在的中国》，收入马芳若编《中国文化建设讨论集》，上海：国音书店，1936年；胡适《略答陶希圣先生》，《独立评论》第一五四号，1935年6月9日。

51　胡适：《今日思想界的一个大弊病》，《独立评论》第一五三号，1935年6月2日。

52　陶希圣：《陶希圣致胡适》（1931年），载中国社会科学院近代史研究所中华民国史组编《胡适来往书信选》（下），第487—490页。

53　胡适：《个人自由与社会进步》，载季羡林主编《胡适全集》（第22卷），第284页。

54　罗尔纲：《罗尔纲致胡适》（1932年8月2日），载中国社会科学院近代史研究所中华民国史组编《胡适来往书信选》（中），第125、126页。

55　胡适：《〈胡适文存三集〉自序》，载《胡适文存》（三），第2页。

56　尹权宇：《反"名教"与胡适思想》，收入耿云志、闻黎明编《现代学术史上的胡适》。

57　［美］M.怀特：《分析的时代》，杜任之主译，北京：商务印书馆，1981年6月，第133页。

58　转引自杨国荣《胡适与实用主义》，载耿云志编《胡适评传》，上海：上海古籍出版社，1999年7月，第391页。

59　胡适：《实验主义》，载《胡适文存》（一），第233页。

60　［美］威廉·詹姆士：《实用主义：一些旧思想方法的新名称》，陈羽纶、孙瑞禾译，北京：商务印书馆，1979年8月，第31页。

61　同上，第130页。

62　刘放桐等编著：《新编现代西方哲学》第七章《实用主义》，北京：人民出版社，2000年6月。本节对实用主义的介绍，除注出书目外，主要参考此书。

63　［美］格里德：《胡适与中国的文艺复兴》，鲁奇译，第36页。

64　胡适日记（1914年1月25日），载曹伯言整理《胡适日记全编》（1），第222、223页。

65　余英时：《从〈日记〉看胡适的一生》《中国近代思想史上的胡适》，分别载《重寻胡适历程》，桂林：广西师范大学出版社，2004年9月，第7、195页。

66　胡适日记（1915年5月9日），载曹伯言整理《胡适日记全编》（2），第130页。

67　胡适：《留学日记·自序》，载曹伯言整理《胡适日记全编》（1），第58页。

68　余英时：《中国近代思想史上的胡适》，载《重寻胡适历程》，第197—199页。

69　［美］唐德刚译注：《胡适口述自传》，上海：华东师范大学出版社，1993年4月，第94页。

70　胡适：《我的歧路》，载《胡适文存》（二），第332页。

71　胡适：《实验主义》，载《胡适文存》（一），第225、234页。

72　［美］格里德：《胡适与中国的文艺复兴》，鲁奇译，第98、99页。

73　胡适：《实验主义》，载《胡适文存》（一），第214、248页。

74　胡适：《介绍我自己的思想》，载《胡适文存》（一），第452、453、463页。

75 杨国荣:《胡适与实用主义》,载耿云志编《胡适评传》,第406页。

76 胡适日记(1921年6月30日),载曹伯言整理《胡适日记全编》(3),第346、347页。

77 胡适:《我的歧路》,载《胡适文存》(二),第332页。

78 刘放桐等编著:《新编现代西方哲学》,第175页。

79 彭明:《五四运动史》,北京:人民出版社,1984年4月,第470—499页。

80 〔美〕唐德刚译注:《胡适口述自传》,第190页。

81 高力克:《求索现代性》,杭州:浙江大学出版社,1999年10月,第269页。

82 耿云志:《胡适研究论稿》,成都:四川人民出版社,1985年10月,第28页。

83 〔美〕纪文勋:《现代中国的思想冲突:民主主义与权威主义》,程农、许剑波译,吴景平校,太原:山西人民出版社,1989年4月,第102页。

84 高力克:《〈新青年〉与两种自由主义传统》,载许纪霖编《二十世纪中国思想史论》(上卷),第137页。

85 〔美〕格里德:《胡适与中国的文艺复兴》,鲁奇译,第175页。

86 李新、陈铁健主编:《中国新民主革命通史第1卷:伟大的开端(1919—1923)》,上海:上海人民出版社,2001年4月,第212—223页。

87 李林:《重论"问题与主义"之争》,载刘青峰编《胡适与现代中国文化转型》,香港:中文大学出版社,1994年,第29页。

88 张先贵:《重评"问题与主义"之争》,《安徽大学学报(哲学社会科学版)》1995年第5期,第86—92页。

89 "从五四运动到人民共和国成立"课题组:《胡绳论"从五四运动到人民共和国成立"》,北京:社会科学文献出版社,2001年5月,第67、68页。

90 罗志田:《对"问题与主义"之争的再认识》,载《激变时代的文化与政治》,北京:北京大学出版社,2006年9月,第64页。

91 胡适:《介绍我自己的思想》,载《胡适文存》(四),第454页。

92 胡适:《汤尔和译〈到田间去〉的序》,载耿云志主编《胡适遗稿及秘藏书信》(第十二册),第235页。

93 〔美〕唐德刚译注:《胡适口述自传》,第175、191页。

94 罗志田:《再造文明的尝试:胡适传(1891—1929)》,第194、195页。

95 胡适:《我的歧路》,载《胡适文存》(二),第331页;〔美〕唐德刚译注:《胡适口述自传》,第191页。

96 胡适:《多研究些问题,少谈些"主义"!》,载《胡适文存》(一)。本节以下引用此文及胡适的两篇后续文章(《三论问题与主义》《四论问题与主义》),均依据这一版本,不再注出。

97 胡适:《从思想上看中国问题》,载季羡林主编《胡适全集》(第21卷),第418、421页。

98 胡适:《〈独立评论〉的一周年》,载季羡林主编《胡适全集》(第21卷),第638页。

99 胡适日记(1962年2月21日),载曹伯言整理《胡适日记全编》(8),第821、830、837、838、846页;又见胡颂平编著《胡适之先生晚年谈话录》,北京:新星出版社,2006年10月,第271页。

100 胡适:《四十自述》,载《胡适文集》(2),第429页。

101 [美]唐德刚译注:《胡适口述自传》,第173页。

102 罗家伦:《知识的责任》,载《新人生观》,北京:商务印书馆,1942年3月,第16、17页。

103 周德之:《为迷信"主义"者进一言》,《晨报副刊》1926年11月4日。

104 李大钊:《强力与自由政治》,载中国李大钊研究会编注《李大钊文集》(第一卷),北京:人民出版社,1999年10月,第198页。本节中关于李大钊的论述,主要参引自罗志田《对"问题与主义"之争的再认识》,载《激变时代的文化与政治》,第82、83页。

105 李大钊:《新鲜名词》,载中国李大钊研究会编注《李大钊文集》(第三卷),第60页。

106 李大钊:《混充牌号》,载中国李大钊研究会编注《李大钊文集》(第二卷),第311页。

107 李大钊:《主义》,载中国李大钊研究会编注《李大钊文集》(第三卷),第125页。

108 罗志田:《对"问题与主义"之争的再认识》,载《激变时代的文化与政治》,第76页。

109 李大钊:《再论问题与主义》,载《李大钊文集》(下),北京:人民出版社,1984年12月,第35、37页。本节以下引用此文均依据这一版本,不再注出。

110 胡适:《新思潮的意义》,载《胡适文存》(一),第530—532页。

111 [美]莫里斯·迈斯纳:《李大钊与中国马克思主义的起源》,中共北京市委党史研究室编译组译,北京:中共党史资料出版社,1989年8月,第117页。

112 陈独秀:《解放》,《新青年》第七卷第二号,1920年1月1日。

113 陈独秀:《主义与努力》,《新青年》第八卷第四号,1920年12月1日。

114 李大钊:《北京市民应该要求的新生活》,载《李大钊文集》(下),第86—88页。

115 李大钊:《由经济上解释中国近代思想变动的原因》,载《李大钊文集》(下),第182页。

116 李大钊:《我的马克思主义观》,载《李大钊文集》(下),第68、69页。

117 李大钊:《史学要论》,载《李大钊文集》(下),第753页。

118 胡适日记(1922年5月11日),载曹伯言整理《胡适日记全编》(3),第664、665页。

119 李大钊:《李大钊致胡适》(1919年4月),载《李大钊文集》(下),第936页。

120 陈独秀:《思想革命上的联合战线》,载任建树、张统模、吴信忠编《陈独秀著作选》(第二卷),第517、518页。

121 邓中夏:《思想界的联合战线问题》,载李华兴主编《中国现代思想史资料简编》(第二卷),杭州:浙江人民出版社,1982年8月,第180页。

122 罗志田:《再造文明的尝试:胡适传(1891—1929)》,第196页。

123 蓝公武:《问题与主义》,载朱维铮编《中国现代思想史资料简编》(第一卷),杭州:浙江人民出版社,1982年1月,第533页。

124 胡适:《一师毒案感言》,载季羡林主编《胡适全集》(第21卷),第329页。

125 胡适:《建国问题引论》,载季羡林主编《胡适全集》(第21卷),第669页。

126 胡适:《新思潮的意义》,载《胡适文存》(一),第533页。

127 胡适:《介绍我自己的思想》,载《胡适文存》(四),第453页。

128 胡适:《我的歧路》,载《胡适文存》(二),第331页。

129 对此段史实已有的论述,参见李林《重论"问题与主义"之争》和罗志田《对"问题与主义"之争的再认识》,分别收入刘青峰编《胡适与现代中国文化转型》和罗志田著《激变时代的文化与政治》。

130 周策纵:《胡适对中国文化的批判与贡献》,载子通主编《胡适评说八十年》,第374页。

131 罗志田:《个人与国家:北伐前后胡适政治态度之转变》,载《乱世潜流:民族主义与民国政治》,第238页。

132 胡适:《〈一个时代错误的意见〉附记》,载季羡林主编《胡适全集》(第21卷),第516页。

133 胡适:《欢迎我们的兄弟——〈星期评论〉》,载季羡林主编《胡适全集》(第21

卷），第 178 页。

134 李达：《胡适思想批判》，载《胡适思想批判》（第二辑），北京：生活·读书·新知三联书店，1955 年 3 月；胡思杜：《对我父亲胡适的批判》，《中国青年》第五十六期，1951 年 1 月。

135 胡适：《介绍我自己的思想》，载《胡适文存》（四），第 453 页。

136 陈独秀：《随感录·懒惰的心理》，《新青年》第八卷第二号，1920 年 10 月 1 日。

137 陈独秀：《答郑贤宗》，载任建树、张统模、吴信忠编《陈独秀著作选》（第二卷），第 194 页。

138 毛泽东：《毛泽东给周士钊》（1920 年 3 月 14 日），载中国革命博物馆、湖南省博物馆编《新民学会资料》，北京：人民出版社，1980 年 9 月，第 63 页。

139 毛泽东：《整顿党的作风》，载中共中央毛泽东选集出版委员会编《毛泽东选集》，北京：人民出版社，1964 年 4 月，第 822 页。

140 罗志田：《对"问题与主义"之争的再认识》，载《激变时代的文化与政治》，第132 页。

141 胡适：《对于〈努力周报〉批评的答复》，载季羡林主编《胡适全集》（第 21卷），第 271 页。

142 ［德］卡尔·曼海姆：《意识形态与乌托邦》，黎鸣、李书崇译，周纪荣、周琪校，第 128 页。

143 林毓生：《"问题与主义"论辩的历史意义》，载许纪霖编《二十世纪中国思想史论》（上卷），第 296 页。

144 同上，第 302 页。

145 ［美］唐德刚：《论"转型期"与"启蒙后"》，载欧阳哲生《自由主义之累——胡适思想的现代阐释》，上海：上海人民出版社，1993 年 12 月，前言第 24 页。

146 ［美］威廉·詹姆士：《实用主义：一些旧思想方法的新名称》，陈羽纶、孙瑞禾译，第 102 页。

147 赵敦华：《杜威的进化发生学方法》，载俞吾金主编《杜威、实用主义与现代哲学》，北京：人民出版社，2007 年 2 月，第 42 页。

148 ［美］杜威著、胡适口译：《社会哲学与政治哲学》，载《杜威五大讲演》，合肥：安徽教育出版社，1999 年 9 月，第 4—6 页。《社会哲学与政治哲学》是杜威在北大法科大礼堂的演讲，自 1919 年 9 月 20 日起共讲 16 次。

149 胡适：《我们走哪条路？》，载《胡适文存》（四），第 315 页。

150　［美］莫里斯·迈斯纳：《李大钊与中国马克思主义的起源》，中共北京市委党史研究室编译组译，第 138 页。关于该问题的具体讨论，参见此书第六章。

151　李大钊：《青春》，载《李大钊文集》（上），第 204 页。

152　李大钊：《我的马克思主义观》，载《李大钊文集》（下），第 64、65 页。

153　［美］莫里斯·迈斯纳：《李大钊与中国马克思主义的起源》，中共北京市委党史研究室编译组译，第 137 页。

154　胡适日记（1916 年 1 月 31 日），载曹伯言整理《胡适日记全编》（2），第 335 页。

155　胡适：《我们走哪条路？》，载《胡适文存》（四）。

156　林毓生：《"问题与主义"论辩的历史意义》，载许纪霖编《二十世纪中国思想史论》（上卷），第 296、297 页。

157　［美］格里德：《胡适与中国的文艺复兴》，鲁奇译，第 280、289 页；余英时：《中国近代思想史上的胡适》，载《重寻胡适历程》，第 211—217 页。

参考文献

文集史料

王弼. 王弼集校释［M］. 楼宇烈, 校释. 北京：中华书局, 1980.

章学诚. 文史通义［M］. 李春伶, 校点. 沈阳：辽宁教育出版社, 1998.

章学诚. 文史通义［M］. 叶瑛, 校注. 北京：中华书局, 1985.

庄子. 庄子今注今译（上、下）［M］. 陈鼓应, 注译. 北京：商务印书馆, 2007.

章太炎. 章太炎全集（一、三、四、五、六）［M］. 本社, 编. 上海：上海人民出版
　　社, 1980, 1984, 1985, 1986.

章太炎. 革故鼎新的哲理——章太炎文选［M］. 姜玢, 编选. 上海：上海远东出版
　　社, 1996.

章太炎. 章太炎政论选集（上、下）［M］. 汤志钧, 编. 北京：中华书局, 1977.

章太炎. 国故论衡［M］. 陈平原, 导读. 上海：上海古籍出版社, 2003.

章太炎. 国学概论［M］. 上海：上海古籍出版社, 2003.

章太炎. 章太炎的白话文［M］. 沈阳：辽宁教育出版社, 2003.

章太炎. 中国现代学术经典·章太炎卷［M］. 陈平原, 编校. 石家庄：河北教育出版
　　社, 1996.

梁启超. 梁启超文选（上、下）［M］. 夏晓虹, 编选. 北京：中国广播电视出版社,
　　1992.

鲁迅.鲁迅全集［M］.北京：人民文学出版社，2005.

胡适.胡适文存［M］.合肥：黄山书社，1996.

胡适.胡适文集［M］.北京：人民文学出版社，1998.

胡适.胡适全集（21、22）［M］.季羡林，主编.合肥：安徽教育出版社，2003.

胡适.胡适日记全编［M］.曹伯言，整理.合肥：安徽教育出版社，2001.

胡适.胡适来往书信选（上、中、下）［M］.北京：中华书局，1979.

胡适.胡适学术文集·中国哲学史（上、下）［M］.姜义华，主编.北京：中华书局，1991.

李大钊.李大钊文集（二、三）［M］.北京：人民出版社，1999.

朱谦之.朱谦之文集（一）［M］.黄夏年，编.福州：福建教育出版社，2002.

胡风.胡风全集［M］.武汉：湖北人民出版社，1999.

胡风.胡风家书［M］.晓风，选编.上海：复旦大学出版社，2007.

鲁迅，等.中国新文学大系［M］.影印本.上海：上海文艺出版社，2003.

北京大学，等，主编.文学运动史料选［M］.上海：上海教育出版社，1979.

生平史料、人物研究

汤志钧，编.章太炎年谱长编［M］.北京：中华书局，1979.

姚奠中，董国炎.章太炎学术年谱［M］.太原：山西古籍出版社，1996.

姜义华.章太炎评传［M］.南昌：百花洲文艺出版社，1995.

汪荣祖.康章合论［M］.北京：新星出版社，2006.

王汎森.章太炎的思想之研究［D］.台湾：台湾大学，1983.

王玉华.多元视野与传统的合理化：章太炎思想的阐释［M］.北京：中国社会科学出版社，2004.

章念驰，编.章太炎生平与思想研究文选［M］.杭州：浙江人民出版社，1986.

章念驰，编.章太炎生平与学术［M］.北京：生活·读书·新知三联书店，1988.

林少阳.鼎革以文：清季革命与章太炎"复古"的新文化运动［M］.上海：上海人民出版社，2018.

钱理群.与鲁迅相遇：北大演讲录［M］.北京：生活·读书·新知三联书店，2003.

钱理群.话说周氏兄弟：北大讲演录［M］.济南：山东画报出版社，1999.

郜元宝.鲁迅六讲［M］.上海：上海三联书店，2000.

王乾坤.鲁迅的生命哲学［M］.北京：人民文学出版社，1999.

汪卫东.鲁迅前期文本中的"个人"观念［M］.北京：人民文学出版社，2006.

钱理群.周作人传［M］.北京：北京十月文艺出版社，1990.

石坚.周作人："士大夫"的发现［D］.上海：华东师范大学，2008.

胡适.胡适口述自传［M］.唐德刚，译注.上海：华东师范大学出版社，1993.

胡颂平，编著.胡适之先生晚年谈话录［M］.北京：新星出版社，2006.

余英时.重寻胡适历程［M］.桂林：广西师范大学出版社，2004.

罗志田.再造文明的尝试：胡适传（1891—1929）［M］.北京：中华书局，2006.

胡明.胡适思想与中国文化［M］.桂林：广西师范大学出版社，2005.

格里德.胡适与中国的文艺复兴［M］.鲁奇，译.南京：江苏人民出版社，1993.

章清.胡适评传［M］.南昌：百花洲文艺出版社，1992.

耿云志，闻黎明，编.现代学术史上的胡适［M］.北京：生活·读书·新知三联书店，1993.

耿云志，编.胡适评传［M］.上海：上海古籍出版社，1999.

晓风，主编.我与胡风［M］.第2版：增补本.银川：宁夏人民出版社，2003.

晓风.九死未悔——胡风传［M］.台北：台湾业强出版社，1996.

李辉.胡风集团冤案始末［M］.北京：人民日报出版社，1989.

范际燕，钱文亮.胡风论——对胡风的文化与文学阐释［M］.武汉：湖北人民出版社，1999.

鲁贞银.胡风文学思想及理论研究［D］.上海：复旦大学，2000.

刘宏伟.胡风精神现实论［D］.上海：复旦大学，2000.

王丽丽.在文艺与意识形态之间：胡风研究［M］.北京：中国人民大学出版社，2003.

著作

叔本华.作为意志和表象的世界［M］.石冲白，译.杨一之，校.北京：商务印书馆，1982.

尼采.悲剧的诞生：尼采美学文选［M］.周国平，编译.太原：北岳文艺出版社，2004.

海德格尔.海德格尔选集［M］.孙周兴，选编.上海：上海三联书店，1996.

海德格尔.存在与时间［M］.修订译本.陈嘉映，王庆节，译.北京：生活·读书·新知三联书店，2006.

海德格尔.人，诗意地安居——海德格尔语要［M］.郜元宝，译.张汝伦，校.上海：上海远东出版社，1995.

密尔.论自由［M］.许宝骙，译.北京：商务印书馆，1959.

别尔嘉耶夫.历史的意义［M］.张雅平，译.上海：学林出版社，2002.

别林斯基.别林斯基文学论文选［M］.满涛，辛未艾，译.上海：上海译文出版社，2000.

谢苗·弗兰克.人与世界的割裂［M］.方珊，方达琳，王利刚，选编.济南：山东友谊出版社，2005.

以赛亚·伯林.俄国思想家［M］.彭淮栋，译.南京：译林出版社，2001.

以赛亚·伯林.浪漫主义的根源［M］.吕梁，洪丽娟，孙易，译.南京：译林出版社，2008.

克利福德·格尔茨.文化的解释［M］.韩莉，译.南京：译林出版社，1999.

卡尔·曼海姆.意识形态与乌托邦［M］.黎鸣，李书崇，译.周纪荣，周琪，校.北京：商务印书馆，2009.

福柯.知识考古学［M］.第2版.谢强，马月，译.北京：生活·读书·新知三联书店，2007.

福柯.福柯读本［M］.汪民安主编.北京：北京大学出版社，2010.

威廉·巴雷特.非理性的人［M］.杨照明，艾平，译.北京：商务印书馆，2004.

萨义德.东方学［M］.王宇根，译.北京：生活·读书·新知三联书店，1999.

C.赖特·米尔斯.社会学的想象力［M］.陈强，张永强，译.北京：生活·读书·新知三联书店，2001.

莱昂内尔·特里林.诚与真［M］.刘佳林，译.南京：江苏教育出版社，2006.

苏珊·桑塔格.疾病的隐喻［M］.程巍，译.上海：上海译文出版社，2003.

苏珊·桑塔格.反对阐释［M］.程巍，译.上海：上海译文出版社，2003.

汉娜·阿伦特.极权主义的起源［M］.林骧华，译.北京：生活·读书·新知三联书店，2008.

卡尔·贝克尔.18世纪哲学家的天城［M］.何兆武，译.北京：生活·读书·新知三联书店，2001.

帕特里夏·奥坦伯德·约翰逊.海德格尔［M］.张祥龙，林丹，朱刚，译.北京：中华书局，2002.

周国平.尼采：在世纪的转折点上［M］.上海：上海人民出版社，1986.

张祥龙.海德格尔传［M］.北京：商务印书馆，2007.

实藤惠秀.中国人留学日本史［M］.增补版.谭汝谦，林启彦，译.北京：生活·读书·新知三联书店，1983.

山口久和.章学诚的知识论：以考证学批判为中心［M］.王标，译.上海：上海古籍出版社，2006.

竹内好.近代的超克［M］.李冬木，赵京华，孙歌，译.北京：生活·读书·新知三联书店，2005.

丸山升.鲁迅·革命·历史：丸山升现代中国文学论集［M］.王俊文，译.北京：北京大学出版社，2005.

木山英雄.文学复古与文学革命：木山英雄中国现代文学思想论集［M］.赵京华，编译.北京：北京大学出版社，2004.

伊藤虎丸.鲁迅、创造社与日本文学［M］.孙猛，徐江，李冬木，译.北京：北京大学出版社，2005.

伊藤虎丸.鲁迅与日本人：亚洲的近代与"个"的思想［M］.李冬木，译.石家庄：河北教育出版社，2002.

伊藤虎丸.鲁迅与终末论：近代现实主义的成立［M］.李冬木，译.北京：生活·读书·新知三联书店，2008.

史书美.现代的诱惑：书写半殖民地中国的现代主义（1917—1937）［M］.何恬，译.南京：江苏人民出版社，2007.

马西尼.现代汉语词汇的形成——十九世纪汉语外来词研究［M］.黄河清，译.上海：汉语大词典出版社，1997.

郎宓榭，阿梅龙，顾有信，编著.新词语新概念：西学译介与晚清汉语词汇之变迁［M］.赵兴胜，等，译.济南：山东画报出版社，2012.

维克多·克莱普勒.第三帝国的语言：一个语文学者的笔记［M］.印芝虹，译.北京：商务印书馆，2013.

汤用彤.魏晋玄学论稿［M］.上海：上海古籍出版社，2001.

刘大杰.魏晋思想论［M］.林海东，导读.上海：上海古籍出版社，1998.

张岱年.中国古典哲学概念范畴要论［M］.北京：中国社会科学出版社，1989.

劳思光.新编中国哲学史（一、二）［M］.桂林：广西师范大学出版社，2005.

徐复观.中国文学精神［M］.上海：上海书店出版社，2004.

冯契.中国近代哲学的革命进程［M］.上海：上海人民出版社，1989.

王元化.文心雕龙讲疏［M］.上海：上海古籍出版社，1992.

王元化.思辨录［M］.上海：上海古籍出版社，2004.

王元化.读黑格尔［M］.北京：新星出版社，2006.

余英时.论戴震与章学诚：清代中期学术思想史研究［M］.北京：生活·读书·新知
　　三联书店，2005.

骆玉明.世说新语精读［M］.上海：复旦大学出版社，2007.

李泽厚.中国思想史论（上、中、下）［M］.合肥：安徽文艺出版社，1999.

萧公权.中国政治思想史［M］.沈阳：辽宁教育出版社，1998.

姜义华."理性缺位"的启蒙［M］.上海：上海三联书店，2000.

朱维铮.求索真文明——晚清学术史论［M］.上海：上海古籍出版社，1996.

张灏.张灏自选集［M］.上海：上海教育出版社，2002.

章清.学术与社会：近代中国"社会重心"的转移与读书人新的角色［M］.上海：上
　　海人民出版社，2012.

章清.清季民国时期的"思想界"（上、下）［M］.北京：社会科学文献出版社，
　　2014.

张汝伦.现代西方哲学十五讲［M］.北京：北京大学出版社，2003.

张汝伦.现代中国思想研究［M］.上海：上海人民出版社，2001.

陈原.语言与社会生活——社会语言学札记［M］.北京：生活·读书·新知三联书
　　店，1980.

陈原.社会语言学［M］.上海：学林出版社，1983.

冯天瑜.新语探源：中西日文化互动与近代汉字术语生成［M］.北京：中华书局，
　　2004.

沈国威.近代中日词汇交流研究：汉字新词的创制、容受与共享［M］.北京：中华书
　　局，2010.

王汎森.思想是生活的一种方式：中国近代思想史的再思考［M］.台北：联经出版
　　社，2017.

汪晖.现代中国思想的兴起［M］.北京：生活·读书·新知三联书店，2004.

许纪霖，编.二十世纪中国思想史论［M］.上海：东方出版中心，2000.

许纪霖、宋宏，编.现代中国思想的核心观念［M］.上海：上海人民出版社，2011.

罗志田.乱世潜流：民族主义与民国政治［M］.上海：上海古籍出版社，2001.

罗志田.激变时代的文化与政治［M］.北京：北京大学出版社，2006.

罗志田.道出于二：过渡时代的新旧之争［M］.北京：北京师范大学出版社，2014.

王奇生.革命与反革命：社会文化视野下的民国政治［M］.北京：社会科学文献出版
　　社，2010.

王奇生.党员、党权与党争：1924—1949年中国国民党的组织形态［M］.修订本.北
　　京：华文出版社，2010.

孙歌.竹内好的悖论［M］.北京：北京大学出版社，2005.

孙歌.文学的位置［M］.济南：山东教育出版社，2009.

陈赟.困境中的中国现代性意识［M］.上海：华东师范大学出版社，2005.

贾植芳.历史的背面——贾植芳自选集［M］.季羡林，主编.济南：山东教育出版
　　社，1998.

唐弢，主编.中国现代文学史［M］.北京：人民文学出版社，1979.

陈思和.中国新文学整体观［M］.上海：上海文艺出版社，2001.

洪子诚.中国当代文学史［M］.北京：北京大学出版社，1999.

钱理群.丰富的痛苦："唐吉诃德"与"哈姆雷特"的东移［M］.长春：时代文艺出
　　版社，1993.

张新颖.20世纪上半期中国文学的现代意识［M］.北京：生活·读书·新知三联书
　　店，2001.

文贵良.话语与生存：解读战争年代文学（1937—1948）［M］.上海：上海书店出
　　版社，2007.

王建伟.民族主义政治口号史研究：1921—1928［M］.北京：社会科学文献出版
　　社，2011.

唐小兵.现代中国的公共舆论——以《大公报》"星期评论"和《申报》"自由谈"
　　为例［M］.北京：社会科学文献出版社，2012.

研究论文

余英时.名教思想与魏晋士风的演变［A］//余英时.士与中国文化［M］.上海：上

海人民出版社，2003：357-391.

王汎森. "思想资源"与"概念工具"——戊戌前后的几种日本因素［A］//王汎森.
中国近代思想与学术的系谱［M］.石家庄：河北教育出版社，2001：149-164.

王汎森. "主义崇拜"与近代中国学术社会的命运——以陈寅恪为中心的考察［A］//王
汎森.中国近代思想与学术的系谱［M］.台北：联经出版事业公司，2003：463-
488.

王汎森. "主义"与"学问"：1920年代中国思想界的分裂［A］//许纪霖，主编.启
蒙的遗产与反思［M］.南京：江苏人民出版社，2010：221-255.

王汎森. "烦闷"的本质是什么——"主义"与中国近代私人领域的政治化［A］//余
英时，等.思想史1［M］.台北：联经出版事业股份有限公司，2013：86-137.

王汎森. "主义时代"的来临——中国近代思想史的一个关键发展［A］//东亚观念
史集刊编审委员会，编.东亚观念史集刊：第四期［M］.台北：政大出版社，
2013：3-88.

王风.章太炎国故论说中的历史民族［A］//东亚观念史集刊编审委员会，编.东亚观
念史集刊：第三期［M］.台北：政大出版社，2012：171-222.

薇娜·舒衡哲. "五四"：民族记忆之鉴［A］，李存山，译//中国社会科学院科研
局，《中国社会科学》杂志社.五四运动与中国文化建设——五四运动七十周年学
术讨论会论文选：上册［M］.北京：社会科学文献出版社，1989：147-176.

方维规.概念史研究方法要旨——兼谈中国相关研究中存在的问题［A］//黄兴涛编.
新史学（第3卷）［M］.北京：中华书局，2009：3-20.

黄兴涛.新名词的政治文化史——康有为与日本新名词关系之研究［A］//黄兴涛编.
新史学（第3卷）［M］.北京：中华书局，2009：100-129.

黄兴涛.近代中国新名词的思想史意义发微——兼谈对于"一般思想史"之认识
［J］.开放时代，2003，（4）：70-82.

黄兴涛.清末民初新名词新概念的"现代性"问题——兼论"思想现代性"与现代性
"社会"概念的中国认同［J］.天津社会科学，2005，（4）：128-136.

陈力卫. "主义"概念在中国的流行及其泛化［J］.学术月刊，2012，（9）：144-
154.

张仲民. "文以载政"：清末民初的"新名词"论述［J］.学术月刊，2018，
（2）：161-171.

章清. "文明"与"社会"奠定的历史基调——略论晚清以降"新名词"的浮现对

"中国历史"的重塑［A］//孙江，陈力卫，主编. 亚洲概念史研究（第2辑）
［M］. 北京：生活·读书·新知三联书店，2014：187-228.

章清. 知识·政治·文化：晚清接纳"新概念"之多重屏障［A］//方维规，主编.
思想与方法：近代中国的文化政治与知识建构［M］. 北京：北京大学出版社，
2015：115-135.

马振铎. "名"与"实"［A］//《中国哲学史研究》编辑部，编. 中国哲学史主要范
畴概念简释［M］. 杭州：浙江人民出版社，1988：131-138.

曾春海. "自然"与"名教"之争探义［A］//张岱年，等著. 中国观念史［M］. 苑
淑娅，编. 郑州：中州古籍出版社，2005：386-417.

王远义. 独立苍茫［A］//贺照田，主编. 在历史的缠绕中解读知识与思想［M］. 长
春：吉林人民出版社，2003：419-453.

陈平原. 章太炎与中国私学传统［A］//王晓明，主编. 批评空间的开创［M］. 上
海：东方出版中心，1998：40-80.

李振声. 作为新文学思想资源的章太炎［A］//李振声. 书架上的历史：李振声文学批
评选［M］. 合肥：安徽人民出版社，2005：1-66.

陈思和. 胡风对现实主义理论建设的贡献［A］//陈思和. 笔走龙蛇［M］. 济南：山
东友谊出版社，1997：24-56.

林默涵，述. 黄华英，整理. 胡风事件的前前后后［J］. 新文学史料，1989，
（3）：4-28.

张新颖. 现代困境中的语言经验［A］//张新颖. 双重见证［M］. 南京：江苏教育出
版社，2005：3-13.

刘志荣. 射击与坚守：胡风的狱中写作［A］//刘志荣. 潜在写作：1949—1976［M］.
上海：复旦大学出版社，2007：149-167.

刘志荣. 狂人康复的精神历程——20世纪40~70年代沈从文的心灵线索［A］//张新
颖. 一江柔情流不尽：复旦师生论沈从文［M］. 合肥：安徽教育出版社，2008：
197-258.

薛毅. 无物之阵——论鲁迅作品的一个重要主题［A］//薛毅. 无词的言语［M］. 上
海：学林出版社，1996：19-41.

汪晖. 声之善恶：什么是启蒙？——重读鲁迅的《破恶声论》［J］. 开放时代，
2010，（10）：84-115.

后记

这本书是在博士论文基础上修订而成，开笔于 2007 年前后，写作计划的动念还要更早一些。弹指一挥间，居然十数年过去了。

屈指算来，我居然也出版了五六本小书。以前特别喜欢给自己的书写后记，拉拉杂杂能写很长。眼前的这部，是我用力最勤、耗时最久、无疑也是最重要的书稿，但是一篇后记拖延了好几个月，几番搁笔，原来已经到了"却道天凉好个秋"的年岁。关于"现代名教批判"的课题完成之后，近几年较为关注文学史中的青春想象与青年形象，一边研究青春，一边向自己的青春时代告别……话说到这里有点感伤，赶紧打住，所谓告别青春，题中之义是与青春免不了的浮夸与浪漫拉开一点距离。

感谢我的导师陈思和教授、张新颖教授。本书主题，是在两位恩师关于现代意识和现实战斗精神的研究延长线上继续深入。

燕舞兄一直关注我的这项课题，积极策划本书出版，隆情厚谊，感念在心。广西师范大学出版社的汤文辉先生、刘春荣先生、王辰旭先生、王倩云女史在出版过程中给予我诸多帮助，他们严谨的工作作风让人肃然起敬。

感谢前进道路上指点与提携我的师友们，这里就不一一列名了。

母亲和妻子给我提供了一张安静的书桌，没有她们的支持与付出，我将一事无成。金斯远小朋友带给我无穷的快乐，当然也因为他的降临，我深刻地理解了鲁迅先生所谓时间需要像海绵里的水那般挤出来。

最后，这本书献给天堂里的父亲。

金理

2019 年 7 月 2 日